"十四五"职业教育国家规划教材

高等职业教育新形态一体化教材

应用写作实训教程
（第四版）

高彤心 主编

李　坪 副主编
李子慧
田　华

中国教育出版传媒集团
高等教育出版社·北京

内容提要

本书是"十四五"职业教育国家规划教材、高等职业教育新形态一体化教材，本书按照OA办文过程系统化的课程开发思路，将秘书电子公文承办岗位的工作任务划分为十个教学项目及与之相适应的办文情境，通过网络化在线实时写作模拟办文综合实训。本书特色在于全面准确地反映OA公文拟稿典型工作任务的办理流程与手续，着重体现中小微企业秘书OA工作内部控制的严密性和行文写作的规范性。

本书为广州城市职业学院的广东省高等学校精品资源共享课程（高职）"应用写作"配套教材、广东省级教育教学成果奖（高等教育）培育项目建设成果、2022年度广州市高等教育教学质量与教学改革工程教学名师项目建设成果。

本书既可作为高职高专院校专业和公共课的教材，也可作为社会在职人士继续教育的参考书目。

图书在版编目（CIP）数据

应用写作实训教程 / 高彤心主编. -- 4版. -- 北京：高等教育出版社，2025.8. -- ISBN 978-7-04-063446-4

Ⅰ.H152.3

中国国家版本馆CIP数据核字第2024ZM7233号

YINGYONG XIEZUO SHIXUN JIAOCHENG

策划编辑	李沁濛	责任编辑	李沁濛	封面设计	赵 阳	杨伟露	版式设计	明 艳
责任绘图	邓 超	责任校对	张 薇	责任印制	存 怡			

出版发行	高等教育出版社	网　　址	http://www.hep.edu.cn	
社　　址	北京市西城区德外大街4号		http://www.hep.com.cn	
邮政编码	100120	网上订购	http://www.hepmall.com.cn	
印　　刷	北京瑞禾彩色印刷有限公司		http://www.hepmall.com	
开　　本	787mm×1092mm　1/16		http://www.hepmall.cn	
印　　张	18.5	版　　次	2012年8月第1版	
字　　数	450千字		2025年8月第4版	
购书热线	010-58581118	印　　次	2025年8月第1次印刷	
咨询电话	400-810-0598	定　　价	42.90元	

本书如有缺页、倒页、脱页等质量问题，请到所购图书销售部门联系调换
版权所有　侵权必究
物　料　号　63446-00

第四版前言

　　本书修订旨在深入贯彻落实推进党的二十大精神进教材、进课堂、进头脑，"实施科教兴国战略，强化现代化建设人才支撑"，将课程思政教育融入OA办文项目教学实践，谈职业道德素养，讲好课程思政办文故事。铸魂育人，德技并重，凸显习近平新时代中国特色社会主义思想，体现立德树人、课程思政应用写作风格，实现思政教育与课程教学的深度融合，厚植爱党爱国爱社会主义情怀。按照OA办文过程系统化的课程开发思路组织内容，体例结构合理规范完整。本书内容遵循职业教育教学规律和人才成长规律，符合学生认知特点，符合社会组织文秘办文国家相关专业标准，全面准确地反映OA公文拟稿典型工作任务的办理流程与手续，着重体现中小微企业秘书OA工作内部控制的严密性和行文写作的规范性。坚持岗课赛证融通，"三教"改革特色鲜明突出，满足项目学习、案例学习、模块化学习等先进教学理念与教学实训方式方法。具体特色如下：

　　一是落实课程思政，坚持价值引领，与思想政治理论课同向同行，形成协同效应，涵养有文化、有道德、有责任、敢担当的时代新人。本书充分挖掘课程教学中所蕴含的课程思政元素，实现思政与课程教学的深度融合，将知识传授、能力培养和价值塑造有机结合。本书将课程思政融入OA办文项目教学实训，课堂思政教学实践性、职业性和开放性特点突出；力图使学生活学活用社会组织"遵命文章"的工作方针政策，用习近平新时代中国特色社会主义理论思想武装学生头脑，以较高的政治思想觉悟和理论水平用心写作应用文。代机关立言，做单位忠实的"传声筒"。帮助学生树立正确的职业角色意识，增强责任心，促进文秘人员综合素质的养成，夯实应用写作职业素养。高标准，严要求，把好思想关、事实关、格式关、文字关。

　　二是本书修订认真贯彻落实国务院印发的《国家职业教育改革实施方案》和《职业院校教材管理办法》文件精神，深耕细作"三教"改革，提高课程所属的社区管理与服务广东省高水平高职专业群建设发展质量，适应"互联网+职业教育"发展需求，运用现代信息技术改进教学方式方法，推进虚拟办公室等网络学习空间建设和普遍应用，及时将新技术、新工艺、新规范纳入教学标准和教学内容，使专业教材随信息技术发展和产业升级情况及时动态更新。这主要突出体现在OA办文处理说明与全书十个项目模块范文全面更新，选用对接国家1+X证书制度试点《中文速录职业技能等级标准》(速录秘书职业技能等级标准)，以及中文速录1+X职业技能等级考证涉及的文秘部分的公文写作内容，加强了行业企业主导的产学研深度融合和信息化教学，熔铸思政教育和工匠精神、劳模精神、劳动精神。本书特别结合2024及2025一带一路暨金砖国家技能发展与技术创新大赛中文信息处理(文员与书记员方向)赛项竞赛规程有关竞赛内容的文书写作、信息缩编等设置，对与会议(庭审)速录密切相关的纪要、会议记录、简报等公文重新修订。本书与时俱进，产教融合，增加了关于微信公众号文案和电商带货文案的新媒体办文章节。

三是实现教材与课程一体化建设,提供数字课程供学生学习。本书配套开发优化更新信息化教学资源:在"职教云"(智慧职教)上新建应用写作在线精品课程,实现线上线下混合式教学,包含课程标准规定的21个教学实训项目微课视频助推学生自主学习,实现在线写作套红格式电子公文实训与期末在线考试。精品在线开放课程与纸质教材形成新形态一体化教材,提供数字课程供学生学习。学生经过教材数字化综合资源平台在线写作的强化训练,效果显著,提升课程相应的职业资格证书和职业技能竞赛获奖(获证)率。学生通过OA快速办文实训,实现高端就业、创新创业。

四是应用写作能力不仅是文秘人员的核心竞争力,也是现代职业人与其本专业技能并驾齐驱的核心竞争力。本书秉承通识教育理念,让非文秘专业的学生和社会读者也能够触类旁通,学习掌握应用写作,以期在实际工作中,能够胜任甚至更出色地完成本单位的办文工作,更好地发挥自己的聪明才智。用人单位更倾向于招聘既懂专业知识技能又擅长应用写作的人员,应用写作完全可以体现一个人的综合素质,求职者如果没有好的写作功底,在工作中就不可能很好地发挥一技之长,并加以创新,这就很难具有长远发展的可能。在当今激烈的职业竞争中,为自己赢得就业职位和更广阔的职场发展前景,掌握应用写作职业技能尤为重要。

通过此次修订,希望本书质量能够进一步提高,同时也恳请广大读者和同人批评指正。可将意见反馈至编者邮箱:gtx@gcp.edu.cn。

编 者

2025年6月于广州

第一版前言

广东省高等学校精品课程(高职)"应用写作"(已转型升级为广东省精品资源共享课)是广州城市职业学院文秘专业的核心课程和其他专业的公共必修课,也是社区教育课程。"基于反映办文工作过程的应用写作项目教学教改创新实践"荣获广州市第八届教学成果奖二等奖、学校第二届教学成果奖一等奖。以企业语言编撰的基于反映工作过程的项目教学一体化教材《应用写作实训教程》,2013年荣获广东省写作学会优秀科研成果奖(教材类)一等奖,这是精品课程和精品资源共享课的建设成果。

一、本教材最大创新亮点是网络环境高职应用写作能力培养教学模式立体化,网络化应用写作技能实训,培养秘书写作技能,完善能力结构,利用现代办公手段及网络平台培养应用写作技能,与企业办文现代化和信息化接轨,助学助教,为社会服务。

本教材将电子公文办文信息化资源引进课堂,教学信息化、网络化,实现课堂在线实时写作模拟办文和课外在线写作综合实训,使课程技能培养内容与中小型企业办文职业技能无缝对接,让学生亲自经历结构完整的电子公文交拟、拟稿、核稿等发文过程,借此获得企业OA办文工作过程知识和胜任秘书典型办文工作任务的综合职业能力,满足本专业高技能人才培养的需要。高职高专文秘专业人才培养方案要求:学生必须通过国家秘书职业资格考试(四级),参加全国职业院校技能大赛高职组"文秘速录"赛项等职业技能大赛。"应用写作"网络课程为此提供在线综合写作"实战演练"平台,向全校学生、成教学生、毕业生以及社区、合作单位和广大读者开放。"应用写作"网络课程曾荣获省市多媒体教育软件大奖赛(高等教育)网络课程三等奖。读者可以登录高等教育出版社Abook平台进行在线学习,具体登录使用方法见书后郑重声明。

二、本教材突出之处是从"写用脱节"转化为"工学结合",从"学做分离"转化为"教学做一体化",从理论"满堂灌"的静态课程转化为"学中做,做中学"的动态课程,将闭门造车写作转化为完成中小型企业典型、真实的写作任务,以赛带练,驱动课堂教学活动的展开。

本教材编写围绕秘书职业岗位工作任务完成的需要来整合、组织课程内容,突出工作任务与写作知识、技能的联系,通过真实的电子公文写作任务打造"工学结合"模式,教学内容项目化、实战化、任务化。全面体现中小型企业办文过程的项目教学设计,使教学成为一个完整的电子公文办文业务实践流程,将纷繁复杂的理论学习转化为生动、有趣的办文工作模拟演示。理论知识以够用为度,所有项目设计教、学、做一体化的情境导入和写作任务,以项目为载体,以任务驱动学生多写多练,融会贯通,将知识转化为技能。教材分为理论知识和实践技能训练两部分。前者要求学生掌握常用应用文和文书处理的基础知识、文体结构和写作要求;后者要求学生成立虚拟企业文秘办公室,分角色模拟办文情境,让学生在自主学习完成职业任务过程中学会办文,养成适应中小型企业办文工作的职业规范和方法能力。

三、本教材新颖之处是有效整合教材内容与教学资源，教学资源建设与教材编写相辅相成，相得益彰；引导学习者充分使用配套的网络课程，打造真正的"数字化自主学习"的新型教学平台

本教材提供网络课程学习，包括配套电子教案、电子课件、案例分析、模拟办文、写作实训、写作论坛、试题库、课外作业、写作自测、模拟考试与期末考试系统等，教材开发涵盖了课程整体设计、课程标准、实训方案设计、教学进程表、实训指导书、实训指南、考试大纲、岗位介绍、办文演示、党政公文格式模板、电子公文范文、教学录像、虚拟互动、办文法规政策、图片素材等丰富的教学资源。教学相关资料齐全，符合课程设计要求，满足项目教学需要。本教材配置了相应的辅学资源标注，即在书中通过图标形象地告诉读者本处教学内容所配备的资源类型、内容和用途。欢迎广大读者登录，获取相关教学资源，进行自主学习及交流活动，完成在线写作实训项目。

本教材编撰分工：高彤心（广州城市职业学院公共管理系副教授、广东省高等学校精品课程（高职）"应用写作"课程负责人）担任主编，负责全书策划，制定编撰大纲，统编统稿，撰写项目一应用文及其写作过程、项目三常用党政机关公文、项目四事务文书、项目六日常文书、项目七财经文书之产品说明书与解说词、项目八法律文书、项目十应用写作综合技能"实战"演练，以及十个教学项目办文情景、办文任务与分析、分角色模拟办文情境再现设计的编著，网络课程平台设计开发与具体建设。李坪担任副主编，撰写项目七财经文书（商业合同、市场调查报告、经济活动分析报告、招投标书、企划案）。庄小刚担任副主编，撰写OA办文篇（项目二党政机关公文写作），提供社会组织办文法规文件及其真实工作任务，对教材撰写提出宝贵意见，并作修订。李子慧担任副主编，撰写项目二党政机关公文写作。陆璐担任副主编，撰写竞赛演讲稿。汤锦梅担任副主编，负责协助课程提供社会服务，对教材撰写提出宝贵意见。其余内容由文秘专业团队教师负责撰写。张介凡：开幕词与闭幕词、领导讲话稿、启示与声明。文明刚：商业广告文案、公务员应试申论。何素娴：提案、会议记录。周俊玲：调查报告。李华：策划书。向丽华：毕业顶岗实习报告与学术论文。网络课程建设：高彤心、文明刚、张介凡、周俊玲、何素娴。

本书编写过程中，参考、引用了同行大量文献资料和例文。广东汽车贸易市场办公室主任柳小勇，文秘专业顶岗实习基地负责人、广州市白云供销联社恒福社经理黄培初，全线通客户服务有限公司广州分公司营运总监林志坚，北京德恒（广州）律师事务所律师高迎等，为教材提供了大量真实工作任务和宝贵意见。另外，还得到了高等教育出版社杨再石（原副总编）、杨莉、魏然等专家的悉心指导。在此，向上述各位表示诚挚的敬意和衷心的感谢！

由于编写时间仓促，自身水平有限，疏漏之处在所难免，敬请广大读者和同人批评指正，意见反馈至编者邮箱：gtx@gcp.edu.cn。

编者
2012年4月

目 录

引言 本书项目教学实训背景及其
　　　案例情境 ··· 1
项目一 应用文及其写作过程 ························· 3
　　实训 应用文写作基本要素的处理 ········· 4
项目二 党政机关公文写作 ····························· 9
　　实训 拟制党政机关公文 ························ 10
项目三 常用党政机关公文 ··························· 25
　　实训1 决定 ··· 26
　　实训2 通告 ··· 30
　　实训3 通知 ··· 34
　　实训4 通报 ··· 39
　　实训5 纪要 ··· 45
　　实训6 意见 ··· 48
　　实训7 报告 ··· 56
　　实训8 请示 ··· 62
　　实训9 函 ··· 68
项目四 事务文书 ·· 73
　　实训1 计划 ··· 74
　　实训2 总结 ··· 79
　　实训3 策划书 ··· 85
　　实训4 调查报告 ····································· 93
　　实训5 简报 ··· 98
　　实训6 "官网"新闻 ······························ 103
　　实训7 微信公众号文案 ······················ 107
项目五 会议文书 ·· 113
　　实训1 开幕词与闭幕词 ······················ 114
　　实训2 领导讲话稿 ······························ 118
　　实训3 提案 ··· 124
　　实训4 会议记录 ··································· 129
项目六 日常文书 ·· 135
　　实训1 职场文书 ··································· 136

　　实训2 礼仪文书 ··································· 151
　　实训3 条据 ··· 164
　　实训4 启事与声明 ······························ 168
　　实训5 公务员应试申论 ······················ 176
项目七 财经文书 ·· 183
　　实训1 商业合同 ··································· 184
　　实训2 市场调查报告 ·························· 190
　　实训3 经济活动分析报告 ·················· 194
　　实训4 招投标书 ··································· 201
　　实训5 企划案 ······································· 207
　　实训6 商业广告文案 ·························· 213
　　实训7 产品说明书与解说词 ·············· 218
　　实训8 索赔函与理赔函 ······················ 224
　　实训9 电商营销带货文案 ·················· 227
项目八 法律文书 ·· 237
　　实训1 起诉状 ······································· 238
　　实训2 民事上诉状 ······························ 241
　　实训3 答辩状 ······································· 245
　　实训4 仲裁申请书 ······························ 249
项目九 毕业实习报告与学术论文 ············· 253
　　实训1 毕业实习报告 ·························· 254
　　实训2 学术论文 ··································· 259
项目十 应用写作综合技能"实战"
　　　　演练 ·· 269
　　实训 应用写作在线综合自测与
　　　　期末考试 ······································· 270
参考文献 ·· 273
附录 ·· 274
　　附录一 党政机关公文处理
　　　　　工作条例 ··································· 274
　　附录二 党政机关公文格式 ················ 280

引言

本书项目教学实训背景及其案例情境

一、应用写作项目教学依托的企业背景

××市××区供销合作联社(总公司,以下简称"供销社")荣获全国供销合作系统先进集体称号,其旗下有12家全资或控股企业,并已发展成为各自业务领域具有核心竞争力的市场主体,辐射、带动了供销系统各项经营业务的拓展和网络体系的构建及完善。目前,"供销社"的经营网点遍布整个市区,其中商用物业超过200个,包括大中型商场及各类商铺、地块等,经营面积约27万平方米;通过自营或合作方式建成购物广场式综合超市和社区超市20家,总经营面积近60 000平方米;有再生资源经营网点200个;有家庭综合服务中心8个;有人力资源市场服务点2个;有领办农民专业合作社15家。恒福社会工作服务社(恒福社)是"供销社"下属社会服务机构,也是该区首家面向社会提供多元化、综合性服务的非营利社会组织。恒福社先后承接了京溪等8条街道的家庭综合服务中心政府购买服务项目,服务内容涵盖社区老年人服务、青少年服务、社区家庭服务、企业及外来务工者服务、志愿者服务等。"供销社"是学生重要的岗位实习基地之一。

二、基于办文工作过程网络化在线实时写作项目教学实训的案例情境

"应用写作"采取"基于反映工作过程"的项目教学方式,以专业岗位实习基地——"供销社"为教学实训平台,在文秘实训室仿真企业办文环境下开展实践性教学实训,培养学生胜任秘书典型办文工作任务的综合职业能力。根据企业工作岗位职业技能需要,按照办文工作过程来设计教学内容,引入真实、典型的工作实例,作为贯穿全课程的应用写作主题背景与任务、教学实训案例情境,以组为单位成立虚拟"供销社"办公室,分角色模拟办文情境,在线演示实训,实现网络化在线实时写作,让学生集体拟写与独立完成任务,以期达到提高办文岗位职业技能的效果。学生以文秘人员的身份出现,既是学习者又是教学活动的实施者,既是学习活动的主体又是办文业务的执行者。"两组两办两份应用文",办文"实战"对抗,使学生亲身经历、体验完整的交拟、拟稿、核稿的发文处理工作过程,借此获得企业办文工作过程知识。学生在完成任务过程中,从"学生"角色迅速向"秘书"职业角色靠拢,切身体会应用写作职业岗位办文工作的真实感受,能够"遵命写作",做单位的"传声筒",代企业立言。

项目一
应用文及其写作过程

学习目标

▶ 知识点：

了解应用文写作四要素及其表达方式。

▶ 能力点：

掌握应用文写作确立主题、搜集材料、安排结构、遣词造句等流程。
熟练运用应用文写作常规表达方式。

实训 应用文写作基本要素的处理

应用文基本要素

一、办文情境

"供销社"办公室某实习生与同事一起办事、办会、办文,处理一些简单的文案工作。可是,该实习生对工作的新鲜感没几天就消失了,并产生了困惑:为什么这里跟学校不一样?要我写应用文,怎么不给我材料?也不介绍工作情况?领导交代了一句"你马上起草一份有关实习生发放加班费的通知"就离开了。"巧妇难为无米之炊",没有相关的公务信息该如何处理?初来乍到,我不认识同事,也不了解公司的运作,去找谁问清楚呢?怎么才能完成任务呢?

二、办文任务

开展在线实时写作实训,分角色模拟"供销社"办文情境,掌握应用文确立主题、建立材料库、谋篇布局、遣词造句等运思、拟写、修改的方式方法,做好办文准备工作。以组为单位成立虚拟"供销社"办公室,在多媒体综合实训室全真企业办文工作环境下,开展基于反映办文工作过程的项目教学。"两组两办两份应用文",开展办文实战对抗。

三、应用文及其任务分析

应用文是指社会组织与个人在日常生活、学习、工作中处理公共事务或私人事务所使用的具有惯用格式和应用价值的文章,包括公务文书和私务文书。

社会组织中任何有效的管理行为都离不开应用文写作,这是领导管理的行为与手段。应用文写作能力是文秘人员的职业核心竞争力,也是现代职场人士与其专业技能并驾齐驱的核心竞争力。办文能力、办事能力、办会能力是文秘人员应具备的三大能力,其中办文是最主要的职能活动。文秘人员如果没有过硬的应用文写作能力,就无法在职场上安身立命。大学毕业生不一定要能写小说、诗歌,但一定要能写工作和生活中实用的文章,而且必须写得既通顺又扎实。因为用人单位认为:笔杆子下的文字完全可以体现一个人的综合素质,求职者如果没有好的写作功底,在工作中就不可能很好地发挥一技之长并加以创新,很难有长远的发展。在现代职场中,两人竞争一个职位,胜者的优势可能只有一项:比较会写。两人同时就职于一家机构,一段时间后,一人得到提升,另一人仍原地踏步,有时候也和两人的写作能力强弱有关。由于会写,有些人很快成为业务骨干,因而博得上司的信赖与重用,拓宽了自己的发展空间。无论是国企、外企还是民企的招聘,通常都要求应聘者具有较强的文字表达能力、良好的写作技巧。应用写作能力的高低,直接影响到青年人的就业和成才。

应用写作不是单纯为写而写,而是对日常事务工作等其他各种职能活动流程与内容的具体反映,"写"的过程中渗透着"做","写"的同时离不开对各种职能活动的分析与研究。"供销社"实习生的困惑源于他们在学校习惯了纸上谈兵,虽然教师讲过但还没有亲自体验、经历企业应用文运思、拟写与修改的全过程,还没能意识到独立调查、研究、收集公务信息是应用文写作的前提。

四、应用文写作过程

应用文由主旨、材料、结构、语言等部分构成。写作过程分为运思阶段、写作阶段和修改阶段，其中涉及文章四要素及其表达方式等一系列问题。

（一）应用文运思阶段

1. 遵命写作

公文作者只能是法定的社会组织及其法人代表（或者称为第一领导人）。应用文写作必须符合组织意图，即符合组织的基本目的、要求和主张。它既是发文单位从本单位实际出发，贯彻执行党和国家法令及上级单位指示的具体体现，也是发文单位与受文单位之间开展有关公务活动必须遵循的依据。至于公文的主旨，则最集中、最鲜明地表达了发文单位的立场、观点，是单位领导意图的概括。因此，它们在精神实质上就应该是一致的。否则，公文主旨就不符合单位的意图，这是决不允许的。公文是典型的"遵命文章"，在实际工作中，公文的写作者一般没有主动的写作欲望，多数是在单位负责人的授意下写作，按照领导者的意图，或依照决策层和全体成员的意愿进行受命写作。表述什么观点，运用什么材料，提出什么建议，发出什么请求，都受制于授意者，绝对不能自作主张、抒发己见、随意铺排、任意发挥。按照个人旨意撰写的公文一旦发出，就会造成公务办理的混乱，后果不堪设想，领导当然也不会签发。公文必须"遵命写作"，代组织立言，做忠实的"传声筒"。公文写作决不能"我手写我心"。

2. 从材料中确立文章主题

主题是作者通过文章内容反映出来的基本思想，是作者写作意图的体现。文章的中心思想或基本观点，称为主题。主题是文章的灵魂，直接关系到文章的社会影响和作用。这是因为主题贯穿于公文始终，体现了公文的政治方向和思想倾向。衡量文章优劣的关键，主要看主题表达说明是否对实践有积极的现实指导意义。"凡为文者，以意为主""意犹主帅"，主题对文章起着支配作用。它统率着全文的人物与事件，也决定着公文材料的取舍、详略的处理、结构的安排、语言的运用、文种的选用、标题的确定、表达方式的采用等。

主题确立离不开材料，"不使事（即收集和占有材料），难于立意"，只有掌握丰富、充实的材料，对其进行深入的分析研究，才能形成正确的观点，提炼出深刻的主题。应用文必须用材料来说明问题，没有材料就不能深刻地反映文章的主题。写文章要摆事实、讲道理，事实就是材料，道理便是文章的主题。不摆事实，不以材料为证，道理就说不清，主旨自然就无法阐明。主题确立要正确、单一和鲜明。正确，就是公文应当符合国家的法律法规和方针、政策及有关规定。单一，指一篇公文只能有一个主题，不能有两个或两个以上的主题。鲜明，指公文要有旗帜鲜明的立场和态度，爱憎分明。

3. 收集与选择材料

应用文材料是指能够表现主题的事实和论据：一是现实生活中收集、积累起来的人、事、情况、数据、道理；二是经过选择写进公文里的人、事、情况、数据、道理。材料是形成文章主题和写作的基础，而写文章的第一步工作就是收集材料。作者只有认真细致地做好材料的收集与选择工作，才能胸有成竹，下笔成章，避免行文出差错，保证文章的质量。积累大量的材料主要靠平时的观察体验和实践工作，也可以通过阅读书籍、报纸，通过智能手机上网浏览和实地调查采访，有意识地勤采博览，不断积累。要想做好收集材料的工作，平时就要养成良好的习惯，把现实生活和本职工作的公务情况等信息及时输入大脑,有意识地记在笔记本上并建构反映本单位工作信息的电子资料库。"好记性不如烂笔头",前期素材的积累可以为应用文写作提供充足的材料。因此应把众多的素材储存积累起来,为应用文写作建立材料库。

撰写公文需要的大量丰富的材料,从根本上说,来自社会主义市场经济形势下的公务实践。一是各种各样的文件、资料,如党和国家的方针、政策、法律法规,上级的指示、命令,下级的计划、报表、报告,平级或不相隶属机关单位的信息,以及书报杂志、广播、电视、智能手机等提供的信息。二是本地区、本部门、本机关单位的人事、情况、问题。对于这些材料,凡是与工作有关、可能有用的,都要尽可能收集起来,尽量做到面广、量多,以便写作时量材而用、量中求质。应用文写作选用材料要注意绝对真实、典型、新颖。草拟公文应当做到情况确实,人名、地名、数字、引文准确。具体是指应用文要求真实,即所写的人物、事件、时间、地点、数字、原因、结果等,必须真有其人、实有其事。绝不能有任何弄虚作假、添枝加叶、随意编造的情况。所谓典型,就是最能显示众多同类本质特征的一个或数个材料。选用概括性强、内涵深刻的"精"材料,不仅能保证公文短小精悍,以较少篇幅表达较多的内容,传达较多的信息,而且能使要说明的观点鲜明、突出,富有说服力。另外,还要选用新颖、生动的材料。例如,在公务活动中鲜为人知,甚至是人们没有接触过的新发现、新事情,或时代发展中取得的新成就,创造的新技术;对公务活动中涌现的人和事,从新的角度去挖掘深刻的现实意义,写出新的感受与认识。

(二)应用文写作阶段

1. 谋篇布局

结构就是文章的整体构造,具体指文章各个组成部分的搭配和排列。公文结构是公文特定的整体构造,包括文本格式和内容安排两大方面,由外在结构和内在模式组成。在外在结构上,标题、主体、作者署名、成文日期等基本构成要素应一目了然;在内在模式上,前言、事实或事项、结尾各要素也应排列有序。作者对整个文章内部的组织构造过程,就是谋篇布局,也叫安排文章结构。这是表现主题的主要手段,是作者思路的具体体现。正确表达是应用文写作的关键。作者确定写作目的之后,经过调查分析准备充分的写作材料,要写成适合需要的应用文,必须要做到以下几点:一要选择文种,二要选择特定的文本模式,三要运用恰当的表述方式和语体宣事明理。动笔前要先厘清思路,根据文种选择结构。除了掌握词的规范表达,还必须掌握章的写作规范,培养文体感,熟悉各种应用文法定的或约定俗成的体式,这样才能下笔成章。结构内容主要如下:

(1)开头、结尾。"凤头、猪肚、豹尾",善始善终。应用文开头要求开门见山,下笔入题;结尾要求言简意赅,意到则止。

(2)层次、段落。层次是指文章内容各大组成部分及其次序,是作者认识和说明事物的思维过程、步骤在文章中的反映。段落是文章结构、材料安排、意思表达的最基本的单位,是作者思维步骤的反映。作为构成文章的最小单位,段落在形式上有明显的标志,每一段开头都空两格书写,一段结束就换行,称为自然段。层次着眼于思想内容的划分,段落着重于文字表达的需要。它们是作者思想脉络的直接体现,是人们认识与表达问题思维过程的反映。安排方法有以下两种:

① 并列法:用一种平等、并列的关系来安排说明主题的各层次内容,具体表现为几个观点或几个问题、几类事情或若干事件并列在一起,在形式上彼此独立,在内容上共同为说明主题服务。行文有先有后,但内容上没有谁先谁后、谁主谁从。

② 递进法：按照事情发展过程的先后次序或者事理的层次关系来安排说明主题的各层次内容。各个层次之间，不仅在说明的时候有先后次序，而且在内容方面存在实际的先后次序，层层推进，一层比一层重要。这种先后次序一般是不能打乱的。

(3) 过渡、照应。应用文写作注重结构的外在衔接，过渡与照应是实现文章前后勾连、承上启下的重要手段。

① 过渡就是上下文之间的衔接转换，即安排结构要注意层次段落之间的连贯性，前后相邻的两层内容要有联系，相连的地方应彼此联结，使文章气脉贯通。让读者思路顺利地从上面转到下面，不会感到中途有空隙。常用方法：一是普遍地使用序数，内在要素经常用序码标示。结构层次序数，一般第一层为"一、"，第二层为"（一）"，第三层为"1."，第四层为"（1）"。二是经常使用表示衔接和转接的词语句式，如"首先""其次""最后"等。还可用小标题和过渡词句来衔接，使得结构形成连接的有机性。

② 照应就是前后内容的关照、呼应。文章要首尾连贯，前后也要有足够照应。前面说的话，后面需要补充或发挥；后面要说的话，前面要交代或暗示。这使得结构更紧凑、层次更分明，不仅可以显示行文的连续性和布局的严谨性，而且能不时唤起联想、回味，有助于主题表现。照应主要有：题文照应，即开篇、收尾或文中片言居要点题，照应标题；首尾照应，即开头提出问题，收尾提出结论；前后照应，即前面提出问题，后面有所呼应。

2. 准确选择合适的文种

应用文写作的首要前提是注意文种的规范性。根据实际工作的需要，办什么事该用什么文种，要遵照有关规定准确选用文种，按照写作意图来选择文种，对号入座。否则，后面就无法顺理成章。尤其是"遵命写作"，更需要弄清领导的发文意图，然后根据文种特性来正确判断。还要以行文方向为参照选择文种。应用文容易混淆的文种较多，每一文种都有其自身的特性。只有准确把握各文种的概念，对文种之间的细微差别了然于胸，才能选准文种，才不会张冠李戴。

3. 遣词造句

应用文的语言要明晰、准确、简洁、庄重、规范。

(1) 明晰：意思明白、清楚、不晦涩、无歧义。选用含义确定、通俗易懂的词语，不要用过时、冷僻的词语，更不要生造词语。

(2) 准确：恰如其分地说明情况、阐述做法、表达思想。选词用句要做到准确无误，用词用字要准确、规范。

(3) 简洁：简明扼要，实事实说，直陈直叙，不冗长繁杂，不浮华藻饰。言简意赅，直截了当，"文约而事丰"，力求用较少的文字表达丰富的内容。

(4) 庄重：端庄、郑重，是发文单位办理公务的严正立场、严肃态度的体现，也是公文强烈的权威性和行政约束力的要求。要按照现代汉语的严格要求，使用规范的书面语言，一般不要用个人化的语言、口语、方言和土语，忌用文学语言和网络语言，不用违反常规的用语句式和冷僻词汇，避免造成阅读障碍。

(5) 规范：恰当使用专用语。在长期办理公务的实践中，由于行文关系和处理程序的需要，逐渐形成一套常用的专用语，即公文用语，如开头用语、承启用语、结尾用语、称谓用语、经办用语、引叙用语、表态用语、期请用语、批转用语、征询用语、期复用语等。它们或在结构上引起开端，导向过渡，收束结尾；或在语意上表示郑重、强调；或在意向上提出请示，表示盼望。因文而异，要恰当运用专用语，根据行文的实际情况灵活处理。

4. 选择合适的表达方式

文章表达方式有叙述、议论、说明、抒情、描写 5 种。其中，应用文常用的表达方式如下：

（1）叙述：依照时间顺序、事情自然发展的脉络，对事件始末和人物各方面进行介绍和交代的一种表达方式，重在过程性，有时间、地点、主体、事件和结果等要素。应用文的叙述主要是概述，具有客观的叙述人称（多用第一、第三人称）、真实的叙述对象、单纯的叙述线索（顺序）等特点。

（2）议论：作者的判断，包括论点、论据、论证。应用文的议论要求就事论事，一般不作立论或驳论，要求冷静、公允，不带主观色彩。

（3）说明：解说事物的形状、性质、特征、成因、关系、功用等。应用文的说明使用行业术语、自然语言和人工语言交替的方式。

（三）应用文修改阶段

修改、定稿是应用文写作的终结。文章不厌百回改，好文章都是改出来的。在应用文成文后，必须认真细致地加以修改润色。修改重点是：文种选用是否对号入座，主题、材料、语言、表达方式是否正确，结构是否合理，内容是否完整，人名、地名、时间、引文、行文格式等是否准确、恰当、规范、到位。文责自负，应增强责任心，高标准、严要求把好思想关、事实关、格式关、文字关，对单位、社会和收文机关负责。

五、技能实训

（1）概括本书教学项目的例文主题，并写出主题句。在岗位实习中深入调查研究，有意识地收集、积累材料，为撰写毕业实习报告做好准备。

（2）指出下面段落语言表达的错误。

① 关于做好湖南省张家界市来宁人员详细核查和健康管理的通知。

② ×××收受包工头的贿赂几十万元，造成国家直接或间接经济损失 2 000 多万元。

③ ×××自 2019 年以来，用五年的时间先后完成了省部级的科研成果十多项，多次获得国家省部级的奖励。

④ 时间白驹过隙，一转眼 2024 年将要过去了。在过去的三年里，我公司经济效益犹如穿云燕子，飞向百尺竿头，比去年大幅度上升。公司上下兴高采烈，喜笑颜开，在新的一年到来之际，我们对去年的工作总结如下（略）。

项目二

党政机关公文写作

学习目标

▶ 知识点：

了解党政机关公文的种类。
理解公文行文关系与行文规则。
了解 OA 办文处理方法。
掌握党政机关公文行文格式。

▶ 能力点：

熟练拟制套红格式的党政机关公文格式文本。

实训　拟制党政机关公文

识别党政机关公文格式

一、办文情境

公文格式是党政机关公文的形式标志,是在长期使用过程中形成的一套比较稳定的规格式样,它不仅可以使公文区别于其他文体,而且体现了公文的法规性。为使党政机关的公文处理工作规范化、制度化、科学化,中共中央办公厅发布了《党政机关公文处理工作条例》(中办发〔2012〕14号,以下简称《条例》),于2012年7月1日起施行。《条例》以国家标准的形式对公文格式做了统一规定,在外观上区分公文与其他文体,为秘书人员拟写和处理公文提供了重要规范。包括"供销社"在内的社会组织文秘人员在撰写、处理和管理公文过程中,必须严格遵守公文格式规范要求,循格写作与阅读公文,提高办文效率。模板法是电子公文写作最常用的方法,文秘人员可以借鉴相应的模板方便地写出需要的公文。"供销社"也根据工作要求建立了本单位的格式、内容相结合的电子公文格式模板。

二、办文任务

开展在线实时写作实训,分角色模拟"供销社"办文情境,拟制规范的电子公文格式模板,作为项目教学的公文格式模板,直接套用于练笔实训。

三、党政公文及其种类

(一)任务分析

公文,全称公务文书,是依法成立的社会组织用来办理公务的有一定格式的应用文。党政机关公文是应用文最重要的种类。党政机关公文是党政机关实施领导、履行职能、处理公务的具有特定效力和规范体式的文书,是传达贯彻党和国家方针政策,公布法规和规章,指导、布置和商洽工作,请示和答复问题,报告、通报和交流情况的重要工具。《条例》中明确要求各级党政机关、企事业单位、社会团体必须认真做好办文工作,提高公文质量和处理工作的效率。

撰写党政机关公文,首先要具有一定的政治素质和业务能力;其次要能恰当地选择文种,严格按公文格式和语体要求写作,同时必须按照行文关系和规则进行办文。

21世纪的今天,各级党政机关、企事业单位、社会团体已经普遍使用办公自动化(Office Automation,OA)系统电子公文无纸化办公,无纸化写作。电子公文是电子政务的产物,有别于传统的纸质公文。广义上,计算机上生成的具有凭据和指导意义的信息都是电子公文;狭义上,只有具有特定文件(国家红头文件,即党政机关公文)属性的信息才能被称为电子公文。它是指国家机构及其他社会团体在电子政务活动中为行使职权、实施管理而在数字设备及环境中生成,以数码形式存储于磁带、磁盘、光盘等载体,依赖计算机等数字设备阅读、处理并可在通信网络上传送的、具有法定效用和规范体式的文件。中华人民共和国电子政务系列国家标准《基于XML的电子公文格式规范 第1部分:总则》(GB/T 19667.1—2005)中的电子公文定义是:"以数字形式存储于磁带、磁盘、光盘等媒体,依赖计算机系统阅读、处理并可在通信网络上传输的公文。"办公自动化的内容要素往往是文本、文字,是文字和文本在计算机网络化背景下的呈现，OA 就是通过计算机、文字来完成事务管理。

（二）公文种类

党政机关公文是治理社会、管理国家的应用文，各级社会组织都要进行行政管理，撰写与处理行政公文是其重要公务。《条例》中规定公文种类包括决议、决定、命令(令)、公报、公告、通告、意见、通知、通报、报告、请示、批复、议案、函、纪要共 15 种。本书从中选出各级社会组织最常用的决定、通告、通知、通报、报告、请示、批复、意见、函、纪要 10 种公文进行具体说明。决议、命令(令)、公报、公告、议案之所以没有说明，是因为考虑到决议是"适用于会议讨论通过的重大决策事项"的公文。例如，《中国共产党第二十次全国代表大会关于〈中国共产党章程（修正案）〉的决议》(2022 年 10 月 22 日中国共产党第二十次全国代表大会通过)。命令(令)是"适用于公布行政法规和规章、宣布施行重大强制性措施、批准授予和晋升衔级、嘉奖有关单位及人员"的公文。例如，国家主席习近平签署第 49 号主席令，予以公布《中华人民共和国香港特别行政区维护国家安全法》，这项法案的公布施行是"一国两制"实践中的重要里程碑；第 75 号主席令，予以公布《中华人民共和国香港特别行政区基本法附件——香港特别行政区行政长官的产生办法》，保证"爱国者治港"，维护香港的长治久安，繁荣稳定。《中华人民共和国宪法》规定县级以上政府在特殊情况下才能发布命令，现在常见的是副省级以上的市政府发布命令，除政府外其他社会组织不能发布行政公文命令。公报是"适用于公布重要决定或者重大事项"的公文。例如，中国共产党第二十届中央委员会第三次全体会议公报(2024 年 7 月 18 日中国共产党第二十届中央委员会第三次全体会议通过)。中国共产党第二十届中央委员会第二次全体会议公报(2023 年 2 月 28 日中国共产党第二十届中央委员会第二次全体会议通过)。公告是"适用于向国内外宣布重要事项或者法定事项"的公文，发文单位级别较高，企业向国外发布公告的情况极少。例如，中华人民共和国全国人民代表大会公告：第十四届全国人民代表大会第一次会议于 2023 年 3 月 10 日选举习近平为中华人民共和国主席；第十四届全国人民代表大会第一次会议于 2023 年 3 月 10 日选举习近平为中华人民共和国中央军事委员会主席。国家税务总局关于办理 2023 年度个人所得税汇算清缴事项的公告(2024 年 1 月 31 日)。议案是"适用于各级人民政府按照法律程序向同级人民代表大会或者人民代表大会常务委员会提请审议事项"的公文。例如，国务院关于提请全国人民代表大会审议国务院机构改革方案的议案，重新组建科学技术部；中央国家机关各部门人员编制按 5% 比例精减，国务院关于提请国务院机构改革方案的议案(组建退役军人事务部。组建退役军人管理保障机构，维护军人军属合法权益，让军人成为全社会尊崇的职业)。议案只能由政府机关行文，政府作为人民代表大会的一个代表团，只能向其同级人大或人大常委会行文提出议案，这种公务是定期的并且有会议要求，也就是说企业是不会写议案的。上述 5 种公文基层单位较少使用，故本书不作详细介绍。

决议、命令(令)、公报、意见、议案

四、行文关系与规则

（一）公文行文规则

1. 行文关系

行文关系是机关单位之间的组织关系在公文运行中的体现。我国社会组织机关及其部门、单位之间的组织关系和行文关系有以下四种：

（1）上下级关系，即领导和被领导关系。这是直接垂直的关系，一般建立在上下一级之间，如国务院和省政府。机关或者部门的上行文报告和请示都是面向上一级的机关或者部门；而下行文如决定、通知、批复等都是面向下一级机关或者部门。

（2）隶属关系，不论大小和级别，都在同一系列内。例如，某乡政府就可以说隶属国务院或者所在省的省政府，而和另外的省政府就不是隶属关系。在这一关系之下，上级常用普发性下行文如命令、通知、意见等，下级也可越级使用上行文（在特殊情况下行文时，必须抄送上一级即直接上级机关部门）。

（3）平级关系，在一个系列中同等级别的机关或者部门、单位之间的关系是平级关系，其代表性文种是函。有的通知也具有平行关系。

（4）非隶属关系，不是同一垂直系列、不发生直接职能往来的机关及其部门、单位，不论是相同级别还是不同级别，都要通过知照性行文（如函）进行协调，或者联合行文，共同办理。

2. 行文方向

行文方向是以发文机关为立足点，公文向不同机关运行的去向。具体如下：

（1）上行，指公文向上级机关单位运行。党政机关公文的上行文有议案、报告和请示，但有的下行文如通知、通报等也可以在一定情况下上行。

（2）下行，指公文向下级机关单位运行。下行的党政机关公文较多。

（3）平行，指公文向同级或者不相隶属的机关单位运行。函、通知等都可以平行运行。

（4）泛行，指公文可以同时上行、下行、平行，并向社会公布。党政机关公文中的公告和通告就属此类。

3. 行文方式

行文方式，指行文的方法和形式。从行文对象分，公文行文有以下几种方式：

（1）逐级行文，指向直接的上级或者下级行文。

（2）越级行文，指越过自己的直接上级或者下级行文。

（3）多级行文，指向直接上级并呈非直接上级或者向直接下级并转非直接下级的一次性行文。

（4）普发行文，指向所属各机关及其部门、单位一次性行文，主送机关使用泛称。

（5）通行行文，指向隶属机关和非隶属机关以及社会群体一次性泛向行文。

行文方式还可以按发文机关分为单独行文和联合行文，按对象主次分为主送行文和抄送行文。

（二）党政机关公文行文规则

《条例》第四章第十三条至第十七条规定了党政机关公文的行文规则，这是我国所有公文行文的主要依据。归纳为以下几点。

1. 注重效用规则

《条例》第十三条规定："行文应当确有必要，讲求实效，注重针对性和可操作性。"公文不能随意发出，一定要讲究实效，以保证发文机关的权威性。如果公务不太重要，则不必用公文反映，可以采取电话、谈话等方式办理。不要出现"当收发室简单照抄照转"和"一文多发"的问题。公文要少而精，否则就会出现效率低下的问题，造成文牍主义、官僚主义。

2. 行文根据规则

《条例》第十四条规定："行文关系根据隶属关系和职权范围确定。一般不得越级行文，特殊情况需要越级行文的,应当同时抄送被越过的机关。"这是行文的基本原则。党政机关的隶属关系和职权范围是由《中华人民共和国宪法》(以下简称《宪法》)所规定的。《宪法》第八十九条规定了国务院的职权,主要有"根据宪法和法律,规定行政措施,制定行政法规,发布决定和命令"和"批准省、自治区、直辖市的区域划分,批准自治州、县、自治县、市的建置和区域划分"等。《宪法》第一百零七条规定,县级以上地方各级人民政府行使的职权是"依照法律规定的权限,管理本行政区域内的经济、教育、科学、文化、卫生、体育事业、城乡建设事业和财政、民政、公安、民族事务、司法行政、计划生育等行政工作,发布决定和命令,任免、培训、考核和奖惩行政工作人员"。《宪法》确定中国共产党是领导核心,党政工作的依据是《宪法》和法律,公文行文当然更要照此办理。

3. 上行文规则

《条例》第十五条规定,向上级机关行文,应当遵循以下规则:

(1) 原则上主送一个上级机关,根据需要同时抄送其他相关上级机关和同级机关,不抄送下级机关。

(2) 党委、政府的部门向上级主管部门请示、报告重大事项,应当经本级党委、政府同意或者授权;属于部门职权范围内的事项应直接报送上级主管部门。

(3) 下级机关的请示事项,如需以本机关名义向上级机关请示,应当提出倾向性意见后上报,不得原文转报上级机关。

(4) 请示应当一文一事。不得在报告等非请示性公文中夹带请示事项。

(5) 除上级机关负责人直接交办事项外,不得以本机关名义向上级机关负责人报送公文,不得以本机关负责人名义向上级机关报送公文。

(6) 受双重领导的机关向一个上级机关行文,必要时抄送另一个上级机关。

4. 下行文规则

《条例》第十六条规定,向下级机关行文,应当遵循以下规则:

(1) 主送受理机关,根据需要抄送相关机关。重要行文应当同时抄送发文机关的直接上级机关。

(2) 党委、政府的办公厅(室)根据本级党委、政府授权,可以向下级党委、政府行文,其他部门和单位不得向下级党委、政府发布指令性公文或者在公文中向下级党委、政府提出指令性要求。需经政府审批的具体事项,经政府同意后可以由政府职能部门行文,文中须注明已经政府同意。

(3) 党委、政府的部门在各自职权范围内可以向下级党委、政府的相关部门行文。

(4) 涉及多个部门职权范围内的事务,部门之间未协商一致的,不得向下行文;擅自行文的,上级机关应当责令其纠正或者撤销。

(5) 上级机关向受双重领导的下级机关行文,必要时抄送该下级机关的另一个上级机关。

5. 联合行文规则

《条例》第十七条规定:"同级党政机关、党政机关与其他同级机关必要时可以联合行文。属于党委、政府各自职权范围内的工作,不得联合行文。党委、政府的部门依据职权可以相互行文。部门内设机构除办公厅(室)外不得对外正式行文。"

这项规定强调联合行文的前提是同级。联合行文的机关及部门、单位必须是平级的,还要经过协商并取得一致意见。这就要求掌握各种社会组织的职权范围和隶属关系。例如,同一地区的党委不能和团委联合行文,因为它们之间是领导与被领导的关系。

联合行文在公务中常常是必要的:避免了各自行文的不一致问题,增强了行文的权威性和约束力,减少了公文数量。例如,某省《关于党政群机关工作人员参加成人教育有关问题的通知》,由省委组织部、省教育厅、省人社厅、省财政厅联合下发。这是由于通知的内容涉及组织、人事、教育及经费开支等方面。联合行文,应将相对应的机关都列为主送机关,以便共同处理。主送机关为"各地、市、州、县委,各地区行政公署,各市、州、县人民政府,省委各部委,省级国家机关各委办厅局,各人民团体,各大专院校"。

五、公文拟制

《条例》第五章"公文拟制"中的第十八条规定:"公文拟制包括公文的起草、审核、签发等程序。"

(一) 起草

《条例》第十九条规定,公文起草应当做到:

(1) 符合党的理论和路线方针政策及国家法律法规,完整准确体现发文机关意图,并同现行有关公文相衔接。

(2) 一切从实际出发,分析问题实事求是,所提政策措施和办法切实可行。

(3) 内容简洁,主题突出,观点鲜明,结构严谨,表述准确,文字精练。

(4) 文种正确,格式规范。

(5) 深入调查研究,充分进行论证,广泛听取意见。

(6) 公文涉及其他地区或者部门职权范围的事项,起草单位必须征求相关地区或者部门意见,力求达成一致。

(7) 机关负责人应当主持、指导重要公文起草工作。

(二) 审核

《条例》第二十条规定,公文文稿签发前,应当由发文机关办公厅(室)进行审核。审核的重点是:

(1) 行文理由是否充分,行文依据是否准确。

(2) 内容是否符合党的理论和路线方针政策及国家法律法规;是否完整准确体现发文机关意图;是否同现行有关公文相衔接;所提政策措施和办法是否切实可行。

(3) 涉及有关地区或者部门职权范围内的事项是否经过充分协商并达成一致意见。

(4) 文种是否正确,格式是否规范;人名、地名、时间、数字、段落顺序、引文等是否准确;文字、数字、计量单位和标点符号等用法是否规范。

(5) 其他内容是否符合公文起草的有关要求。

需要发文机关审议的重要公文文稿,审议前由发文机关办公厅(室)进行初核。

《条例》第二十一条规定,经审核不宜发文的公文文稿,应当退回起草单位并说明理由;符合发文条件但内容需作进一步研究和修改的,由起草单位修改后重新报送。

(三) 签发

《条例》第二十二条规定,公文应当经本机关负责人审批签发。重要公文和上行文由机关主要负责人签发。党委、政府的办公厅(室)根据党委、政府授权制发的公文,由受权机关主要负责人签发或者按照有关规定签发。签发人签发公文,应当签署意见、姓名和完整日期;圈阅或者签名的,视为同意。联合发文由所有联署机关的负责人会签。

六、公文办理流程

《条例》第六章"公文办理"中的第二十三条规定:"公文办理包括收文办理、发文办理和整理归档。"

(一) 收文办理

《条例》第二十四条规定,收文办理主要程序是:

(1) 签收。对收到的公文应当逐件清点,核对无误后签字或者盖章,并注明签收时间。

(2) 登记。对公文的主要信息和办理情况应当详细记载。

(3) 初审。对收到的公文应当进行初审。初审的重点是:是否应当由本机关办理,是否符合行文规则,文种、格式是否符合要求,涉及其他地区或者部门职权范围的事项是否已经协商、会签,是否符合公文起草的其他要求。经初审不符合规定的公文,应当及时退回来文单位并说明理由。

(4) 承办。阅知性公文应当根据公文内容、要求和工作需要确定范围后分送。批办性公文应当提出拟办意见报本机关负责人批示或者转有关部门办理;需要两个以上部门办理的,应当明确主办部门。紧急公文应当明确办理时限。承办部门对交办的公文应当及时办理,有明确办理时限要求的应当在规定时限内办理完毕。

(5) 传阅。根据领导批示和工作需要将公文及时送传阅对象阅知或者批示。办理公文传阅应当随时掌握公文去向,不得漏传、误传、延误。

(6) 催办。及时了解掌握公文的办理进展情况,督促承办部门按期办结。紧急公文或者重要公文应当由专人负责催办。

(7) 答复。公文的办理结果应当及时答复来文单位,并根据需要告知相关单位。

(二) 发文办理

《条例》第二十五条规定,发文办理主要程序是:

(1) 复核。已经发文机关负责人签批的公文,印发前应当对公文的审批手续、内容、文种、格式等进行复核;需作实质性修改的,应当报原签批人复审。

(2) 登记。对复核后的公文,应当确定发文字号、分送范围和印制份数并详细记载。

(3) 印制。公文印制必须确保质量和时效。涉密公文应当在符合保密要求的场所印制。

(4) 核发。公文印制完毕,应当对公文的文字、格式和印刷质量进行检查后分发。

《条例》第二十六条规定,涉密公文应当通过机要交通、邮政机要通信、城市机要文件交换站或者收发件机关机要收发人员进行传递,通过密码电报或者符合国家保密规定的计算机信息系统进行传输。

(三) 整理归档

《条例》第二十七条规定,需要归档的公文及有关材料,应当根据有关档案法律法规及机关档案管理规定,及时收集齐全、整理归档。两个以上机关联合办理的公文,原件由主办机关归档,相关机关保存复制件。机关负责人兼任其他机关职务的,在履行所兼职务过程中形成的公文,由其兼职机关归档。

七、OA 办文处理

OA 办文是在具备 OA 软件系统的基础上进行的,通过由国务院办公厅统一配置的电子公文传输系统处理后形成的具有规范格式的公文电子数据展开办文工作。以某单位为例,凭用户名和密码进入本单位网站页面,单击 OA 公文办文系统,然后根据本人相应的权限进行电子公文承办文。其中,公文管理包括:主题空间—快速办文—发文拟文—签报拟文—收文登记—发文管理—收文管理—公文查询—公文督办等环节。具体工作要求如下:

(一) 选择正确的 OA 办文流程

(1) 收到上级机关来文,要求以正式行文进行回复的,原则上需由发文部门提起 OA 办文流程,并由党政办公室制发。以单位名义向上级机关呈报的其他报告、请示、公函,向其他单位报送的函件,原则上也需提起 OA 办文流程,备注清楚是否需要文号。

(2) OA 发文操作:起草部门应该选择 OA 发文流程"(部门用发文)",及时在 OA 系统填写文单(表 2-1)、上传正文及附件。非急件一般不少于 5 个工作日,急件至少提前 2 个工作日起草文单。外报公文应在"附言"中备注有无文号要求。具体流程如下:公文发起者—部门全面工作(部门核稿)—党政办公室秘书(会签)—党政办公室(核稿)—党政办公室(审计处)等有关部门(审核)—单位领导(签发)—党政办公室秘书(登记)—单位内部查看(传阅)、党政办公室秘书—系统归档员(归档)。

(3) 涉及其他有关部门职权范围内的事项时,应先经过充分协商,达成一致意见后,再提起发文流程。若起草部门负责人认为有必要,则可在 OA 办文系统中加签给相关部门负责人进行会签,相关部门负责人提交会签意见后,由起草部门负责人审核,确认无误后单击"提交"按钮,流程转到党政办公室会稿审核。

(4) 发文部门负责人要对本部门的公文质量把好第一道关。

(二) 注重内容质量

(1) 经集团公司党委会、总经理办公会审议通过的决策事项办文,请在公文中备注党委会、总经理办公会召开时间、次数等信息。

(2) 使用正确的公文文种。

(三) 严格规范行文

(1) 完善附件说明、联系人和联系方式、附件等公文要素。例如,公文有附件时,需补充附件说明,并在 OA 系统中上传附件;外报公文需在成文日期下一行空两格补充联系人和联系方式。

(2) 严格按照公文格式标准进行排版。各部门须认真学习《党政机关公文处理工作条例》《党政机关公文格式》,先按照发文排版模板进行初次排版,再进行正文上传。

(3) 签发后的公文,未经签发人同意,不得改动。

(4) 按照主送单位的报送要求进行公文报送。

(5) 如果标题出错无法在 OA 文单上直接修改,或内容出错较多,则直接进行退文处理。

表 2-1 ××供销联社公文处理单

文号：×联社〔2023〕9号		密级：	保密期限：无限期
工作秘密确认理由：无			
缓急： 普通		发送方式：电子 是 上网 是 纸质 2 份	
标题：××供销社关于做好"稳岗惠企"复工复产工作的通知			
签发：		办公室审核意见：	
同意 ××（领导）2023-01-29 21：18 拟同意，请××总经理审签。××× 　　　　　　　　　2023-01-30 10：18		核稿人： 已核，请××主任审。××× 　　　　　　　　　2023-01-28 21：24	
同意 ××× 　　　　　　　　　2023-01-30 12：10		审核人： 请××总经理审签。××× 　　　　　　　　　2023-01-28 22：09	
		拟定密级依据：	
		定密审核意见：	
拟稿单位：	党政办公室	拟稿人：	×××
核稿人：	拟同意。呈×书记阅示。×××　　　2023-01-30 15：51		
会稿：	已会稿，请××主任核稿。×××　2023-01-30 16：11		
主送：	公司各部门		
抄送：			
印制：		校对：	

八、党政机关公文格式

公文格式指的是公文各组成部分的写作要求和标志规则，包括用纸、装订与文字排列要求等。在此着重介绍文字排列要求，即公文写作中必须掌握的有关书面各个组成部分的固定格式。《条例》第三章第九条对公文格式做了明确、具体的规定："公文一般由份号、密级和保密期限、紧急程度、发文机关标志、发文字号、签发人、标题、主送机关、正文、附件说明、发文机关署名、成文日期、印章、附注、附件、抄送机关、印发机关和印发日期、页码等组成。"《党政机关公文格式》中，将组成公文的各要素划分为版头、主体、版记三部分。公文首页红色分隔线以上的部分称为版头；公文首页红色分隔线（不含）以下、公文末页首条分隔线（不含）以上的部分称为主体；公文末页首条分隔线以下、末条分隔线以上的部分称为版记。

公文文本格式简图如图 2-1 所示。

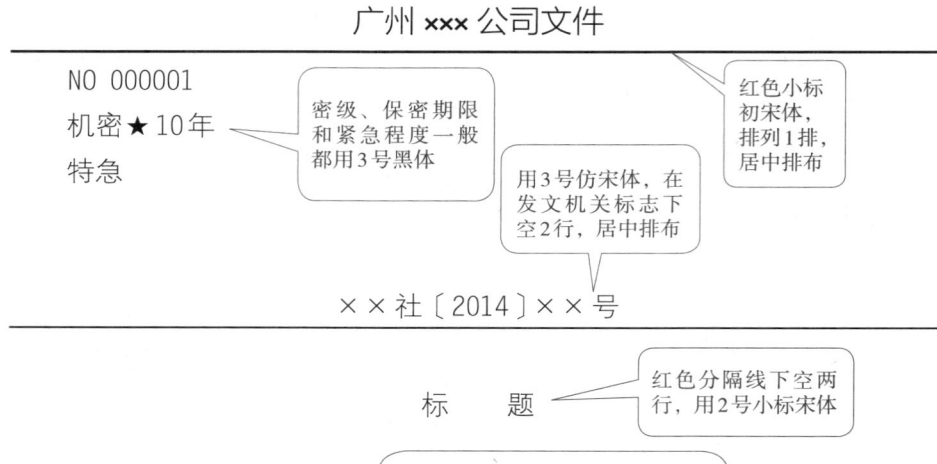

图 2-1　公文文本格式简图

公文文本格式图示如图 2-2 所示。

```
版头 ┌ 份号                    No: 000001
     │ 密级和保密期限           机 密★5年
     │ 紧急程度                 特  急
     │ 发文机关标志
     │                         □□市人民政府文件
     │ 发文字号
     └ 签发人                   □府〔2024〕1号          签发人：×××

主体 ┌ 标题                        关于×××××的通知
     │
     │ 主送机关                各区、县人民政府、各直属机关：
     │ 正文                       ××××××××××××××××××××
     │                            ××××××××××××××××××××
     │                            ×××××××××××××××.
     │
     │ 附件                    附件：1.×××××
     │ 附件说明                     2.×××××××
     │
     │ 发文机关署名                            ××市人民政府（印章）
     │ 成文日期                                    2024年×月×日
     │
     │ 附注                    附注：1.×××××
     └                             2.×××××××

版记 ┌ 抄送机关                抄送：×××××××××××
     │ 印发机关                ××市人民政府办公厅        2024年×月×日印发
     └ 印发日期
```

图 2-2　公文文本格式图式

(一) 版头

版头位于公文首页的上端,约占 A4 公文用纸的 1/3 面积,用一条红色间隔横线与主体部分隔开,由份号、密级和保密期限、紧急程度、发文机关标志、发文字号、签发人组成。

1. 份号

份号是公文印制份数的顺序号,一般用 6 位 3 号黑体的阿拉伯数字,顶格编排在版心左上角第一行。涉密公文应当标注份号。一般领导机关大批下发的文件使用份号,便于收发文登记和查找。

2. 密级和保密期限

密级和保密期限指公文的秘密等级和保密的期限。涉密公文应当根据涉密程度分别标注"绝密""机密""秘密"和保密期限,一般用 3 号黑体字,顶格编排在版心左上角第二行;保密期限中的数字用阿拉伯数字。没有标明密级的是普通文件,标明密级的文件必须做好保密工作。《中华人民共和国保守国家秘密法》(以下简称《保密法》)严格规定,国家行政机关、企事业单位等公职人员要严守国家机密(包括做好公文的保密工作)。否则,将受到法律制裁。

3. 紧急程度

紧急程度是指送达和办理公文的时限要求,目的是使受文机关明确公文处理的时间要求,保证公文处理的时效性。紧急文件应分别标明"特急""急件",紧急电报应分别标明"特急""加急""平急",其位置在秘密等级的下方。

如需标注紧急程度,则一般用 3 号黑体字,顶格编排在版心左上角。如需同时标注份号、密级和保密期限、紧急程度,则按照份号、密级和保密期限、紧急程度的顺序自上而下分行排列。

4. 发文机关标志

发文机关标志,由发文机关全称或者规范化简称加"文件"二字组成,也可以使用发文机关全称或者规范化简称。联合行文时,发文机关标志可以并用联合发文机关名称,也可以单独用主办机关名称,如"广东省人民政府文件""国务院文件"等。发文机关标志位置居中间,字体较大,多用红色字体印刷,以示庄严、醒目,这也是"红头文件"称谓的由来。发文机关标志居中排布,上边缘至版心上边缘为 35 mm,推荐使用小标宋体字,颜色为红色,以醒目、美观、庄重为原则。

5. 发文字号

发文字号简称文号,是指某一公文在发文机关一个年度内发文总号中的实际顺序号,即向外发文的登记编号,由发文机关代字、年份、发文顺序号组成。联合行文时,使用主办机关的发文字号。文号编排在发文机关标志下空二行位置,居中排布。年份、发文顺序号用阿拉伯数字标注,其中年份应标全称,用六角括号"〔〕"括入;发文顺序号不加"第"字,不编虚位(即 1 不编为 01),在阿拉伯数字后加"号"字。上行公文的发文字号居左空一字编排,与最后一个签发人姓名处在同一行,如粤府〔2023〕14 号、国发〔2024〕88 号,分别表示广东省人民政府 2023 年第 14 次发文,国务院 2024 年第 88 次发文。如果是国家领导人发布的命令,则其发文字号又有所不同,如中华人民共和国主席令(国务院令)第 1 号,依次顺延,直至五年一任期满为止。下届领导人行文发令,序号又重新开始。必须注意:发文机关代字不宜过多,尽量用两三个字就明确发文机关名称,如"粤府""穗府"等,一目了然。

6. 签发人

签发人是指批准发出公文的机关领导人,由"签发人"三字加全角冒号和签发人姓名组成,居右空一字,编排在发文机关标志下空二行位置。"签发人"三字用3号仿宋体字,签发人姓名用3号楷体字。如有多个签发人(如联合行文时的会签),则签发人姓名按照发文机关的排列顺序从左到右、自上而下依次均匀编排,一般每行排两个姓名,回行时与上一行第一个签发人姓名对齐。《条例》中规定:上行文应当标注签发人姓名(请示、报告、议案等),下行文不需要标注签发人。

(二) 主体

1. 标题

公文标题是对公文内容和作用的高度概括,由发文机关名称、事由和文种组成。标题一般用2号小标宋体字,编排于红色分隔线下空二行位置,分一行或多行居中排布;回行时,要做到词意完整、排列对称、长短适宜、间距恰当。标题排列应当使用梯形或菱形,不应使用上下长度一样的长方形或上下长、中间短的沙漏形。公文标题拟制方法:发文机关+事由+文种。例如,××供销社关于2024年工作安排的通知。

2. 主送机关

公文的主要受理机关,应当使用机关全称、规范化简称或者同类型机关统称。

主送机关又称抬头或上款,即公文发送的最直接对象。编排于标题下空一行位置,居左顶格,回行时仍顶格,最后一个机关名称后标全角冒号。如主送机关名称过多导致公文首页不能显示正文,则应当将主送机关名称移至版记处,编排方法同抄送机关。

除面向全社会或普发性的公文及规章条例外,一般应注明主送机关。上行文、平行文一般只有一个主送机关,下行文可有多个主送机关。上行文的主送机关应是直接上级机关,一般不得越级行文,不得将领导人作为主送机关。主送机关名称应为全称或规范简称、统称。

3. 正文

正文是公文的主体,用来表述公文的内容。正文是指公文的核心部分,由缘由、事项、结尾三部分构成。一篇公文的质量如何,关键在于正文部分。但是,每个文种写法各不相同,对于各种文体正文的具体写法,将在以后章节进行详细的讲授。

公文首页必须显示正文。一般用3号仿宋体字,编排于主送机关名称下一行,每个自然段左空二字,回行顶格。文中结构层次序数依次可以用"一、""(一)""1.""(1)"标注;一般第一层用黑体字、第二层用楷体字、第三层和第四层用仿宋体字标注。用印页(发文机关署名页)如无正文,则应标注"此页无正文"字样。具体标注方法是在用印页上空一行、左空二字,在括号内标注"此页无正文"字样。

4. 附件说明

如有附件,则在正文下空一行、左空二字编排"附件"二字,后标全角冒号和附件名称。如有多个附件,则使用阿拉伯数字标注附件顺序号(如"附件:1.××××××")。附件名称后不加标点符号。附件名称较长需回行时,应当与上一行附件名称的首字对齐。

5. 发文机关署名

署发文机关全称或者规范化简称。原来要求署名不盖章,盖章不署名,现在要求除电报、纪要以外,一般既要落款署名,又要加盖印章。

6. 成文日期

成文日期又称署时，是指公文生效的法定时间，位于发文机关署名的下方。成文日期一般右空四字编排，用阿拉伯数字将年、月、日标全。年份应标全称，月、日不编虚位（即 1 不编为 01）。成文日期以发文单位领导签发的日期为准；会议通过的公文以通过的日期为准；几个机关单位的联合发文以最后一个机关领导人的签发日期为准。公文排版后所剩空白处不能容下印章或签发人签名章、成文日期时，可以采取调整行距、字距的措施解决。

7. 印章（公文生效标志）

公文中有发文机关署名的，应当加盖发文机关印章，并与署名机关相符。有特定发文机关标志的普发性公文和电报可以不加盖印章。印章用红色，一般盖在发文机关署名和成文日期上，不得出现空白印章。单一机关行文时，一般在成文日期之上、以成文日期为准居中编排发文机关署名，印章端正、居中下压发文机关署名和成文日期，使发文机关署名和成文日期居于印章中心偏下位置，印章顶端应当上距正文（或附件说明）一行之内。联合行文时，一般将各发文机关署名按照发文机关顺序整齐排列在相应位置，并将印章一一对应、端正、居中下压发文机关署名，最后一个印章端正、居中下压发文机关署名和成文日期，印章之间排列整齐，互不相交或相切，每排印章两端不得超出版心，首排印章顶端应当上距正文（或附件说明）一行之内。

盖章用印是公文格式的重要组成部分，是公文产生法定效力的重要标志。未经领导人签发不得盖章，印章与公文落款要一致。盖印方法是盖在发文日期中央，骑年压日，上大下小。以机关领导人名义发文的，由他本人亲笔在落款处签字。

8. 附注

附注是指公文印发传达范围等需要说明的事项，左空两字加圆括号编排在成文日期下一行，如"此件发至县团级""此件可免报"等。大多数高层领导机关大批下行的文件有此项内容，上行和平行的公文不需要此项内容。另外，附注还用来说明有关引文的出处，解释有关名词术语等。附注内容位于成文时间下方的左侧，空两字加圆括号标识。

9. 附件

附件是公文正文的说明、补充或者参考资料。附件应当另面编排，并在版记之前，与公文正文一起装订。"附件"二字及附件顺序号用 3 号黑体字顶格编排在版心左上角第一行。附件标题居中编排在版心第三行。附件顺序号和附件标题应当与附件说明中的表述一致。附件内容格式要求同正文。如果附件与正文不能一起装订，则应当在附件左上角第一行顶格编排公文的发文字号并在其后标注"附件"二字及附件顺序号。

（三）版记

1. 抄送机关

抄送机关是除主送机关外需要执行或者知晓公文内容的其他机关，应当使用机关全称、规范化简称或者同类型机关统称，一般用 4 号仿宋体字，在印发机关和印发日期之上一行，左右各空一字编排。"抄送"二字后加全角冒号和抄送机关名称，回行时与冒号后的首字对齐，最后一个抄送机关名称后标句号。如需把主送机关移至版记处，则除将"抄送"二字改为"主送"外，编排方法同抄送机关。既有主送机关又有抄送机关时，应当将主送机关置于抄送机关之上一行，之间不加分隔线。要根据公文内容与性质、机关或领导人的职能与职权及工作的需要来确定抄送机关。

2. 印发机关和印发日期

印发日期不是文件的签发日期。印发机关和印发日期一般用 4 号仿宋体字,编排在末条分隔线之上。印发机关左空一字,印发日期右空一字,用阿拉伯数字将年、月、日标全,年份应标全称,月、日不编虚位(即 1 不编为 01),后加"印发"二字。版记中如有其他要素,则应当将其与印发机关和印发日期用一条细分隔线隔开。印发机关一般是发文机关的办公厅(室)或秘书处、秘书科等。例如广东省委发文,其印发机关是"中共广东省委办公厅"。版记中不再保留"主题词"和"印制份数"。

九、技能实训

指正病文错误,誊写正确格式公文。

(紧急)

机密

××市府公文
(24)××市府发24号
××市人民政府严厉打击非法出版活动的通知

当前,我市一些地方非法出版活动十分猖獗,传播有言书刊和音像制品。这类出版物对群众特别是青少年的身心健康危害极大,严重地影响了社会主义精神文明的建设,破坏了社会安定,已成为社会一大公害。以此,各级政府应采取有力措施,严厉打击非法出版活动。现将有关事项通知如下:

(以下略)

附件:如文

××市人民政府

主题词:出版、通知　　　　　　　　　　　　2024年×月×日

报:(单位略)
送:(单位略)
二〇二四年×月×日　　　　　××市人民政府办公厅印(共印400份)

项目三

常用党政机关公文

学习目标

▶ 知识点：

了解各文种的适应范围。
掌握各文种的行文格式与要求。

▶ 能力点：

准确领会上级领导的行文意图。
选择恰当文种，严格按公文格式和语体要求写作。
结合实际工作情境，撰写常用党政机关公文套红格式文本。
能够准确地将格式与写作要求应用于具体写作实践。

实训 1　决定

决定

一、办文情境

"供销社"××部职工×××无视规定,自今年二月至七月,持续无故旷工五个月。此人自去年六月八日入职以来,无心工作,出工不出力。更为恶劣的是打架斗殴五次,伤三人,其中一人是劝架的部门主管,至今已被公安局拘留四次。公司对他进行长期、耐心的帮助教育,没有任何效果。其行为严重败坏公司声誉,在全司和社会上造成恶劣的影响。根据《员工守则》第×章第××条"无故旷工满两个月者,给予除名处分"的规定,经职工代表大会研究决定,予以除名。

二、办文任务

开展在线实时写作实训,分角色模拟"供销社"办文情境,拟写开除×××的决定。

三、写作技法

(一) 任务分析

《条例》规定:决定是"适用于对重要事项作出决策和部署、奖惩有关单位和人员、变更或者撤销下级机关不适当的决定事项"的公文。

决定要经过社会组织领导工作会议的讨论,实际上是决策使用的下行文,如在企业就是最有权威的行政公文。它对一些关系到党和国家方针政策的重要事项或重大行动做出处理和安排,集中体现了上级领导机关对重要事项或者重大行动的指挥意志和处置意图,是指导下级机关工作的准则,对受文单位有很强的约束力,要求其无条件执行。所谓重要事项,具体指带有全局性或具有重大意义和影响的事项。如2024年7月18日,中国共产党第二十届中央委员会第三次全体会议审议通过了《中共中央关于进一步全面深化改革　推进中国式现代化的决定》。这是中国共产党历史上又一重要纲领性文件。从发文机关的角度来看,用"决定"行文的事项和行动,对该单位来说是比较重要的。表彰与处分事项也都可以用决定来行文,因为奖惩也属于单位重大决策范围。"供销社"某职工被开除对于企业来说是比较重大的事项,按照规定,要用惩戒性决定处理,以儆效尤。

(二) 决定的种类

1. 知照性决定

知照性决定指机构设置决定、人事安排决定等对某一具体事项的决定,是针对有关具体问题或事项的决策,主要作用是把决定事项简要传达给有关单位,可省去受文对象,一般没有要求下级执行的具体意见。

2. 指挥性决定

指挥性决定指关于重大事项和行动的决定,以及一些带有规定性质的决定。它充分体现了领导机关的意图,详细阐述有关方针政策,对重大行动提出政策措施,要求相关事务在规定范围内贯彻执行。

> 例文1

全国人民代表大会关于完善香港特别行政区选举制度的决定

（2021年3月11日第十三届全国人民代表大会第四次会议通过）

第十三届全国人民代表大会第四次会议审议了全国人民代表大会常务委员会关于提请审议《全国人民代表大会关于完善香港特别行政区选举制度的决定（草案）》的议案。会议认为，香港回归祖国后，重新纳入国家治理体系，《中华人民共和国宪法》和《中华人民共和国香港特别行政区基本法》共同构成香港特别行政区的宪制基础。香港特别行政区实行的选举制度，包括行政长官和立法会的产生办法，是香港特别行政区政治体制的重要组成部分，应当符合"一国两制"方针，符合香港特别行政区实际情况，确保爱国爱港者治港，有利于维护国家主权、安全、发展利益，保持香港长期繁荣稳定。为完善香港特别行政区选举制度，发展适合香港特别行政区实际情况的民主制度，根据《中华人民共和国宪法》第三十一条和第六十二条第二项、第十四项、第十六项的规定，以及《中华人民共和国香港特别行政区基本法》《中华人民共和国香港特别行政区维护国家安全法》的有关规定，全国人民代表大会作出如下决定：

一、完善香港特别行政区选举制度，必须全面准确贯彻落实"一国两制""港人治港"、高度自治的方针，维护《中华人民共和国宪法》和《中华人民共和国香港特别行政区基本法》确定的香港特别行政区宪制秩序，确保以爱国者为主体的"港人治港"，切实提高香港特别行政区治理效能，保障香港特别行政区永久性居民的选举权和被选举权。

二、香港特别行政区设立一个具有广泛代表性、符合香港特别行政区实际情况、体现社会整体利益的选举委员会。选举委员会负责选举行政长官候任人、立法会部分议员，以及提名行政长官候选人、立法会议员候选人等事宜。

选举委员会由工商、金融界，专业界，基层、劳工和宗教等界，立法会议员、地区组织代表等界，香港特别行政区全国人大代表、香港特别行政区全国政协委员和有关全国性团体香港成员的代表界等五个界别共1 500名委员组成。

三、香港特别行政区行政长官由选举委员会选出，由中央人民政府任命。

行政长官候选人须获得选举委员会不少于188名委员联合提名，且上述五个界别中每个界别参与提名的委员不少于15名。选举委员会以一人一票无记名投票选出行政长官候任人，行政长官候任人须获得选举委员会全体委员过半数支持。

四、香港特别行政区立法会议员每届90人。通过选举委员会选举、功能团体选举、分区直接选举三种方式分别选举产生。

五、设立香港特别行政区候选人资格审查委员会，负责审查并确认选举委员会委员候选人、行政长官候选人和立法会议员候选人的资格。香港特别行政区应当健全和完善有关资格审查制度机制，确保候选人资格符合《中华人民共和国香港特别行政区基本法》《中华人民共和国香港特别行政区维护国家安全法》、全国人民代表大会常务委员会关于

《中华人民共和国香港特别行政区基本法》第一百零四条的解释和关于香港特别行政区立法会议员资格问题的决定以及香港特别行政区本地有关法律的规定。

六、授权全国人民代表大会常务委员会根据本决定修改《中华人民共和国香港特别行政区基本法》附件一《香港特别行政区行政长官的产生办法》和附件二《香港特别行政区立法会的产生办法和表决程序》。

七、香港特别行政区应当依照本决定和全国人民代表大会常务委员会修改后的《中华人民共和国香港特别行政区基本法》附件一《香港特别行政区行政长官的产生办法》和附件二《香港特别行政区立法会的产生办法和表决程序》，修改香港特别行政区本地有关法律，依法组织、规管相关选举活动。

八、香港特别行政区行政长官应当就香港特别行政区选举制度安排和选举组织等有关重要情况，及时向中央人民政府提交报告。

九、本决定自公布之日起施行。

（新华社北京 2021 年 3 月 11 日电）

3. 奖惩性决定

奖惩性决定指表彰决定、处分决定，是对事迹突出、有典型意义的先进个人或集体进行表彰，或者对一些影响较大，群众关心的事故、错误进行处理的公文。它一般用于树立榜样，表彰先进人物和事迹，或者吸取教训，批评、惩戒错误现象。

(三) 结构写法

1. 标题

决定的标题由发文机关名称、事由、文种组成，或由事由、文种组成。如果是正式会议讨论的决定，则在标题下面写明在什么会议上通过或者批准。成文时间要以会议通过日期或者领导人签发的日期为准。此种决定一般不写抬头和落款。

2. 正文

（1）缘由。说明为什么要做出这个决定，即决定的目的和意义，或者作出决定的根据，既可以是有关政策、法规，又可以是对实际工作情况的事实说明。

（2）事项。说明对某项工作确定的原则、提出的要求、规定、措施办法，或者对某人某事表明态度，做出安排和表彰、惩戒的处置等，可长可短。

（3）结语。提出希望和号召，落实决定的要求。

例文 2

中共中央 国务院关于表彰北京冬奥会、冬残奥会
突出贡献集体和突出贡献个人的决定

（2022 年 4 月 8 日）

北京冬奥会、冬残奥会是在我国全面建成小康社会、实现第一个百年奋斗目标、向第二个百年奋斗目标迈进的关键时期举办的重大标志性活动，具有里程碑意义。习近平总

书记高瞻远瞩、掌舵领航,亲自谋划、亲自部署、亲自推动,作出一系列重要指示批示,为做好冬奥筹办工作提供了根本遵循。中央和国家机关有关部门、各省区市团结协作,筹办和备战单位、主办城市克服新冠疫情等困难挑战,精心组织、全力投入,全国各族人民和海内外中华儿女全情奉献、热情参与,向世界奉献了一届简约、安全、精彩的奥运盛会,全面兑现了对国际社会的庄严承诺,赢得了全世界的高度赞誉。

在北京冬奥会、冬残奥会筹备举办过程中,涌现出一大批事迹突出的集体和个人。为隆重表彰先进典型,激励全党全国各族人民为全面建设社会主义现代化国家而努力奋斗,党中央、国务院决定,授予国家速滑馆场馆运行团队等148个集体"北京冬奥会、冬残奥会突出贡献集体"称号;授予苏翊鸣等147名同志、追授邓小岚同志"北京冬奥会、冬残奥会突出贡献个人"称号。希望受到表彰的集体和个人珍惜荣誉、再接再厉,充分发挥模范带头作用,为党和人民事业作出新的更大贡献。

伟大事业孕育伟大精神。这次受到表彰的集体和个人的事迹,集中体现了胸怀大局、自信开放、迎难而上、追求卓越、共创未来的北京冬奥精神。北京冬奥精神,不仅为成功举办北京冬奥会、冬残奥会提供了重要保障,也为中华民族伟大复兴凝聚起强大力量。

党中央号召,全党全国各族人民要以习近平新时代中国特色社会主义思想为指导,全面贯彻党的十九大和十九届历次全会精神,以受到表彰的突出贡献集体和个人为榜样,深刻认识"两个确立"的决定性意义,增强"四个意识"、坚定"四个自信"、做到"两个维护",更加紧密地团结在以习近平同志为核心的党中央周围,不忘初心、牢记使命,踔厉奋发、笃行不怠,弘扬北京冬奥精神,以实际行动迎接党的二十大胜利召开,为实现第二个百年奋斗目标、实现中华民族伟大复兴的中国梦而不懈奋斗!

附件:1. 北京冬奥会、冬残奥会突出贡献集体名单(略)
   2. 北京冬奥会、冬残奥会突出贡献个人名单(略)

(中华人民共和国国务院公报2022年第12号,有删改)

四、技能实训

指正病文错误,誊写正确行文。

2023—2024学年先进集体和先进个人的决定

××学院紧紧围绕"迎评创示范"这一中心工作,狠抓学风和考风建设,落实教育部"就业导向,能力本位,校企合作,工学结合"的办学精神。全体同学不仅认真学习,还积极参与校园文化建设,在感恩母校、文明毕业、校内外的社会实践、实训成果的仿真展示、学校的科技节、创建文明宿舍等系列活动中,涌现出一大批先进集体和先进个人。希望受表彰的班集体和个人再接再厉,抓住机遇,迎接挑战,在"迎评创示范"活动中磨炼自己,为把我校建成全省示范性高职院校做出应有的贡献。各专业、课程团队,各班级要以这次受表彰的先进集体和个人为榜样,自觉地将个人的前途与学校的发展结合起来,正确对待荣辱得失,共同促进我校在"迎评创示范"中迈上新的台阶。附件：××学院2023—2024学年先进集体和先进个人名单。为了树立典型，表彰先进，现对"17旅游英语"等6个班集体和×××等78名优秀个人予以表彰。

实训2 通告

通告与公告

一、办文情境

受当前经济全球化下行形势影响，××有限公司经营不善，与"供销社"进行协商。为了促进经营的合理化，经双方认真论证和商定，并报请有关主管部门批准，双方同意兼并，并以"供销社"为存续公司，××有限责任公司为解散公司。兹定于2024年×月××日为兼并日。自兼并日起，××有限责任公司一切权利、义务和债务，悉由续存公司承担。依据《公司法》规定，凡××有限责任公司的债权债务人，如有异议，请在本通告之日起三个月内提出，逾期无效。

二、办文任务

开展在线实时写作实训，分角色模拟"供销社"办文情境，拟写兼并通告。

三、写作技法

（一）任务分析

《条例》规定：通告是"适用于在一定范围内公布应当遵守或者周知的事项"的公文。

通告是社会组织广泛使用的告晓性公文，凡涉及国家政策法令、日常工作事项和社会生活中的一些具体事务，都可以行文。通告中发布的内容具体，业务性和针对性强，其行文对象有限，告知对象是辖区内的单位和人员，告知对象范围较窄，仅限于"在一定范围内公布"需要知道的情况、值得注意的事情、应当遵守的规定等。通告发文单位广泛，各级社会组织都可以发布。作为存续公司的"供销社"，需要尽快在本地区社会范围内公布兼并某公司这一业务事项，周知其债权债务人等有关人士和单位，让当地公众了解兼并事宜，以便遵守执行有关规定，妥善处理原公司债务问题。按照规定，应该用周知性通告行文。

（二）通告的种类

1. 周知性通告

社会组织在执行公务过程中有许多情况需要社会有关方面知晓，以便相互配合，因此周知性通告内容一般是业务性和单一性的，如停水、停电、电话号码升位等。

2. 遵守性事项通告

遵守性事项通告用于向社会公布有关单位和人员应当遵守的事项，具有政策性和法规性，如交通管制、查禁违禁物品等令行禁止事项，具有强制性和行政约束力。

（三）结构写法

1. 标题

标题一是由发文机关名称、事由和文种组成；二是只由发文机关名称和文种，或者只由事由和文种组成；三是仅有文种。

2. 缘由

缘由部分要阐明发文的原因、目的或意义、根据。若是法规政策类通告，则要写清法律依据。然后，用"特通告如下"或"现通告如下"自然过渡到下文。

3. 事项

事项部分要写明通告具体内容，着重讲清楚需要周知和遵守的事情。如果是内容较简单的周知性事项通告，则可以篇段合一，三言两语一气呵成。若是要求遵守事项或法规性的通告，则一般采用条款式，分条列项地写清楚，以便告知对象理解领会，遵照执行。

4. 结尾

在结尾中提出号召、希望、要求，或者点明执行时间、范围和有效期，再以"特此通告"等结语收束，也可以最后一条事项作结。

通告属于泛向行文，面向社会组织内外的公众发布，受文对象相对来说较为广泛，一般不必写抬头，没有主送机关。

> **例文 1**

广州市公安局交通警察支队关于2024年广州迎春花市期间临时交通管制的通告

穗公交规字〔2024〕1号

为确保2024年广州迎春花市的顺利举行，根据《中华人民共和国道路交通安全法》的有关规定，我支队决定对部分路段实施临时交通管制。

一、实施交通管制的路段及时间。

（一）2024年1月29日零时起至2月10日6时，越秀区教育路（中山五路口至惠福东路口）、西湖路（北京路口至广州起义路口）；海珠区滨江西路（人民桥底至解放大桥底）、宝岗大道（滨江西路口至南华西路口）；荔湾区荔湾路（中山八路口至西华路口）；白云区云城东路（云城南二路口至云城南四路口，北往南方向）、云城南三路实施交通管制。

（二）2024年1月24日零时起至2月5日6时，白云区白云湖湖滨西路（南往北方向）实施交通管制。

（三）2024年1月26日零时起至2月10日6时，黄埔区知识城开放一路实施交通管制。

（四）2024年2月1日22时至2月9日24时，白云区人和镇聚贤街（穗和市场路口至人和新街路口）、商贸中街（聚贤街路口至鸦湖石丁东街路口）实施交通管制。

（五）交通管制期间，上述路段禁止一切车辆通行，途经的车辆请注意绕道行驶。

二、2024年1月29日零时起至2月10日6时，广州起义路（中山路口至惠福路口）

实施小型汽车双向行驶,其他车辆按原规定由南往北单向行驶。

三、执行紧急任务的军车、警车、消防车、救护车、工程抢险车不受上述措施限制。

四、违反本通告的,由公安机关交通管理部门依法予以处理。

特此通告。

广州市公安局交通警察支队
2024 年 1 月 23 日
(资料来源于广州市公安局官网,有删改)

例文 2

中国 ×× 银行关于系统升级的通告

尊敬的客户:

为了能够向您提供更优质的服务,我行将于 2023 年 10 月 15 日 4:00—8:30 对系统进行升级维护,期间我行网上银行、电话银行、手机银行、短信银行、微信银行、银企银行、柜面、自助设备等相关系统将暂停服务。此外,10 月 15 日 3:00—4:30,短信银行、微信银行、E 支付等相关系统将暂停服务。

系统升级后如果您在业务办理过程中遇到疑问,请通过短信或电话方式咨询××××××××。

由此给您带来的不便,敬请谅解。

特此通告。

中国 ×× 银行股份有限公司
2023 年 10 月 12 日

(四)公告与通告的区别

1. 范围不同

公告告知对象最广泛,传播范围面向国内外,如《中华人民共和国国务院中央军事委员会公告》:中国人民解放军驻香港部队组建完成,将于 1997 年 7 月 1 日零时正式进驻香港。通告的告知范围有所限制,仅仅是"在一定范围内公布应当遵守或者周知的事项"。如关于恢复黑河边民互市贸易的通告。

2. 发布内容不同

公告发布事关重大,政治性强,如国务院第七次全国人口普查办公室领导小组公告〔2020〕3 号。通告内容相对来说没有公告重要,多是业务工作方面的事项,业务性较强,如国家税务总局广东省税务局、广东省人力资源和社会保障厅、广东省医疗保障局关于暂停办理城乡居民基本养老保险和城乡居民基本医疗保险参保业务的通告(2023 年第 5 号)。

3. 性质不同

周知性是公告的最主要特征,如财政部国家税务总局关于进一步支持小微企业和个体工商户发展有关税费政策的公告(2023年第12号)。通告除此之外,更明显地具有强制性和约束性,如广州市海珠区消防安全委员会办公室关于电动自行车违规停放充电法律责任的通告。

4. 发布机关不同

公告是以国家名义向国内外宣布重大事项和法定事项,发文机关级别比较高,一般由国家高级领导和权力机关发布,或者授权法定的政府职能部门制发。通告发文单位较广泛,各级社会组织都可以制发,使用频率比公告高得多。

5. 发布方式不同

公告事关国家大事,以最先进的电视、电台和报纸等现代化新闻媒介为传播形式。通告既可登报发布,又可张贴发布,即通过报纸和书面张贴于交通要道、闹市、马路街头等地公布。此外,随着社会的发展,还出现了微信群和手机信息等新型发布方式。

四、技能实训

(1) 判断下列情况应用哪种公文行文,然后拟出标题。

① 某港务局告知在某水域通过的船只,注意减速避让水文测验船只。

② 全国人大告知某领导人职务的选举结果。

③ 国家税务总局宣布实行新税制改革的有关事项。

④ ××市税务局告知办理本年度个人所得税汇算清缴事项。

⑤ ××市周知市民,9月21日全市防空警报试鸣暨"×××天盾—2024城市人民防空演习"。

(2) 分析修改病文,誊写正确行文。

通 告

本渡口是××河上的重要渡口之一,过往车辆、行人很多,等候时间往往很长。为了减少等船时间,加强渡口管理,特作如下规定:

1. 凡需乘渡船过河者必须购票,机动车每辆5元,非机动车每辆3元,行人每位1元(1米以下儿童免票),不买票者不得乘船。

2. 乘客必须听从工作人员指挥按顺序上、下船,各种车辆要按指定位置停放,以保证渡船安全。

3. 不准携带易燃、易爆、腐蚀性强的物品上船。违反规定擅自携带违规物品上船者,没收所带物品,并酌情予以五十元至二百元罚款。

……

7. 违反规定或者在船上无理取闹,不听指挥,妨碍渡船正常航行者,情节严重的扭送公安机关,依法惩处。

××河渡口管理
2024年×月××日

实训 3　通知

通知

一、办文情境

2023年9月初,17级超强台风"苏拉"袭击广东省广州市。广东省防汛防旱防风总指挥部决定于2023年8月30日12时将防风Ⅳ级应急响应提升为防风Ⅲ级应急响应,全省进入防风Ⅰ级应急响应状态。"供销社"贯彻落实省"三防"总指挥部战前动员部署会议精神,专题召开防御台风紧急工作会议,紧急部署防御工作任务,严防死守,全体员工合力抗击"三台闹海"强台风。

二、办文任务

开展在线实时写作实训,分角色模拟"供销社"办文情境,拟写召开紧急部署防御超强台风"苏拉"工作会议通知,以及布置做好防御超强台风工作任务的通知。

三、写作技法

(一) 任务分析

《条例》规定:通知是"适用于发布、传达要求下级机关执行和有关单位周知或者执行的事项,批转、转发公文"的公文。

通知是公务活动中使用最普遍的公文,适用范围极其广泛,不受发文机关级别高低的限制。无论是上级机关的重要决策,还是日常的工作,都可以使用通知进行传达、部署或告知。通知行文简便,写法多样,时效性强,所传达的事项往往要求受文者及时知晓或迅速办理。"供销社"妥善做好防御17级超强台风"苏拉"的工作任务,事关重大,对于上级机关的重要指示精神,必须认真贯彻落实,紧急布置,做好准备工作,要求下级单位知晓和严格执行有关措施方法,按照规定,要用事项性通知行文;紧急召集中层干部前来开会研究当前迫切需要解决的工作问题,要撰写会议通知知照有关开会事项。

(二) 通知的分类

1. 事项性通知

事项性通知是指发文机关主要用来传达要求下级执行的事项,发布规章或要求办理、阅知的事项的公文。这是通知中最重要的一种公文,主要用来布置工作,安排开展活动,解决实际工作中某些具体问题。

2. 会议通知

会议通知是指组织召开会议的机关向参加会议的机关、单位行文告知其会议内容、时间、地点和会议要求的公文。

3. 批转性通知

批转性通知是指转发上级机关、同级机关和不相隶属机关的公文,批转下级机关的公文的通知。领导机关通过此类通知,使有关机关单位了解和遵照执行某项工作,快捷地传递文件精神或信息。批转性通知具有严格的等级性,只能是上级机关批转下级上报的文件,下级机关不能批转上级下发的文件。对于上级、同级和不相隶属机关的公文,要采用转发的形式。根据行文情况,又分为转发文件的通知和批转文件的通知。转发不相隶属单位和上级的公文时,行文是转发文件的通知;批转下级机关的公文,主要有请示、报告、纪要等内容,这些公文先经上级机关批准、认可,再用通知形式转发下去贯彻执行。被批转的公文里,下级的工作意见实际上已经转为上级的工作意见,要求受文单位贯彻执行。

4. 任免通知

任免通知按干部管理权限,由上级机关决定任免干部,然后把任免决定用通知行文,向指定的范围公布。这种通知内容单一,篇幅简短,写明决定任免的时间、机关、任免人员的具体职位即可。

(三) 结构写法

1. 事项性通知

(1) 标题:一是由发文机关名称、事由和文种组成;二是只由发文机关名称和文种,或者只由事由和文种组成;三是仅有文种。

(2) 开头:交代通知的缘由和目的,说明为什么发通知,或者当前存在的问题;也可写明发文依据和任务、目的是什么。语言要有概括性,篇幅不宜过长。

(3) 主体:事项部分,把通知具体内容一项一项地列出来,将所布置的工作或需周知的事项,包括处理问题的原则,具体的措施、办法、规定等阐述清楚,使受文单位了解通知的事项,明白做什么、怎样做。主体一般由"现就有关事项通知如下"等承转按语领起,具体事项说明可加序码分条列项写出,条与条之间的排列要注意内在联系,每条的首句应是该条的主题句,以便受文单位抓住要领执行办理。

(4) 结尾:提出贯彻执行要求,一般习惯用"请遵照执行""望认真贯彻执行""请研究贯彻"等作结,也有不单独结尾,以正文完结收束全文。如果是内容简单的一段式知照性通知,则用"特此通知"结尾。

2. 会议通知

会议通知一般包括会议名称、时间、地点、内容、参加人员、报到的时间和地点、需带材料和文件等,其格式比较固定,只要把上述内容交代清楚即可。不过,按照公文格式撰写的会议通知还必须注意以下几点。

(1) 结构要完整。由标题、主送单位、正文、发文机关与时间、联系人及电话等组成,缺一不可。周知性会议通知可不写受文对象,但应在事项中说明出席的有关人员。

(2) 内容要全面。要具备:会名、开会时间、日期、地点、会议召开原因、议题、参加人员、入场凭证、报到时间及地点、注意事项等。有些还要写明赴会的交通路线及交通工具营运班次等,以便远方到会的人员参会。

(3) 通知事项要清楚。所交代的每一事项都应明确、具体,切勿含糊不清。例如,开会时间不能只写某月某日,还应写明上午或下午某时某分;参加会议人员不能笼统写成"有关负责同志",应写明与会人数和出席人员及其职务等。

例文1

国务院办公厅关于2025年部分节假日安排的通知

国办发明电〔2024〕12号

各省、自治区、直辖市人民政府，国务院各部委、各直属机构：

经党中央、国务院批准，根据2024年11月修订的《全国年节及纪念日放假办法》，自2025年1月1日起，全体公民放假的假日增加2天，其中春节、劳动节各增加1天。据此对放假调休原则作进一步优化完善，除个别特殊情形外，春节自农历除夕起放假调休8天，国庆节自10月1日起放假调休7天，劳动节放假调休5天，元旦、清明节、端午节、中秋节分别放假调休或连休3天（如逢周三则只在当日放假），国庆节放假如逢中秋节则合并放假8天。

按照上述原则，现将2025年元旦、春节、清明节、劳动节、端午节、中秋节和国庆节放假调休日期的具体安排通知如下。

一、元旦：1月1日（周三）放假1天，不调休。

二、春节：1月28日（农历除夕、周二）至2月4日（农历正月初七、周二）放假调休，共8天。1月26日（周日）、2月8日（周六）上班。

三、清明节：4月4日（周五）至6日（周日）放假，共3天。

四、劳动节：5月1日（周四）至5日（周一）放假调休，共5天。4月27日（周日）上班。

五、端午节：5月31日（周六）至6月2日（周一）放假，共3天。

六、国庆节、中秋节：10月1日（周三）至8日（周三）放假调休，共8天。9月28日（周日）、10月11日（周六）上班。

节假日期间，各地区、各部门要妥善安排好值班和安全、保卫、疫情防控等工作，遇有重大突发事件，要按规定及时报告并妥善处置，确保人民群众祥和平安度过节日假期。

国务院办公厅

2024年11月12日

（资料来源于中华人民共和国中央人民政府官网）

例文2

××集团公司关于召开年度工作总结大会的通知

各分公司、处、室：

根据集团公司董事会战略部署和上一年度总结大会精神，结合公司全年工作实际情况，决定召开本年度工作总结大会。现将有关会议事项通知如下：

一、会议主题

总结经验，吸取教训。表彰本年度先进生产工作者（集体）、劳动模范。

二、会议时间

2023年12月28日上午9：00。

三、会议地点

集团公司总部礼堂。

四、参会人员

各分公司、处、室主要负责人和受表彰人员。

五、会议主要议程

（一）总经理做年度工作总结。

（二）人事部经理宣读年度先进单位和个人名单。

（三）上级领导宣布集团人事调整决定。

（四）董事长做大会总结。

六、注意事项

（一）准时与会。

（二）按照附件，通知受表彰人员参会。

（三）与会人员提前15分钟到会场门口签到，领取会议材料。

七、联系方式

联系人钟×；电话12345678；手机12345678901；邮箱12345678@qq.com

特此通知。

附件：××集团公司关于表彰2023年度先进集体和个人的决定

××集团公司（印章）

2023年11月28日

3. 批转性通知

批转性通知是针对被批转的下级机关的公文，或转发同级机关、不相隶属单位和上级机关的文件而行文的通知，分为批转文件通知和转发文件通知。此种通知由批语部分和批转件部分组成。批语行文一般都比较简短，印在所批转、转发的文件前面，两者一起构成一个新的文件。被批转、转发的文件应属正文内容。

（1）标题。批转文件通知的特点在于上级机关采用了下级机关的文件，以"批（语）转（发）"形式通知其他机关，重点在于"批"，使原下级文件升级，具有更高的行政约束力，标题结构为：发文机关＋批转＋原标题＋文种。转发文件通知的重点在于"转"，标题结构为：发文机关＋转发＋原标题＋文种。写作时必须注意：由于层层转发，经常会重复使用同一词语。如《××市人民政府关于转发国家档案局、国务院法制局关于实施〈档案法〉的通知的通知》。其中两次重复出现了"关于"和"通知"，字数较多，不但写起来非常烦琐，而且受文者读起来也很拗口，不符合实用公文标题准确、简洁的要求。因此，在不影响读者理解的前提下，应尽量简化标题。简化标题可以从三个方面着手：第一种方法是省去第一发文机关后的"关于"，第二种方法是省去第一发文机关的公文名称、文种，第三种方法是重新概括第一发文机关的事由。上例经省略和重新概括的标题可写为：《××市人民政府转发国家档案局、国务院法制局关于实施〈档案法〉的通知》。

（2）正文，包括转发对象和批注意见。它起着批语的作用，不必过多重复被转发（批转）公文的内容，只需要写明转发（批转）目的，强调执行要求。其一，转发对象要明确写出被批转、转发的公文名称及原发文单位。批注意见要写明对所转发公文的态度、意见或评价,表明批转、转发目的和执行要求。

例文3

××市人民政府批转市科学技术局关于加快我市芯片产业
发展实施意见的通知

各区、县人民政府,各委、局,各直属单位:

　　市人民政府同意市科学技术局关于加快我市芯片产业发展的实施意见,现转发给你们,望遵照执行。

　　附件:关于加快我市芯片产业发展的实施意见

××市人民政府(印)
2024年×月×日
(选自杨文丰《高职应用写作》,有改动)

例文4

国务院办公厅转发商务部科技部关于
进一步鼓励外商投资设立研发中心若干措施的通知

国办函〔2023〕7号

各省、自治区、直辖市人民政府,国务院各部委、各直属机构:

　　商务部、科技部《关于进一步鼓励外商投资设立研发中心的若干措施》已经国务院同意,现转发给你们,请认真贯彻落实。

　　附件:关于进一步鼓励外商投资设立研发中心的若干措施

国务院办公厅
2023年1月11日
(资料来源于中华人民共和国中央人民政府官网)

四、技能实训

(1)指正修改以下病文,誊写正确行文。

关于白云供销社集团公司五一放假的通知

　　2023年"劳动节"假期将至,白云供销社集团公司向下属各分公司(部门)发文通知,布置五一劳动节放假工作事宜。根据国家节假日放假规定,并考虑公司的实际情况,决定2023年4月29日(星期六)放假,至2023年5月2日(星期二)正常上班,放假调休共

3天,请大家合理安排好工作。各部门自行妥善安排好放假前工作,4月28号下班前务必切断水、断电,关好门窗做好安全防范工作。司机班做好车辆安全管理工作,注意行车安全。严禁酒后驾车、疲劳驾车、超速超载开车行为。所有员工节日放假期间手机必须保持开机,以便保持紧急情况联络;探亲旅游的员工,注意路途安全,及时购买返程票,防止由于车票紧张而延误节后上班。

二〇二三年四月二十六日

关于召开全省民政工作会议的通知

各市人民政府、行政公署,省直各单位:

　　为了贯彻全国民政工作会议精神,省政府决定召开全省工作会议。会议的主要议题是:传达学习全国民政会议的主要文件和领导讲话,讨论研究贯彻的意见和措施,请你们提前做好准备。参加会议人员:各市人民政府、行政公署分管民政工作的领导同志和各市、行署的民政局局长,省直各单位的负责同志。会议拟开五天,地点××××宾馆,参会人员于八月十五日前来报到。

××省人民政府办公厅
二〇二三年二月二十日

(2)拟写标题。

××省人民政府拟转发省税务局××省城市维护建设税实施细则。

实训4　通报

一、办文情境

司机班长区××是"供销社"优秀员工,连续两年被评为最佳司机和先进工作者、年度集团公司先进工作者。平时无论是为领导开车,还是为部门运物资,抑或是为普通干部职工办事出车,他都能做到热情周到服务干群。他秉持主人翁的精神,为政府和企业分忧,急公司所急,主动协助领导工作,加班加点,带领团队严防死守,抗击17级超强台风"苏拉",排涝清淤,清理路障,修理管道,消除安全隐患,顶风冒雨接送员工家属,运输抗风救灾物资,为受灾群众排忧解难。台风过后,公司决定通报表彰区××。

二、办文任务

开展在线实时写作实训,分角色模拟"供销社"办文情境,拟写表彰通报。

三、写作技法

（一）任务分析

《条例》规定：通报是"适用于表彰先进、批评错误、传达重要精神和告知重要情况"的公文。

通报具有教育、警示、传达与沟通等功能。制发通报旨在通过对典型性、有代表性的事例或情况予以表彰、批评、倡导或强调，引起人们的注意或警觉，在干部和群众中发挥宣传教育、启发引导、沟通情况、交流信息的作用。此外，通报还可以指出工作中出现的一些值得注意的新情况、新问题、新经验等，以便有关单位尽早发现事故苗头，及时采取对策，指导和推动工作的开展。为此，通报的写作必须选用经得起推敲的典型事实和具体数据来表现发文机关的观点，事例必须是客观存在的，且经过反复调查，真实、可靠。通报行文侧重对事实的陈述与分析评价，据事说理，以理服人是其写作要领。通报有很强的时效性，能及时将先进事例推广，对反面典型和错误予以揭露，引起警示，或对某些重大事项和重要情况及时予以公布，起到交流情况信息、指导工作的作用。司机区××是"供销社"在实际工作中树立表彰的先进典型，是全体职工的学习榜样，按照规定，要用表彰性通报行文。

（二）通报的种类

1. 表彰性通报

表彰性通报主要是对好人好事、先进个人和集体进行表彰，号召人们学习其先进事迹，推广其经验，改进工作。

2. 批评性通报

批评性通报指对错误行为尤其是典型的人和事，或某些严重过失事故等，进行批评并公布，教育人们吸取教训，防止类似事件的发生。

3. 知照性（情况）通报

知照性（情况）通报指为使下级机关单位了解某阶段的工作情况，或某重大事件、活动的情况，从而指导工作的开展，用通报形式将有关情况予以公布。此类通报具有很强的针对性。

（三）结构写法

1. 表彰性通报

首先，叙述先进事迹和经验，写出有关的时间、地点、人物、主要事迹、结果或经验。其次，分析先进事迹或经验，加上简要的评价和对当前工作指导意义的分析。再次，写明表彰决定，明确交代领导机关给予表彰对象何种奖励，是授予称号、晋级加薪、号召人们学习，还是颁发奖金等物质奖励。最后，在结尾提出希望和要求，明确"现通报全单位表彰"，号召人们向先进集体和个人学习。

例文 1

广东省人民政府关于表彰第二十三届中国专利奖嘉奖和第九届
广东专利奖获奖单位及个人的通报

各地级以上市人民政府,省政府各部门、各直属机构:

根据《广东省专利奖励办法》(广东省人民政府令第258号)规定,经广东专利奖评审委员会评审,省知识产权局审核,省人民政府决定对我省获得第二十三届中国专利奖嘉奖和第九届广东专利奖获奖单位及个人进行表彰。现通报如下:

一、对我省获得第二十三届中国专利金奖的"新型冠状病毒ORF1ab基因核酸检测试剂盒"等5项专利、获得第二十三届中国外观设计金奖的"手机(九十九)"等3项专利,给予每项100万元奖励;对我省获得第二十三届中国专利银奖的"高异频隔离宽带双频基站天线阵列"等13项专利、获得第二十三届中国外观设计银奖的"动力救生器"等3项专利,给予每项50万元奖励;对我省获得第二十三届中国专利优秀奖的"一种机器人打磨装置"等231项专利、获得第二十三届中国外观设计优秀奖的"指纹锁(前面板06)"等6项专利,给予每项30万元奖励。

二、授予"微波炉的食物解冻控制方法及微波炉"等20项专利第九届广东专利金奖,给予每项30万元奖励;授予"一种燃气阀和燃气具"等40项专利第九届广东专利银奖,给予每项20万元奖励;授予"一种具有高强度桩腿的海上风电平台"等60项专利第九届广东专利优秀奖,给予每项10万元奖励;授予陈艺戬等10位发明人第九届广东杰出发明人奖,给予每人10万元奖励。

希望受到表彰奖励的单位及个人珍惜荣誉、再接再厉,在新征程上展现新作为、作出新贡献。全省各地、各部门要以习近平新时代中国特色社会主义思想为指导,深入贯彻落实习近平总书记关于知识产权工作的重要指示论述精神,进一步支持和做好知识产权工作,大力推进高水平知识产权强省和知识产权强国先行示范省建设,为推动广东在全面建设社会主义现代化国家新征程中走在全国前列、创造新的辉煌作出新的更大贡献,以实际行动迎接党的二十大胜利召开。

附件:第二十三届中国专利奖嘉奖和第九届广东专利奖获奖名单

广东省人民政府
2022年9月30日
(资料来源于广东省人民政府官网)

2. 批评性通报

(1)标题。标题由发文机关名称、事由和文种,或者由发文机关名称和文种,或者由事由和文种组成。

(2)缘由。首先提出批评的错误问题,然后可用"现就有关问题通报如下"过渡到下文。

(3)事项。一是围绕通报批评的问题,如实披露错误事实真相,说明错误发生的时间、地点、人物、经过和结果,交代清楚造成损失的严重程度及有关数字。二是针对错误事实分析原因,点明性质与危害,指出违反了哪些政策和法令,以及应该从中吸取什么教训。三是依据错误的事实,以有关规章制度为准绳,说明对错误的直接责任者作出的行政或经济处罚。行文应注意:处理决定要有理有据,令人信服,引导大家从错误中吸取教训。

(4) 结尾。通过对错误的处理,要求当事人正确对待错误,对受文对象提出要求和告诫,让其吸取教训、引以为戒。

例文 2

广州市纪委监委关于六起违反中央八项规定精神典型问题的通报

  今年以来,全市各级纪检监察机关深入学习贯彻党的二十大精神,坚持以严的基调纠"四风"树新风,不断培土加固中央八项规定精神堤坝,全年查处违反中央八项规定精神问题 517 个,批评教育帮助和处理 985 人,党纪政务处分 602 人。为强化警示教育,市纪委监委对 6 起违反中央八项规定精神典型问题进行公开通报。具体如下:

  增城区委原书记张火青违规收受礼品礼金、违规接受宴请问题。2013 年至 2023 年,张火青多次收受 30 名企业老板所送礼金、购物卡,共计 5.5 万元,以及大量茅台酒等高档酒水和茶叶、燕窝、冬虫夏草、中华牌香烟等礼品,安排专门的场所存放所收受的高档酒水;在年节期间接受企业老板安排的可能影响公正执行公务的高档宴请,饮用高档酒水。张火青还存在其他严重违纪违法行为,2023 年 11 月受到开除党籍、开除公职处分,其涉嫌犯罪问题被移送检察机关依法审查起诉,违纪违法款项被收缴。

  广州公交集团原党委书记、董事长陈万雄违规收受礼品礼金、违规接受宴请、违规打高尔夫球等问题。(略)陈万雄还存在其他严重违纪违法行为,2023 年 6 月受到开除党籍、开除公职处分,其涉嫌犯罪问题被移送检察机关依法审查起诉,违纪违法款项被收缴。

  从化区司法局原党组书记、局长、一级调研员何少强违规收受礼品问题。(略)何少强还存在其他严重违纪违法行为,2023 年 10 月受到开除党籍、开除公职处分,其涉嫌犯罪问题被移送检察机关依法审查起诉,违纪违法款项被收缴。

  广州南沙建设管理有限公司原总经理李志勇违规收受礼品、将应当由本人支付的费用由他人支付等问题。(略)李志勇还存在其他严重违纪违法行为,2023 年 7 月受到开除党籍、开除公职处分,其涉嫌犯罪问题被移送检察机关依法审查起诉,违纪违法款项被收缴。

  广州开发区公路管理站公路部原部长叶观华违规收受礼品礼金问题。(略)叶观华还存在其他严重违纪违法行为,2022 年 12 月受到开除党籍、开除公职处分,其涉嫌犯罪问题被移送检察机关依法审查起诉,违纪违法款项被收缴。

  天河区军休三所原党委书记、所长于峰将应当由本人及其亲属支付的费用交由他人支付问题。(略)于峰还存在其他严重违纪违法行为,2023 年 9 月受到开除党籍、开除公职处分,其涉嫌犯罪问题被移送检察机关依法审查起诉,违纪违法款项被收缴。

  市纪委监委指出,上述六起违反中央八项规定精神问题均属风腐一体、风腐交织的典型问题,违纪违法对象均为"一把手",违纪违法行为均延续到党的十九大甚至党的二十大后,有的大肆收受各类高档酒水和贵重礼品,数量惊人;有的收钱收物、吃喝玩乐,奢靡享乐；有的变着法子转嫁个人费用，贪念极盛。这些问题暴露出少数党员干部仍然纵情奢靡享乐，歪风依然顽固多发、潜滋暗长，广大党员干部一定要深刻认识风腐同源、相催相生的严重性和危害性，以案为鉴、警钟长鸣。

市纪委监委强调，元旦、春节将至，节点就是"考点"，各种违规送礼吃喝的"节日病"易发多发。全市各级党组织要坚决扛起作风建设主体责任，把严的态度亮出来、严的标准立起来、严的纪律执行起来，坚持党性党风党纪一起抓，坚持纠"四风"树新风并举，采取有力措施巩固拓展学习贯彻习近平新时代中国特色社会主义思想主题教育成果，加强对党员干部的教育、管理和监督，做实做细党性教育、警示教育，当好"婆婆嘴"，常念"紧箍咒"，不断巡堤检修、健全制度机制，推动常治长效。各级党员、干部特别是领导干部要率先垂范、以身作则，弘扬清廉之风、养成简朴之风，自觉抵制各种歪风邪气，时刻警惕腐蚀围猎行为，既严于律己，又严负其责、严管所辖。各级纪检监察机关要严守节点、串点成线，盯住"节日病"强化监督执纪，严肃查处公款吃喝、在隐蔽场所违规接受宴请、违规收送礼品礼金、公款旅游、公车私用等节日多发问题，坚决防止"四风"问题反弹；要深挖细查"四风"背后的利益勾兑、权钱交易问题，及时阻断由风及腐的趋势；要加强监督检查、明察暗访，对节日"四风"问题露头就打、彻查严处，对典型案例及时通报曝光，持续释放严的强烈信号；要督促各级党组织落实党中央和省委、市委关于做好元旦春节期间有关工作部署，认真落实防灾减灾、民生保障、市场保供稳价、安全生产、交通出行、勤俭文明过节等各项工作要求，以有力有效的举措确保节日期间风清气正、社会稳定和谐、群众喜庆安康。

特此通报。

广州市纪委办公厅（印）
2023 年 12 月 27 日
（资料来源于广州市纪委官网，有删改）

3. 情况通报

情况通报开头应概述基本情况，或交代行文目的、意义或原因。主体部分具体传达所通报的精神或情况内容，简明扼要，重点突出，简要分析。结尾部分一般针对上述情况，提出应对措施或今后工作要求。

例文3

广州市禁毒委员会关于广州市 2021 年"最美禁毒人"和
"最美禁毒团队"评选结果的通报

市禁毒委各成员单位、各区禁毒委：

从今年 4 月份开始，市禁毒委组织开展了广州市 2021 年"最美禁毒人"和"最美禁毒团队"评选活动，活动开展以来。各地、各部门广泛发动，积极参与，通过层次推荐、审核遴选等环节，评选出了 10 名"最美禁毒人"和 5 个"最美禁毒团队"。现将评选结果（名单附后）予以通报。

各单位要将"最美禁毒人"和"最美禁毒团队"及其主要负责人作为重点选树培养目标，适时宣传推介，优先推荐其参评市级以上综合性表彰奖励，符合相关奖励条件的，在年度奖励工作中予以倾斜和优先考虑。

希望获选的个人和团队不忘初心、牢记使命，在禁毒工作中再创佳绩、再立新功。各地各部门和广大禁毒工作者要以"最美禁毒人"和"最美禁毒团队"为榜样，恪尽职守，扎实工作，推动我市禁毒工作不断开创新局面，为推进平安广州、法治广州建设作出新的更大贡献。

特此通报。

附件：广州市2021年"最美禁毒人"和"最美禁毒团队"评选结果

广州市禁毒委员会（印章）
2021年11月9日

（四）通报与决定的区别

两者在行文上都包含奖惩的内容。但是，通报主要用于表彰先进、批评错误，表彰或批评的事例要典型、突出，但相比决定表彰与惩戒的事情来说稍逊一筹，多是例行公事。虽然它们都有表彰先进与批评错误的性质，但是决定适用于表彰影响力极大或惩戒错误非常恶劣的重要事项。决定从规格上看低于命令、高于通报，一般性的奖惩或者基层单位的奖惩活动用通报即可。

（五）通报与通知的区别

1. 适用范围不一样

通知用于批转和转发文件，任免和聘用干部，告知需办理和周知的事项等。通报则选出针对性强的好坏、正反典型，或者某些错误问题与不良倾向，以及比较重要的情况与问题，在单位范围内表彰先进、批评错误，传达重要精神和情况。

2. 目的要求不一样

通知目的是告知事项、布置工作、部署行动，因此通知具有严格的约束力，要求受文单位遵照执行。通报目的不在于贯彻执行，而在于通过公布正、反两个方面的典型来教育人们，或通过传达重要精神和情况引起人们的注意，其内容没有具体执行的事项。

3. 表达方式不一样

通知的写作主要采用说明的表达方式，告诉人们做什么、怎么做。通报兼用叙述、议论和说明等表达方式。

四、技能实训

指正病文的错误，誊写正确行文。

关于对理化大楼 06-004 实验室漏水进行及时处置的相关人员进行奖励的通报

各位教授和老师,你们好!

  2021 年 11 月 21 日凌晨 2:00 左右,理化大楼 06-004 室发生漏水事件,波及 01-004 实验室。01-004 实验室内有 180 个通道的超导纳米线探测器,如未得到及时处置,则不仅将造成至少 2 400 万元的经济损失,而且会延误"九章三号"实验一年以上。凌晨 2:00 去 01-004 实验室调试程序的钟××同学首先发现漏水,他立即召集隔壁实验室的博士后吴×和覃×、邓××、彭××等同学一起积极引水,并及时通知物业踹开 06-004 室房门,关闭了水阀。由于及时发现并作出了紧急处置,实验室漏水被第一时间有效导流至他处并收集,除造成 01-004 实验室一台台式计算机损坏外,未造成其他损失。

  鉴于钟××、覃×、邓××、吴×、彭××对漏水情况的及时处置避免了巨大经济损失和恶劣社会影响的发生,对维护实验室安全作出了重大贡献,经研究中心研究决定,给予上述人员税后共计 12 万元的奖励。

合肥××科学××研究中心
2021 年 11 月 24 日
(资料来源于网络)

实训 5 纪要

一、办文情境

(备忘录)钟苗:2024 年 12 月 1 日上午 9:00—11:00,在公司总部 3 楼会议室,办公室主任王强主持召开"供销社"集团工作汇报会。会议主题是:总结经验,吸取教训。与会者有陈总经理、办公室主任王强,以及财务部经理、业务部经理、客服部经理等各部门负责人。请做好会议记录(速录)。会后根据速录稿(会议记录)整理为格式规范的纪要(套红格式)。会议记录留档存查,纪要下发各分公司贯彻落实。请做好准备工作。

"供销社"办公室主任王强
2023.11.29

二、办文任务

开展在线实时写作实训,分角色模拟"供销社"办文情境,拟写会议纪要。

三、写作技法

(一)任务分析

《条例》规定:纪要是"适用于记载会议主要情况和议定事项"的公文。

纪要作为指示性文件具有一定权威性,可指导有关方面统一认识,要求与会单位共同遵守执行。它是根据会议的主导思想和会议记录、文件及其他有关资料,对会议重要内容、决定事项,即主要观点和结论进行综合整理、摘要分析、归纳而形成的公文。纪要既可以上传,又可以下达,或被批转、转发有关单位贯彻落实,是传达贯彻会议精神的主要依据。纪要必须如实反映会议的内容和议定事项,不能把没有经过会议讨论的问题写进文中。会议纪要只适用于一些比较重要的、为了解决当前工作的某些实际问题专门召开的大中型会议,目的如下:一是向上级汇报会议情况,以便获得上级的及时指导;二是向下属代传达,以便贯彻执行。"供销社"领导层工作汇报会议很重要,应该写纪要。

(二)结构写法

1. 标题

标题由会议名称和文种构成,如《院长办公会议纪要》,或者由说明会议意义或内容的正标题与说明会议名称和文种的副标题共同构成。

2. 正文

(1)导语,即缘由,概述会议基本情况,交代会议召开单位、时间、地点、参加人员、中心议题和主要议程等。

(2)主体,说明会议主要内容,即主要精神与议定的事项。主体的格式一是条款式,把会议讨论的问题和议定的事项按照主次分条列项逐一说明。二是综合式,对会议议定的事项进行综合概括,分成若干部分来进行说明。三是摘要式,把与会者发言要点摘录出来,按照发言顺序或内容性质安排书写顺序,尽量保留发言人谈话内容的完整性和风格。

(3)结尾,提出对与会者的希望与要求,要求有关单位认真贯彻执行会议精神,努力完成有关工作任务。也可以没有专门的结尾。

例文

白云供销联盟集团公司工作汇报会纪要

2023年12月1日上午9:00—11:00,在公司总部3楼会议室,召开联盟集团工作汇报会。会议主题是:总结经验,吸取教训。与会者有陈总经理,以及办公室主任王强、财务部经理、业务部经理,客服部经理等各部门负责人。王强主任主持会议。会议纪要如下:

一、财务部对9—11月三个月的营销总额进行了统计分析,发现公司销售额与去年同期相比有所下降。根据行业调查,央行调整了银行存款利率,银行利息提高,吸引部分客户资金流入银行,这是公司销售额业绩下降的原因之一。现在公司开始扩大在香港的业务,相关的费用也会越来越多,提议公司考虑制定港澳台出差报销标准。

二、陈总强调从近期公司员工考勤中发现一些问题:一是制度的贯彻执行上没有实施数据目标化管理;二是制度执行的监管不严,无数据指标、无检查依据、无相应的奖惩措施,请各位负责人进一步落实这项工作。

三、业务部开展两项工作:一是对《客户管理制度》进行了修订,二是组织业务员开展业务培训,目的是提升部门人员工作素质,增强团队意识,提高工作效率。

四、客服部开展了客户满意度调查工作,绝大部分客户表示满意,但是也有需要改进的地方,调查统计数据及分析报告将发到各位主管的邮箱。

五、主持人要求相关部门配合财务部拟定报销方案,本月内报请董事会审批。考核部门要加强对员工上班纪律的考核,加快拿出考核方案。一年一次的年会要求各部门鼎力配合,要办成团结、向上的盛会。

会议记录:钟苗(速录秘书)。

纪要整理:钟苗。

(资料来源于全国职业院校技能大赛高职组文秘速录赛项样题,有改动)

(三) 会议记录与纪要的区别

会议记录是事务文书,是把会议情况(包括发言情况、讨论问题、决议事项等)记录下来的一种书面材料。会议记录有闻必录,如实全部地记录会议情况;有言必录,详细记录会议过程,记录发言人的原话、原意。会议记录作为单位内部存查的文件,不对外公开。纪要概括要点,以会议记录为基础和依据,总结或者摘要提取记录中的内容,发布会议主要精神;是正式的党政机关公文,在一定范围内公布传达。

(四) 写作要求

1. "理之为纪"

纪要是对会议繁杂情况和内容进行综合整理,将其中重要的情况、研究决定的重大问题、决策意见等归纳提炼,概括出主要精神与议定事项,传达贯彻,简要、集中地反映会议情况及其主要精神。纪要不是记录会议的全部情况,而是根据传达、贯彻执行的需要,有选择地将重要的情况,以及研究决定的重大问题、决策意见等综合摘要出来,行文反映。

2. 并行性

纪要没有独立行文功能,如需报送上级机关,则必须呈送报告加以说明,纪要随之一并上呈;如要印发下级机关,前面就要附加一份通知。

四、技能实训

分析指正病文,并誊写修改稿。

××××学会纪要

时间:××××年××月××日

参加人员:常务副会长×××,副会长×××、×××、×××,办公室主任×××、副主任×××,活动中心主任×××。

会议内容:

一、确定了学会的办公地点,根据××××年×月×日会议决定,×××、×××同志对学会办公地点进行了考察,经过比较,认为××大学办公条件优越,适合做学会的办公地点。会议决定，即日起××××学会迁到××大学，挂牌办公。通信地址：××市××区××路××号。联系电话：×××××××××。

二、学会与××大学商定，由××大学给学会提供办公室、办公桌椅、电话和必要的办公费用。利用××大学的教学条件，双方共同组织举办秘书培训班等。

三、增补了学会副会长。为便于开展工作，建议增补××为学会副会长，负责学会的后勤保障和日常管理，先开展工作，以后提请×月份常务理事会确认。

四、制订了今年的活动计划。（略）

××××学会

××××年××月××日

实训6　意见

一、办文情境

"供销社"为严格管理实习生，提出三条指导意见：① 学生必须服从实习单位领导的管理，做好各项工作。学生应参加实习前教育活动，了解公司基本情况，认真学习实习大纲和实习纪律，明确实习目的、要求，以求圆满完成实习任务。② 必须遵守各项规章制度，包括上下班制度、请假制度等。学生应严格执行考勤制度，做到不迟到、不早退、不缺勤；实习期间不得无故外出，不得提前返校或去其他无关地方，有事应向带岗导师请假，随时、主动地向学校导师报告个人实习情况。③ 尊重导师的意见，文明礼貌，爱护公物。学生应虚心好学，努力提高业务水平。

二、办文任务

开展在线实时写作实训，分角色模拟"供销社"办文情境，拟写学生岗位实习工作意见。

三、写作技法

（一）任务分析

《条例》规定：意见是"适用于对重要问题提出见解和处理办法"的公文。

所谓"重要问题"，指当前工作中遇到的涉及全局性、方针政策性的重大事项和主要问题，特别是新问题；所谓"提出见解"，就是要对问题做出全面、中肯的分析，提出自己的看法和观点，不能仅有见解，还要提出解决问题的办法。意见行文方向灵活，既可上行，也可下行和平行。意见作为上行文，用于下级机关向上级机关上报建设性意见，由上级机关做出处理并给予答复；作为下行文，用于上级机关向下级机关下发指导性意见，文中对贯彻执行有明确要求的，下级机关应当遵守执行，无明确要求的，下级参照执行；作为平行文，提出意见供对方参考。撰写意见要明确行文方向，不同行文方向需要使用不同的处理方式和语言措辞，注意把握好分寸。学生去企业实习，并不是走过场，作为校企合作单位，"供销社"为对学生、企业、学校负责，有必要提出指导意见。实习工作意见是下行文，要求相关人员认真贯彻执行。

（二）意见的种类

1. 指导性意见

指导性意见用于阐明工作的原则、要求，提出见解和处理办法，做出工作安排。

2. 建议性意见

建议性意见用于向上级提出工作建议、设想，也可进一步细分为呈报性意见和呈转性意见。

例文 1

商务部等 9 部门关于推动农村电商高质量发展的实施意见

商流通函〔2024〕39 号

各省、自治区、直辖市及新疆生产建设兵团商务、党委网信办、财政、交通运输、农业农村、市场监管主管部门，邮政管理部门，团委，供销合作社：

发展农村电商，是创新商业模式、建设农村现代流通体系的重要举措，是转变农业发展方式、带动农民增收的有效抓手，是促进农村消费、满足人民对美好生活向往的有力支撑。近年来，商务部会同有关部门大力发展农村电商，基本建立起县乡村三级电子商务服务体系和物流配送体系，在助力脱贫攻坚和全面推进乡村振兴中发挥了积极作用。为深入贯彻党的二十大精神，落实 2024 年中央一号文件部署，推动农村电商高质量发展，服务构建新发展格局，现提出如下意见。

一、总体要求

（一）指导思想

以习近平新时代中国特色社会主义思想为指导，围绕高质量发展和构建新发展格局，顺应数字经济发展趋势，学习运用"千万工程"经验，深入实施数字乡村发展行动，以技术和应用创新为驱动，推动农村商贸流通企业转型升级，促进电商与农村一二三产业全方位、全链条深度融合，培育新业态、新场景，构建协同、创新、高效的农村电商生态圈，畅通城乡经济循环，促进农民增收和农村消费。

（二）基本原则

市场主导、政府引导。发挥市场在资源配置中的决定性作用，加强政府统筹协调和规划引导，提高数字治理能力，鼓励各类经营主体积极参与，激发农村电商发展活力和内生动力。

因地制宜、分类施策。从东中西差异和人口、区位等因素出发，立足产业和资源禀赋，发挥比较优势，引导农村电商服务精细化、专业化、集约化发展，打造上下游协同的农村电商产业集群。

创新驱动、持续提升。拓展县级电商公共服务中心功能，形成"建管用"结合的农村电商新模式，做好农村电商与数字乡村建设、农村寄递物流体系建设等工作的衔接，充分整合资源，增强可持续发展能力。

典型引领、示范带动。建立农村电商典型示范推广机制，及时总结好经验好做法，成熟一批、推广一批，引领带动农村电商高质量发展。加强结对帮扶，实现市场互通、资源共享、优势互补。

（三）工作目标

用5年时间，基本建成设施完善、主体活跃、流通顺畅、服务高效的农村电商服务体系。在全国培育100个左右农村电商"领跑县"，电商对农村产业的促进作用进一步增强。培育1 000家左右县域数字流通龙头企业，传统商贸流通企业数字化、网络化、智能化转型取得阶段性进展。打造1 000个左右县域直播电商基地，直播电商应用水平进一步提升。培育10 000名左右农村电商带头人，农村电商就业创业带动能力进一步提高。农村网络零售额、农产品网络零售额年度增速高于同期全国乡村消费品零售额增速，农村网商（店）数稳步增长，农村数字消费实现提质升级，助力农产品上行和农民增收取得明显成效，为乡村振兴提供有力支撑。

二、搭建多层次农村电商综合服务平台

（一）打造县域直播电商基地

升级改造县级电商公共服务中心（电商产业园区），增强直播电商服务功能。吸引直播电商平台、专业服务机构等入驻，完善选品展示、内容制作、数据分析、直播场景等设施设备。围绕特色优势产业，提供电商实训、品牌培育、代运营等"一站式"服务。联合企业、院校加强直播团队孵化，打造一批功能完善、特色突出、带动力强的直播电商基地。

（二）培育农村数字消费场景

综合运用5G、人工智能、移动支付等技术，对具备条件的农村商业网点进行数字化改造，打造多种消费场景，开展网订店取、生鲜直送等服务，丰富居民消费体验。推动数字赋能供应链下沉，继续支持新能源汽车、绿色智能家电、绿色建材和家具家装下乡，促进大宗商品更新换代。鼓励市集、街区、商家开展导购直播，推介特色店铺、商品和服务。

（三）拓展农村数字便民服务

引导电商平台、快递企业通过供应链管理、门店升级、品牌合作等方式，改造升级农村便利店、小超市等，拓展涉农信息服务、客货运服务、移动缴费、快递收发、小修小补等功能，健全农村信息服务体系，提高便民服务水平。鼓励将农村电商服务站点升级为供应链中转仓、直播电商场所、前置仓等，充分盘活现有设施设备，助力当地特色农产品上行。

三、加快农村现代物流配送体系建设

（一）提高农村物流设施现代化水平

推动县级物流配送中心（物流园区）、乡镇快递网点数字化改造，完善智慧仓储、自动分拣、射频识别、新能源配送车等设施，提升村级配送效率。支持在交通便利、有利于各流通主体融合发展的位置建设县级寄递公共配送中心。引导农村电商服务站、寄递物流综合服务站等站点共建、服务共享，推进农村客货邮融合站点建设，实现"一点多能、一网多用"。鼓励在有条件的村布放智能快件箱（信包箱）。

（二）提高农村物流配送集约化水平

支持邮政、供销社、电商、快递、交通运输、商贸流通等各类主体开展市场化合作，搭载日用消费品、农资下乡（农药除外）和农产品进城双向配送服务，推动统仓共配。集约推进"千集万店"改造提升工程，推动实现乡镇有"集配中心"、村有"共配商店"，加快贯通县乡村电子商务和快递物流配送体系。加快推广成功路径和模式，逐步提高中西部农村地区共同配送率。鼓励具备条件的地区发展智慧物流，充分调动社会运力资源。支持发展"电商＋产地仓＋寄递物流"，形成集货、加工、配送、网销等统一供应链条，提高农产品上行效率。

（三）推动农村商贸物流创新发展

发挥县域大型商贸流通企业等自建物流优势，面向电商平台和中小商户，提供家电、建材、农资、农产品等第三方配送。推广标准托盘、周转箱（筐）、智能物流管理系统和可循环包装技术，实现县域商贸物流标准化、智能化、绿色化发展。鼓励电商平台、大型商贸流通企业在具备条件的县域发展即时零售，对接当地商超、便利店，精准匹配周边订单需求，提供高效便捷的到家服务。

四、培育多元化新型农村电商主体

（一）培育农村电商供应链服务企业

引导农村批发企业、运营服务商、产地经纪人等向生产、零售环节延伸，实现由商品批发、中介向供应链管理服务的转变。鼓励餐饮、住宿等生活服务类企业开展连锁经营，提供在线订餐订房、团购、亲子、养老等服务，推动县域生活服务业专业化、精细化、品质化发展。引导农资经销商创新营销与服务模式，推动传统农资流通企业向现代农资综合服务商转型。

（二）培育农村电商带头人

与农村基层组织建设紧密结合，加强对返乡农民工、退役军人等的电商技能培训，引入外部师资支持，定期到乡村指导和教学，强化培训、实习、创业就业衔接。实施青年农村电商培育工程，开展"青耘中国"直播助农活动。鼓励各地制定农村直播电商人才支持政策，省级商务主管部门应至少编制一套符合当地实际的农村电商培训教材，免费向社会公开。

五、提高农村电商产业化发展水平

略。

六、开展多种形式的农村电商促销活动

略。

七、巩固拓展电子商务进农村综合示范政策成效

略。

八、工作保障机制

略。

商务部 中央网信办
财政部 交通运输部
农业农村部 市场监管总局
国家邮政局 共青团中央
供销合作总社
2024年3月5日
（资料来源于中华人民共和国商务部官网，有删改）

3. 评估性意见

评估性意见指业务职能部门或专业机构就某项专门工作、业务工作经过调查研究或者鉴定评审后,把商定的鉴定、评估结果写成意见送交有关部门。

(三) 结构写法

1. 标题

标题结构为发文机关 + 事由 + 文种,或者事由 + 文种,也可在文种前面加"若干意见"或"几点意见"。

2. 主送机关

用于上送的意见,要写明主送机关。用于下发的意见,如果执行范围比较明确、针对性强,则要写明主送机关;涉及面广的意见,可以不写明主送机关。

3. 正文

(1) 缘由。提出建议的理由和依据。根据党和国家某一方针政策或精神,针对某一现象或问题,简要说明制发意见的依据、意义或原因,使执行者明确意见的重要意义,从而增强执行的自觉性和主动性。然后用过渡语句承上启下,以"现提出以下意见"等过渡语引出下文。

(2) 事项。说明有关工作建议、措施和指导意见,提出处理办法。一般来说,该部分文字量大、层次多,可用条文形式分述说明有关内容。

(3) 结语。提出要求、号召,写明注意事项。建议性意见可提出批转各地参照执行的请求。报请上级批转或转发的意见,其结语另起一行,写明"以上意见如无不妥,请批转各地执行"等。

(4) 落款。发文机关和成文日期有时分别标注在标题和题注中,这时就没有落款。

例文 2

国务院办公厅关于推动 12345 政务服务便民热线
与 110 报警服务台高效对接联动的意见

国办发〔2022〕12 号

各省、自治区、直辖市人民政府,国务院各部委、各直属机构:

近年来,一些地区推动 12345 政务服务便民热线(以下简称 12345)与 110 报警服务台(以下简称 110)建立非警务警情分流联动机制,在提升协同联动处置效率、缓解非警务警情占用警力资源方面开展了积极探索。同时,实践中仍存在 12345 与 110 职责边界不清晰、联动机制不健全、数据共享不充分、信息化支撑不到位等问题,12345 与 110 对接联动工作效率不高,非警务警情占用警力资源情况仍较为普遍。为推动 12345 与 110 高效对接联动,科学合理分流非警务求助、快速有效处置突发警情,进一步提升协同服务效能,经国务院同意,现提出以下意见。

一、总体要求

(一) 指导思想

以习近平新时代中国特色社会主义思想为指导,全面贯彻落实党的十九大和十九届历次全会精神,坚持以人民为中心,坚持系统观念,加快转变政府职能,加强 12345 与 110

能力建设,以对接联动机制顺畅运行为目标,以分流联动事项高效办理为重点,以平台数据智能应用为支撑,加快建立职责明晰、优势互补、科技支撑、高效便捷的12345与110高效对接联动机制,进一步提升政务服务水平,不断增强人民群众的获得感、幸福感、安全感。

(二)工作目标

2022年年底前,各地区基本建成12345与110高效对接联动机制,形成12345推动部门协同高效履职、及时解决涉及政府管理和服务的非紧急诉求,110依法打击违法犯罪活动、及时处置紧急危难警情、更好维护社会治安秩序的工作格局。2023年年底前,全面实现12345与110平台互联互通、相关数据资源共享,不断提升对接联动工作规范化、专业化、智能化水平。

二、推动高效对接联动

(一)明确职责边界

12345是地方人民政府受理企业和群众对政府管理和服务的非紧急诉求的便民热线平台,受理范围为:企业和群众关于经济调节、市场监管、社会管理、公共服务、生态环境保护等领域的咨询、非紧急求助、投诉、举报和意见建议等。

110是公安机关受理处置企业和群众报警、紧急求助和警务投诉的报警服务平台,受理范围为:刑事类警情、治安类警情、道路交通类警情、危及人身和财产安全或者社会治安秩序的群体性事件以及其他需要公安机关处置的与违法犯罪有关的报警;公共设施险情、灾害事故以及其他危及人身和财产安全、公共安全等需要公安机关参与处置的紧急求助;对公安机关及其人民警察正在发生的违法违纪或者失职行为的投诉。

(二)建立健全对接联动机制

1. 建立健全转办机制

各地区12345或者110通过电话接到明确属于对方受理范围内的事项,以一键转接方式及时转交对方受理。责任单位不明确或者职责交叉的,可以通过三方通话(诉求方、12345、110)方式了解具体诉求后,由12345与110协商确定受理平台,对协商后仍无法确定的,由首先接到企业和群众诉求的平台先行受理,如存在危及人身和财产安全、公共安全的紧急情况,由110及时派警先行处置。12345或者110通过互联网渠道接到明确属于对方受理范围内的事项,可在线转交对方受理。对明确不属于12345与110受理范围的事项,话务人员要做好合理引导和解释工作。

2. 建立健全日常联动机制

各地区110接到可能引发违法犯罪特别是暴力事件、个人极端事件的矛盾纠纷时,第一时间派警处置,属于12345受理范围的转交12345,12345及时将诉求事项转至属地政府和相关职能部门办理,开展联合调处,推动矛盾隐患源头化解。12345接到影响社会稳定的线索,第一时间转交110处置,12345工单承办单位发现矛盾纠纷激化、事态难以控制或者涉及违法犯罪的,应当联动110派警处置。

3. 建立健全应急联动机制

各地区12345、110都要建立与119、120、122等紧急热线和水电气热等公共事业服务热线的应急联动机制,确保一旦发生自然灾害、事故灾难、公共卫生事件、社会安全事件等突发事件，能够快速响应、高效处置，为企业和群众提供更加及时、专业、高效的紧急救助服务。同时，要建立健全12345与110应急联动机制，遇到突发事件时及时启动应急联动方案，话务座席严重不足时由上级政务服务便民热线管理机构和公安机关统筹协调其他地区远程话务座席给予支持。

4. 建立健全会商交流机制

各地区要建立健全12345与110会商机制，对职责边界不清、存在管辖争议的高频诉求事项，及时召集相关职能部门研究会商，逐一厘清职责权限、明确管辖主体、制定处置规范，确保企业和群众诉求有人管、管得好。同时，建立健全12345与110定期交流机制，通报工作运行情况，及时研究解决对接联动工作中存在的问题，有条件的地方可互派工作人员进驻对方平台，切实提升对接联动工作效能。

(三) 强化系统支撑和数据共享应用

1. 推动平台融合互通

各地区要科学规划设计，有效整合资源，加大投入力度，加快12345与110平台对接联通，鼓励有条件的地方建设一体化联动工作平台。12345与110平台要按照统一的组织机构和行政区划代码，规范工单和警单标准、受理反馈项目等数据格式，梳理整合平台融合互通的建设需求和业务流程，实现信息数据互联互通、工单警单双向流转、受理反馈闭环运行、对接事项跟踪督办和智能监管。

2. 加强数据共享应用

对各地区12345与110双向分流联动事项相关数据，要在确保安全的前提下，采取统一开放数据或者服务接口、共建中间数据库等方式共享，做到可查、可看、可追溯、可批量应用。最大限度挖掘数据价值，综合应用数据分析成果，常态化开展政务服务诉求和警情数据融合研判，有效排查民意热点、风险隐患、矛盾问题，为部门履职、效能监管和科学决策提供支撑。

三、加强能力建设

(一) 提升12345接办质效

各地区要进一步加大政务服务便民热线归并力度，对按照双号并行、设分中心形式已经完成归并但仍保留话务座席的热线号码，不具备"7×24小时"人工服务能力或者人工接通率低于60%的，将话务座席并入12345统一管理，可以保留号码。加强对12345工单承办单位办理工作的督查考核，及时公开办理情况，不断提高响应率、问题解决率和满意度，确保企业和群众诉求事项办得成、办得快、办得好。结合各地实际，配足话务座席，切实提高热线接通率。加强热线知识库建设，协调相关部门对高频问题动态制定"一问一答"口径，提高解答准确性和效率。积极推行"即问即答""接诉即办""工单直转办理一线"等工作方式，强化值班值守，缩短办理时限。

各地区要加强12345平台与部门业务系统的互联互通，实现信息实时全量共享。12345定期汇总企业和群众高频咨询类问题，督促相关部门主动发布信息。强化科技赋能，进一步加强12345平台和网上12345能力建设，开发智能推荐、语音自动转写、自助派单功能。加强智能化客服系统建设，遇突发情况话务量激增、人工服务无法有效满足企业和群众需求时，智能化客服系统要能对高频问题进行自动解答，并引导企业和群众通过网上12345咨询反映情况。注重运用大数据、人工智能等技术手段,服务科学决策和促进社会治理水平提高,进一步提升企业和群众体验。

（二）提升110接处警工作效能

各地公安机关要根据本地区110接警量,科学合理设置接警座席,配齐配强接警人员和指挥调度民警,强化设备和系统保障,确保110"生命线"全天候畅通,并拓宽互联网报警渠道,满足企业和群众需求。建立各警种和实战单位与110接处警工作相衔接的快速响应机制,加强对一线处警工作的数据赋能和后台支撑,积极探索推行预防警务,有效提升接处警工作效能。

四、保障措施

（一）加强组织领导

坚持党对12345与110对接联动工作的全面领导,确保正确政治方向。国务院办公厅、公安部负责统筹协调12345与110对接联动工作,加强对各地区对接联动工作的指导,及时研究解决工作中的重大问题,并分别负责建立完善12345、110评估指标体系,委托第三方机构进行常态化评估评价,以规范有效的考核评估促进各地区12345、110不断提高服务效能。地方各级人民政府要加强组织领导,压实工作责任,强化监督考核,健全问责机制,各地区政务服务便民热线管理机构和公安机关具体负责12345与110高效对接联动的实施工作,制定政策措施,细化分流转办具体规则和事项清单,确保对接联动工作落地见效。

（二）加强支持保障

各地区要加大对12345与110对接联动工作、系统建设、人员培训等的财政保障力度。组织开展12345与110业务培训,持续提升工作人员的综合素质和服务水平。落实好对一线人员的政策保障、权益保护等措施,对表现突出或者贡献突出的单位和个人,按照国家有关规定给予表彰奖励。

（三）加强宣传引导

各地区各有关部门要充分利用政府网站、政务服务平台、新闻媒体等,广泛宣传12345与110的工作职责、受理范围等,引导企业和群众正确使用12345与110。同时,加强经验做法总结和复制推广,巩固和拓展12345与110对接联动工作成果。对恶意骚扰12345与110等违法行为,加大打击和曝光力度。

国务院办公厅

2022年4月23日

（资料来源于中华人民共和国国务院公报2022年第16号,有删改）

四、技能实训

指正病文的错误,誊写正确行文。

关于建议严格控制以市政府名义主办(或举办)经营性活动的意见

××市人民政府：

  近年来，单位或部门以市政府名义主办(或举办)的大型的经营性活动越来越多。这些活动有些由于这种或那种原因引起经济纠纷。在对这些纠纷进行司法处理时，法院又追加政府为民事被告，这不仅使政府承担了不必要的法律责任，也使政府的形象和声誉受到严重损害。为防止此类事件的再发生，我们认为：经营性活动原则上不要以市政府名义主办(或举办)，确有必要以政府名义主办(或举办)的经营性活动则一定要严格控制。为此，我们提出如下意见：

  将政府行为和商业行为分开，严格审批。凡是以政府名义主办(或举办)的经营性活动一定要经市政府领导审批和同意。对外进行宣传的内容必须合法、真实。

××市人民政府法制局(印)
二〇二×年八月十日

(资料来源于《文秘基础实训教程》，谭多幸，暨南大学出版社)

实训7　报告

一、办文情境

  2023年9月初，17级超强台风"苏拉"袭击广东省广州市。广东省防汛防旱防风总指挥部决定于2023年8月30日12时将防风Ⅳ级应急响应提升为防风Ⅲ级应急响应，全省进入防风Ⅰ级应急响应状态。"供销社"贯彻落实省"三防"总指挥部战前动员部署会议精神，专题召开防御台风紧急工作会议，紧急部署防御工作任务，严防死守，全体员工合力抗击强台风。"三台闹海"过后，"供销社"及时向集团公司汇报反映有关工作情况。

二、办文任务

  开展在线实时写作实训，分角色模拟"供销社"办文情境，拟写向集团公司汇报反映抗击17级超强台风"苏拉"的工作报告。

三、写作技法

(一) 任务分析

  《条例》规定：报告是"适用于向上级机关汇报工作、反映情况，回复上级机关的询问"的公文。

  报告是社会组织使用的上行公文。在日常工作中，下级机关按照上级机关的部署或计划安排，在完成一项工作或任务后，一般要撰写报告，向领导汇报工作的基本情况，反映取得的经验、应当吸取的教训和存在的问题，使上级领导了解、掌握有关情况。此外，送交文件或者物件、回答上级机关的询问事项等,都可以使用报告来行文。报告应用普遍,主要用于帮助上级机关随时了解、掌握工作情况,为领导制定有关方针政策、做出决策提供信息、经验、建议和依据。下级单位通过报告能及时接受上级机关的指导、支持与督促,做好工作,减少错误。"供销社"完成了严防死守抗击17级超强台风"苏拉"的工作任务之后,当然要向集团公司撰写报告,及时汇报反映贯彻落实上级指示的重要工作情况。

(二)报告的种类

1. 工作报告

工作报告用于下级机关向上级机关汇报某一阶段的工作情况,以及对某一指示的传达贯彻情况。

2. 情况报告

情况报告是及时把本地区、本单位发生的重大事件,在一定范围内带有倾向性的情况(包括会议情况)向上级机关汇报的报告。情况报告时效性强,对发乍的事情要第一时间报告。

3. 答复报告

答复报告是答复上级查询事项的报告。例如,上级领导批示下级机关查办群众来信来访反映的问题,或文件材料中反映的问题、询问的有关情况,下级机关办理完毕,需用书面形式答复上级机关。

> **例文 1**

××市政园林局关于春节准备工作情况的报告

××市人民政府:

为了让市民度过一个欢乐祥和的春节,我局正加紧做好春节期间的各项工作,确保节日安全生产、道路畅通、正常供水和供气。同时,开展各种园林文化活动,丰富市民节日生活。现将主要情况报告如下:

一、做好供水供气保障工作,确保节日期间市民的正常需求

一方面,做好节前水质监测,并启动节日供水保障程序,确保市民喝上优质水、放心水;制定具体措施保障供水服务质量,春节前完成对二次供水水池的保洁清洗。同时,对困难用户实施优质水价,按0.7元/吨的价格收费,确保困难用户生活用水需要。另一方面,做好供气保障工作。春节前,还有25 000吨液化石油气到广州,可满足春节期间广州市燃气供应;市煤气公司重油库存量为10 014吨,煤库存量为16 735吨,贮存充足,可满足春节期间的制气需要,确保管道气供给;15公斤的瓶装液化气价格为98~100元/瓶。同时,对燃气企业的经营行为加大监督力度,打击违章经营行为;要求燃气经营企业做好用户用气安全检查工作,确保市民安全用气。

二、做好城市美化工作,营造良好节日氛围

完成解放碑北斜坡绿地等道路和集中绿地升级改造工作,形成道路植物生态群落景观;建成大坦沙环岛绿化带等一批珠江两岸景观绿化工程,沿江绿化带进一步延伸;完成多项社区绿化工程,改善了居民生活环境;春节前庄头公园、人民南广场等公园全面竣工

并向市民开放，全市公园总数达到191个，其中青山绿地工程实施两年来共新增公园47个；组织摆放一品红、牡丹、金菊等10多个品种的鲜花超过10万盆，在天河体育中心、白云大道、中大北门广场等12处道路景点进行摆设，点缀了城市主干道，增添了喜庆的气氛。

三、策划节日活动，丰富市民文化生活

各公园深入挖掘自身文化优势，充分利用公园的功能和特点，在春节期间紧锣密鼓地策划了系列活动，如越秀公园继续举办园林博览会，并结合灯艺展览，为市民提供节日好去处；烈士陵园、文化公园、流花湖公园及动物园作为园博会的分会场，结合公园自身特点，举办了相应的文化活动；中山纪念堂上演了6场木偶戏，为小朋友增添了节日的欢乐。

四、组织好市政工程建设，确保春节期间工程施工质量

认真组织好节日期间市政园林建设工程施工，要求各代建单位合理安排工期，确保快捷路系统、污水治理、饮用净水等工程有条不紊地按计划推进，安排工地留有足够的人员进行工程的巡查和值班，及时发现和制止危害工程安全的事件，按照建设"键盘工程、样板工程、廉洁工程"等要求，积极开展创优活动，严格"政府监督、社会监理、企业自检"的质量保证体系，切实落实质量管理的各项措施，确保工程质量达到标准。

五、采取有力措施，确保良好的市容市貌

从1月9日起，暂时停止广州市城市道路挖掘工程申请的审批工作。在此期间，除城建重点建设工程和城市基础设施管线抢修外，其他城市道路挖掘申请一律不受理，因挖掘施工损坏道路的，规定并督促其在1月14日前全部修复完毕。对节日期间继续施工的重点工程，加强现场监管，抓好文明施工，避免惊民扰民。开展了人行道违法设置牌杆亭站清理等专项整治行动，对745个不规范的电话亭、杆，以及广告标牌进行清拆，确保以良好的市容市貌迎接春节的到来。书报摊待专项规划完成后即行拆除。新的书报摊采取拍卖经营权的方式，所得用于道路维护。

六、狠抓安全生产工作，确保节日安全万无一失

1月12日，召开代建和施工单位安全生产管理专题会议，要求代建和施工单位进一步提高安全生产工作的认识，做到齐抓共管，形成管理合力，确保建设工地安全。1月18日，由7名局领导带队，组成7个检查组，用一天时间，对市政园林建设工地、市政、园林、公用事业设施、风景区和公园进行安全生产大检查，特别是加强管道燃气设施、瓶装液化石油气设施、自来水设施等的检查，严格把好安全关，确保公共安全。对检查中发现的问题，及时反馈给有关单位，责令限时整改，并做好督促和跟踪检查。

七、落实值班制度，确保各级值班人员节假日期间在岗在位履行职责

除确保市政园林24小时服务总调度热线畅通外，每天都安排局领导及基层单位领导班子成员值班，并要求主要领导手机24小时保持开通状态。局不定期地对局属各单位值班人员在位情况进行检查，确保值班领导和各类人员在职在位，履行好职责。同时，做好应急抢险工作，市政道路、绿化、供水、供气4支应急抢险队伍24小时待命，随时准备应对突发事件。

八、保持警惕，确保过个健康年

节前和节日期间是"商业贿赂"的高潮期，为此，局领导在局长办公会议上重申了

廉洁过年的有关规定，提前给党员干部打好廉洁过年的"预防针"，提醒领导干部带头遵守廉洁自律规定，时刻保持清醒头脑，以实际行动构建"为民、务实、清廉"的政府形象。

特此报告。

××市政园林局（印）

2023年1月19日

（资料来源于网络，有删改）

（三）结构写法

1. 标题

标题由发文机关、事由、文种组成，也可以省略发文机关，只写事由和文种。

2. 缘由

缘由部分说明行文依据、目的或概述有关情况。然后用承转按语"现就有关事项（工作）报告如下"引出下文。

3. 事项

事项部分说明需要上级机关了解、掌握的具体工作情况。抓住主要内容，有层次、有条理地展开说明，用简洁、准确的语言把报告事项写出来。

4. 结尾

结尾部分用习惯用语收束全文，如"特此报告""以上报告，如有不当，请批示""专此报告""以上报告如无不妥，请批转各地各单位执行"等。

例文 2

中共××职业技术学院委员会2020年度选人用人工作报告

中共××市委组织部：

根据《中共××市委组织部关于做好2020年度干部选拔任用工作"一报告两评议"的通知》（×组通〔2021〕2号）精神和要求，我院对2020年度选人用人情况进行了认真总结。现将有关情况报告如下：

一、基本情况

2020年，学院选人用人工作坚持以习近平新时代中国特色社会主义思想为指导，深入贯彻落实习近平总书记提出的好干部标准，按照中央《党政领导干部选拔任用工作条例》和《××市事业单位领导人管理暂行办法》（×办〔2018〕30号）等有关规定，坚持德才兼备、注重实绩、群众公认的选人用人原则，切实做好选人用人工作。2020年1月，全院共有中层干部76名（含专业技术系列中层干部，下同），本年度，未新选拔任用中层干部，有1名中层干部到法定年龄退休，截至2020年12月31日，全院中层干部共有75名。2020年新进人员42人（编内42人）。其中，公开招录32人，引进高层次人才

1人。

二、主要工作

(一) 认真开展专题学习

结合市委组织部选人用人专项检查、违规破格提拔干部问题专项整治、执行《党委(党组)讨论决定干部任免事项守则》有关问题专项整治等工作，我院党委组织专题学习3次，进一步认真学习《党委(党组)落实全面从严治党主体责任规定》《党委(党组)讨论决定干部任免事项守则》《干部选拔任用工作监督检查和责任追究办法》《党政领导干部选拔任用工作条例》《事业单位领导人管理暂行规定》《××市事业单位领导人管理暂行办法》"四项监督制度"等规章制度，切实做到"三学习三提高"。

(二) 严格执行机构设置、编制使用等有关规定

我院内设机构处级领导职务职数核定数47名，目前实际数45名，其中正处级核定数27名，实际数22名(内设管理机构正职空缺1名，教学机构专职党总支书记空缺1名，教学机构低配专职党总支副书记2名)，副处级核定数20名，实际数23名(其中1人为教辅机构负责人兼任，2人为教学机构低配专职党总支副书记)，没有超职数配备干部、超机构规格提拔领导干部问题，没有违反规定擅自设置职务名称，以及提高干部职级待遇等问题。

(三) 认真执行领导干部任期、交流、回避、试用期、免职、辞职、降职有关规定

我院本届中层干部全部实行任期制。严格按照有关规定对2019年提任的干部进行试用期考核。注重多岗位培养锻炼干部，本年度干部轮岗交流2人，促进了人才合理优化，激发了队伍活力。没有违反回避制度情况，没有干部免职、辞职、降职。

(四) 选人用人机制进一步完善

根据《党政领导干部选拔任用工作条例》和《××市事业单位领导人管理暂行办法》等有关规定，制定《××职业技术学院〔2021〕中层干部选拔任用工作实施办法(2020年修订)》《××职业技术学院中层干部考核实施办法(2020年修订)》等制度；结合学院中层干部队伍实际情况，开展干部队伍思想状况调研，制定《××职业技术学院中层领导干部队伍建设五年工作规划》《××职业技术学院干部校内挂职锻炼实施办法》等制度，进一步加强干部队伍建设统筹谋划。

(五) 大力加强对干部的监督管理

一是强化干部监督管理，加强对干部的教育管理，坚持执行领导干部谈话制度。二是制定《××职业技术学院因私出国(境)管理规定》，进一步加强干部因私出国(境)管理工作。三是协同学院纪检部门开展重点岗位领导干部审计工作。四是开展干部人事档案专项审核全覆盖工作，充分发挥干部人事档案在干部人事工作中的重要基础作用。

三、存在问题

一是中层干部队伍平均年龄偏大，要进一步优化结构，后备干部储备不足，干部队伍梯队建设力度要进一步加大。

二是干部理念、能力、作风与全面深化改革和加快推进教育现代化、建设教育强国、办好人民满意的教育之间还存在一定差距。

三是组工干部队伍建设尤其是整体素质和能力还有待进一步提高。

四、努力方向

　　一是坚持以习近平新时代中国特色社会主义思想为指导，以党的政治建设为统领，全面深入学习贯彻《党政领导干部选拔任用工作条例》等政策法规，进一步健全我院选人用人工作机制，完善工作制度，打牢选人用人工作基础。

　　二是按照"信念坚定、为民服务、勤政务实、敢于担当、清正廉洁"的好干部标准，积极探索适应高校特点和我院实际的选任干部方式，选任"忠诚、干净、担当"的干部，不断优化队伍结构，着力建设高素质专业化干部队伍。

　　三是全面加强我院干部队伍建设，坚持不懈抓好以理论武装为重点的干部教育培训，切实提高干部向心力、凝聚力、战斗力，增强干部队伍的生机活力，加大后备干部的选才培养力度，优化调整干部队伍结构，配齐配强干部队伍，完成干部队伍梯队规划建设。

　　四是进一步充实组工干部队伍，不断提高组工干部素质，做好选人用人基础性工作。

　　特此报告。

中共××职业技术学院委员会
2021 年 2 月 18 日
（资料来源于网络，有删改）

（四）写作要求

1. 情况要属实

报告中所反映的情况与问题，包括正面和反面的材料，有关的数据、单位名称与人物的姓名等，都必须真实、具体、准确，绝不容许有半点虚假、失实。任何弄虚作假的行为，都会给党和国家造成严重损失。报告不得虚报、瞒报、漏报、少报，这是最基本的写作要求。

2. 重点要突出

报告要根据主题的要求来安排内容，分清主次轻重，中心突出、明确，围绕主题去组织材料，材料内容详略得当。

3. 不能夹带请示事项

《条例》规定：报告不得夹带请示事项。若要就有关问题请求上级机关批示和批准，则应用请示来行文。受文单位对于报告是不作答复的，若夹带请示事项，有关部门不便处理，则有可能会耽误工作。

四、技能实训

指正修改病文的错误，誊写正确行文。

信用社关于转让买卖国库券工作的报告

市分行经管处：

　　根据分行关于转让买卖国库券文件精神，我单位受权办理这项工作。从今年 7 月 1 日至 11 月 1 日，我们的工作开展得比较顺利，得到了群众的支持帮助和欢迎。现将大概情况汇报如下：

(1) 由于20××年国库券的待偿期日益缩短收益率日益提高，所以群众纷纷购买，出现了供不应求的状况。

(2) 受储蓄保值存款的影响，20××年国库券的售出开始不太景气，近期情况大有好转。

(3) 国库券的收购情况从7月每天平均一万元左右，下降到11月每天平均四百元左右。

(4) 群众对不能转让其他年度的国库券很不理解，纷纷提出意见。从这几个月开展转让国库券工作情况来看，我们认为开展这项工作是非常必要的、及时的，深受群众的欢迎，希望明年在本市开放转让市场，扩大转让范围，深入开展这项工作。

××信用社

二〇××年××月××日

实训8　请示

请示与批复

一、办文情境

2023年春节期间，"供销社"积极响应省市政府号召，"稳岗惠企"，迅速布置落实做好为赶订单复工复产留穗外来务工人员过年工作任务：除夕之夜，公司领导和外来务工人员一起吃团圆饭、逛迎春花市（"花街"）；大年初一还举办丰富多彩的迎新春联欢文艺晚会……，"过年七天乐，天天都精彩"。由于岁末年关，公司没有储存大额的备用金，所以紧急请示集团公司拨发晚会经费100 000元。

二、办文任务

开展在线实时写作实训，分角色模拟"供销社"办文情境，拟写向集团公司要求拨发举办迎新春联欢文艺晚会经费的请示。

三、写作技法

(一) 任务分析

《条例》规定：请示是"适用于向上级机关请求指示、批准"的公文。

上级机关，具体是指请求指示和批准的机关单位所隶属的行政上级机关，而请求指示、批准的事项，是指下级机关在职权范围内无法解决、无权决定而需要向所隶属的行政上级机关请示的工作事项。具体来说包括：工作中出现新情况，遇到新问题，请求上级在物资上、财政上给予具体帮助；超出职权范围，本单位无权决定的事项，请求上级审查批准；有关单位对某项工作预先提出初步方案，待领导审批后再具体实施；对党和国家某一方针政策及法令、制度不太理解，请求上级划清界限、明确答复；某项工作需要有关单位协助贯彻执行，请求上级批转；因本单位情况特殊,确有实际困难,无法执行上级的统一要求,请求灵活变通处理等。诸如此类,都必须事先行文请示上级机关指示、批准。"供销社"与集团公司是所隶属的上下级关系,要求上级拨发举办外来员工联欢晚会经费,帮助解决经费问题,按照规定,要用请求帮助的请示行文。

(二)请示的种类

1. 请求批准的请示

请求批准的请示指下级机关请求上级机关审核批准某事项或开展某项工作的请示,多用于机构设置、审定编制、人事任免、重大决定与决策等,这些事项按规定本级机关无权决定,必须请示上级机关批准。

例文 1

关于开展农产品电商渠道销售扶贫项目立项的请示

××市商务局:

根据×××省财政厅关于下达中央财政脱贫攻坚补短板综合财力补助资金的通知〔×财指(农)〔2020〕21号〕文件精神,运用直播带货、微信团购、电商平台等多种销售渠道,解决我市农产品"卖难"问题。中央财政脱贫攻坚补短板综合财力补助资金计划用于以下方面:

一、直播电商专业人员培训。大力发展"短视频+直播电商+特色产业""短视频+直播电商+精准扶贫""短视频+直播电商+县域经济"等新业态,发挥其赋能乡土人才、赋能乡村特色、赋能本土企业作用,促进其与我市优势资源开发多层次全方位融合,通过整合资源,培养直播电商实用人才,开展直播电商技能培训。

二、资金用于网红直播带货所需要的专业直播间建设。

三、开展域外线下专营店建设和营销活动。

四、开展线上直播活动,在多个电商平台开展农产品线上营销和宣传推广活动,提升我市农产品网络零售额。

综上所述,项目资金预算金84万元(大写:捌拾肆万元整),请予立项。

以上请示,请批复。

××市电商服务中心
××××年6月28日
(资料来源于网络,有改动)

2. 请求帮助的请示

请求帮助的请示指下级机关在工作中遇到人力、物力、财力等方面难以解决的事项,请求上级机关给予帮助、支持的请示。

3. 请求解答的请示

请求解答的请示指下级机关在工作中对党和国家某一方针政策、法令制度等不太明确,或者有不理解的问题,拟出解决意见,请求上级划清界限,给予解释、指示的请示。

(三) 结构写法

1. 标题

标题一般由发文机关名称、事由和文种组成，或者只由事由和文种组成。

2. 正文

（1）缘由。交代请示事项产生的原因、背景，阐述请示理由和依据，尽量写清情况，说清楚"为什么请示"。要将请示事项简明扼要地叙述清楚，使领导了解请示事项的前因后果。

（2）事项。说明请示上级机关批准、帮助、解答和解决的具体事项。请示什么事项，有哪些要求，必须写得明确具体、清楚明白。对于要求上级回答或帮助解决的事项，要切实可行地提出看法或处理意见，供上级领导参考批复。

（3）结尾。常用"以上请示，请批复""如无不妥，请批示有关单位执行"等惯用语来收束全文。

例文 2

关于要求追加我市自然灾害救济款的请示

××省人民政府：

今年我市自然灾害频繁，损失严重。上半年我市十多个县市遭受寒潮、霜冻、龙卷风、冰雹和洪涝灾害；下半年我市五个县（市）降下特大暴雨，造成洪涝灾害，损失严重。据统计，全市受灾人口××××人，死亡×××人，伤×××人；倒塌房屋×××间，损坏房屋×××间，受灾粮食作物×××公顷，其中成灾×××公顷，绝收×××公顷，交通、通信设施和工商业等损失也很严重。因灾直接经济损失××××万元。夏粮减产××××吨，初步估算秋粮减产××××吨。

国务院对我市灾情非常重视，今年已经拨给我市救灾补助款××××万元；11月5日我市赴武汉汇报后，省人民政府初步确定再增拨给×××万元救灾款。我市各级政府正按照省委领导的指示精神，安排好省人民政府补助的经费，继续部署救灾救济工作，广泛发动群众生产自救。但是，由于受灾面积广，人口多，现有的救灾救济款无法根本解决灾区群众的困难。鉴此，除继续发动灾民生产自救和依靠各级地方政府财政支持外，恳请省人民政府再拨给我市冬令救济款××万元。

以上请示，请批复。

××市人民政府（印章）
××××年××月××日

（四）写作要求

1. 坚持一文一事

《条例》规定：请示应当一文一事。否则，可能导致上级机关无法批复。

2. 单头请示

一般只写一个主送机关，需要同时送其他机关的，应采用抄送形式，但不得抄送其下级机关，避免出现推诿扯皮的现象。

3. 不得越级请示

请示应逐级请示。如果因特殊情况或紧急情况必须越级请示,就要同时抄送越过的直接上级机关。除个别领导交办的事项外,一般不得直接抄送领导个人。

4. 不抄送下级机关

请示是上行文,不得同时抄送下级机关,以免造成工作混乱,更不能要求下级机关执行上级机关未批准和批复的事项。

(五)请示与报告的区别

1. 行文目的不同

请示要求批复,报告不用批复。请示的目的是通过上级机关的决策意见,解决工作中亟待处理而无权或无力解决的具体事项,上级机关接文后一定要予以批复;报告的目的是向上级机关提供信息经验和依据,使之了解、掌握情况,以便更好地决策、指导。

2. 内容和结构不同

请示内容单一,一文一事,明确提出请示事项;报告内容较广泛,可以一文数事,反映多方面情况,综合报告就具有这一功能。在结构上,请示较稳定,缘由、事项和结语缺一不可;而有些篇幅较长的报告,结构安排不拘一格,较为灵活。

3. 行文时间不同

请示必须事先行文,报告一般是在事中、事后行文。

四、请示与批复的关系

(一)办文情境

"供销社"举办迎新春晚会,让滞留广州的外来务工人员欢度春节,"供销社"紧急请示集团公司要求拨发晚会经费,上级机关马上批复"同意"。

《条例》规定:批复是"适用于答复下级机关请示事项"的公文。

先有请示,后有批复。批复是上级机关根据下级机关提出的请示表明态度或做出明确答复的下行公文,行文提出请示的下级机关就是批复的主送机关。在日常公务活动中,下级机关要求所隶属的行政上级机关,对其请示职权范围内无法解决的问题,依照党和国家的方针政策予以明确答复。首先是批,即批准,就是对下级机关的请示表明态度,同意、批准或不同意、不批准;然后是复,即答复、回复。批复态度要旗帜鲜明,不得模棱两可、含糊其词,或者回避不复。批复不仅要表示明确的态度,还需提出处理问题的意见和办法,这些内容实际就是上级机关的指示精神,代表上级机关的决策意见,下级机关必须贯彻执行。批复是被动行文,上级机关应下级机关的请示而发文。

(二)批复的结构写法

1. 标题

标题由发文机关名称、事由和文种组成,或者只由事由和文种组成。标题中的事由要把所请示的事项概括出来。

2. 正文

(1) 缘由,即批复根据。习惯写法是开头交代下级机关呈送请示日期、标题、发文字号及收文情况,开门见山地说明行文的针对性。

(2) 事项,即批复的具体内容。必须紧扣请示事项,包括批复态度及批复意见。批复应该态度鲜明,意见具体,表明对请示事项是完全同意、部分同意,还是不同意,有的还要提出有关处理意见,以便下级机关遵照执行。

(3) 结尾,常用习惯用语为"特此批复""此复"。

例文 3

国务院关于同意在广东省广州市设立华南国家植物园的批复

国函〔2022〕50 号

广东省人民政府,自然资源部、住房城乡建设部、中科院、国家林草局:

自然资源部、住房城乡建设部、中科院、广东省人民政府《关于申请批复设立华南国家植物园的请示》收悉。现批复如下:

一、同意在广东省广州市设立华南国家植物园,由国家林草局、住房城乡建设部、中科院、广东省和广州市人民政府合作共建。

二、华南国家植物园建设要以习近平新时代中国特色社会主义思想为指导,全面贯彻党的十九大和十九届历次全会精神,深入贯彻习近平生态文明思想,认真落实党中央、国务院决策部署,坚持人与自然和谐共生,尊重自然、保护第一、惠益分享;坚持以华南地区植物迁地保护为重点,体现国家代表性和社会公益性;坚持对植物类群系统收集、完整保存、高水平研究、可持续利用,统筹发挥多种功能作用;坚持将热带亚热带植物知识和岭南园林文化融合展示,提升科普教育功能,讲好中国植物故事,彰显中华文化和生物多样性魅力,强化自主创新,接轨国际标准,推动构建中国特色、世界一流、万物和谐的国家植物园体系。

三、国家林草局、住房城乡建设部要加强业务指导,会同中科院、广东省和广州市人民政府建立协调机制,密切协作配合,落实工作责任,统筹研究解决重大问题;抓紧组织编制华南国家植物园建设方案,聚焦华南地区植物迁地保护及科研功能,落实粤港澳大湾区建设需要和国土空间规划管控要求,合理控制建设规模,按程序报批后抓好组织实施。中科院与广东省和广州市人民政府共同成立华南国家植物园建设领导小组,强化统筹协调,充分用好现有相关投资渠道,并完善多元化投入机制,加强重点功能区、馆藏设施、科研平台和配套基础设施建设,全面提升科研能力和建设运行管理水平,稳妥有序推进华南国家植物园建设各项任务。

四、国务院各有关部门和有关地方人民政府要按照职责,研究对华南国家植物园的支持举措,按照国家有关规定在规划编制、政策制定、资金投入、项目建设等方面给予指导和支持。重大事项及时向国务院报告。

国务院

2022 年 5 月 30 日

(资料来源于中华人民共和国国务院公报 2022 年第 17 号)

五、技能实训

指正修改以下两则病文,誊写正确行文。

×××化工厂关于贯彻按劳分配政策嘉奖刘××的请示报告

省化工集团总公司:

按劳分配,是社会主义分配的基本原则,也是社会主义优越性之一。几年来,我厂由于认真贯彻了按劳分配政策,极大地激发了广大职工的社会主义劳动积极性,使得生产率成倍提高。为全面贯彻按劳分配原则,进一步调动职工的劳动积极性,现就劳资政策等问题请示如下:

一、拟用202×年全厂超额利润的10%为全厂职工晋升工资。其中,202×年4月30日在册职工每人晋升一级,凡班(组)长和车间先进生产(工作)者及其以上领导和先进人物再依次晋升一级;全厂技术突击组成员每人浮动一级工资,组长每人浮动两级工资。

二、拟用202×年全厂超额利润的10%一次性为全厂职工增发奖金平均每人100元,具体金额按劳动出勤率和完成定额计算。

三、集团总工会正在开展评奖活动,我司刘××同志,男,52岁,现为厂副总工程师。该同志长期从事化工生产的技术工作,做出了许多卓著成绩,多次受到领导的好评,并为化工生产创造了显著效益。其中《××××××××》和《××××××××》两篇论文分别荣获全国化工学会一、二等奖,《×××》一书被评为全国科普鼓励奖,其本人已被编入中青年科学家辞典。根据×总司发〔2021〕××号文件精神,刘××同志符合立功条件,望予嘉奖。

以上请示,妥否,请批示。

×××化工厂
202×年1月12日

(资料来源于郑崇田、郑红编著《公文范例与病例选析》,有改动)

关于修建新办公大楼请示的批复

××厂:

有关请示已悉。关于修建新办公大楼一事,经研究,还是以不建为宜。此复。

××××有限公司
××××年××月××日

实训 9　函

公函

一、办文情境

情境一:"供销社"迅速布置落实做好留穗外来务工人员欢度春节的工作任务。"过年七天乐,天天都精彩""稳岗惠企",复工复产,确保为企业赶进度、赶订单加班加点而留穗的外来务工人员,在异地他乡过上欢乐祥和年。其中,大年初三安排外来务工人员前往著名的黄埔军校参观。为使外来务工人员及其家属玩得尽兴开心,专门发函与展览馆商洽联系,请求派出"金牌导游"带领参观。黄埔军校展览馆接函后,马上答复表示大力协助,做好有关工作。

情境二:受当前经济全球化下行形势影响,珠三角中小型企业经营遇到困难。当地政府为企业排忧解难,相应减免 2023 年度一定的所得税额度,"供销社"立即发函与某区地税局联系,请求办理有关手续。

二、办文任务

开展在线实时写作实训,分角色模拟"供销社"办文情境,拟写参观黄埔军校的函和减免税的函,以及为黄埔军校展览馆拟写复函。

三、写作技法

(一) 任务分析

《条例》规定:函是"适用于不相隶属机关之间商洽工作、询问和答复问题、请求批准和答复审批事项"的公文。

所谓函就是信件,作为公文的函,是指机关单位使用的公函。在日常工作中,不相隶属的机关或企事业单位、社会团体之间,经常会使用公函联系、商洽有关工作。函适用范围广泛,各级行政机关、企事业单位、社会团体均可使用。函的行文方向具有多向性,既可平行,又可以上行、下行,但其根本性质是平行文。函的写法简便、灵活,按照文面规格,可分为公函和便函。公函属于正式公文,按照公文格式采用正式文件头、标题,还要编发文字号,并由机关办文部门按发文统一编号,或者按函来单独编号;便函不属于正式公文,内容多涉及事务性的具体事项,写法与平常信函相似,常常不编文号,不写标题,只用机关信笺行文,加盖公章便可。

"供销社"与黄埔军校展览馆是不相隶属关系,向对方请求派出"金牌导游"带领外来务工人员游玩,按照规定要用商洽函联系,而黄埔军校展览馆针对有关联系事项行文复函。某区税务局是"供销社"不相隶属的办税业务主管部门,要用请批函来请求批准减免所得税额度。

(二) 函的种类

1. 商洽函

商洽函就是相互商洽工作的函。一般来说,机关单位、业务部门之间有事项需要联系、商洽,用其他公文不合适的,都可用函来行文。

例文 1

关于商请开通高铁复工专列运送外来工的函

中国铁路集团有限公司××铁路局：

为做好助推全面"稳岗惠企"复工复产工作，满足外来务工人员"多元化出行需求"，方便快捷及时接运春节回乡的外来务工人员按时返岗生产，我们组织了外来务工人员运送专门车队，特请贵局协助开通"一站到达××"的高铁专列，与我区组成"一条龙"服务车队，负责"点对点"安全有序运送贵省在我区务工人员节后返回单位上班。

特此函告。妥否，请尽快函复为盼，以便办理有关手续。

（××经济技术开发区印）

2023 年 2 月 1 日

（资料来源于网络，有删改）

2. 问答函

问答函是相互询问和答复有关问题的函，分为询问函和复函。在办理公务中，对某些问题不够清楚，需要向有关部门咨询的时候使用询问函；复函则是对请示的事项或询问的问题做出答复或者解释。复函与批复的区别在于：复函用来回复不相隶属的机关、平级单位等来函商洽的事情；批复则用来批准答复下级机关的请示，批复事项一般较为重要。实际工作中，许多请示的答复并不都是用批复行文，而是经上级机关批准，授权其办事机构行文复函答复。若请示事项重大，就要以上级机关的名义直接批复。

例文 2

国务院办公厅关于同意广东、香港、澳门承办 2025 年
第十五届全国运动会的函

国办函〔2021〕79 号

体育总局、财政部、国务院港澳办：

你们《关于广东、香港、澳门承办第十五届全国运动会的请示》（体竞字〔2021〕224号）收悉。经国务院领导同志批准，现函复如下：

一、同意广东、香港、澳门承办 2025 年第十五届全国运动会。

二、筹备和举办第十五届全国运动会的经费主要由广东省人民政府、香港特别行政区政府、澳门特别行政区政府自筹，中央财政给予一次性定额补助。

三、体育总局、广东省人民政府、香港特别行政区政府、澳门特别行政区政府要严格按照党中央、国务院有关规定，结合当地经济社会发展实际，坚持"简约、安全、精彩"的办赛要求，充分利用现有场馆设施，严格预算管理，节约办赛成本，严格控制规模和规格，全力做好新冠肺炎疫情防控工作，共同组织好第十五届全国运动会。

国务院办公厅

2021 年 8 月 21 日

（资料来源于中华人民共和国国务院公报 2021 年第 26 号）

> 例文 3

广东省人民政府办公厅关于中国历史文化名镇珠海市斗门镇
保护规划(2020—2035 年)的复函

粤办函〔2023〕52 号

珠海市人民政府：

  《珠海市人民政府关于审批〈中国历史文化名镇珠海市斗门镇保护规划(2020—2035年)〉的请示》(珠府〔2022〕61号)收悉。经省政府同意，现函复如下：

  一、原则同意《中国历史文化名镇珠海市斗门镇保护规划(2020—2035 年)》(以下简称《保护规划》)。规划期限为 2020—2035 年。规划范围为斗门镇镇域辖区范围，面积约 10 577 公顷。保护范围为北至风流河、南至南门南路、西至下冷涌、东至胜景路，面积约 173.64 公顷。其中，核心保护范围包括斗门旧街、接霞庄、南门村、毓秀村，面积约 5.97 公顷；建设控制地带面积约 27.01 公顷；环境协调区面积约 140.66 公顷。

  二、要妥善处理好历史文化名镇保护与发展的关系，切实加强对斗门镇的传统格局、历史风貌、空间尺度及与其相互依存的自然景观和环境的保护，尤其要注重保护好斗门镇历史上作为珠三角南端重要商贸墟镇的"T"型骑楼建筑群。同时，要合理利用历史文化遗存，完善公共服务体系，努力实现社会效益、环境效益和经济效益的协调统一。

  三、加强规划实施管理，确保《保护规划》管制措施落实到位。要认真做好《保护规划》公布实施工作，在保护范围内，凡涉及历史文化遗产保护的新建、改建、扩建项目，要严格按照《中华人民共和国文物保护法》《历史文化名城名镇名村保护条例》等有关法律法规实施，避免发生破坏和影响历史文化名镇保护的建设行为。要加强对历史文化名镇的保护和宣传，积极营造全社会高度重视历史文化名镇保护的良好氛围。

省政府办公厅
2023 年 3 月 28 日

(资料来源于广州市人民政府网站)

3. 请批函

  请批函是向业务主管部门或者归口管理部门请求审批事项的公文，因为是与主管部门而不是与有隶属关系的上级机关发生联系，所以有别于请示，注意不要用错文种。具体来说，不相隶属的机关单位、平行机关需要向有关主管部门请求批准的事项，都应该用请批函。它与请示都有请求批准的内容，写作上容易混淆。两者的区别在于：请批函一般是在某一方面向没有隶属关系的业务主管单位行文，内容仅限于业务问题，是平行文；请示是向所隶属的行政上级机关行文，内容不限于业务问题，是上行文。

例文 4

××市统计局关于请求拨款的函

市财政局：

  我局原有 132 平方米砖瓦结构车库（平房）一处，因年久失修于今年雨季突然倒塌，急需修复。经测算，共需资金 30 万元。因我局除财政拨款外无另外资金来源，故请能予临时拨款为盼，以便解决车辆越冬之急需。

  特此函告。妥否。请即函复为盼。

  附件：维修图纸与预算（略）

××市统计局（印）
××××年××月××日

（资料来源于郑崇田、郑红，《公文范例与病例选析》）

（三）结构写法

1. 标题

标题一般由发文机关、事由、文种组成。若是复函，则应当注明"复函"。有的标题只写事由和文种，省略发文机关。

2. 正文

（1）缘由。交代发函的原因，说明去函的目的、根据、理由。复函则要体现出行文的针对性，说明发文依据，一般习惯写法是"××××年××月××日来函（文）收悉"，或者"××号文收悉"。

（2）事项。直截了当地说明询问、答复或商洽、请示的内容。这是函的核心，因为是处理公务、解决问题，所以要遵循一文一事的原则，写得具体、准确、条理清晰。

（3）结语。常用"以上意见，请即函复为盼""特此函告""特此函达，请复为盼"。若是复函，则多用"此复"（只用于下行的函）、"特此函复"等。

（四）写作要求

1. 开门见山，直陈其事

函讲究快捷、简明扼要，可就一个问题或一件事情开门见山，直接入题。函的内容集中、单一，便于对方单位及时处理。

2. 措辞得体，平等待人

函的行文非常讲究分寸，注意行文关系，要以诚恳合作的态度商量办事。语言表达要得体，多采用雅语，语气力求平和，恰当使用相关习惯用语，既不恭维奉承，也不盛气凌人。

四、技能实训

指正修改以下两则病文，誊写正确行文。

关于请求免缴所得税的请示

××开发区税务局×××领导：

我公司是粤经贸××〔202×〕101号文批准成立的中外合资企业。在202×年度（第一年）的经营中实现利润××万元，应交所得税××万元。根据《中华人民共和国经济法》规定，中外合资企业从开始获利的年度算起，第一年和第二年免征企业所得税。因此，我公司现申请免缴202×年度××万元所得税。

特此报告，请批示。

××公司

202×年1月9日

关于联系教师进修的函

×××大学教务处：

首先让我们以××市公关学校的名义，向贵处表示衷心的感谢，过去为我校办学给予了很大的帮助。目前我校又面临一个很难解决的问题。

事情是这样的：我校开办不久，师资力量很弱，决定派××位年轻教师到贵校旁听进修一年。我校与有关部门多次商量，但××位教师进修住宿问题至今也没有得到解决。提高教学质量的关键是师资。为提高我校教育质量，恳请贵处设法在贵校给解决住宿问题。但不知贵处是否有什么困难，如果需要我校给贵处解决什么问题，请尽管提出，我校定竭力去办。贵处如能解决我校进修教师住宿问题，我们将以我校领导的名义向贵校领导深深地表示谢意。

致以崇高的敬礼！

××市公关学校（印章）

××××年××月××日

项目四

事务文书

学习目标

▶ 知识点：

了解常用事务文书的适用范围。
掌握常用事务文书的格式与写作要求。

▶ 能力点：

结合实际工作情境撰写常用事务文书。
能够准确地将格式与写作要求应用于处理机关、组织事务的具体写作实践。

实训1 计划

计划

一、办文情境

为深入学习贯彻习近平总书记关于全面推进乡村振兴和区域协调发展的重要论述和视察广东重要讲话、重要指示精神,认真落实省委"1310"具体部署、市委"1312"思想举措,扎实推进"百县千镇万村高质量发展工程"落地生根、开花结果,助推乡村全面振兴,根据上级有关通知要求和工作部署,按照"区域所需,企业所能"的原则,结合本单位实际,"供销社"制订助力乡村振兴、推进对口支援帮扶合作的工作计划。

二、办文任务

开展在线实时写作实训,分角色模拟"供销社"办文情境再现,拟写"强国兴农"电商直播带货粤西粤东特色农副产品营销项目计划。

三、写作技法

(一)任务分析

计划是各级社会组织和个人对未来一定时间内的工作任务、目标和措施等做出具体规划与安排的事务性文书。计划又叫要点、方案、设想、打算、意见、安排、策划、战略等。

"凡事预则立,不预则废。"作为指导工作的行动纲领,计划对于社会组织的正常运作起着必不可少的预测、监督和指导作用。只有通过计划的制订执行、检查分析,才能对实际工作进行有效的协调与控制,才能进行科学的资源配置,最终实现预期目标,提高工作效率,取得良好的预期效果。任何社会组织都要制订工作计划,明确奋斗目标并进行监督检查,从而更好地统一思想,协调行动,提高工作的自觉性,降低盲目性,合理地安排人力、物力、财力和时间。计划的制订要突出预见性和可行性,从实际出发,统筹安排,既突出重点,又兼顾全局。必须对工作做出正确的判断和预测,充分考虑计划的可行性,尤其是具体指标、措施办法和实现过程的可行性。

一年之计在于春,一日之计在于晨。民族要复兴,乡村必振兴。具有宏观眼光和策划意识的"供销社"组织管理者,通过对工作情况的深入了解,根据实际工作情况和人、财、物等条件,做出切合实际的分析评价,未雨绸缪,对贯彻落实"百县千镇万村高质量发展工程"工作做出正确预测,提出科学的预见,事先制订周密的"强国兴农"粤东粤西特色农副产品电商直播带货营销项目计划,以便在落实过程中按部就班做好工作。

(二)计划的种类

按时间分,计划可分为月度计划、季度计划、年度计划、近期计划和长远计划。

按范围分,计划可分为班组计划、单位计划、系统计划、地区计划、国家计划与国际合作计划。

按内容分,计划可分为专项计划和综合计划。

(三) 结构写法

1. 标题

标题的结构如下：一是计划组织名称 + 计划时间 + 文种；二是计划组织名称 + 计划内容 + 文种；三是计划内容 + 文种；四是文章式标题。计划尚在讨论、修改、定稿阶段时，要在标题之后或者下面，用括号注明"讨论稿""初稿""草案"等。

2. 前言

前言要开宗明义地指出制订计划的指导思想和依据，即提出"为何做""因何做""能否做"的问题，也可以实事求是地分析本单位实施计划的有利条件和不利条件等情况。

3. 事项

事项包括任务目标、措施办法和要求，这是计划的三要素。

（1）任务目标。提出计划在未来一定时期内要"做什么"的问题。应当根据实际情况，明确规定要完成的任务目标及达到的指标。

（2）措施办法。提出为实现任务目标要分几个阶段"如何去做"的问题，应该详细说明对每项任务的安排，以及对每一阶段的工作要求。措施是指达到既定目标所需要的人力、物力、办法、技术、手段、组织安排等内容，包括具体的组织分工、进程与步骤的安排、人力与物力的合理使用等。计划提出的措施办法既要有针对性，详细实在，职责分明，条理清晰，又要具有实际操作性，保证计划的严格执行和落实到位。

（3）要求。主要是指质量、数量、时间上的具体要求，提出"做得怎样""做到多少""何时做完"的要求，也就是质量上要达到什么标准、水平、程度，数量上要达到什么指标，时间上要在什么时候完成哪项工作等。计划目标完成得好坏，必须有一个具体的标准要求。

4. 结尾

结尾主要是对计划实施前景的展望、向全体员工发出的号召等，起到鼓舞士气的作用，激励大家为实现既定目标和美好前景而努力奋斗。结尾内容也可以不写。

> **例文**

××大学2024级新生军训工作实施方案

为使我校2024级新生军训工作正常、有序开展，保证军训质量，根据学校教学安排，制定本方案。

一、指导思想

坚持以习近平新时代中国特色社会主义思想为指导，贯彻习近平强军思想和新时代军事战略方针，围绕立德树人根本任务和强军目标根本要求，以《中华人民共和国国防法》《中华人民共和国兵役法》《中华人民共和国国防教育法》《普通高等学校军事课教学大纲》和省教育厅相关要求为依据，全面贯彻党的教育方针，紧紧围绕国家人才培养目标，结合我校实际，组织开展新生军训工作。

二、任务目标

通过组织开展新生军训，不断提高大学生的思想政治觉悟，激发大学生的爱国热情，增强大学生的国防观念和国家安全意识。通过深入开展爱国主义、集体主义和革命英雄主义教育，增强大学生的组织纪律观念，培养艰苦奋斗的作风和吃苦耐劳的精神，努力提高学生的综合素质，为培养中国特色社会主义事业建设者和接班人打下坚实的基础。

三、组织领导

学校成立军训工作领导小组，组织检查实施情况，研究解决学生军训工作中的重大问题。负责整个军训的领导工作成员名单如下：

组长：党委书记、校长

副组长：分管军训工作的院领导

成员：党委办公室、组织部（宣传部）、教务处、学生工作部、财务处、后勤保障处、武装保卫部、团委等部门主要负责人，各二级学院党政主要负责人。

军训领导小组下设军训办公室，设在武装保卫部，由武装保卫部部长兼任办公室主任，副部长兼任办公室副主任，工作人员由武装保卫部职员组成。

四、军训时间、内容方式、营建制安排和训练场地

（一）军训时间：10月23日—11月5日，为期14天。

（二）内容方式。实行校内集中训练，军事化管理，按照《普通高等学校军事课教学大纲》规定内容，完成军姿训练、队列训练、体能训练、内务整理、军体拳、战术演练等军事技能训练，实施国防教育课程，培养学生的爱国精神、守纪意识及良好的身体素质和学习规划。

（三）营建制安排

1. 一营：电子信息工程学院×××人。
2. 二营：公共管理学院（特殊教育学院）×××人。
3. 三营：旅游学院×××人。
4. 四营：食品健康学院×××人。
5. 五营：数字商贸学院××××人。
6. 六营：艺术与新媒体学院×××人。
7. 七营：智慧城建学院××××人。
8. 八营：智能制造学院×××人。

共计：××××人。

（四）训练场地及安排：2024级全体新生在科教城校区进行军事技能训练。训练场地的使用由军训办公室统一协调。

五、军训成绩考核

（一）学生军事技能成绩分为优秀、良好、及格、不及格四个等级，成绩由各营教官及带班辅导员根据军训学生实际技能表现商定，军训结束后请二级学院将学生军训成绩以学院为单位报×老师。

（二）退伍学生军事技能和军事理论学习成绩为优秀，可不参加军训和军事理论学习，但需参加消防和疏散演练、防诈骗教育、急救教育、禁毒教育、卫生教育等活动。名单由教务处统一提供，不需要学生申请。

（三）因身体或心理原因，符合《学生军训卫生安全规范》的免于军训标准要求的学生

可以免修军事技能,但仍需参加学校在军训期间安排的其他活动,如国防教育、反诈骗宣传教育、禁毒教育、消防安全教育、急救教育、卫生健康教育等。符合条件的学生须自行申请,提供相关医院证明或其他证明,由二级学院、心理咨询中心或医务室、教务处审批后交到武装保卫部。

(四)其他学生患有其他疾病,不能承受高强度军训,但不符合《学生军训卫生安全规范》中免修军事技能条件的,需要参加军训,训练内容由武装保卫部和军训教官统一安排。

(五)军训免训、缓训和补训申请表及佐证材料请于10月21日前交到武装保卫部A2-110室。

(六)缺席军训时间30%以上的学生,军事技能成绩为不合格。

六、军训评先评奖

(一)军训先进个人表彰原则上按照10%比例评选,由教官和带班辅导员商定,参加军训汇报演出的国旗护卫队队员自动当选军训先进个人,入选国护多的学院,可适当增加先进个人名额,请各学院10月30日下班前将先进个人名单交×老师。

(二)拟评选出15名优秀指导老师和优秀教官20名、优秀学生教官6名(由武装保卫部与学工部、军训总教官评选)。

(三)先进集体奖项设置:军训汇报表演(分列式方队)一等奖2名、二等奖3名、三等奖4名,特色表演方队设一等奖2个、二等奖3个、三等奖4个,优秀组织奖4个,先进连队4个;

(四)集体奖项评选办法:军训汇报表演、特色表演方队奖项由汇报表演现场打分评出;优秀组织奖和先进连队按照二级学院院领导重视程度、组织和管理是否到位、带队老师出勤率、学生出勤率以及军训期间需要完成的学校其他工作完成质量等作为重要参考依据,由武装保卫部、学生工作部、教官共同商定。

七、军训动员大会和汇报表演安排

(一)动员大会:10月23日8点20分前,新生统一着军训迷彩服集合与军训教官见面,进行编队、整理着装、明确训练纪律等开训前准备。

(二)汇报表演:11月5日8点30分,新生在科教城校区运动场集中进行彩排。5日上午10:00进行汇报表演,在科教城校区运动场举行,届时邀请荔湾区人武部领导、学校领导和相关部门负责人参加,汇报演出方案另行通知。如遇大雨,取消汇报表演,在科教城校区体育馆进行总结表彰。

八、军训服装发放(含更换尺码)时间和地点

(一)购买时间:10月19日,20日8:00—18:00。

(二)购买地点:科教城校区C9架空层。

九、保障要求

(一)学生军训是学校依法依规组织实施的一项重要教学活动,是大学生必修课。各部门各学院领导要充分认识军训工作的特点,进一步端正态度、提高认识,高度重视;各级各类服务保障人员要顾全大局,认真履行职责,密切配合、相互支持,攻克难关,积极主动做好各项服务保障工作,高质量地完成今年军训任务。武装保卫部为军训组织协调部门,

负责军训计划的制定和组织协调工作,负责对军训各方面工作进行检查与督促。

(二)军训期间,各有关职能部门、服务保障单位和学院均要安排相关领导及管理、服务、保障人员在校园轮流值班,实施不间断的服务保障,掌握了解军训实况,查漏补缺,以确保军训计划实施。

(三)军训管理以教官为主,各二级学院辅导员老师与军训教官共同做好新生管理、军训成绩评定和思想教育等工作。武装保卫部、学生工作部和各二级学院每天至少要有一名带队老师在军训现场值班,协助教官管理新生和处理军训中的各项事务;此外,辅导员要跟训,经常深入学生宿舍、食堂和训练现场发现问题,及时协调解决,训练期间加强与承训教官沟通。

(四)军训期间,参训学生要严格执行课程安排和作息时间,不得迟到、早退;参训学生原则上不得请假,因特殊情况请假者,须先向所在学院提交书面请假申请经带班辅导员同意并报请军训教官批准后方可准假。

(五)军训中应密切关注学生思想动态,如:确实身体不适合军训的、故意逃训的、有精神疾病的、在训练过程中同学之间或同学与教官之间产生矛盾的等等,各学院一定要有预判、有处置预案,发现苗头要及时妥善处置。各部门值班人员、带队值班老师要在场跟训,不得缺席,当天值班人员上午、下午、晚上到训练场签名打卡。

(六)新生军训110名教官,食、宿在科教城校区。学校提供床位,教官自带生活及床上用品。学生工作部在军训前一个星期准备好22间宿舍(其中军训教官宿舍19间,荔湾人武部领导宿舍3间);后勤保障处为每间宿舍配备好教官钥匙、热水卡和饮水机,并保障每间宿舍水电能正常使用;

(七)请后勤保障处做好医疗保障,在科教城校区安排医护人员值班;安排好保障车辆,车辆要保证随叫随到;根据天气情况做好凉茶供应;并提供2024级新生体检结果。

(八)2024级新生军训在学校科教城校区运动场进行,基础课教学部需保障军训期间运动场和体育馆(整栋)能正常使用和出入;

(九)承训部队及各类教官要严格要求,严格管理,周密计划,科学组训,文明施训,严格遵守"十个禁止"要求,不断提高训练质量和效果。参训学生要严守军训纪律,服从命令,听从指挥,尊重教官、令行禁止,发扬不怕苦、不怕累的顽强拼搏精神,圆满完成军训任务。

(十)加强对参训人员的安全教育管理,严格落实各项安全措施,特别要做好预防中暑、食物中毒等事故发生,确保参训人员安全。

(十一)根据学校领导指示,军训过程中产生的加班,请各部门按照相关要求申报加班费;

(十二)进入训练阶段后,老生慰问、联欢晚会、运动员选拔、采访、宣传报道等各类活动,请各二级学院与教官协商确定,团委负责美文美图征集评选、制作《铿锵集》等活动请提前做好安排,以免影响后期报账。请艺术设计学院拍摄团队对军训过程进行拍摄。

××大学武装保卫部
2024年10月14日

四、技能实训

指正修改病文的错误,誊写正确行文。

××商场2023年下半年促销规划

为了繁荣商品市场,促进我市经济发展,特制订本商场今年下半年的促销计划如下:
(1) 按照市商务局下达的商品销售利润指标,国庆期间开展大规模的让利促销活动。
(2) 在此次促销期间,各部门要通力合作,凡成绩突出者,商场将予以精神和物质奖励。
(3) 全体商场工作人员必须认真遵守本商场制定的文昍服务公约,使顾客满意率达到99%以上。

望党、团员起带头作用,全体职工共同努力,确保本计划的圆满实现。

××商场
2023年7月3日

实训2　总结

一、办文情境

"供销社"为了总结经验、表彰先进,决定隆重召开2023年度年终表彰大会,共有三项议程:一是××副总经理致辞;二是××总经理作2023年度工作总结报告;三是表彰先进集体和先进工作者、优秀员工。实践出真知,"供销社"2023年度年终总结,回顾、评价一年来工作成败得失,找出经验教训,对以后的工作具有很强的借鉴作用。

二、办文任务

开展在线实时写作实训,分角色模拟办文情境,拟写"供销社"企业导师2023年度带岗指导高职院校应届毕业生企业教学工作总结。

三、写作技法

(一) 任务分析

总结是社会组织和个人通过对过去工作的回顾与分析评价,从中找出经验教训,并指导今后工作的一种事务性文书。

总结是单位领导最重视的文种之一。在实际工作中,社会组织和个人对以往的工作、学习或思想进行回顾,分析评价,肯定成绩,发现问题,从成败得失中找出经验教训,提出改进措施,明确今后的前进方向。某项工作告一段落或者结束之后,可以通过总结来正确分析评价前段工作情况,据实议事,找出正反两个方面的经验教训,从感性认识上升到理性认识,了解成败得失规律,从成功中获取经验,从失败中吸取教训。"前事不忘,后事之师",总结能为后续工作提供良好的借鉴,改进、完善方法策略,变教训为财富,使未来的工作能在前期基础上有所进步和提高。"供销社"的总结,客观、公正地对工作的功过得失进行评价,旨在减少今后工作的盲目性,提高绩效。

(二) 总结的种类

1. 综合总结

综合总结是社会组织在一定时间内对各项工作整体综合和全面概括的总结。它要求较全面地回顾本单位、本部门或个人在一定时期内的各个方面的工作情况。综合总结主要用做向上级部门汇报和向本单位员工汇报的材料,如年终总结、单位工作总结等。

2. 专题总结

专题总结是社会组织在一定时间内对某项工作或者某一问题所做的总结。专题总结一般是选取工作中的某些突出成绩和典型经验,或某些带有普遍意义的问题,通过总结指导全面工作;或者选取某一重大的事故或事件,加以总结分析。专题总结着重介绍具体经验、做法或者问题、教训,不像综合总结那样面面俱到。

(三) 结构写法

1. 标题

标题主要有以下几种:一是综合性总结标题,由单位名称+总结时限+内容+文种组成。二是文章式标题,揭示、概括总结的主题思想,要求切实有力地反映总结内容或中心。三是采用双标题写法,由正、副标题组成,正标题揭示总结主题,副标题指出其内容、单位、时间和文种,如《售后服务是企业安身立命之本——××集团技术服务中心××××年工作总结》。

2. 前言

前言应开宗明义,概括交代过往工作的基本内容,说明在怎样的指导思想和情况下做了什么工作,即概述工作完成的基本情况,介绍主要的成绩或者经验、体会,揭示中心思想。

3. 成绩和经验

成绩和经验是总结的重点。经验就是工作中取得好成绩的措施和做法。成绩和经验部分对过去的物质成果和精神成果及获得成功的原因与条件进行分析归纳,具体介绍工作经过,详细说明做了哪些事情及完成情况,结果如何,采取的方法、步骤和措施,有什么效益等。一般分成几个方面把有关做法详细地进行具体说明,要注意行文主次详略,恰如其分地"歌功颂德"。要注意对经验、成绩的归纳和总结,切忌流水账式的写法。

4. 存在的问题和教训

问题是指实践中深切感到应当解决却暂时还没有条件和办法解决的问题。教训是指从错误和失败中应吸取的教训,即造成工作失误的做法。存在的问题和教训部分应说明在工作中遇到了哪些问题,带来了哪些损失和影响,着重分析其存在及产生的原因,找出差距。失败乃成功之母。这部分内容一定要写,而且要写得准确,以期达到改进工作的目的。

5. 今后打算

在总结问题和教训的基础上,提出切实有效的改进措施,以及今后新的奋斗目标和努力方向,从措施和办法中看到纠正错误的可靠性。

例文

独龙族整族脱贫的深刻启示

独龙族先民在大雪封山、与世隔绝的独龙江峡谷,创造了独具特色的民族文化。但由于恶劣的自然环境和旧社会的民族歧视,中华人民共和国成立前独龙族聚居地区长期处于原始社会末期。据夏瑚在《怒俅边隘详情》中的记载,20世纪初期的独龙江"农器亦无犁锄,所种之地,唯以刀伐木,纵火焚烧,用竹锥地成眼,点种苞谷,若种荞麦稗黍等类,则只撒种于地,用竹帚扫匀,任其自生自实,名为'刀耕火种',无不成熟,今年种此,明年种彼,将住房之左右前后土地,分年种完,则将房屋弃之他,另结庐居,另坎(砍)地种;其已种之地,须荒十年八年,必俟其草木畅茂,方行复坎(砍)复种。"中华人民共和国成立后,"太阳照到了独龙江",独龙族人民翻身做了国家的主人。然而,由于当地特殊的地理环境,居住在独龙江流域的独龙族人民仍长期过着每年大雪封山半年的封闭生活,社会发展程度、经济发展水平远远落后于其他兄弟民族。

进入新时代,独龙族迎来了全新的历史纪元。长期以来以"贫穷落后"为代名词的独龙族聚居地区独龙江乡,贫困发生率从2011年的71%下降至2018年的2.63%,实现脱贫摘帽。这标志着从原始社会末期直接过渡到社会主义社会的独龙族,实现了从整族贫困到整族脱贫、一步跨千年的历史"蝶变"。这是一个民族发展的奇迹,也是党的民族政策和脱贫攻坚政策在边疆民族地区落实的生动写照,更是在习近平新时代中国特色社会主义思想指引下,边疆民族地区生产生活发生翻天覆地变化的一个成功案例。透过这一案例,我们得到了诸多弥足珍贵的启示。

一、思想引领,独龙族发展奇迹的"金钥匙"

住好房子、不愁吃穿、有汽车、有产业、5G网络全覆盖、下大雪也不封山了,内地有的、城里人玩的,独龙江乡基本上都有了,独龙族同胞享有了前所未有的获得感、幸福感、安全感。过去独龙族祖祖辈辈想都不敢想、梦都梦不到的"天方夜谭",如今却成了活生生的现实。这是值得大书特书的历史华章,它印证了一条真理,那就是"只有伟大的思想才能引领伟大的时代,只有伟大的时代才能创造出伟大的奇迹"。习近平新时代中国特色社会主义思想,是独龙族发展奇迹的指路明灯、制胜法宝,是独龙族一步登天、通向现代文明的"金钥匙"。在我国史无前例的轰轰烈烈的反贫困大战中,独龙江乡是贫中之贫、困中之困、坚中之坚。从最难啃的独龙江这块"硬骨头"发力,体现了当代共产党人"犯其至难而图其至远"的高瞻远瞩和坚定决心,体现了"各民族无论大小一律平等"的社会主义优越性。2015年1月20日,习近平总书记在昆明会见贡山县干部群众代表时指出:"全面实现小康,少数民族一个都不能少,一个都不能掉队,要以时不我待的担当精神,创新工作思路,加大扶持力度,因地制宜,精准发力,确保如期啃下少数民族脱贫这块'硬骨头',确保各族群众如期实现全面小康。"人民领袖爱人民,习近平总书记一直心系独龙族群众,在独龙族决战决胜脱贫攻坚的关键时期,同独龙族群众进行了"一次会见,两次回信",独龙族发展的每一步都倾注着习近平总书记的心血。

习近平总书记在2014年1月3日给贡山县干部群众回信中说:"独龙族群众居住生

活条件比较艰苦,我一直惦念着你们的生产生活情况。"习近平总书记在2019年4月10日第二封回信中说:"你们乡党委来信说,去年独龙族实现了整族脱贫,乡亲们的日子越来越好。得知这个消息,我很高兴,向你们表示衷心的祝贺。让各族群众都过上好日子,是我一直以来的心愿,也是我们共同奋斗的目标。"习近平总书记在回信和会见谈话时如至亲挚友,情真意切。这既反映了发展为了人民、发展依靠人民、发展成果由人民共享的科学内涵,又体现了以习近平同志为核心的党中央把人民放在心中最高位置、大爱无疆、心系人民的博大情怀,是独龙族人民向着中国梦进发的强大动力。

二、改革创新,独龙族发展奇迹的"主引擎"

让一个整族贫困的少数民族迅速崛起、华丽转身,没有成功的先例可供借鉴,也没有理论上成熟的模型可以遵循。唯有创新才能战胜挑战、赢得希望。非常的问题,需要用非常的手段来解决。认识上的高度决定了思想重视程度、资源配置强度和工作推进力度。首先,独龙族聚居的独龙江乡发展问题不是一个乡的问题,而是一个民族的问题,要把它放到中国56个民族的大家庭当中去度量其"短板"和透视其不平衡性。通过精准把脉独龙江乡的特殊性和唯一性,把"谋全局"方向与"谋一域"之力有机结合进来,改变了"本级为主、下抓一级"的工作常规,由云南省委领导牵头统筹,省州县乡村五级联动,形成高位推动、多点多极支撑的独龙江乡脱贫攻坚行动领导和工作机制,内外强强结合、上下统一步调,以"组合拳"打响了"独龙江乡整乡推进独龙族整族帮扶"超常规脱贫攻坚战。一系列创新举措使独龙江乡这个曾经每年都要被大雪封山半年、远离中心城市的深山峡谷,从发展边缘摇身转变为建设前沿,以惊人的发展速度和发展增量让独龙族同胞圆梦今朝。

三、精准施策,独龙族发展奇迹的"硬功夫"

习近平总书记指出:"要加大扶贫资金投入力度,重点向农牧区、边境地区、特困人群倾斜,建立精准扶贫工作机制,扶到点上、扶到根上、扶贫扶到家。"独龙江乡脱贫攻坚战不是敲敲打打、修修补补,而是超常规全新构架,既立"四梁八柱",又从一砖一瓦做起;既着力解决眼下愁吃愁穿愁住的迫在眉睫的民生问题,又着眼一个民族的长远发展大计,谋划愿景;既立足于独龙江乡的资源禀赋,谋划产业格局,又着眼市场环境和发展大势,顺应可持续发展市场规律。通过安居住房建设、特色产业培育、基础设施建设、社会事业发展、人居环境提升、素质技能提升、生态环保工程、基层党建、提升干部能力"九大工程",实行辨证施治的"综合疗法",十个手指弹钢琴,一张蓝图绘到底,根据"造血"功能需要来"输血",靶向施策斩断"穷根",精准发力。

四、绿色发展,独龙族发展奇迹的"新路标"

绿水青山就是金山银山。独龙江乡脱贫攻坚行动从始至终,坚持走一条"在保护中发展,在发展中的保护"绿色发展之路。立规矩,制定了《独龙江保护管理条例》,推行良法善治;定规划,编制《独龙江生态保护规划》,绘就生态保护美好愿景,组建了有313名生态护林员的队伍,曾经的猎手成为保护野生动物的骨干,曾经的毁林开荒者成为护林护水先锋,以"捕猎论英雄"的落后价值观被现代生态文明价值观替代,彻底走出了"越毁林越穷、越穷越毁林"的恶性循环怪圈。采取紧扣生态主题,大力发展林、农、牧、游"复合"的经营模式,产业建起来了,收入保障了,环境也更优美了。2007—2016年,独龙江乡森林覆盖率从89.03%增至93.10%。如今的独龙江乡,正如习近平总书记所描绘的那样:遥望星空,看见青山、闻到花香。以世外桃源般的一方净土,吸引着国内外游客纷至沓来、流连忘返。独龙江乡的绿色发展模式被编入了中共中央组织部的《贯彻落实习近平新时代中国特色社会主义思想在改革发展稳定中攻坚克难案例》,成为新时代绿水青山实践创新基地。

五、内生动力,独龙族发展奇迹的"原动能"

道虽迩,不行不至;事虽小,不为不成。独龙族从整族极度贫困到整族率先脱贫,这样的发展跨越,不仅是生产方式的大变革,也是生活方式、思想观念的大变革。主观世界与客观世界之间的矛盾不可避免,"幸福来得太快"也难免应接不暇。在如火如荼建设和大刀阔斧变革面前,初期有诸多不适应、不理解甚至抵触的情况是显而易见的。在推进独龙族整族脱贫攻坚的战役中,如果独龙族群众不是主动追求而是被动卷入,那么必然主体缺位、主力缺失,发展"为了谁?依靠谁?"的初心和使命就会偏离。因此,攻坚战伊始,当地各级党委政府就坚持"富口袋"和"富脑袋"并重,在夯实基础、发展产业增加收入的同时,因势利导,系统开展农民素质提升工程,"三管齐下",千方百计把群众的内生动力激发出来。通过教育和培训,积极引导群众把知恩图报的传统美德,转化为感党恩、听党话、跟党走的赤子情怀;把脱贫致富的强烈愿望转化为建设美好家园的新动力;把讲文明、树新风、学技能作为新时代独龙族人民时代风采。人心齐,泰山移。在党的坚强领导下,独龙族干部群众众志成城,大力弘扬"怒江缺条件,但不缺精神、不缺斗志"的怒江脱贫攻坚精神和"苦干实干亲自干"的脱贫攻坚作风,争当"有情怀有血性有担当"的怒江脱贫攻坚干部,不断凝聚越战越勇的磅礴力量,焕发出生生不息的原动能。

六、共产党员,独龙族发展奇迹的"领头雁"

高德荣老县长在担任怒江州人大常委会副主任期间,把办公室搬到了独龙江乡,担任州委独龙江帮扶领导小组副组长,坐镇指挥。退休后他定居独龙江乡,每天忙碌在脱贫攻坚第一线亲力亲为,在中华人民共和国成立70周年前夕,他荣获"人民楷模"国家荣誉称号。在这之前,他曾获全国优秀共产党员、全国道德模范、全国"时代楷模"、全国民族团结进步模范、全国脱贫攻坚奖、中国侨界杰出人物等殊荣,他还是党的十九大代表。在独龙江畔,以高德荣同志为代表的共产党员们把自己和民族的命运与祖国的命运紧紧连在一起。正如高德荣同志所说,"独龙族是祖国五十六朵花当中的一朵,2020年全国全面建成小康社会,我们不能拖全国后腿,不能给祖国抹黑啊"。一个共产党员就是一个标杆、一面旗帜,他们用自身行动引领独龙族同胞把对党的忠诚作为安身立命的"定海神针"。2018年底,独龙江乡率先实现整族脱贫,全乡所有群众住进了安全稳固的房屋;所有村寨实现通车、通电、通4G网络、通电话、通广播电视、通安全饮水;所有群众参加了医保,实现大病保险全覆盖;从幼儿园到高中,享受14年免费教育……独龙族整族脱贫,标志着怒江州在决战深度贫困脱贫攻坚路上啃下了"最艰难的一块硬骨头",独龙族实现了"一步跨千年"的历史性巨变。独龙江乡数十年来翻天覆地的发展变化,是一部记载着党和政府对独龙族人民深切关怀的历史画卷。"独龙江乡整乡推进独龙族整族帮扶"模式为边疆民族地区精准扶贫精准脱贫提供了可借鉴、可复制、可推广的样板。2021年独龙族干部高德荣被授予"全国脱贫攻坚奖贡献奖",2018年独龙江乡荣获"全国脱贫攻坚组织创新奖"。人民有信仰,民族有希望,国家有力量。带领独龙族艰苦奋斗的广大共产党员,是独龙族的脊梁,是独龙族发展进步事业的"领头雁"。

七、社会帮扶，独龙族发展奇迹的"加速器"

独龙江乡的巨变是超常规的跨越，其主动力源自制度优势，依靠中国特色社会主义制度的巨大优势，外部的推动力量助推独龙族发展步伐不断加快。如果按照过去模式，或者仅依靠州县自身的力量，独龙族可能在贫困线上还要熬更长时间。上海市、珠海市等外来援助，包括资金援助、智力支持，每一份帮助都弥足珍贵，不仅对独龙族的发展进步事业起到了"四两拨千斤"的作用，还如同一股股暖流给独龙族人民带来了祖国大家庭的温暖，如一泓清泉为当地思想观念、文明素养注入了清新的气息，使独龙江乡与外界贴得更近、抱得更紧，独龙族同胞和祖国大家庭里的兄弟同胞一起过上了幸福快乐的新生活。

"脱贫只是第一步，更好的日子还在后头。"勤劳睿智的独龙族人民在党的温暖阳光沐浴下，踏着高歌猛进的时代节拍跨越发展的故事还将继续演绎，新的发展奇迹还将不断续写。独龙族实现整族脱贫，一步跨千年的发展启示还需要我们凝练总结。

（资料来源于《怒江日报》2020年4月13日第二版，有删改）

（四）计划与总结的区别

1. 行文时间不同

计划事先写作，总结事后写作。

2. 行文目的不同

计划是指为了在预定时间内实现目标而预先做出安排部署，以便统筹指导工作的具体实施；总结是指找出经验、教训，使今后的工作少走弯路、少犯错误，减少损失和浪费。

3. 行文内容不同

计划的写作内容包括任务目标、措施办法、要求，三要素缺一不可；总结的写作内容包括工作情况概述、成绩经验、错误教训、今后奋斗目标。

四、技能实训

（1）指正病文的错误，誊写正确行文。

××公司上半年工作总结

半年来本公司在精神文明和物质文明方面做了许多工作，取得了很大的成绩。半年来，本公司主要做了以下工作：动员组织公司干部和广大群众学习中央文件；安排、落实全年生产计划；推行、落实工作责任制；修建子弟小学校舍；建方便面生产车间厂房；推销果脯、食品、编织产品；解决原材料不足问题；美化环境，栽花种草；办了一期计算机技术培训班；调整了工作人员，开始试行干部招聘制。

半年来，在工作繁杂、头绪多而干部少的情况下，能做这么多工作的主要原因如下：

（1）上下团结。公司领导和一般干部都能同甘共苦，劲往一处使。工作中有不同看法时，当面讲、共同商量。相互间有意见能开展批评与自我批评，不犯自由主义错误。例如，有干部对经理擅自更改果脯销售奖励办法影响产量一事有意见,当面提出意见后,经理做了自我批评,并共同研究了新的奖励办法,又出现了增产势头。

（2）不怕困难。本公司刚刚起步,困难很多,如技术力量薄弱、原材料不足、产品销路没有打开等。为此,领导干部共同想办法,他们不辞辛苦,放弃自己的休息时间,忍饥挨饿受冻,四处联系,终于解决了今年所需要的原料,推销了一些产品。

（3）领导带头。公司的几位主要领导带头苦干、实干。他们白天到一线去调查了解情况,晚上开会研究问题,寻找解决的办法。领导干部夜以继日地工作,使公司的发展又提升了一个台阶。

××公司

××××年×月×日

(2) 请将《中国体育报》新闻通讯"中国体育代表团创冬奥会参赛历史最好成绩"改写为总结。

实训 3　策划书

一、办文情境

"供销社"团委在庆祝中国共产党建党 100 周年之际,筹划举办一场青年职工传唱红色经典歌曲大赛,旨在贯彻落实市政府推动庆祝中国共产党建党 100 周年全民参与的指示精神,并且希望通过歌颂党的百年奋斗伟业这一活动,建设良好的企业文化,并推动其深入发展,让员工认可公司的企业文化,使员工有归属感,不因人才流动而影响公司的运营。

二、办文任务

开展在线实时写作实训,分角色模拟"供销社"办文情境,拟定青年职工红色经典歌曲比赛的策划书。

三、写作技法

（一）任务分析

策划书是指对某个未来的活动或者事件进行周密、具体的规划和有创意的安排,由此形成的关于活动决策的书面文案。

策划就是对一项工作做出具有创意性的科学安排与规划。把策划思路用文字(或文字和图案)完整地书写出来,就是策划书。激发创意,有效地运用手中有限的资源,选定可行的方案,达成预定目标或解决某一难题,就是策划。"供销社"提出的举办红色经典歌曲比赛,性质是一场活动,其策划书属于活动策划书。撰写者应站在公司的角度,充分考虑公司各部门职工人数、财政收入等背景因素。经费来源直接影响整体活动的规模、档次,只有充分掌握本项活动的背景和基本信息,才能写出操作性强的策划书。

(二) 策划书的种类

策划书一般分为商业策划书、创业策划书、广告策划书、活动策划书、营销策划书、网站策划书、项目策划书、公关策划书、婚礼策划书、医疗策划书等。

(三) 结构写法

下面以商业策划书和活动策划书为例进行说明。

1. 商业策划书

商业策划书对于企业经营管理的作用尤为突出。一个酝酿中的项目或产品往往很模糊,必须通过制定商业策划书,把市场情况调查清楚,了解新产品的市场空间,这样企业才有更清晰的认识,同时能规避风险,在市场中把握先机,立于不败之地。商业策划书的主要目的之一是筹集资金,帮助企业吸引风险投资,增强公司实力及影响力,快速地占有市场。主要内容如下:

(1) 策划书名称。如"××产品商业推广策划书",置于页面中央。

(2) 企业介绍。主要说明企业所处的行业、企业经营性质和范围,介绍企业的合伙人、投资人以及竞争对手。

(3) 市场分析。市场不是凭空想象出来的,对市场的错误认识是企业经营失败最主要的原因之一,再加上市场有变幻不定、难以捉摸的特点,因此企业要开发一种新产品或向新的市场扩展时,必须进行市场分析。市场分析应建立在严密、科学的市场调查基础上。分析时应尽量扩大收集信息的范围,重视对环境的预测,采用科学的预测手段和方法。如果分析结果不乐观,发现该产品的市场前景不佳,则企业应做出相应的调整,或者改变策略。市场分析主要从各个角度分析、说明产品所在市场的现有情况及未来趋势,如目前市场环境、市场容量、市场价格状况、市场占有率、市场压力分析、消费者分析、未来市场发展趋势及变化等。

(4) 产品分析。投资人最关心的问题之一,就是企业的产品、技术或服务能在多大程度上解决现实生活中的问题,或者企业的产品能否帮助顾客节约开支、增加收入。因此,产品分析是商业策划书中必不可少的一项内容。产品分析一般包括产品的概念、性能及特性、优势,产品的市场竞争力,产品的研究和开发过程,产品的计划和成本分析,产品的市场前景预测,产品的品牌和专利。

(5) 营销计划。这是策划最重要的一环,包括市场机构和营销渠道的选择、营销队伍的建立和管理、促销计划和广告策略、价格决策。特别是初创企业,由于产品和企业的知名度低,很难进入其他企业已经稳定的销售渠道,所以不得不暂时采取高成本、低效益的营销战略,如上门推销、大打商品广告、向批发商和零售商让利,或交给任何愿意经销的企业销售。对发展企业来说,一方面可以利用原来的销售渠道,另一方面可以开发新的销售渠道以适应企业发展。

(6) 财务规划。这是对商业计划书的支持和说明。一份好的财务规划对评估风险企业所需的资金数量,提高风险企业取得资金的可能性是十分关键的。如果财务规划准备得不好,就会让投资者感觉企业管理人员缺乏经验,降低风险企业的评估价值,同时也会增加企业的经营风险。财务规划一般要包括以下内容:预计的资产负债表、预计的损益表、现金收支分析、资金的来源和使用、投资收益分析等。

2. 活动策划书

(1) 策划书名称。写出具体策划项目名称,如"××公司××促销活动策划书",置于页面中央;也可以在写出正标题后,将它作为副标题写在下面。

(2) 活动背景。首先,根据策划书特点在有关项目中选取内容重点阐述,包括基本情况简介、主要执行对象、近期状况、组织部门、活动开展原因、社会影响及目的、动机。其次,说明问题的环境特征,主要考虑环境的内在优势、弱点、机会及威胁等因素,做好全面的分析,将内容重点放在环境分析的各项因素上,对过去、现在的情况进行详细的描述,并通过对情况的预测制订计划。如果环境不明,则应该通过调查研究等方式进行分析并补充。

(3) 活动目的、意义和目标。应用简洁明了的语言将目的、意义表述清楚。在陈述目的要点时,该活动的核心构成或策划的独到之处及由此产生的意义(经济效益、社会利益、媒体效应等)都应该明确写出。活动目标要具体化,并需要满足重要性、可行性、时效性的要求。

(4) 资源需要。列出所需人力资源、物力资源,可以分为已有资源和需要资源两部分列出。

(5) 活动的开展。力求详尽地写出每个设想,不一定局限于用文字表述,也可适当加入统计图表等。对策划的各工作项目,按照时间的先后顺序排列,绘制实施时间表,这有助于方案核查。人员组织配置、活动对象、相应权责及时间、地点也应加以说明。会场布置、接待室、嘉宾座次、赞助方式、合同协议、媒体支持、校园宣传、广告制作、主持、领导讲话、司仪、会场服务、电子背景、灯光、音响、摄像、信息联络、技术支持、秩序维持、衣着、指挥中心、现场气氛调节、接送车辆、活动后清理人员、合影、餐饮招待、后续联络等,可根据实际情况自行调节。此外,应考虑执行应变程序。

(6) 经费预算。根据实际情况对活动各项费用进行具体、周密的计算后,用清晰明了的形式列出。

(7) 活动中应注意的问题及细节。内外环境的变化,不可避免地会给方案执行带来一些不确定因素,因此,环境变化时的应变措施、损失概率、可能造成的损失、应急措施等也要加以说明。

(8) 活动负责人及主要参与者。注明组织者、嘉宾、参与者姓名和单位(如果是小组策划,则应注明小组名称、负责人)。

例文

2023 年"怀旧永庆 传香十里"旅游节策划方案

永庆坊位于广州市最美骑楼街道——荔湾区恩宁路,东连上下九地标商业街,南街沙面,是极具广州都市人文底蕴的西关旧址地域。永庆坊按照"老城市,新活力"的总体要求,注入新时代的城市生活形态,是广州市致力打造的、具有历史文化传承的、中国新时期城市有机更新标杆。2018 年 11 月 24 日,中共中央总书记、国家主席、中央军委主席习近平到广州荔湾区西关历史文化街区永庆坊考察调研。2020 年 8 月 22 日,广州西关永庆坊正式挂牌成为国家 4A 级旅游景区。

一、活动背景

荔湾区是广府文化典型代表,是千年商都的商业文化、骑楼建筑文化、西关大屋、饮食、沙面外来文化的碰撞点。永庆坊作为广州市的一个标志性旅游景点,有历史有文化,但一直处于亏损状态。为提高当地旅游业经济,惠企稳岗,带动本地旅游业的发展,特此策划 2023 年荔湾区永庆坊的历史文化旅游活动。

二、活动目的

本次旅游节活动围绕永庆坊的历史文化遗产传播进行,旨在弥补疫情带来的经济亏损,促进广州市荔湾区旅游业发展。活动目的还包括:传承历史文化,加强历史文化名城名镇名村、历史文化街区、名人故居保护和城市特色风貌管理,实施中国传统村落保护工程,做好传统民居、历史建筑、革命文化纪念地、农业遗产、工业遗产保护工作;大力推广和规范使用国家通用语言文字,保护、传承方言文化,从而带动经济发展。

三、活动主题

怀旧永庆,传香十里。

活动时间与地点:2023年6月20—22日。

地点:广州市荔湾区永庆坊。

四、活动安排

(一)活动时间及地点

活动时间及地点如表4-1所示。

表 4-1 活动时间及地点

活动时间	活动名称	活动地点	备注	活动组织方
6月20日上午 8:20—11:40	游玩恩宁路骑楼街,体验非物质文化遗产魅力	荔湾区恩宁路93号		永庆坊官方活动
6月20日下午 14:00—17:20	游览荔枝湾涌:梁家寺、仁威庙、文塔	荔湾区泮塘一带		永庆坊官方活动
6月20日晚上 19:00—21:00	参加广州摄影展览	永庆坊一巷10号		广州摄影展览官方组织活动
6月21日上午 8:20—11:40	参观粤剧艺术博物馆	荔湾区恩宁路127号	周二至周五免门票 营业时间9:00-5:30 汉服48元/30分钟 戏服68元/30分钟	粤剧艺术博物馆官方组织活动
6月21日下午 14:00—17:20	举办穿汉服比赛,体验穿汉服	荔湾区恩宁路127号		粤剧艺术博物馆官方组织活动
6月21日晚上 19:00—21:00	举办粤剧表演活动	荔湾区恩宁路127号		粤剧艺术博物馆官方组织活动
6月22日上午 8:20—11:40	东湖酒楼体验地道早茶	荔湾区恩宁路		永庆坊活动
6月22日下午 14:00—17:20	体验古法烘焙茶活动	荔湾区恩宁路		广州咏春会活动
6月22日晚上 19:00—21:00	游玩永庆坊3D玻璃馆	荔湾区恩宁路		3D玻璃馆官方活动

（二）经贸活动设计

经贸活动设计如表 4-2 表示。

表 4-2　经贸活动设计

活动项目	活动地点	活动时间	备注
游览非物质文化遗产特色小店	恩永路周边，"一桌广州""小时候"等小店	2022-××-××	全天
游览永庆坊各种展览跟集市，非遗产品展出	恩永路周边	2022-××-××	全天

（三）酒店名称及特色美食

酒店名称及特色美食如表 4-3 所示。

表 4-3　酒店名称及特色美食

酒店名称	特色地点
泮溪酒家	南粤园林酒家饮茶粤菜美食
阿添记	阿婆牛杂
八珍煎饺	开记甜品
银记肠粉	鸳鸯王
一喜同捞同堡	上下九步行街小吃店铺
"南信"姜撞奶双皮奶	上下九步行街小吃店铺
瞻云精品酒店	永庆坊钟巷31号（粤剧博物馆旁边）
西关公馆	长寿路地铁站旁边

（四）具体特色活动如下：

(1) 依托原有的美食一条街和沙面西餐厅，打造中西合璧美食节，品尝"泮塘五秀"。

(2) 永庆坊传统手工艺。

(3) 荔枝湾公园听粤剧粤曲，看非物质文化遗产"泮塘醒狮"，花船巡游。

五、活动宣传推广

宣传方式结合网络短视频软件、电视、电台相关媒体，以及传单、广告、海报等多种线上线下方式，由大及小，由宽及小，全面多方位，对旅游活动进行宣传，吸引人们注意力，鼓励人们参加永庆坊文化旅游节。

（一）线上宣传

(1) 视频宣传：制作精美的宣传视频与推文，将视频发布在抖音、快手、哔哩哔哩、小红书等知名短视频平台，以及微信公众号等开放平台，以视觉冲击进行宣传推广。

(2) 电台广告：联系广州音乐之声、南粤之声、羊城交通电台等各大广播电台进行商业合作，在下班的高峰时期，出租车、网约车等可随时播放，以听觉刺激吸引市民。

（二）线下宣传

(1) 海报宣传：制作与历史文化旅游节主题紧扣的海报，将永庆坊著名建筑、美食、景色的图片与当地历史、风俗习惯、旅游节各项优惠活动、时间地点项目写进海报,海报制作应遵循整体简约、主题突出、图片清晰、文字浅显易懂的原则。

(2) 传单宣传:将海报缩小化,制作成传单,突出活动地点、时间与项目。

(3) logo 设计:图案主要以永庆坊的西关骑楼打底,戏剧人物站在建筑下方,手捧茶,指向不远的上下九商业街,历史与现代结合,西关骑楼是历史文化遗址,戏剧人物代表戏剧博物馆,上下九商业街告诉人们永庆坊并不是陈旧的、枯燥的,而是繁华的、发展的。

(4) 广告牌宣传:在各个公交站牌,用类似于海报的文字图片的表现传达旅游节的相关信息,让市民及时了解旅游节信息,以吸引市民参加。

六、活动后期

(1) 对活动现场进行收尾工作。

(2) 对活动期间拍摄的照片以及视频进行剪辑,可以在相关媒体进行报道和在公众号发推文,保证活动影响力。

(3) 后期设计更多精彩活动吸引大家参与。

(4) 对参加此次活动的人员进行活动满意度调查。

七、组织架构

(一) 秘书小组

组长:张三

组员:莫×、张×、王×

负责策划、组织活动,负责拟定活动议程,并协调各部门顺利进行。

(二) 导游小组

组长:李四

组员:黄×、林×

(1) 负责带领大家去景点游玩,讲解景点历史及特色。

(2) 负责现场宣传、与观众互动、带动气氛等工作。

(三) 财务小组

组长:许平

组员:米×、希×

(1) 负责整个活动的资金收支。

(2) 负责整个活动的资金发放。

(3) 负责礼品纪念品等的资金规划。

(四) 后勤小组

组长:李华

组员:谢×、金×、单×

(1) 负责参与人员车辆的引导、安置等工作。

(2) 负责活动期间全场营销活动的有关申报手续、场地协调、安全保卫等工作。

(五) 交通出行

公交:步行至广园客运站,搭乘181号线到越秀公园搭乘2号线地铁到公园前换1号线到黄沙出站,步行600米(用时约1小时)。

自驾:需行驶23公里(用时约半小时)。

打车:23公里,约25元。

其他地方出发:搭乘各地客运站到广州火车站,搭乘地铁2号线到公园前,换乘1号线到黄沙步行导航至目的地(用时约半小时)。

八、经费预算

经费预算如表4-4所示。

表4-4 经费预算　　　　　　　　　　　　　单位:元

支出分类	支出项目	金额×天数	预算总价	备注
场地费	场地租赁(汉服比赛,京剧表演,烘焙茶馆)	3 000×3天	9 000	
	现场水电费	8 000	8 000	
广告费	宣传传单、宣传海报、logo设计、广告牌	13 000	13 000	
	制作宣传视频、电台广告	1 000	1 000	
会场布置	舞台地毯	5 000	5 000	
	桌子、签到台	1 000	1 000	
	投屏、相机、电脑、音响等设备	4 000×2天	8 000	
	现场古风装饰品	1 000	1 000	
邀请费	主持人	1 000×2天	2 000	
	粤剧代表人物	10 000	10 000	
	粤剧表演者	5 000	5 000	
比赛奖品	精美奖品(汉服比赛)	5 000	5 000	
	其他奖品	7 000	7 000	
安保费	安保人员等部分费用	500×3天	1 500	
其他费用	住宿费	5 000×3天	15 000	
	餐饮费	5 000×3天	15 000	
合计			106 500	

九、应急预案及注意事项

(一)应急预案

1. 人身安全

(1)在活动过程中要注意防护,以防感染疾病。

（2）发生交通事故出现伤亡时，应立即拨打120急救电话并组织现场人员迅速抢救受伤人员。

（3）在活动现场应停放急救车，设置医疗点，匹配医护人员。

2. 火灾事故

（1）发生火灾事故出现伤亡时，立即报警，配合工作人员，迅速、有序地通过安全出口。

（2）活动现场应停放消防车，设置好消防设备，提前制定好现场的应急图。

3. 落水事故

（1）提前查询活动地点的天气情况，及时告知荔枝湾水上活动参加者需要注意的事项。

（2）荔枝湾"游船河"和"水上花市"等活动若发生落水事故，应立即请求支援，配合工作人员，迅速、有序地通过安全出口。

（3）当经过涉水路段时，要选择水流较平缓的地方行走，以防溺水。

4. 治安事故

（1）应提醒参加者注意诈骗、偷窃、抢劫等不良行为，不轻易告诉陌生人电话号码，保管好自己的贵重用品。

（2）若发生安全事故，则应立即报警并安定受伤者的情绪。

5. 食品安全

（1）应提醒参加者不随意购买流动摊贩的食物，在就餐时，发现不卫生的食物应立即更换。

（2）若出现食物中毒的人员，则应立即送去医院抢救，并追究供餐单位的责任。

（3）应联系当地的供餐者，对饮用水和食物进行检测，保证活动期间的食品安全。

（二）注意事项

（1）请参加者做好个人防护，排队注意保持"一米线"距离，注意个人卫生，勤洗手。

（2）听从有关部门领导指挥，牢记安全第一原则。

（3）参观游玩时要遵守规矩，不要嬉闹，不得破坏公物。

（4）食用物品应检查生产日期，不买无牌摊贩的食物。

（5）准备一些急用药品，以防突发情况需要使用。

（6）保管好自己的个人物品，不要轻信陌生人。

（7）如果遇到突发事故，则不要慌张，应及时请求帮助，听从领队人的安排。

（8）不要乱丢垃圾，时刻注意自己的形象和素质。

（9）返程前，注意检查自己的东西是否遗落。

十、小组分工

活动背景、活动目的、活动主题、活动宣传推广——米×。

活动概况、活动组织方、活动安排与职能分工——李××。

活动组织架构与活动路线设计、组织架构——黄×、陈××。

活动后期、经费预算、注意事项和紧急预案——许××。

PPT制作、材料（图文）查找、策划案整理——罗××。

四、技能实训

指正修改病文的错误,誊写正确行文。

××学会202×年会策划方案

一、必要性分析(略)。
二、时间与人员:会期一天,人数 120 人。
三、地点:学术报告厅。
四、参加人员
1. 各团体会员单位代表、各位理事、会员。
2. 各专科、本科院校领导,××专业负责人与教师。
3. 各企事业单位秘书长、办公室主任、秘书等。

二○二×年××月××日

实训 4　调查报告

一、办文情境

为准确、客观地了解消费者对本公司服务质量等方面的评价和需求,"供销社"采取随机抽查的方法,对下属再生资源回收连锁经营有限公司等全资或控股的 12 家企业进行消费者满意度电话调查,并对调查结果进行统计分析,形成调查报告。

二、办文任务

开展在线实时写作实训,分角色模拟"供销社"办文情境,拟写电子商务营销项目消费者评价与需求调查报告。

三、写作技法

(一)任务分析

调查报告是对发生的事件、问题与现象进行深入调查,揭示事件的真相,得出正确结论的应用文书,常作为公务文书的重要附件。除用"调查报告""调查"的名称以外,以"考察报告""调查汇报""情况反映""情况介绍"命题的文章,或标注"调查与思考""信访调查""调查附记"等的文章,也属于调查报告。调查报告是一种常用的应用文文体,一般包含三个要素:信息材料(事实的客观存在)、分析研究、分析研究的结论,其主要作用是沟通情况,提供政策依据和反馈信息。调查报告具有真实性、事理性、典型性和针对性的特点。调查研究是报告的前提,报告是调查研究的结晶,没有调查研究,也就不会产生调查报告。电子商务营销项目消费者评价与需求调查报告属于社会情况调查报告,要完成写作任务,必须做好前期调研工作。

(二) 调查报告的种类

调查报告种类很多，按调查对象和反映内容不同可分为以下四种：

1. 社会情况调查报告

社会情况调查报告在实际运用中最为普遍，涉及领域广泛，可以是意识形态的，也可以是物质形态的，如政治、经济、文化、生活、工业、农业、科技、教育等领域的调查。还可以就某一领域的某一方面的情况展开调查，如人生观、消费、住房、婚姻、教育、就业、人口等诸多项目的调查。

2. 典型经验调查报告

典型经验调查报告反映有代表性、科学性、政策性的典型经验，以起到示范引路的作用。

3. 揭露问题调查报告

揭露问题调查报告对现实社会中暴露的问题进行周密的调查，用确凿的事实进行揭露，引起社会或有关部门的注意，以求彻底解决。或者查清问题的危害，分清职责，为公正、严肃处理提供依据，同时也使人们从中吸取教训，提高认识。

4. 新生事物调查报告

在新人、新事、新发明、新创造、新经验出现的时候，及时反映其产生的条件或背景、发展过程中的特点、给社会产生的积极影响等，促进新生事物的成长和推广，起到方向性的指导作用。

(三) 结构写法

1. 标题

(1) 新闻式标题。有的采用单行标题，如《药价为何居高不下？》；有的采用双行标题，如《靠高质量低成本开拓市场——××集团公司调查》；还有的用三行标题，如下所示：

一则报道引起央视关注

地下六合彩赌博祸害多

——实地调查××地区地下六合彩

(2) 公文式标题。这类标题往往重在表现调查报告的主题，一般使用"调查对象或主要事由+文种"的模式，如《关于大学生消费问题的调查报告》。

2. 正文

(1) 开头。开头也叫前言、导语、引言，写法多种多样，有的对全文做简要说明；有的交代调查的一些要素，如目的、时间、地点、对象、经过、范围等；有的概括被调查对象所取得的成绩、经验，突出主旨；有的提出一个大家关心的问题，吸引人们的视线等。无论是何种形式，开头部分写作都要求开门见山，简明扼要，提纲挈领，紧扣主题。

(2) 主体。主体部分详细叙述研究的具体情况、做法和经验，是调查报告的重点部分。具体如下：

第一，列举调查的材料和数据，反映调查的事实，即着力写清楚调查对象的具体情况，如分哪几方面展开、有哪些材料和数据、事实情况如何等。

第二，分析、研究材料和数据，得出规律性的认识。在列举材料和数据的基础上，进行深入细致的分析，由此及彼，由表及里，反映事物的本质，探索事物的发展规律，提高对事物的认识，阐明观点，得出结论。

为了使主体部分层次清楚、言之有序,可以用小标题分成几个层次来写,也可以一气呵成,不用小标题。用什么形式,主要根据实际的内容与需要来确定。但不管采用何种结构方式,都要做到观点和材料统一,要选用最典型的材料说明观点,要恰当地运用事实说明观点,善于运用不同的材料,从对比中说明问题、阐述观点。

(3) 结尾。不同种类的调查报告的结尾写法不一。例如揭露问题调查报告,在结尾可以提出处理意见和解决问题的措施和办法;新生事物调查报告,在结尾可以阐述其重大意义,也可以提出问题,启发人们进一步思索和探讨;典型经验调查报告,在结尾可提出希望和要求,或者展望前景,给人以希望;社会情况调查报告,宜在结尾概括总结全文主要观点,以进一步深化主题。还有的调查报告不写结尾,正文讲完,文章自然结束。总之,结尾写作要根据实际需要,不可矫揉造作、画蛇添足。

3. 署名

如果是单位署名,则可将单位名称放在标题中(用公文式标题)或下一行中间位置;如果是个人署名,则可署在文尾右下方。如果要在报刊上发表,就应该放在标题下面。需要署日期的,一般放在正文末尾的右下方。

例文

郑州"7·20"特大暴雨灾害调查报告

记者从应急管理部获悉:国务院常务会议听取了河南郑州"7·20"特大暴雨灾害调查情况的汇报,并审议通过了河南郑州"7·20"特大暴雨灾害调查报告。调查认定郑州市及有关区县(市)党委、政府主要负责人负有领导责任。经国务院调查组调查认定,河南郑州"7·20"特大暴雨灾害是一场因极端暴雨导致严重城市内涝、河流洪水、山洪滑坡等多灾并发,造成重大人员伤亡和财产损失的特别重大自然灾害;郑州市委市政府及有关区县(市)、部门和单位风险意识不强,对这场特大灾害认识准备不足、防范组织不力、应急处置不当,存在失职渎职行为,特别是在地铁、隧道等地发生了本不应该发生的伤亡事件。郑州市及有关区县(市)党委、政府主要负责人对此负有领导责任,其他有关负责人和相关部门、单位有关负责人负有领导责任或直接责任。

2021年7月17—23日,河南省遭遇历史罕见特大暴雨,发生严重洪涝灾害,特别是7月20日郑州市遭受重大人员伤亡和财产损失。灾害共造成河南省150个县(市、区)1 478.6万人受灾,因灾死亡失踪398人,其中郑州市380人、占全省95.5%;直接经济损失1 200.6亿元,其中郑州市409亿元、占全省34.1%。

灾害发生后,党中央、国务院高度重视,习近平总书记作出重要指示,要求始终把保障人民群众生命财产安全放在第一位,抓细抓实各项防汛救灾措施,并派出解放军和武警部队迅速投入抢险救灾,为做好防汛救灾工作注入了强大动力、提供了坚强保障。李克强总理多次做出重要批示,主持专题会议部署,深入河南灾区考察,要求抓实防汛救灾措施,加快恢复重建,严肃认真开展灾害调查工作。国家防总、国家减灾委立即启动应急响应,派出工作组指导开展防汛救灾工作。河南省委、省政府、国家有关部委、解放军和武警部队、消防救援队伍等各有关方面和广大干部群众全力以赴投入抗洪抢险救灾。灾后重建工作全面有效开展。

这次灾害虽为极端天气引发,但其中暴露出许多问题和不足。为查明问题、总结经验、吸取教训,经党中央批准,国务院成立河南郑州"7·20"特大暴雨灾害调查组,分设综合协调、监测预报、应急处置、交通运输、城市内涝、山洪地质灾害6个专项工作组,分别由有关部委牵头,并邀请气象、水利、市政、交通、地质、应急、法律等领域的院士和权威专家,组成专家组全程参加。中央纪委国家监委相关部门指导开展相关工作。

调查组本着对党和人民负责、对社会和历史负责的态度,充分考虑这场特大暴雨强度和范围突破当地历史记录、远超出城乡防洪排涝能力的实际,坚持依法依规、实事求是、科学严谨、全面客观的原则,依照有关法律法规,通过现场勘查、调阅资料、走访座谈、受理信访举报、问询谈话、调查取证、分析计算、专家论证等方式,复盘灾害发生和应对过程。经过全面深入调查,查明了郑州市和有关区县(市)党委政府、部门单位履职情况及存在的问题,查明了社会广泛关注的重点事件和因灾死亡失踪人数迟报瞒报问题,并总结分析经验教训,提出了改进工作的措施建议。

调查查明　郑州地铁5号线、京广快速路北隧道亡人事件是责任事件

调查组查明,郑州市委、市政府贯彻落实党中央、国务院关于防汛救灾决策部署和河南省委、省政府部署要求不力,没有履行好党委政府防汛救灾主体责任,对极端气象灾害风险认识严重不足,没有压紧压实各级领导干部责任,在灾难面前没有充分发挥统一领导作用,存在形式主义、官僚主义问题;党政主要负责人见事迟、行动慢,未有效组织开展灾前综合研判和社会动员,关键时刻统一指挥缺失,失去有力有序有效应对灾害的主动权;灾情信息报送存在迟报瞒报问题,对下级党委政府和有关部门迟报瞒报问题失察失责。

调查组还对造成重大伤亡和社会关注的事件进行了深入调查,查明了主要原因和问题,认定郑州地铁5号线、京广快速路北隧道亡人事件是责任事件,郭家咀水库漫坝事件是违法事件;荥阳市崔庙镇王宗店村山洪灾害存在应急预案措施不当、疏散转移不及时等问题,登封电厂集团铝合金有限公司爆炸事故存在未如实报告人员死亡真实原因并违规使用灾后重建补助资金用于死亡人员家属补偿等问题。同时,调查组还查明郑州二七区、金水区、巩义市、荥阳市、新密市、郑东新区等6个区市、10个乡镇街道,郑州市及相关区县(市)应急管理、水利、城市管理等8个系统的18个单位,以及郑州地铁集团、河南五建集团、郑州城市隧道管养中心等9个企事业单位的责任。调查组按规定将调查报告和有关公职人员履职方面的问题线索,及时移交中央纪委国家监委追责问责审查调查组。

总结建议　要大力提高领导干部风险意识和应急处突能力

针对灾害应对处置中暴露的问题,调查组总结了六个方面的主要教训:郑州市一些领导干部特别是主要负责人缺乏风险意识和底线思维;郑州市委市政府及有关区县(市)党委政府未能有效发挥统一领导作用;贯彻中央关于应急管理体制改革部署不坚决不到位;发展理念存在偏差,城市建设"重面子、轻里子";应急管理体系和能力薄弱,预警与响应联动机制不健全等问题突出;干部群众应急能力和防灾避险自救知识严重不足。

此外,记者从河南省有关部门获悉,郑州"7·20"特大暴雨灾害发生后,党中央、国务院高度重视,第一时间对防汛救灾、灾害调查等做出部署。河南省公安机关对涉嫌违法犯罪的8名企业人员立案侦查并依法逮捕,河南省纪检监察机关按照干部管理权限,依规依纪依法对灾害中涉嫌违纪违法的89名公职人员进行严肃问责。

郑州地铁集团有限公司地铁5号线五龙口站停车场建设工程设计项目负责人魏平安、北京城建设计发展集团股份有限公司郑州地铁5号线项目负责人汪鹏、河南五建建设集团有限公司南四环项目部指挥长郭文胜等8人涉嫌工程重大安全事故罪、重大责任事故罪,被公安机关立案侦查并依法逮捕。郑州市应急管理局党委书记、局长任立公,郑州地铁集团有限公司副总经理、总工程师、技术管理部部长赵运臣,郑州市工程质量监督站轨道交通科副科长孙红亮3名公职人员因涉嫌严重违纪违法被纪检监察机关立案审查调查并采取留置措施。

同时,河南省对特大暴雨灾害中存在失职失责问题的郑州市、荥阳市、巩义市、新密市、登封市、二七区、金水区党委政府及应急管理、水利、城市管理、交通运输、城乡建设、公安交管等部门86名公职人员进行了严肃问责。

(资料来源于《北京青年报》,有删改)

(四) 写作要求

1. 忌表面化调查

调查要深入实际,这样才能掌握真实的资料数据。走马观花,浮在表面,甚至道听途说,根据少数人提供的情况匆匆写成调查报告,这样得出的结论不可能真实可靠,还会产生误导,造成不良影响。

2. 忌堆砌数据,不做分析

调查报告的目的是反映问题,认识问题,揭示事物的本质和发展规律。如果只有材料数据,而没有分析,就无法说明问题、证明观点,调查报告也就失去了意义和价值。

3. 忌脱离材料,空发议论

调查报告中的结论、观点,要依靠事实说话,否则即便讲得头头是道、环环紧扣,也会因缺少事实根据而不能令人信服。另外,材料要与观点一致。所列举的事例、数据一定要生动、真实,要能充分说明问题,要防止出现片面性、主观性的错误。

四、技能实训

指正修改病文的错误,誊写正确行文。

大学生课外阅读情况的调查

阳光下、草坪上、教室里、图书馆……到处可以看见书不离手的大学生,他们脸上洋溢着满足自信的笑容。

"你课外阅读的主要目的是什么？""你最喜欢阅读哪种类型的书籍？""你平时看一本书用多长时间？"……前不久我们对大学生的阅读取向进行了一次访问式调查，目的是了解当代大学生读什么书、读多少书和怎样读书的问题。

通过调查，我们了解到有部分学生的课外阅读主要是为了休闲。他们认为"平时专业课程的阅读量已经很大了，课外阅读当然选择内容较轻松的课外书籍，以缓解读书的压力"。这样的学生大约占44.9%。还有部分同学的课外阅读是为了拓展知识面。这样的学生所占比例较少，只有8%。

大学生不青睐具有专业知识的书籍是否合理呢？不少招聘企业都感慨现在的大学生专业能力很薄弱，学以致用的能力较差。在学校期间不注重专业知识的积累和自身专业技能的训练，不阅读、不关注相关专业课外书籍，是造成这种现象的原因之一。

在回答"你最喜欢阅读哪种类型的书籍？"时，大多数学生选择报纸杂志。报纸杂志始终占据大学生阅读排行榜的首位。多数学生选择此类书籍的原因是"阅读起来方便"和"信息量大，来源广泛，易获得"。调查中发现，学校为学生免费提供的《文汇报》成为阅读人次最多的报刊，《青年报》《环球时报》《参考消息》《电脑报》《读者》有一定的市场。在阅读内容上，阅读新闻占42%，领先其他三项；阅读"生活信息及收集资料"占24%；阅读"文学作品"占16%；阅读"评论文章"占18%。

目前大学生的阅读结构对大学生正确世界观、人生观的形成非常不利，亟须加以正确引导。

实训 5　简报

简报

一、办文情境

2023年9月初，17级超强台风"苏拉"袭击广东省广州市。广东省防汛防旱防风总指挥部决定于2023年8月30日12时将防风Ⅳ级应急响应提升为防风Ⅲ级应急响应。全省进入防风Ⅰ级应急响应状态。"供销社"贯彻落实省"三防"总指挥部战前动员部署会议精神，专题召开防御台风紧急工作会议，紧急召开部署防御工作任务，严防死守，全体员工发挥国企主力作用，合力抗击"三台闹海"强台风。并且及时形成简报在集团公司各部门单位紧急上传下达，加强全体员工的凝聚力。

二、办文任务

开展在线实时写作实训，分角色模拟"供销社"办文情境，拟写"供销社"全体员工发挥国企主力作用，严防死守，合力抗击"三台闹海"17级超强台风工作情况的简报。

三、写作技法

（一）任务分析

简报就是简明扼要的情况报道，是社会组织内部用来汇报工作、沟通情况、反映问题、交流经验的一种事务文书，也是社会组织及时、简要报道工作情况、传递、通报有关信息的一种特殊公务文书。

简报主要是反映本单位范围内重要政策的贯彻落实情况，重大问题和重要情况的处理意见与效果，反馈重要经验的评价与推广等。通过简报的编发，领导机关能够及时掌握情况，指导工作，依此制定政策；平级机关之间可以互通情况，交流、沟通信息；下级机关则向上级汇报工作，反映情况，并接收领导意图，以便更好地开展工作。上传下达、下情上达、左右沟通，简报起到指导工作、推广经验、增强社会组织内部凝聚力的作用。简报贵在"简"，简要地反映情况。因为简报有较强的时效性和针对性，所以应尽量做到一文一事、一事一报。简报是内部编印的，只限于编报单位内部交流，不宜甚至不能公开传播。"供销社"积极贯彻落实上级会议精神，抗击"三台闹海"17级超强台风，应及时编制工作简报在集团公司内部传达，简要报道有关情况。

（二）简报的种类

1. 工作简报

工作简报也称情况简报，是反映本部门、本单位或系统各方面工作情况的简报。

2. 会议简报

会议简报是会议召开期间制发的反映会议情况的材料，内容包括代表的讨论发言、提出的意见和建议，以及议决事项等。

> **例文 1**
>
>
>
> ××职业学院"千百万工程"工作简报
>
> （第 1 期）
>
>
>
> 智慧城建学院　　　　　　　　　　　　　　　　　　　　2024 年 7 月 19 日
>
> ---
>
> **桥梁稳固乡村必振兴——"桥固乡兴"百千万工程青年突击队西阳行**
>
> 　　6 月 16 日，受强降水云系影响，广东梅州多地出现大暴雨，局部出现特大暴雨。一场大暴雨给梅州带来罕见的洪涝灾害，根据梅州市应急管理局发布的情况通报，截至 6 月 18 日 11 时，梅州暴雨造成 164 634 人受灾，梅州市突发地质灾害应急指挥部于 6 月 20 日 23 时将地质灾害应急响应提升至 Ⅰ 级。灾情同样牵动着××职业学院智慧城建学院领导、教师和学子们的心，"桥固乡兴"百千万工程青年突击队黄杰等 8 名成员在教师的带领下，于 7 月 14—18 日带上桥梁检测专业设备和仪器，奔赴西阳镇和受灾最严重的平远县，进行了为期 5 天的乡村桥梁检测工作，为灾后重建奉献一分力量。

这是艰难的5天,也是收获满满的5天,更是泪水和汗水尽情挥洒的5天。在这5天里,8名市政工程技术专业的小伙伴不再是父母面前娇滴滴的小娃娃,不再是十指不沾阳春水的白面书生,而是一个个顶着烈日暴晒、任劳任怨的桥梁专家,更是一群为了家乡能够早日摆脱困境愿意牺牲一切的勇士。塌方随处可见,学生们不畏危险,如期完成了既定任务。8名小伙伴的付出得到了当地政府的高度赞誉与感谢,当地政府在写下感谢信的同时,也给我校送上了深深的祝福。不得不感慨,学生们的一举一动是学校最好的名片!

作为此次百千万工程西阳行的指导教师,李××拿到这封感谢信时,心情久久不能平静,学生们5天的辛苦付出历历在目,除了感动还有心疼。7月14日到达西阳镇后,他们首先与当地团委负责人进行了座谈,详细了解了当地的经济发展情况、此次受灾情况、乡村桥梁现状和对突击队的需求,并一起详细研究了5天的行程。确定好路线后,8名学子就此开启了注定终生难忘的行程。先后对榕树桥、丙白桥等9座乡村桥梁进行了检测,这些桥梁除丙白桥在近些年曾经被检测过外,其余几座均多年没有进行过检测。他们在此次检测中发现了一些潜在风险,并有针对性地提出了维修建议。

学生们穿梭在乡间小路上,跋涉在山间沟壑中,为一座座乡村桥梁进行诊断,践行着"家乡桥平安路、民族有自信、乡村必振兴"的信念,为家乡桥梁保驾护航。学生们的辛苦付出也得到了当地人民的认可和称赞,他们多次主动邀请学生们去家里做客,浓浓的故乡情,满满的人情味!

"我深深地爱着你,这片多情的土地,我踏过的路径上,阵阵花香鸟语,我耕耘过的田野上,一层层金黄翠绿,我怎能离开这河汊山脊……"××职业学院智慧城建学院"桥固乡兴"百千万工程青年突击队用汗水和辛劳付出回报着家乡的父老乡亲!桥梁稳固,乡村必振兴!

(图文/供稿:智慧城建学院李××)

报:学校罗书记、李校长、陈副校长、王校长

送:电子信息工程学院、旅游学院、食品健康学院、艺术与新媒体学院、智能制造学院、公共管理学院、数字商贸学院、马克思主义学院。教务处、人事处、设备处、学生处等职能部门(略)

发:各专业教学班级

3. 动态简报

动态简报也称信息简报,是反映本部门、本单位或系统新情况、新动态的简报。

(三)简报结构

1. 报头

报头又称版头,约占首页上方版面的三分之一,用间隔红线与正文部分隔开。报头内容包括简报名称、期号、编发单位和编印时间。简报名称位置居中,用套红大号字体,要求醒目、大

方。期号在简报名称的正下方,按期序编上,有的还注明总期数。在横隔线的左上方是编发单位的名称;在横隔线的右上方是本期编印的时间。

2. 报核

刊登文稿的部分为报核,即正文,这是核心内容,由按语、标题、正文等部分组成。报核位于报头隔离线以下、报尾以上的位置。

3. 报尾

报尾位于最后一页底端,用横线与主体部分隔开,在两条平行横线内注明简报的报、送、发范围单位名称和领导姓名。领导或上级单位应写在"报"的一行,平级或不相隶属的单位应写在"送"的一行,下级单位应写在"发"的一行。此外,还有印刷份数。

(四) 结构写法

简报写法很多,这里着重介绍最常用的报道式写法。

1. 按语

按语也叫编者按。对于内容特别重要的简报,编印者可另加按语,说明好在哪里、重要在哪里、从中得到什么启发,以便提醒读者注意。按语放在间隔线下方、标题之上,单独一行。写法如下:一是评价性按语,表明编者对简报内容的倾向性态度;二是说明性按语,介绍材料来源、转发目的、转发范围;三是提示性按语,用来提示简报内容,尤其是长文章,以加深对文章精神的理解。按语不是必备要素,不一定每份简报都要加按语。

2. 标题

首先要有一个醒目的标题,来抓人"眼球"。

3. 导语

导语主要是运用新闻报道的表现手法,简要报道工作动态、进展,多数用于反映重大事件、重要活动或会议等。简报的导语与消息的导语相似,要求用简洁的语言概括主要内容,包括时间、地点、人物、事件和结果等,快速切入主题,简要概括全文大意。

4. 主体

主体正文的核心,要求用典型事例或数据将导语具体化。主体部分要根据编发目的恰当安排结构,注意材料取舍和详略安排。如果是会议简报,则要以具体化的事实反映会议内容、会议主要精神和议定事项。简报要层次分明地把有关情况写清楚,简要地反映当前实际工作的动态、进展。主体结构层次安排要清晰。常用方法如下:一是时间顺序。根据事情发生的先后顺序,使读者对事实全过程有完整的了解。二是平行顺序。围绕主题报道多方面的情况,或者运用几个并列的材料,以突出某个观点。三是逻辑顺序。按事情的因果关系来安排材料,摆事实、讲道理,或者按事情的主次关系安排结构,突出重点,照顾一般。

5. 结尾

结尾可简单明了地概括全文,对诸多头绪进行归纳,对叙述事实做概括性小结;或对有关事件、问题进行分析,肯定成绩,总结经验,找出差距,指明今后方向;或提出要求和号召。也可在主体书写完毕后就自然结束。

例文2

公 司 动 态

第 63 期

艾仕国际服装设计公司办公室　　　　　　　　　　　　　　2023 年 12 月 11 日

惠州服装协会考察团一行莅临我公司交流工作

2023 年 11 月 10 日，惠州服装协会考察团在团长张×的带领下，莅临我公司进行参观交流。考察团的成员包括惠州泉记制衣织造有限公司、惠州华超制衣有限公司、惠州利丰达制衣厂、惠州胜丰制衣有限公司、惠州联丰制衣印花厂、惠州金富制衣有限公司、惠州桦达制衣有限公司等 7 家服装企业。我公司总经理邓林达和副总经理叶继元对考察团的到来表示热烈欢迎。考察团实地考察了整个公司，了解公司厂房、生产条件、生产线、销售、技术设计等情况，尤其对公司的网站建设十分关注。

考察团团长张×等成员认为艾仕国际服装设计公司应当牵头组织全国范围内的服装网商协会，通过吸纳网商协会的会员单位，提供网络营销平台、渠道等方式拓展各品牌服装的营销思路和拓宽销售范围，努力摆脱目前普遍存在的销路不畅的困境，要在自主品牌打造、创新销售通路方面上一个新台阶。同时也希望通过举办服装行业交流活动，为会员单位整合供应链资源，为会员单位寻找新货源及销售新方式，秉承合作共赢的理念，共同推进网商协会的发展。

在激动、振奋的情绪中，惠州服装协会考察团团长张×与我公司互相交换了礼物，表达了加深合作、共同进步的意愿。

报：××市商务局
送：艾仕国际服装设计公司各处室
发：艾仕国际服装设计公司各车间、班组

（共印 36 份）
（资料来源于《新编高职应用写作实训教程》（第二版），董金凤，
高等教育出版社，有改动）

四、技能实训

修改下面简报报头的格式。

金融简报（第 100 期）

××债券购买一空

编者按：

2024 年 12 月 9 日 ××人民银行办公室

实训 6 "官网"新闻

一、办文情境

"官网"新闻是指权威机构（指真正的执政方和企业或者合法机构的法人）所发布的新闻，发布内容代表其机构的意志。"供销社"官网新闻报道：2023 年 9 月初，17 级超强台风"苏拉"袭击广东省广州市。为贯彻落实广东省"三防总指挥部"防疫超强台风战前动员部署会议精神，"供销社"全体员工严防死守，合力抗击罕见的"三台闹海"超强台风。

"官网"新闻

二、办文任务

开展在线实时写作实训，分角色模拟"供销社"办文情境，拟写全体员工严防死守，合力抗击罕见的"三台闹海"17 级超强台风的"官网"新闻报道。

三、写作技法

（一）任务分析

社会组织的"官网"新闻是指对社会组织工作情况及时简要的报道，即本单位的新闻报道，可以说是网络版工作简报。它是传递、通报相关公务信息的特殊电子公文，在办文体裁上兼具了新闻（消息）与简报的特点。E 时代的各级社会组织的官方网站，是公开团体主办者体现其意志、想法，公开团体信息，并带有专用、权威、公开性质的一种网站，其基本功能是品牌形象推广、政策公布、新闻发布、产品信息公开、企业文化传播、官方联系方式发布、客户服务、网上销售等。社会组织"官网"首页的头版头条，一般设有单位系统的工作情况新闻报道版面，如"公司新闻""校园新闻""政法新闻"等。它是社会组织电子政务的名片，直接反映其行政管理工作的质量与效率。2023 年第 17 号超强台风"苏拉"正面袭击广东省广州市，全省进入防风Ⅰ级应急响应状态。"供销社"临战响应，全力做好强力部署，抗击台风的工作情况，应第一时间在"官网"上报道，让社会层面了解"供销社"相关工作情况。

（二）"官网"新闻结构

"官网"新闻是指在本单位 OA 公文系统的格式模板和内容形式模板上办文，将消息头、标题、正文（包括开头、主体、结尾），以及图文供稿和审核部门与人员等信息对号入座，直接拟写行文。"官网"新闻文本格式和内容模板综合提炼了新闻（消息）和简报的优胜之处，又形成电子公文特别的文体。"官网"新闻作为大众传播媒介的载体，各组成部分有独特要求和标志规则。在 OA 公文系统的文本格式与内容模板上循格写作，删繁就简，完成写作、编辑、排版和处理等环节，文字排列和文面格式蕴含着丰富的"电子味"办文信息。

例文 1

广东省社：闻"汛"而动迎战暴雨

发布时间：2024-06-21　信息来源：中华合作时报　责任编辑：办公室

　　本报讯 日前，广东省梅州市多地出现大暴雨、局部特大暴雨，截至 6 月 17 日，梅州市平远县、蕉岭县、梅县区等多地发生山洪、山体滑坡，随即，广东省将防汛应急响应提升至Ⅲ级。广东省供销合作社系统闻讯而动，第一时间配合当地党委、政府部署，做好物资调配和快速送达工作，筑牢防汛安全线。

　　灾情就是命令，广东省供销合作社高度重视，要求全系统第一时间做好物资供应保障，有效助力恢复生产。广东供销农产品股份有限公司直供配送梅江子平台、梅州市供销合作社社属企业梅江供销农产品配送有限公司接到当地党委、政府的任务后，3 小时内紧急调度了 1 000 箱矿泉水、1 000 份八宝粥、1 000 份面包。物资运输车队闯过近半米深的积水，冒着车辆熄火的危险，及时将救灾物资送抵松源镇卫生院，解了受灾群众的燃眉之急。截至 6 月 20 日，放心农产品直供配送梅江子平台共向受灾地区供给 2 400 余份生活物资。

　　下沉一线，保障生产有序恢复。广东省供销合作社直属企业广东天禾农资股份有限公司下属梅州子公司派出农资农技专家，下沉到田间地头，摸清灾后农作物情况，及时调整化肥、农药、种子等农资商品的供应结构，满足受灾地区农民群众在农作物补种、补栽、病虫害防治方面的需要，尽可能降低农户损失。同时，梅州子公司组织党员同志、天禾青年志愿者，前往梅县区松源镇、桃尧镇、松口镇支援合作伙伴的门店灾后整理工作。

　　此外，梅州市供销合作社已紧急下发《关于做好防汛救灾和灾后恢复生产工作的通知》，要求全市供销合作社系统全力做好防汛救灾和灾后恢复生产工作。

（资料来源于广东省供销合作联社官网）

　　1. 消息头

　　消息头主要用于点出电子公文依赖计算机和网络传输系统等数字设备阅读、处理和传送的办文信息。标题上面一般饰有题头的单位典型标志图片的横幅母版，起到画龙点睛的作用，醒目大方，端庄大气。下面的消息头标明"发布时间：2024-06-21　信息来源：中华合作时报　责任编辑：办公室"。类似于新闻（消息）的消息头是在 OA 公文系统中自然生成的，突出电子公文挂网时间、稿件来源、拟稿人和点击率等信息，尤其是点击率的统计，更彰显了网络新闻的特征。在正文开头前面还要标明消息来源，见上述例文："本报讯"。"讯"即消息、信息，发自本网站的消息报道或信息，指在本单位 OA 公文系统上向其官网直接传递的新闻稿件。

　　2. 正文

　　正文配发与内容相关的图片、视频，有图有真相。多媒体文件图文并茂，音像并茂，真实地再现所报道消息的实时工作活动情境，从而强化"官网"新闻对工作情况的记忆和再现功能，让读者有身临其境的体验，体现电子公文语言集数字化、图像化、节点化和多媒体化于一体的表达特点和技能。

3. 结尾

在结尾处还要注明供稿／摄影和审核部门，展现电子公文集体办文的流程，强调责任分工、文责自负，明确公文作者只能是法定的社会组织及其法人代表（或者称为第一领导人）。

（三）写法技法

"官网"新闻写作主要借鉴新闻（消息）最常用的倒金字塔式行文，凸显"抓人眼球"的标题和5W1H的新闻要素：何时（When）、何地（Where）、何人（Who）、何事（What）、何因（Why）和结果如何（How）。拟写新闻报道要交代清楚这些信息，否则内容就会写得不清楚，读者可能看不明白。为达到宣传推介社会组织形象和电子政务建设"窗口"的功效，"官网"新闻写作方法如下：首先，为突出传递信息，写好主体是写好"官网"新闻的关键，就是把简报正文核心部分（报核）单独抽出来写作。其次，摒弃简报套红格式和划分报头、报核、报尾，不用间隔红线与正文部分隔开，标识简报名称、期号、编发单位和编印时间；在报尾也不需用两条平行横线来注明简报的报（领导或上级机关）、送（平级或不相隶属单位）、发（下级单位）范围单位名称和领导姓名。"官网"新闻没有标识报头和报尾各要素的"繁文缛节"，其受众对象面向包括本单位全体员工与外单位等社会访客，无须严格区分"报送发"，更没有简报内部编印的保密性。例如，没有只能在机关、单位内部传阅，明确"内部材料，不可外传"的规定。它有属于外网的性质，可以公开传播，能够开放给校内外公众点击浏览，不限于编报机关内部单位系统之间交流传阅，没有交流范围的限制性，阅读范围广泛，点击率越高越好，这样才能更好地利用网络的功能，实现公文信息资源共享和"快报"办文。

例文2

2024脱贫地区农副产品产销对接活动在粤开幕
推动40多万款特色农副产品"入湾出海"

发布时间：2024-05-15　　信息来源：中华全国供销合作总社　　责任编辑：办公室

5月15日，2024脱贫地区农副产品产销对接活动在广东省惠州市粤港澳大湾区绿色农产品生产供应基地开幕。中华全国供销合作总社党组书记、理事会副主任韩××，广东省人民政府副省长张××出席开幕式并致辞。中华全国供销合作总社党组成员、理事会副主任侯××主持开幕式。

活动以"发挥'832平台'产销对接作用　助力推进乡村全面振兴"为主题，由中华全国供销合作总社、广东省人民政府主办，财政部协办，中国供销集团、广东省供销合作社、中国供销电子商务有限公司、惠州市人民政府承办，旨在助力巩固拓展脱贫攻坚成果，深化东西部协作，持续推进消费帮扶工作，大力拓宽粤港澳大湾区销售渠道，推动更多脱贫地区农副产品"入湾出海"，带动农民群众持续增收。

韩××指出，近年来，全国供销合作社系统深入贯彻习近平总书记关于巩固拓展脱贫攻坚成果、推进乡村全面振兴的重要指示批示精神，在各级党委政府坚强领导和有关部门大力支持下,发挥流通服务优势,积极搭建线上线下农产品产销对接平台,在畅通农副产品销售渠道、促进脱贫地区特色产业发展、助力脱贫群众持续稳定增收等方面发挥了积极作用。脱贫地区农副产品网络销售平台("832平台")自2020年1月上线运行以来,秉持政策属性、帮扶属性和公益属性,充分发挥平台功能,累计交易额达536亿元,帮助832个脱贫县320多万农户巩固脱贫成果。这次产销对接活动专门选在粤港澳大湾区绿色农产品生产供应基地举办,对于进一步拓宽脱贫地区农副产品销售渠道、推动更多脱贫地区优质农副产品"入湾出海",具有重要意义。供销合作总社将以此次对接活动为契机,持续深入贯彻习近平总书记关于供销合作社工作重要指示批示精神和党中央、国务院决策部署,加快建设供销合作社现代流通网络体系,持续提升"832平台"运营服务水平,做好"土特产"文章,为推进乡村全面振兴、加快建设农业强国作出新的更大贡献。

张××指出,广东省委、省政府深入贯彻落实习近平总书记重要指示精神,按照党中央、国务院决策部署,持续深化消费协作,壮大特色产业,畅通农产品销售渠道,积极开展脱贫地区农副产品产销对接,推动"832平台"在广东省运营。截至2024年,"832平台"广东省交易总额累计超23亿元,取得了较好帮扶经验和实践成果。本次活动有利于充分发挥基地的供销合作社农产品供应链创新中心作用,用好全国供销一张网优势,促进农产品产销对接,推动全国优势农产品"入湾出海"。希望广东省采购单位以此次产销对接活动为契机,加强与832个脱贫县政府代表及供应商、合作单位的产销对接关系。广东省将充分发挥粤港澳大湾区强大消费市场牵引作用,全力推动脱贫地区农副产品对接粤港澳大湾区消费市场,扩大农产品销售规模,有力带动脱贫地区产业发展和增加农民收入。

"832平台"采购单位代表、产业帮扶示范县代表、供应商代表分别发言。80余家来自全国31个省(自治区、直辖市)和港澳等地区的境内外采购商代表、金融机构、脱贫县政府及供应商代表在脱贫地区优质农副产品推介暨签约仪式上分别签署合作协议。

本次产销对接活动为期3天,线上线下集中展示中西部22个省(自治区、直辖市)脱贫地区、超3万家供应商、40余万款优质农副产品及产业帮扶成效。产销对接活动线下设置"832平台"成果展示区、22个省(自治区、直辖市)优质特色农副产品产销对接展示区、电商直播区、品鉴区等。线上在"832平台"设立销售专区。此外,首届"832优选杯"直播电商活动、"832平台"大讲堂培训等系列活动同期举行。

(资料来源于广东省供销合作联社官网,有改动)

四、技能实训

根据材料循格写作反映本单位工作情况的"官网"新闻。

"心手相连,守望相助"。"供销社"全体共产党员坚决响应党中央号召,为支持抢险救灾工作踊跃捐款。党有号召,我有行动。全体党员彰显关键时刻党员的责任与担当,奉献一份赤诚爱心。

实训 7　微信公众号文案

一、办文情境

为深入学习贯彻习近平总书记关于全面推进乡村振兴和区域协调发展的重要论述和视察广东重要讲话、重要指示精神，认真落实广东省委"1310"具体部署、广州市委"1312"思想举措，扎实推进"百县千镇万村高质量发展工程"落地生根，开花结果，助推乡村全面振兴，根据上级有关通知要求和工作部署，按照"区域所需，企业所能"的原则，结合本单位实际，"供销社"制订助力乡村振兴、推进对口支援帮扶合作工作计划。其中，按部就班，重点开展"强国兴农"电商直播带货粤西粤东特色农副产品营销项目帮扶，并且及时在微信公众号上发布有关工作报道文案。

二、办文任务

开展在线实时写作实训，分角色模拟"供销社"办文情境再现，拟写"供销社""强国兴农"电商直播带货粤西粤东特色农副产品营销项目帮扶工作的微信公众号文案。

三、写作技法

（一）任务分析

微信公众号文案是基于微信平台产生的一种新媒体应用文。在此着重介绍社会组织的官方微信公众号（订阅号）的办文。随着智能手机的普及，微信已经融入普罗大众的生活和工作当中。人们选择通过微信来获取信息和交流，从日常聊天到工作新闻、业务推介及电商创业带货等。互联网的蓬勃发展，使微信公众号成为信息传递和用户互动的重要平台，为社会组织和个人提供了广阔的发展空间。公众号作为微信的一种服务形式，已经成为人们工作和业余时间经常会浏览观看的平台。很多人都会注册运营一个公众号，借助微信平台，直接接触到潜在客户，拓展影响力，提升品牌形象，创造商业价值、社会价值和收益。通过与合作伙伴进行广告合作、推广产品和服务，公众号可以实现流量变现，成为一种有利可图的商业模式和社会组织重要的宣传公关阵地。不少人在微信公众号上通过原创文章和原创视频创建自己的品牌，成为微信里的创业者。微信公众号主要包括服务号、订阅号、企业号等类型。其中，订阅号主要用于信息发布和传播，适合于媒体、企业、个人等需要发布新闻、宣传信息的主体。通过推送消息的方式将最新的信息传递给用户，让用户随时掌握最新的动态和信息。例如，新闻媒体可以通过订阅号发布最新的新闻报道；党政机关可以通过订阅号对外宣传时政业务新闻；企业可以通过订阅号发布产品信息、活动信息等。订阅号可以每天发文章，即时发布，即时分享。每个公众号平台，都有其特色。当前，微信公众号已被越来越多的党政机关、企事业单位、社会组织使用。

微信公众号文案内容一定要与本单位职能业务相一致，与本单位的业务、政务、商务工作高度匹配。文案作为社会外界了解本单位工作业务的一张"名片"，其写作内容包括新闻消息、单位政务业务政策解读、工作宣传、业务办理、营销推广与提供服务等。无论哪一种，在写作中都要坚持正确的传播导向,弘扬社会正能量。"供销社"作为国企,通过电商直播带货开展粤西粤东特色农副产品营销项目帮扶,需要及时在官方微信公众号发布有关工作新闻,即时共享公司"强国兴农"工作情况。

(二) 种类

(1) 品牌对外宣传性传播工作新闻稿文案、事件稿件文案(政治性较强的宣传文案)。

(2) 品牌核心文案输出,含产品文案、品牌文案、宣传品等相关内容等(专业知识、业务办理等推介宣传文案)。

(3) 公众号营销带货文案。

(三) 结构写法

微信公众号文案主要包括选题、起标题、写文章(内容)、插图片、配音视频、表情、语言短信、排版等要素。要根据文章类型灵活安排,分辨清楚异同,正确选用写作方式。

1. "小题目做大文章"

选题要根据本单位外宣工作需要,找到一个合适的切点,如工作新闻消息报道、重要政策解读、职能工作介绍说明、业务专业解答及其知识宣传、便民服务、营销带货……准确选择文案题材方向的切入口,如"退役军人就业创业"(工作新闻消息)、"冬季燃气安全"(便民服务)、"住房公积金贷款还款"(业务专业知识宣传解答)等。这些话题是人们普遍关注、渴求了解的"热点"问题,由这样的切入口切入,能产生更好的效果。

2. 要有一个吸引人的标题

吸睛亮眼的标题让人过目不忘,并且使人有情不自禁、急切地跟着标题看下文的冲动,这是文案增加点击率的秘诀。言简意赅地概括揭示文案主题内容或中心,进行新闻式标题的构拟。

(1) 央视的时政新闻眼:"第10个烈士纪念日,这场隆重仪式昭示了什么(鲜花献英烈,浩气壮山河)"?

(2) 广东税务:缴费流程调整!城乡居民如何通过"粤税通"进行社保缴费档次变更?

3. "凤头""猪肚""豹尾"

好的开头等于成功的一半,文案开头要用寥寥几笔引人入胜,如同"凤头"一样俊美精彩,引人注目。主体如同"猪肚"一样充实丰富,言之有物,言之有理,紧凑有气势。文案结尾如同"豹尾"一样雄劲潇洒有力,宕开警策,点到即止,意味深长。

(1) 如果是单位工作情况报道,则微信公众号文案写作与"官网"新闻异曲同工,可以参照"官网"新闻的报道式写法,只不过是发布方式不同而已。导语"5W1H",概括报道主要事实内容,何时(When)、何地(Where)、何人(Who)、何事(What)、何因(Why)、何果(How)。主体用典型事例或数据将导语具体化,注意材料取舍和详略安排。主体正文要层次分明,结尾则是对所叙述事实做概括性小结。

(2) 若是政策解读、业务流程办理、专业知识宣传的文案,正文则类似解说词的写法。要按照写作意图,预先定好一个解说的中心点和停留点来下笔,从而决定何处该详或略,做到远近有序、条理清楚。常见的结构方法主要有两种:一是按照时间或者空间的顺序进行安排,先发生的先说,后发生的后说,自然贴切,条理分明,按照事情发生的先后顺序展开解说。二是按照人们认识问题过程的逻辑顺序来组织结构，重点突出，主次鲜明。人们的认识规律一般是从总体到局部、从外到里，安排结构也应该如此，这样能引导读者逐层加深对事物的认识。

4. 文案排版

好的排版可以画龙点睛，使得文案赢得更多受众的喜爱追捧。微信公众号文案主要有三种方式：图文结合、音视频、纯文字。微信公众号文案普遍使用第一种形式，很多微信公众号文案采用图文并茂的方式来传达正文内容。配发与内容相关的图片或视频，真实地再现报道消息当时的工作活动情景，说明工作情况，介绍具体业务操作方法，强化对工作情况的记忆和再现功能，体现微信公众号文案语言集数字化、图像化、节点化和多媒体化于一体的表达特点。图文（音视频）结合的微信公众号文案更加醒目、吸引人，有图有真相，可以让人产生如临其境、如闻其声的感觉，更能说服人、打动人心，传播的信息量也更大。在如今看图的时代，纯文字的文案已经不能满足人们的需求。

例文1

以"演"促练 防患于未"燃"——花都燃气公司开展2024年花都区电力设备反恐怖袭击事件暨损坏燃气管道突发事件应急联合演练

广州燃气96833　2024-7-12　17:31 广东

2024年7月3日上午，为检验燃气、供电行业应对各类突发事件的应急能力，宣传反恐防恐，花都区电力设备反恐怖袭击事件暨损坏燃气管道突发事件应急联合演练于花都区花东镇金田电力培训基地开展。本次活动由广州花都发展燃气有限公司、广州城北电力工程有限公司联合承办，参与人员逾130人。其中，花都区政府副区长麦××带队莅临现场指导，花都区城市管理和综合执法局党组书记、局长刘××主持，公司副总经理吴××、肖×等参与演练。

精心准备，以"演"促练

为达到以"演"促练、强化能力的目的，花都燃气公司高度重视，精心准备，自6月17日起，反复完善演练脚本，不断打磨演练细节，先后组织了多场次预演，在一次次的预演中进一步提升抢险队伍的应急处置能力，强化与各单位间的沟通配合、各环节的衔接联动。

以"演"促练、强化技能

本次演练主要模拟不明身份人员驾驶车辆冲撞电力设备，对花都区电力设施进行破坏活动；电力公司在对电力设施抢险维修过程中因扩大施工范围不慎造成中压燃气管道破损，导致大面积天然气泄漏。花都燃气公司抢险队接报后迅速赶往现场，启动燃气应急预案。在花都区消防救援大队喷淋稀释燃气浓度的配合下，燃气抢险队紧张地进行前期处置，核查情况，如检测浓度、围蔽警戒、人员疏散、交通疏导、关阀控险、使用防爆风机驱散泄漏的天然气，待受损管道气体放散完毕，抢险人员对受损管道实施断管、更换、焊接、置换等操作；质量验收合格后，完成抢修，恢复正常供气。

检验队伍，总结提升

在演练过程中，严格按照既定方案有序开展，现场各单位协同、多岗位调度、多环节并行,按应急预案做好各项救援及抢险抢修措施,顺利完成演练任务。随后燃气行业专家进行点评,认为本次演练形式新颖,流程设置合理,人员响应迅速,配合联动默契,应急处置高效,达到了演练预期效果,同时提出改进建议。最后,花都区城市管理和综合执法局党组书记、局长刘××对本次演练进行总结,提出改进建议。

下一步,花都燃气公司将以本次演练为契机,认真总结经验,加强技能培训,不断完善应急抢险队伍建设,以"打铁必须自身硬"的担当,为千家万户安全用气保驾护航。

例文2

燃气安全要牢记,所有用户莫大意

广州燃气96833　2023-12-08　18:06发表于广东

冬季是天然气使用的高峰季节,也是燃气事故易发期,安全问题不容忽视。

燃气用具要合规

燃气热水器不应安装在浴室等封闭空间内,而应安装在生活阳台等开放空间。此外,使用直排式热水器的用户应及时更换强排式热水器或平衡式热水器。为了安全起见,热水器、燃气灶等用具在8年使用寿命到期后应及时更换,切勿超期使用。

抽油烟机要清理

由于抽油烟机的清理比较麻烦,很多用户都是等油垢积累得很厚、很脏时才进行清洁。一旦锅里的火星窜到抽油烟机的油层里,就将引起火灾。因此用户应及时做好清理工作。

管道不要挂物品

有的用户在厨房洗菜做饭时,习惯把零碎物品和抹布等挂在管道上,这是不可取的,各类燃气管都是不能承重或储物的,悬挂杂物可能导致燃气软管变形,把湿抹布放在燃气钢管上晾干可能导致管道生锈,严重的会造成燃气泄漏。

煲汤不要离开厨房

如果燃气灶上正在煲汤、烧水,则千万不能回房间看电视、打电话等,要定期查看燃气灶,避免发生汤水溢出、意外熄火等安全事故。用完燃气后应及时关闭燃气阀门。

用气不要关门窗

冬天天气变冷,很多用户会选择紧闭门窗,但长时间使用燃气不开窗,易造成室内氧气不足,燃气燃烧不充分会产生一氧化碳。因此使用燃气时应经常开窗通风,避免缺氧造成人员伤害。

例文3

你问我答　住房公积金贷款还款期间热点问题解答开来

广州公积金管理中心　2023-11-27　17:52发表于广州

今天,金仔为大家带来住房公积金贷款还款期间热点问题的解答。

一、住房公积金贷款放款以后,如何领取住房公积金借款合同、房产证等资料?

住房公积金贷款放款后,原贷款受理网点将通知借款人领取有关资料。如未收到通知,则可联系原贷款受理网点,联系方式可通过广州公积金管理中心网站或微信公众号查看。

二、还在公积金贷款还款期间的房屋,加装电梯时如需抵押权人出具同意加装证明,应如何办理?

如果房屋抵押权人含有广州公积金管理中心、广州市住房置业担保中心或广州住房置业担保有限公司,则借款人可拨打电话8550××××或通过"广州住房置业融资担保有限公司"微信公众号申请出具相关证明;如果房屋抵押权人为银行,则向银行申请出具相关证明;如果抵押权人包含上述多个权利人,则应分别通过对应渠道申请出具相关证明。银行网点联系方式可参考广州公积金管理中心网站或微信公众号的贷款网点信息。

三、使用按月还贷方式偿还公积金贷款时,会划扣哪些人的住房公积金账户余额用于还款?

将按照借款人顺序依次从各借款人的住房公积金账户划扣住房公积金贷款当月应还款额。若仅划扣前序账户已足够偿还当期应还款额,则当期不再划扣后序账户资金。如果放款以后贷款房屋添加提取人,则在借款人住房公积金账户余额不足时,还将划扣提取人的住房公积金账户余额用于还款。

(四)写作要求

1. 明确定位

微信公众号文案内容与公众号的定位密切相关。社会组织微信公众号定位,就是所在单位政务业务对外官宣的"名片",必须专心致志做好这一领域的外宣文案,集中在受众关注的话题上。例如:广东省退役军人事务厅定位如下:及时发布重大政策、推广工作经验、宣传先进典型、回应社会关切、为广大退役军人和其他优抚对象提供服务;广州市中级人民法院定位如下:司法公开、单位展示、法治宣传等;国家反诈中心定位如下:警民携手,齐心反诈。企业微信公众号的定位更多注重于电商平台。社会组织微信公众号只有定位明确,才能根据职责权限把准文宣主题,找准共鸣点,进而有的放矢,纲举目张,精准定位,做好本单位的外宣工作,服务大众。

2. 选题准确

好的选题是写出爆款文章的前提。微信公众号文案选题也不例外,一定是"遵命写作",围绕本单位工作周期节点的内容规划撰写,不能单纯追求所谓的"爆炸热点"。这有别于"我手写我心""语不惊人死不休"的个人公众号文案。即使追热点,也要针对外界关注本单位职责范围内相关的热点事件,做好相关运营宣传。切入角度决定了传播广度,因为这是对外官宣,所以注意不能官话套话连篇。要在大家关注的问题上做文章,和受众心往一处想,说出他们想说的话,情感共鸣,戳中受众的痛点,给他们一个释放情感的入口。例如,国家反诈中心的选题如下:"春节临近,这些'骗术'注意防范!""春节临近,警惕这五类诈骗类型!平平安安过好年";广州普法的选题如下:"你的工资可能提前到账!""'小长假'来临,加班费怎么算?"。这都是当前切中时弊的典型热点选题,也是人民群众切身利益关注的痛点,自然点击率飙升。

3. "文约而事丰"

"简为文章尽境",简明化是微信文案的文字形态的灵魂。微信公众号文案语言一定要做到"篇无累句,句无累字"。尤其是文字要做到简明扼要,实事实说,一步到位,直陈直叙,围绕主题展开说明。篇幅不宜过长,尽量遵循精简原则,言简意赅,直陈直叙,用墨省俭,表述简要,通俗易懂,平实生动,让人容易理解。有话则长,无话则短,文字力求做到短小精悍,把要说的话讲清楚就好,力求用较少的文字表达丰富的内容。

四、技能实训

广州市农业龙头企业和广东省供销合作社农业龙头企业广州果子食品厂有限公司,被认定为全国供销合作社重点龙头企业。该公司利用科技进步推动企业发展。该司生产的"红棉牌"凉果和菊花茶多年保持全国供销合作社系统和广东省名优产品称号。以高新技术研究开发的速食米饭和果品微波加工应用项目通过了省市科技部门验收和技术鉴定,其中速食米饭以"组合式强化应急食品生产关键技术的研究项目中标为'粤港关键领域重点突破项目(广东省)'",将作为政府应急食品储备,为突发灾难事件提供食品保障。龙年新春到,请代公司写一篇年货预包装食品批发、预包装食品和粮油零售,满足粤港澳大湾区春节市场供应的准备工作新闻文案,在企业微信公众号上发布。

项目五

会议文书

学习目标

▶ 知识点：

了解常用会议文书的适用范围。
掌握常用会议文书的格式与写作要求。

▶ 能力点：

结合实际工作情境撰写常用会议文书。
及时把握会议进程，并妥善处理临时出现的各种问题。
养成既能考虑全局又能处理具体事宜的会务工作习惯。

实训 1　开幕词与闭幕词

一、办文情境

"供销社"酝酿已久的职工代表大会即将开幕,在大会开幕前必须为领导准备好大会开幕词,秘书起草了开幕词并提交公司总经理审定。

二、办文任务

开展在线实时写作实训,分角色模拟"供销社"办文情境,拟写职工代表大会开幕词与闭幕词。

三、写作技法

(一) 任务分析

开幕词是在大型会议开幕时宣告会议开始,交代会议议程,阐明会议的指导思想、宗旨和重要意义,并对与会者提出会议的中心任务和要求的讲话。"供销社"职工代表大会是公司的重大会议,其开幕词必须包括以上内容。

闭幕词是在大型会议结束时,由有关领导人或德高望重者向会议所做的总结性讲话。它要对会议的组织和成果做出正确的总结和评价,如宣布会议完成了哪些议题、做了哪些事情、通过了哪些决议、与会者提出了哪些正确意见和合理化建议、今后的任务是什么、肯定会议的重大成果和深远的影响等。闭幕词是大型会议的重要文件之一。"供销社"职工代表大会是公司的重大会议,闭幕词是对本次大会做重要总结和评价,激励所有与会者树立贯彻会议精神的信心和决心,因此其闭幕词必须包括以上内容。

(二) 开幕词结构写法

1. 标题

(1) 直接以"开幕词"为标题。

(2) 由会议全称和文种"开幕词"构成。需在标题下方注明日期,在日期下面署上致开幕词人的姓名。

(3) 由致开幕词人姓名、会议全称加文种"开幕词"构成。这时仍需在标题下方注明日期,但不必署致开幕词人的姓名。

(4) 另拟主标题,以会议全称加"开幕词"作为副标题。

2. 称谓

称谓一般写在标题下行顶格处。开幕词称谓应根据会议性质和出席人员来确定,可用"同志们""朋友们""各位代表""各位来宾,各位朋友"等称呼。

3. 正文

(1) 开头。开头主要是宣布会议开幕,介绍会议的筹备、出席会议人员情况和会议的规模等。

（2）主体。主体是开幕词的核心部分，内容包括：一是阐明会议的重大意义，说明会议召开的背景和会议的目的及主要任务；二是阐明会议的指导思想、主要议程和安排；三是对与会者提出希望和要求。写作时，要紧扣会议中心议题，对会议各项内容只做简要概括，语言简洁有力，热情洋溢，富有感染力。

（3）结尾。可用富有鼓动性和号召力的语言结束全文，也常用"祝大会圆满成功"结束全文。

4. 写作要求

（1）掌握会议的主题精神，全面了解会议的情况，包括会议参加人员及规模、会议议程等。

（2）语言热情、精练，尽量使用口语化语言。

> 例文 1

国际奥林匹克委员会主席托马斯·巴赫先生在北京冬奥会开幕式上的致辞

（2022 年 2 月 4 日）

奥林匹克运动员们，尊敬的中华人民共和国习近平主席阁下，尊敬的联合国秘书长古特雷斯阁下，联合国大会主席沙希德阁下，北京冬奥组委主席蔡奇先生，各位来宾，奥林匹克运动的朋友们：

欢迎参加北京2022年冬奥会！祝中国朋友们新年快乐，新春快乐，虎年大吉！

今年是虎年，也是奥运年，虎年和奥运年都代表着雄心、勇气和力量。如今，正是凭借着这份雄心，中国已是一个冬季运动之国。在中国，有超过3亿人在约2 000座滑雪场和溜冰场上参与冬季体育运动。中国在冬季运动方面取得的非凡成就，开启了全球冬季运动的新时代，将使全球冬季运动参与度登上新台阶，让中国人民和全球各地的冬季运动爱好者从中受益。

今天我们之所以能够书写体育运动史的这一全新篇章，要归功于我们热情的东道主，也就是全体中国人民。我衷心地感谢中国人民的热情款待。谢谢你们，中国朋友！

我们要特别感谢全体志愿者。从我们抵达的第一刻起，你们就给了我们宾至如归的感受。你们眼中的微笑温暖着我们的心。谢谢你们，志愿者！

遗憾的是，目前全球疫情仍然是我们要面对的现实，因此，我们要感谢北京冬奥组委、中国政府部门和全体中国人民，感谢你们让本届冬奥会能够举办，感谢你们让所有的人都能够安全地参与本届冬奥会。我们之所以能够在这里相聚，得益于中国及世界各地无数的医护人员、科研人员以及所有人员的主动奉献。谢谢你们的辛勤付出与团结协作。

基于同样的精神，我们也欣赏地看到，疫情并没有阻碍运动员们实现奥运梦想。奥林匹克运动员们，奥运舞台已经为你们搭好，你们克服了重重困难，经历了诸多不确定因素，最终来到了这里。现在，你们即将迎来自己的时刻，这是你们一直长久期待的时刻，也是我们都长久期待的时刻。现在，你们将在中国数亿新冬季运动爱好者的支持下，在恢宏的运动场馆内，实现你们的奥运梦想。作为奥林匹克运动员，你们将向世人展示，如果我们遵守同一规则，并且彼此尊重，世界将会是怎样的一番景象。在未来的两周时间里，你们将为最高荣誉展开激烈角逐，在此同时，也将在奥运村的同一个屋檐下和谐共处，在奥运村里，不会有任何理由的歧视存在。

我们所在的这个世界是脆弱的，分裂、冲突和猜疑正在日益升级。我们要向世界证明，是的，竞争激烈的对手也能够和平共处、彼此尊重。这就是奥林匹克运动会的使命，让人民在和平竞争当中团结一心。奥运会总是搭建沟通的桥梁，绝不会筑起一道道高墙。奥运会让我们保留多样性的同时，把我们团结在一起。这一崇高使命，得到了联合国大会的强力支持。联合国大会以173个会员国全体协商一致通过了《奥林匹克休战决议》。决议当中明确提到了奥林匹克运动员，感谢你们借助奥林匹克理想，促进世界和平与人类的相互理解。本着奥林匹克和平精神，我呼吁全球各国政府，遵守你们对奥林匹克休战的承诺，给和平一个机会。

亲爱的运动员们，我们与你们站在一起，我们都在支持着你们，我们都在为你们加油喝彩！愿这样的支持能够鼓励你们团结一致，共同实现更快、更高、更强。如此一来，你们将在这个奥运年，以虎年的雄心、勇气和力量来鼓舞全世界的人民。

现在，我荣幸地邀请中华人民共和国主席习近平阁下宣布北京2022年第二十四届冬季奥林匹克运动会开幕。

（资料来源于新华社）

(三) 闭幕词结构写法

1. 标题与称谓

闭幕词标题与称谓的写法与开幕词相似，称谓应根据听众对象来确定。

2. 正文

(1) 开头。简要说明会议已经完成所有的议程，"现在即将圆满结束"。

(2) 主体。一是总结会议完成的任务，肯定会议成果，对会议做出客观评价。二是向与会者提出贯彻会议精神和决议的基本要求。

(3) 结尾。可用鼓舞性或号召性的语言结束全文，或直接宣布会议结束，常用"现在，我宣布，大会闭幕"，也可加上对与会者的祝愿用语。

例文2

国际奥林匹克委员会主席托马斯·巴赫先生在北京冬奥会闭幕式上的致辞

（2022年2月20日）

尊敬的中华人民共和国主席习近平阁下，北京冬奥组委主席蔡奇先生，奥林匹克运动的朋友们，亲爱的运动员们：

在过去的16天里，我钦佩你们的出色表现，你们每一个人都力争取得最佳成绩，但你们也希望竞争对手取得最佳成绩，并为他们加油，我们为此深受感动。

你们不仅彼此尊重，还相互支持，即使有的地方因为冲突而对立，但你们彼此拥抱。你们克服了这些分歧，证明了无论我们有着怎样的面容，无论我们来自何方，我们在这个奥林匹克大家庭里人人平等。奥运会团结的力量，比那些试图分离我们的力量更加强大。你们给和平提供了一个机会，愿你们树立的团结与和平的榜样鼓舞全世界的政治领导人。

我们与所有因为疫情而无法实现奥运梦想的运动员们分享这份奥林匹克精神，你们的缺席令我们伤心，但是，你们现在是，并且永远都会是我们奥林匹克大家庭的一分子。要最终战胜这次疫情，我们必须追求"更快、更高、更强——更团结"。本着奥林匹克运动的团结、友爱精神，我们呼吁国际社会，请为全世界每个人提供平等的疫苗接种机会。

奥林匹克精神之所以如此闪耀，得益于中国人民为我们出色地搭建了安全的奥运舞台。本届奥运会的奥运村独具匠心，场馆令人叹为观止，组织工作非凡卓越，国际奥委会、国际单项体育联合会、全球合作伙伴、持权转播商对我们的支持坚定不移。

我们要向北京冬奥组委、中国政府部门，以及我们在中国所有的合作伙伴和朋友们致以最诚挚的谢意。我谨代表全球最优秀的冰雪运动员们，向你们表示感谢。谢谢你们，中国朋友！我要对所有的志愿者说，你们眼中的笑意温暖了我们的心田，你们的友好善意将会永驻我们心中。志愿者，谢谢你们！

我们之所以能够有如此难忘的经历，都要归功于我们热情好客的东道主——全体中国人民。目前中国已经有三亿多人参与冰雪运动，中国的冰雪运动员们取得了巨大成功。这是一届真正无与伦比的冬奥会，我们欢迎中国成为冰雪运动大国，祝贺中国！现在，我不得不为这段令人难忘的奥运经历画上句号，我宣布，北京2022年第二十四届冬季奥林匹克运动会闭幕。

按照奥林匹克传统，我号召全世界青年四年之后在意大利米兰–科尔蒂纳丹佩佐相聚，与我们所有的人一起参加第二十五届冬季奥林匹克运动会。

（资料来源于新华社）

3. 写作要求

（1）紧扣会议精神，熟悉会议全过程和所有内容，对会议做出准确与精当的总结和评价，能再次强化会议的精神。

（2）闭幕词应与开幕词前后呼应，篇幅短小，语言要有概括性和感染力。

四、技能实训

"供销社"召开第 × 届职工代表大会，会议共有四项议程：一是副总经理致开幕词；二是审议总经理提出的工资调整计划、奖金分配方案、劳动保护措施方案、奖惩办法等重要规章制度的修订；三是审议决定职工福利基金使用方案等有关生活福利的重大事项；四是副董事长致闭幕词。请为"供销社"第 × 届职工代表大会拟写开幕词与闭幕词。

实训 2　领导讲话稿

领导讲话稿

一、办文情境

"供销社"总经理将在年度招商工作会议上讲话,讲话内容包括本年度招商工作的新政策、招商工作的具体部署和相关奖励措施。办公室秘书在会议前几天就根据总经理的内容指示将领导讲话稿拟写完毕,并上交给总经理审定。

二、办文任务

分角色模拟"供销社"办文情境,拟写总经理在招商工作会议上的讲话稿。

三、写作技法

(一) 任务分析

领导讲话,指领导人在会议听众面前就某一问题发表意见或者阐述某一事理的活动;而讲话稿,则是领导人代表本机关单位在会议上发表讲话的文字底稿,属于口述议论文。

领导讲话作为公务或集体活动中的一种领导行为或领导手段,其讲话稿主要是指工作人员为领导在会议上发表讲话准备的书面材料。任何一项有意识的集体活动,都是一种有组织的行为。为了活动取得预期成功,事先要由组织者向其他参与者进行必要的安排和动员,使之心中有数,从而统一意志、协调动作,这就是领导讲话行为产生的客观需要。随着国家政权的不断强化和社会管理的日趋严密,公务活动和其他有意识的集体活动频率大为增加,讲话成为一种更为常见的领导行为和领导手段。特别是在当今社会,领导讲话在整个领导活动中的地位和作用更加突出,成为一种公认的十分重要而有效的领导手段,其重要程度已经和制发文件并驾齐驱,短暂的讲话常常成为永久的历史资料。人民网上专门设有"习近平系列重要讲话数据库"。起草领导讲话稿是文秘工作中的一项重要内容。领导讲话稿是各级领导在各种会议上发表的带有宣传、指示、总结性质的讲话文字底稿,具有权威性、针对性和通俗性的特点。招商工作是公司生存和发展的关键之一,"供销社"总经理在招商工作会议上的讲话包括新政策的宣传、工作内容的布置和具体措施的实施等方面内容,秘书为领导起草讲话稿时应认真理解领导的意图,根据领导的指示,针对会议内容和与会人员身份进行写作,并经领导审核通过。

(二) 讲话稿的种类

1. 工作会议类讲话稿

工作会议类讲话稿是领导在各种会议上发表的对前一阶段工作情况(包括成绩、经验、存在问题等)进行归纳总结,对下一阶段的工作目标、任务、重点、措施等进行研究部署的讲话稿。这类领导讲话稿包括领导工作报告。写作时要求态度鲜明,目的明确,内容充实,层次分明,针对性强,表达清楚有力,逻辑严密,有较强的号召力。

2. 庆祝、纪念会议类讲话稿

庆祝、纪念会议类讲话稿是领导在纪念某一历史事件、历史人物或重大庆典等纪念性会议上所发表的讲话稿。这类讲话稿不仅要肯定和颂扬历史事件的重大意义和历史人物的丰功伟绩,还要立足当前、面向未来、揭示其现实意义,对继承光荣传统、弘扬革命精神提出具体要求。

(三) 结构写法

1. 确定主题

确定主题是讲话稿写作首要且最为重要的工作。领导讲话代表一定的组织意见,其主题不是一目了然的办事意向,需要工作人员善于从公务活动中提取自己的认识判断。起草领导讲话,要以传达、贯通领导者的思想、观点为宗旨,必须正确确立符合领导意图的讲话稿主题思想。

2. 材料筛选

主题通过材料来论证、说明。一是事实材料,在讲话稿中叙述或者说明,大多运用公务的事实;二是理论材料,即中国特色社会主义理论及党和国家的方针政策等。

3. 标题

标题分为两种:一种是单行标题,由讲话人的姓名、职务、事由和文种构成,如习近平主席《在"不忘初心、牢记使命"主题教育总结大会上的讲话》(2020年1月8日)。另一种是由正标题和副标题构成的双行标题。正标题一般用来概括讲话的主旨或主要内容,副标题则与第一种标题的构成形式相同,如习近平主席的《让多边主义的火炬照亮人类前行之路——在世界经济论坛"达沃斯议程"对话会上的特别致辞》(2021年1月25日的视频讲话)。

4. 称谓

称谓是讲话者对听众的称呼。称谓应根据会议性质和与会人员的情况来确定,如"同志们""各位专家学者"等,要求庄重、严肃、得体。称谓的位置在标题下一行顶格。

5. 正文

(1) 开头。开头没有固定的格式,可以开门见山,提出会议主题;也可以简要说明讲话的缘由或者要讲的内容要点,然后转入正文讲话。这部分内容要概括、简短,最好能调动会场气氛,集中全场的注意力。

(2) 主体。根据会议的内容和发表讲话的目的,有重点有层次地阐述观点、布置工作或阐明具体工作的实施措施。可以通过分析形势和明确任务,提出搞好工作的具体意见;可以结合本单位情况,提出贯彻上级指示的意见;可以对前面其他领导人的讲话做补充讲话;也可以围绕会议的中心议题,结合自己分管的工作讨论落实的措施等。

(3) 结尾。结尾用以总结全篇,照应开头,深化主题,发出号召,或者向与会者表示祝愿等。

例文

习近平在北京冬奥会、冬残奥会总结表彰大会上的讲话

(2022年4月8日)

同志们,朋友们:

历经7年艰辛努力,北京冬奥会、冬残奥会胜利举办,举国关注,举世瞩目。中国人民同各国人民一道,克服各种困难挑战,再一次共创了一场载入史册的奥运盛会,再一次共

享奥林匹克的荣光。

事实再次证明，中国人民有意愿、有决心为促进奥林匹克运动发展、促进世界人民团结友谊作出贡献，而且有能力、有热情继续作出新的更大的贡献！

北京冬奥会、冬残奥会的成功举办，凝结着各条战线人们的辛勤付出和智慧汗水。北京冬奥组委同北京市、河北省、国家体育总局、中国残联紧密合作，广大冬奥建设者、工作者、志愿者牢记党和人民的重托，满怀为国争光的壮志，在各自岗位上真诚奉献、默默耕耘，涌现出一大批作出突出贡献的先进集体和先进个人。

今天，我们在这里隆重集会，总结北京冬奥会、冬残奥会的经验，表彰突出贡献集体和突出贡献个人，弘扬北京冬奥会、冬残奥会筹办举办过程中培育的崇高精神，激励全党全国各族人民为实现第二个百年奋斗目标、实现中华民族伟大复兴的中国梦而努力奋斗！

同志们、朋友们！

中国人历来言必信、行必果。确保北京冬奥会、冬残奥会如期安全顺利举办，确保"两个奥运"同样精彩，是中国人民向国际社会作出的庄严承诺。

7年来，在党中央坚强领导下，各有关部门、各省区市团结协作、攻坚克难，北京携手张家口作为主办城市尽锐出战、全力投入，同国际奥委会、国际残奥委会等国际体育组织紧密合作，克服新冠疫情等各种困难挑战，向世界奉献了一届简约、安全、精彩的奥运盛会，全面兑现了对国际社会的庄严承诺，北京成为全球首个"双奥之城"。

——冬奥赛事精彩纷呈，国际社会积极评价。四场开闭幕式精彩纷呈，人类命运共同体的主题贯穿始终，中华文化和冰雪元素交相辉映，体现了自然之美、人文之美、运动之美，诠释了新时代中国可信、可爱、可敬的形象。三个赛区一流的场馆设施，严谨专业的赛事组织，温馨周到的服务，赢得参赛各方一致好评。赛事吸引了全球数十亿观众观赛，成为收视率最高的一届冬奥会！

——爱国情怀充分彰显，汇聚起实现中华民族伟大复兴的强大力量。北京冬奥会、冬残奥会是中国人民爱国热情的激扬展示。海内外中华儿女热情关注、大力支持这场在中国举办的冬奥盛会，纷纷为冬奥健儿加油喝彩、为伟大祖国加油喝彩。赛场上，我国体育健儿不畏强手、顽强拼搏、为国争光，五星红旗高高飘扬，每一位中华儿女都倍感荣光。一位护旗手说："我站在奥运会的升旗台，心中满满的自豪感，想到祖国如今的繁荣昌盛是多么来之不易，那是一种说不出的骄傲与热爱，泪水就夺眶而出了……"巧妙蕴含中华文化的冬奥场馆，活泼敦厚的"冰墩墩"，喜庆祥和的"雪容融"，扑面而来的中国年味儿，香喷喷的豆包……，"冬奥梦"和中国梦精彩交织。饱含圆融和合等中国理念的开闭幕式，构思独到，匠心独运，二十四节气、黄河之水、中国结、迎客松、折柳寄情、雪花主题歌……，听障演员的圆舞曲、手语版国歌、盲童合唱团的歌声、视障运动员的点火……，这些意蕴隽永的场面在人们心中留下了美轮美奂、直击人心的深刻印象，激发了海内外中华儿女万众一心、接续奋斗的昂扬激情！

——"三亿人参与冰雪运动"成为现实，人民群众获得感显著增强。北京冬奥会、冬残奥会的筹办举办推动了我国冰雪运动跨越式发展，冰雪运动跨过山海关，走进全国各地，开启了中国乃至全球冰雪运动新时代。筹办以来，我们建设了一大批优质的冰雪场地设施，举办了一系列丰富多彩的群众性冰雪赛事活动，人民群众参与热情持续高涨，参与人数达到3.46亿,冰天雪地成为群众致富、乡村振兴的"金山银山"。冬奥筹办举办全面促进了社会事业发展,残疾人人权得到更好保障,广大群众生活更加丰富多彩!

——冬奥遗产成果丰硕,实现成功办奥和区域发展双丰收。北京冬奥会、冬残奥会筹办举办对国家发展特别是京津冀协同发展具有强有力的牵引作用。我们把冬奥筹办举办作为推动京津冀协同发展的重要抓手,区域交通更加便捷,生态环境明显改善,产业联动更加紧密,公共服务更加均衡。"冰丝带""雪飞天""雪游龙""雪如意"等冬奥场馆精彩亮相,成为造福人民的优质资产!

——团结合作走向未来,为人类战胜挑战作出了中国贡献。奥林匹克运动承载着人类对和平、团结、进步的美好追求。在世界百年变局加速演进、人类社会遭遇各种挑战的形势下,奥林匹克大家庭成员不远万里来华共襄盛举,团结友好的"朋友圈""伙伴群"越扩越大。外国运动员在回国时恋恋不舍地说:"我会在飞机上哭的,我要哽咽了,爱你们。""我肯定会把生命中最美好的冬奥回忆带回家。"北京冬奥会、冬残奥会的成功举办,促进了不同文明交流互鉴,为推动全球团结合作、共克时艰发挥了重要作用,也为动荡不安的世界带来了信心和希望,向世界发出了"一起向未来"的时代强音!

同志们、朋友们!

冬奥7年艰辛,奋斗铸就辉煌。北京冬奥会、冬残奥会筹办举办是在异常困难的情况下推进的,全部参与者坚持"一刻也不能停,一步也不能错,一天也误不起",付出了艰苦卓绝的努力。广大冬奥建设者发扬工匠精神,打造了巧夺天工、世界一流的场馆设施。广大办赛人员严谨专业完成赛事组织工作,为运动员创造了良好比赛条件。广大赛会服务保障人员热情周到服务,工作时间表是迎着星星亲、顶着星星走,为参赛各方带去春天般的温暖。广大医疗防疫人员筑起牢不可破的安全屏障,守护了参赛各方健康。广大城市保障人员用心守护城市的每一处角落,用最高标准保障了赛事和城市顺畅运行。广大人民解放军指战员、武警部队官兵、公安干警和消防救援队伍指战员承担急难险重任务,圆满完成了安全保卫等工作。广大文艺工作者、科技工作者、设计工作者、新闻工作者、外事工作者、气象工作者以及其他各条战线上的全体工作人员团结一心、通力合作,坚守各自岗位,默默奉献付出,出色完成了各项任务。广大志愿者用青春和奉献提供了暖心的服务,向世界展示了蓬勃向上的中国青年形象。闭环内数万名工作人员,舍家忘我、坚守数月,展现了感动人心的精神风貌和责任意识。同志们深情地表示:"为了冬奥圆满成功,困难再多也嚼嚼咽了,一切付出与奉献都值得。"祖国和人民为你们的辛勤付出、取得的优异成绩感到自豪!

7年来,我国广大运动员、教练员牢记党和人民嘱托,争分夺秒、刻苦训练,在冬奥赛场上敢打敢拼、超越自我,胜利完成各项比赛任务。中国体育代表团首次全项参赛,勇夺冬奥会9枚金牌、15枚奖牌和冬残奥会18枚金牌、61枚奖牌,创造了我国参加冬奥会、冬残奥会的历史最好成绩!我国广大运动员、教练员以实际行动落实拿道德金牌、风格金牌、干净金牌的要求,诠释了奥林匹克精神和中华体育精神,实现了运动成绩和精神文明双丰收,为党和人民赢得了荣誉!

广大冬奥会、冬残奥会的参与者们,用辛勤付出、坚强毅力、巨大勇气,以强烈的责任感、使命感、荣誉感,出色完成了各项工作任务,创造了无愧于祖国、无愧于人民、无愧于时代的光辉业绩!

在这里,我代表党中央、国务院和中央军委,向受到表彰的突出贡献集体和突出贡献个人,表示热烈的祝贺!向为北京冬奥会、冬残奥会筹办举办作出突出贡献的全体建设者、工作者、志愿者,向广大运动员、教练员,向人民解放军指战员、武警部队官兵、公安干警和消防救援队伍指战员,致以崇高的敬意!向热情支持北京冬奥会、冬残奥会的广大香港同胞、澳门同胞、台湾同胞和海外华侨华人,表示衷心的感谢!

在筹办举办过程中,国际奥委会、国际残奥委会以及奥林匹克大家庭、残奥大家庭成员对我们的工作给予了积极帮助,各国政府和人民、国际友好人士给予了大力支持,许多国家领导人、国际组织负责人亲自来华出席有关活动。来自世界各地的体育健儿在赛场上相互尊重、彼此激励、突破极限,在激情的比赛中完美演绎了"更快、更高、更强——更团结"的奥林匹克格言和"勇气、决心、激励、平等"的残奥价值观。北京冬奥会、冬残奥会是一场和平友谊的盛会、一场团结合作的盛会、一场鼓舞世界的盛会!

在这里,我谨代表中国政府和14亿多中国人民,向国际奥委会、国际残奥委会以及奥林匹克大家庭、残奥大家庭成员,向世界各国各地区的朋友们,表示衷心的感谢!向在北京冬奥会、冬残奥会上奋勇争先的各国体育健儿们,表示崇高的敬意!

同志们、朋友们!

成就源于奋斗,胜利来之不易。回顾7年来不平凡的筹办举办历程,我们不仅在奋斗中收获了成功的喜悦,也在奋斗中收获了丰厚的精神财富,收获了弥足珍贵的经验,值得我们倍加珍惜、发扬光大。

第一,坚持党的集中统一领导。党中央高度重视北京冬奥会、冬残奥会,成立冬奥会工作领导小组,从国家层面统筹力量、协调推进筹办工作。筹办之初,党中央就明确提出绿色、共享、开放、廉洁的办奥理念。面对严峻复杂的全球疫情,在全面分析国内外形势特别是疫情影响基础上,作出"顺利举办即成功"的科学判断,提出"简约、安全、精彩"的办赛要求。广大党员、干部牢记初心使命,以行动践行了"急难险重任务,我在第一线"的誓言。事实充分证明,中国共产党是我们成就伟业最可靠的主心骨,只要始终不渝坚持党的领导,就一定能够战胜前进道路上的任何艰难险阻,就一定能够办成我们想办的任何事情!

第二,坚持集中力量办大事。冬奥筹办是一项复杂的系统工程。在党中央坚强领导下,冬奥会工作领导小组和18个专项工作议事协调机构搭建起冬奥筹办的四梁八柱,北京冬奥组委、北京市、河北省与中央部门、各省区市、人民解放军和武警部队、企业、高校院所等方面紧密合作、全力攻坚,社会各界和人民群众热情参与,共同完成了各阶段筹办任务。在赛时阶段,战略指挥、运行指挥、场馆运行的三级工作体系把各方力量统筹起来,凝聚起强大工作合力。我国社会主义制度非凡的组织动员能力、统筹协调能力、贯彻执行能力,我国坚实的经济实力、科技实力、综合国力,为成功办奥提供了强有力的底气和最坚实的保障!

第三,坚持主动防范应对各种风险挑战。在世界百年未有之大变局叠加新冠肺炎世纪疫情背景下举办冬奥会、冬残奥会,面临的风险挑战前所未有。我们坚持底线思维、问题导向，增强忧患意识，把防范化解风险挑战摆在突出位置，把困难估计得更充分一些，把风险思考得更深入一些，下好先手棋，打好主动仗。我们全方位梳理排查各领域、各环节风险点，建立常态化工作机制，不断发现问题，及时研究解决，积极妥善应对，确保了赛事安全顺利举办。

第四，坚持办赛和服务人民、促进发展相结合。北京冬奥会、冬残奥会的成功不仅在于赛事的成功，更在于通过筹办举办冬奥会、冬残奥会带动了各方面建设，为经济社会发展带来了深远的积极影响。我们坚持冬奥成果人民共享，通过推广普及冰雪运动带动全民健身走向纵深，通过产业发展助力脱贫攻坚，通过提升公共服务水平改善人民生活品质，让人民身心更健康、就业更充分、生活更美好，实现共同参与、共同尽力、共同享有。一位北京市民说："我们都是普普通通的老百姓，让普通老百姓展示，是显示中国人站起来了，中国向世界展示中国强大了。"

同志们、朋友们！

伟大的事业孕育伟大的精神，伟大的精神推进伟大的事业。北京冬奥会、冬残奥会广大参与者珍惜伟大时代赋予的机遇，在冬奥申办、筹办、举办的过程中，共同创造了胸怀大局、自信开放、迎难而上、追求卓越、共创未来的北京冬奥精神。

——胸怀大局，就是心系祖国、志存高远，把筹办举办北京冬奥会、冬残奥会作为"国之大者"，以为国争光为己任，以为国建功为光荣，勇于承担使命责任，为了祖国和人民团结一心、奋力拼搏。

——自信开放，就是雍容大度、开放包容，坚持中国特色社会主义道路自信、理论自信、制度自信、文化自信，以创造性转化、创新性发展传递深厚文化底蕴，以大道至简彰显悠久文明理念，以热情好客展现中国人民的真诚友善，以文明交流促进世界各国人民相互理解和友谊。

——迎难而上，就是苦干实干、坚韧不拔，保持知重负重、直面挑战的昂扬斗志，百折不挠克服困难、战胜风险，为了胜利勇往直前。

——追求卓越，就是执着专注、一丝不苟，坚持最高标准、最严要求，精心规划设计，精心雕琢打磨，精心磨合演练，不断突破和创造奇迹。

——共创未来，就是协同联动、紧密携手，坚持"一起向未来"和"更团结"相互呼应，面朝中国发展未来，面向人类发展未来，向世界发出携手构建人类命运共同体的热情呼唤。

（略）

（资料来源于人民网，节选有删改）

（四）写作要求

1. 掌握会议情况

首先，明确会议的性质和主题，根据会议的主题有针对性地进行写作，不要言不及义。其次，明确听众对象，根据与会者的身份和思想文化层次来提炼讲话稿的主题和语言方式。

2. 语言通俗易懂、平等亲切

不能打官腔，用命令、教训的口吻，更不能深奥难懂，而是要口语化、大众化、平等、自然，这样才能为广大听众所接受。

四、技能实训

（1）分析撰写例文的结构提纲。
（2）为"供销社"总经理撰写学生岗位实习动员大会的讲话稿。

实训 3 提案

一、办文情境

2023年某工作日，午饭过后，"供销社"有10名员工突然出现恶心、呕吐、胸闷的症状，行政经理立刻派车将这些发病员工送往医院，经抢救，员工已全部脱离危险。医院称此次发病为食物中毒所致。为引以为戒，营运总监作为职工代表，在职代会上递交加强职工食堂管理、对员工身体健康负责的提案。

二、办文任务

开展在线实时写作实训，分角色模拟"供销社"办文情境，拟写加强职工食堂卫生管理的提案。

三、写作技法

（一）任务分析

提案是参加各级代表大会或其他代表会议、参政议政会议代表或委员及出席或依法可以提案的单位或个人向大会提出意见、建议甚至批评，要求讨论通过或转交政府有关部门解决的书面报告。

立法会议（如各级人民代表大会）用议案，其他会议则用提案。提案写作主体是个人，政协委员和企事业单位的职工、股份制企业的股东具有向同级权力机关提出自己意见和建议的权利。个人的意见和建议只能用提案而不能用议案。提案的作用是供有关部门今后做决策时参考，有可能被采纳，也有可能不被采纳。"供销社"营运总监林××履行职责，为职工"鼓与呼"，按照有关程序，要向职代会递交提案。

（二）提案的种类

1. 个人提案

个人提案即以个人名义向代表会议提出的书面意见和建议。看病难、看病贵，是全国人民关注的社会问题。如某医院院长向有关部门递交提案《以人为本，让利于民，遏制药品虚高定价》。

2. 集体提案

集体提案即以集体名义向代表会议提出的书面意见和建议。

3. 联名提案

联名提案即不同的个人或者集体联名向代表会议提出的书面意见和建议。

例文 1

全国政协十三届四次会议第 1201 号提案

题目：关于加强快递员权益保障，促进快递行业健康发展的提案

提案者：强卫

内容：截至 2020 年年底，我国快递行业从业人员达到 400 多万人，成为当下一支数量庞大的新兴就业群体。

一、存在的问题

快递员作为新经济业态下出现的新兴就业群体，具有灵活性强、人员多、年轻等特点，其中不乏拥有大学及以上学历的人员。但如果没有一个良好的职业环境，快递这一新经济业态就难以持续健康发展。

一是社会融入仍有差距。一是缺乏职业认同。一方面，快递员自身缺乏对本职业的认同，缺乏自豪感和自信心；另一方面，社会上部分人对快递行业存在偏见。二是缺乏沟通机制。快递员普遍面临单方面的制约，没有为自身申诉的平台。三是缺乏发展前景。大多数快递员对未来发展充满迷茫，看不到行业发展的希望。

二是权益保障有待提升。一是社会保障普遍较低。大多数快递企业没有为快递员购买"五险一金"，只有少数企业为快递员购买了人身意外伤害险。二是劳动维权存在盲点。大部分快递员没有与所在企业签订劳务合同，有问题时难以按《中华人民共和国劳动法》维护权益。三是社会福利难以享受。快递员平均工资在 4 000~7 000 元，很难享受如廉租房和经济适用房等方面的社会福利。

三是安全意识普遍淡薄。一是遵纪守法意识不强。快递员违反交通法规等情况较为普遍，存在较为严重的安全隐患。二是日常监管存在盲区。大多数地方政府没有出台关于快递投送车辆的管理办法，更没有对车辆和人员实行上牌或证照管理，存在监管盲区。三是购买保险意识较弱。企业很少为快递员缴纳社保中的工伤保险。大多数快递员不具备为自己购买保险的意识，因此发生重大工伤事故后很难得到工伤保险保障。

二、建议

要坚持以人为本的原则，加强顶层设计，从维护快递员合法权益的角度，在社会融入、职业发展、权益保障等多方面给予快递员关注，补齐短板，完善机制，让他们更好地融入城市、服务城市、发展城市，通过自己的努力赢得社会尊重并创造美好生活。具体建议如下：

一要提升社会融入度。建议国家邮政部门作为行业主管部门，制定统一的行业标准，督促和约束企业履行社会主体责任，加强对快递员职业发展、福利待遇、合法权益等方面的关怀。建议总工会等部门建立和畅通快递员等群体的诉求渠道，引导企业加强工会组织建设；增进广大群众对快递员的理解和包容，提升快递员的荣誉感和归属感。建议人事劳动和社会保障部门加强对快递行业的职业培训引导，让快递行业成为有发展希望的新兴职业。

二要加大权益保障力度。建议人事劳动和社会保障部门制定相应的政策，进一步明确快递员和企业之间的用工关系，进而明确双方的权利义务关系，特别是在法律层面健全

约束机制。要加大对快递员劳动合同签订和"五险一金"缴纳的监管力度,解决快递员职业伤害、基本医疗和养老保障等相关问题,特别是要构建平台经济下的工伤保险制度,保障快递员的合法权益。建议住房保障部门出台一些支持快递员申请廉租房和经济适用房的政策,或是房屋租赁补贴政策。推动建立由邮政、人事劳动和社会保障、社保、医保、行业协会等部门、社会组织参加的联席会议制度,帮助快递员解决实际困难和问题,不断规范行业管理。

三要加强行业监管治理。建议国家工信部门针对快递车辆制定统一标准,同时加大对非法生产、改装的打击力度。交管部门要加强对快递车辆及驾驶员的监管,既要对快递车辆实行上牌管理,又要对驾驶员实行驾驶证管理。同时,要加大对违法违规行为的处罚力度,提升快递员遵纪守法意识和安全意识。建议国家发改委部门对快递行业的价格竞争进行监管,避免因形成恶性竞争而损害快递员的利益。建议国家邮政部门与交管部门进行联动,在车辆上牌和人员上岗方面做好前置审核,督促企业为快递车辆和快递员购买相关车辆和人身保险,提高快递员抗风险能力。

(资料来源于中国政协网 2021 年度好提案选篇,有删改)

例文 2

关于打造地理标志产品,助推乡村振兴的提案

提案第 20200124 号

提案者:叶××,李××,郑××,蓝××

案由:

2019 年政府工作报告中首次提出"实施地理标志农产品保护工程、大力扶持贫困地区特色优势产业发展"。2019 年和 2020 年的中央 1 号文件相继明确提出"强化农产品地理标志和商标保护,创响一批'土字号''乡字号'特色产品品牌"及"加强地理标志农产品认证和管理,打造地方知名农产品品牌"。地方标志产品在培育地方特色优势产业上具有重要作用。

一、发展地理标志产品的作用与意义

以国际上农产品品质声望最高的法国为代表,其成功很大程度上归功于地理标志产品体系。当中尤以波尔多及勃艮第的葡萄酒最为有名,以原产地命名控制为产品背书。波尔多地区通过建立世界知名的酒庄分级制度,成为"产品-品牌-产业"的标杆。勃艮第地区则根据产区范围内的田地土壤及微气候特性建立了土地分级制度,塑造"产品—产地—产业"的典范。波尔多模式受地域限制相对较小,在品质稳定的前提下,可在产区范围内快速兼并实现商业的高速增长;而勃艮第模式则积累更为沉稳扎实,成为地方的"金母鸡",但也使得土地资源越发稀缺,不利于短期内的高速扩张。两种不同的模式在快速扩张和长期稳定方面各有所长。

我国也不乏成功的案例:① 贵州茅台酒自身品质过硬,同时强调产品生产所需的特定微生物环境与水质环境,使得其产品稀缺性与商业价值不断提升,并带动当地产业获得长足的发展,成为"产品—品牌—产业"路径上全国最知名最成功的地理标志产品之一。② 云南普洱茶则是通过土壤及微气候细分各个子产区,打造出众多的名山名寨,实现了"产品—产地—产业"的全域发展。③ 由宁夏回族自治区政府于2016年印发的《贺兰山东麓葡萄酒产区列级庄评定管理办法》,则是我国首个结合文旅要素,将产品质量与酒庄的发展管理相结合的产业政策,引导企业积极走向高品质的可持续发展方向。

二、河源市当前地理标志产品存在的不足

河源市地处低山丘陵区,在限制了农业大型机械化的同时,也带来了众多的山坡地形,并伴随发达的优质天然水系环境,为各种复杂的微气候的形成提供了先天条件,而地下丰富的温泉地热及世界第一的恐龙化石资源,更是为土壤带来了无可比拟的独特性。河源市拥有极其优越的生态环境和独特的风土条件,这成为河源市地理标志产品最有力的支撑。

然而目前河源在中国地理标志网收录的保护产品有"河源米粉"及"连平鹰嘴桃",加上已经通过技术审查的"和平猕猴桃"及申报受理的"紫金春甜桔",合计为4个。与之对比的是广东省已收录地理标志产品有144项,河源市的地理标志产品仅占广东省已正式收录的地理标志产品的1.4%不到。无论是从申请方面还是从获批数量方面看,河源市都没有重视地理标志产品体系的搭建。

三、打造河源市地理标志产品,助推乡村振兴的建议

政府高度重视地理标志产品的申报与拓展。建议由农业农村局牵头组织编制河源市具体的地理标志产品发展战略规划,为各个县、区落实"一村一品、一镇一业"的富民兴村产业战略提供具体指引服务。并根据该发展战略规划,由政府出台对应产品支持、企业扶持、产区升级、产业链构建等一系列的优惠及扶持政策。

大力扶持现有优势龙头企业与知名产区发展。对有地理标志产品特征的优势企业,可采取"产品—品牌—产业"的思路促使其快速发展,带动周边地区产业发展。同时可以将品牌的概念放大至产区,以"产品—产地—产业"为方向,在政府相关部门或行业协会的引导下,梳理出最为适合特定作物的微气候与土壤环境,提升地区风土与品种的契合度。

联动其他优势资源实现关联产业全面提振。要创响乡字号、土字号特色品牌,除了风土,仍需乡情:以产品承载民族风俗及文旅相关主题。河源市拥有客家古邑、万绿河源、恐龙之乡、温泉之都等众多特色风俗文旅优势资源,可建立地理标志产品体系作为保障,以产品为载体深挖产地和品牌中的乡土特性,助推特色农业的产业化,实现乡村振兴。

(资料来源于中国人民政治协商会议河源市委员会网站,有删改)

(三) 结构写法

提案由案由(标题)、提案者和提案的内容组成。

1. 案由(标题)

案由,即标题。撰写案由,要抓住提案的主旨,做到案由与内容一致,言简意赅,如《关于

×××乡镇脱贫攻坚的建议》《充分利用计算机网络工程开展政协工作》等。

2. 提案者

提案者即提出提案的单位(参加政协的党派、人民团体和政协各专门委员会)的名称或个人的姓名,包括通信地址、邮政编码、联系电话。以党派、人民团体、政协专门委员会名义提出的提案,必须有该组织负责人签名和公章;由委员联名提出的提案,发起人应作为第一提案人,签名列于首位。

3. 提案的内容

提案一般包括两大部分:案由分析;建议、办法和要求。写作提案时要用陈述性语言。

(1) 案由分析。案由分析包括提案的理由、原因或依据。它是提案的核心部分,要据实撰写,简明扼要,切忌笼统、空泛。先提出案由,再分析存在问题的原因或提出解决问题的依据。

(2) 建议、办法和要求。针对案由反映的问题,提出解决问题的主张和办法。要以现行的方针政策和法律法规为依据,在撰写提案之前要深入学习有关方针政策和法律法规,对所提提案的事项做深入的调查和分析研究,内容要实事求是,批评要中肯,分析要贴切,提出的对策、建议要切实可行。其对策和问题基本上设置3个左右最为合适。

(四) 写作要求

写作提案是一项严肃的工作,在书写过程中应坚持认真、严谨的态度,符合提案规范性的要求。

1. 统一提案纸

提案应在提案委员会提供的统一印制的提案纸上书写。提案纸由提案委发送:一是会前提前寄发;二是会后根据委员的需要随时送达。

2. 一事一议一案,书写规范,具有严肃性

提案书写规范是提案审查、办理、归档工作的基本要求。它不仅便于提案委审查提案、确定承办单位,也便于承办单位了解提案内容(送达承办单位的提案是原提案的复印件),落实提案建议,体现了提案自身的严肃性。因此,一件提案只能写一件事,一事一议一案,便于立案、交办和承办,切忌一案多事。否则,不仅问题千头万绪,也无法确定承办单位,只能作为来信处理。还需要注意的是,提案建议不能太多,否则不好实行,有可能会出现解决提案部门避重就轻的现象,导致某些建议不能很好地推行下去。

3. 突出重点

提案要简明达意,反映关键问题所在,突出问题的重点、难点;在题目上要突出提案的主要建议或要求;在内容上要重全局、议大事,围绕贯彻党和国家的政策方针,本地经济、社会发展的重大事务和群众生活的重要问题;分析问题要全面、科学。

4. 写好建议

建议部分是提案的重点,集中反映提案目的,体现提案水平。因此,建议应当在调查研究的基础上,写得明确、具体,实事求是。建议要切实可行,不能脱离实际,避免使用"据说""据反映""听说""大概"等词语。如果写得不明确,含含糊糊,或要求不够合理,或可行性差,则将使承办单位难办理,无法有针对性地做出答复,失去或降低提案的价值,难以收到预期的效果,影响提案办理质量。

四、技能实训

某校即将举行第 × 届学生大会,某同学是学校学生会主席,他根据同学们的反映情况,向大会递交了支持贫困生校园建立 ×× 快递网点勤工俭学的提案。请拟写该提案。

实训 4 会议记录

一、办文情境

(备忘录)钟 ×:按照公司董事会会议精神,2023 年 12 月 1 日上午 9:00-11:00,在集团公司总部 3 楼会议室,办公室主任王强主持召开"供销社"工作汇报会。会议主题是:工作汇报,总结经验,吸取教训。与会者有陈总经理、办公室主任王强、财务部经理、业务部经理、客服部经理等。请做好现场会议速录,会后根据速录稿整理格式规范的纪要(套红格式)。会议记录归档存查,纪要下发各公司(部门)等单位,要求认真贯彻落实会议精神和议定事项。请做好准备工作。

办公室主任　王强
2023 年 11 月 29 日

二、办文任务

开展在线实时写作实训,分角色模拟办文情境,为"供销社"工作汇报会做好会议记录。

三、写作技法

(一) 任务分析

会议记录是真实记载会议情况、会议报告、讨论发言、会议决议等内容的文字材料。它客观反映会议的内容和进程,是形成纪要、会议简报的重要素材,是检查会议决定事项执行情况的依据,具有重要的保存、利用价值,是重要的文书档案材料。不论会议规模大小,凡是重要会议都要做好会议记录。要做好会议记录,首先要掌握会议记录的规范格式,其次要明确专题会议记录的特点,最后要掌握会议记录的结构写法。

(二) 会议记录的种类

按会议性质来分,会议记录有以下两种。

1. 办公会议记录

办公会议记录主要记述机关或企事业单位等对重要的、综合性的工作进行讨论、研究、议决等事项。

办公会议记录一般分为:例行办公会议记录和现场办公会议记录。例行办公会议记录是记述例行办公会议情况及其议决事项的会议记录;现场办公会议记录是为解决某些重大问题而召集有关方面和有关单位在现场研究、议决或协商的办公会议记录。

例文 1

供销联社集团工作汇报会议记录

时间：2023 年 12 月 1 日上午 9:00—11:00

地点：集团公司总部 3 楼会议室

会议主题：工作汇报，总结经验，吸取教训

主持人：办公室主任王强

与会者：集团公司陈总经理，以及办公室主任王强、财务部经理、业务部经理、客服部经理等各部门负责人

记录人：钟 ×

发言记录如下：

主持人：大家上午好！我是办公室的王强，很荣幸主持今天的会议。前段时间各部门都做了大量工作，今天我们召集各部门负责人来开会，是想请大家把本部门前期的工作汇报一下，大家畅所欲言，不分先后，谁准备好谁先说。

财务部：我们财务部对 9~11 月三个月的营销总额进行了统计分析，根据统计的数据来看，在"后疫情时期"的大环境下，我们公司销售额无显著业绩增长表现，与去年同期相比，还有所下降。

主持人：有没有分析什么原因？

财务部：行业调查显示，2023 年 9 月，央行调整了银行存款利率，吸引部分客户的资金流入银行，这是我们公司销售业绩下降的原因之一。

在公司报销制度中，关于港澳台地区出差的报销标准没有明确规定，我们一直以来都是参照广州市的标准报销的。现在公司开始扩大在香港地区的业务，派往香港联系业务的人数和次数都在增加，相关的费用也会越来越多，提议公司考虑制定港澳台地区出差报销标准。

主持人：好的，对于这个问题我也收到了一些反馈，在今天的会议上跟大家说明一下，还要请相关部门配合财务部拟定报销方案，最好能在本月内做出方案，报请董事会审批。下面请陈总谈谈近期公司考核情况。

陈总：从近期的公司员工考勤的情况看，总体情况不错，但同时也发现了一些问题，如有职工打过上班卡后外出不归，有些员工让其他人代为打卡；在对各部门上班情况的突击检查中，也发现有些部门人浮于事，上班看电影、聊天的现象时有发生。

主持人：请各部门负责人在部门工作会议上强调上班纪律，考核部门加强对员工上班纪律的考核，尽快拿出考核方案。

陈总：再强调一下，从表面看，各部门都制定了部门规章制度，落实了制度上墙工作，但从实施效果看，存在两方面问题：一是在制度的贯彻执行上没有实施数据目标化管理；二是对制度执行的监管不严，无数据指标、无检查依据、无相应的奖惩措施，请各位负责人进一步落实这项工作。

主持人：没有规矩不成方圆，这个问题一定要引起各相关部门的重视。

另一件事情是，经过全面考察，今年年会已经定在西花厅举办，届时各部门一定要配合工作，准时到会。一年一次的年会是公司不可缺少的"家庭盛会"，通过年会可以激发士气，营造组织气氛，深化内部沟通，促进战略分享，增进目标认同。公司领导十分重视，要求各部门鼎力配合，把年会办成团结、向上的盛会。下面请业务部发言。

业务部：前一阶段我们业务部开展了两项工作：一是对客户管理制度进行了修订；二是组织业务员开展业务培训，目的是提升部门人员工作素质，增强团队意识，提高工作效率。

主持人：业务部最近的工作做得还是很有成绩的，近年来各部门职工岗位培训工作一直在进行，从总体效果看，业务部门的培训工作系统性、持续性强，效果显著，公司行政部门的工作人员技能培训和安全培训较少，有关部门要安排行政人员进行工作技能培训，提升工作素质，提高工作效率。

客服部：尊敬的主持人、各位同事，下面我谈谈客服部近期工作情况。11月，客服部针对新老客户开展了客户满意度调查工作，一共发放了调查问卷3 500份，回收3 278份，其中有效问卷为3 251份。在这次客户满意度调查中，绝大部分客户对于我们的服务还是满意的，但是也反映出需要改进的地方，这次调查的统计数据及分析报告将发到各位主管的邮箱，请下载查看。

主持人：听了各位的工作汇报，我很感动，也很欣慰，各个部门负责人的工作都非常扎实，措施非常有力，充分体现了主人翁的精神。通过工作汇报，大家可以认真梳理自己部门和个人的工作，总结经验，吸取教训。通过各部门的交流，互相取长补短，相互学习，以后这样的工作汇报会要长期开、定期开，形成常态化、制度化。今天的会议到此结束。办公室负责把会议纪要及时发给大家，提醒各部门做好工作。散会。

主持人：王强（签名）

记录人：钟×（签名）

2023年12月1日

2. 专题会议记录

专题会议记录专门记述座谈会讨论、研究的情况与成果，具有主题的集中性与观点意见的纷呈性相结合的特点，既要归纳比较集中、统一的认识，又要将各种不同观点和倾向性意见都归纳、表达出来，以供领导参考。

例文2

第×届全国文秘·速录职业技能竞赛（××省高职院校"省赛"）赛项工作会议记录

时间：202×年4月23日星期三下午

地点：××学院行政楼学术报告厅

讨论议题：202×年第×届全国文秘·速录职业技能竞赛（××省高职院校"省赛"）赛项技术文件（竞赛规程、技术规范方案、竞赛须知、安全规范）修订。

主持人：××（××学院公共管理系主任、教授）；×××（"省赛"技术组长、公共管理系副教授）。

与会人员：办公室主任×××、教务处副处长×××；"省赛"赛务组长×××；××信息职业技术学院××等其他学校与会者（略）。

记录（速录员）：××、×××。

一、主持人××讲话

我们召开省院校速录大赛说明会。现在发到大家手上的资料，这里要说明一下，这是草稿，今天下午的会议会集中大家的意见，大家对文件有任何意见、建议或要求都请提出，我们会在专家的指导下，尽量满足大家的要求。然后会把正式的文件上传到网络，正式文件以上传文件为准。接下来有请×教授给我们做技术方面的解释。

二、发言

（一）"省赛"技术组长×××讲话（略）

（二）"省赛"赛务组长×××讲话（略）

（三）××信息职业技术学院等其他与会者讲话（略）

散会。

主持人：（签名）
记录人（速录员）：（签名）

（三）结构写法

会议记录的写作有固定的格式，一般由三部分组成。

1. 会议标题

会议标题的一般写法如下：单位名称+会议事由（含届、次）+"记录"，如《××公司第×次办公会议记录》。

2. 会议组织情况

会议组织情况主要包括以下方面：

（1）会议日期。写明年、月、日，必要时应注明具体时间。

（2）会议地点。写明会议场所名称，即"××会议室"。

（3）会议主持人。写明主持人姓名及职务。

（4）与会人员或参加人员。对于人数不多的重要会议，按顺序写清与会人员的单位、姓名、职务；对于人数很多的会议，只写与会人员的范围和总人数，以及主要领导的姓名和职务，缺席人员应注明缺席原因。另外，应写上记录人姓名，以示负责。

3. 会议进行情况

会议进行情况主要写会议议程、议题、讨论过程、发言内容、会议决议等。

（1）会议议题和会议主持人的启示性讲话。

（2）与会人员讨论发言。首先写明发言人的姓名，然后记下他的发言。在记录发言时，有的要详记，有的可略记。但不管是哪一种，都要如实记录，尽可能记下发言人原话，切不可凭印象随意编写或歪曲他人的原意。

(3) 会议决议和会议主持人总结及结论性意见。这部分是了解会议意图的主要依据，是会议成果的综合反映，是日后备查的重要部分，因此要着重记录。

(四) 写作要求

1. 真实全面

会议记录(速录)的最高境界是"一句不漏，一字不易"。会议记录应忠实于原话，不随意增删改动，尤其是对会上的讨论发言，尽可能按原话记录。要注意对发言者的措辞、语气、手势和表情等的记录。如果讨论时有争议，则要把争论的焦点、各方的意见、发言的先后等内容真实地记录下来。要正确无误地记录会议决议，要符合原意，明白清楚，毫不含糊，切不可随意增减和删改。有闻必录，有言必录，如实记录会议发言者的"所发之言"。

2. 迅速准确

记录前要事先对会议内容和涉及的问题有所了解，以便在记录过程中注意各有关方面的关系，将一些事宜有机地联系起来，加快记录的速度，要记准、记全。会议记录是原始凭证，贵在准确、齐全，为此，可采用现场会议速录方式。

3. 注意整理

现场记录是原始记录，一般需要整理。要求在原始记录的基础上增补遗漏、纠正错误、核实决议，纠正语法错误。

四、技能实训

指正病文的错误，誊写正确行文。

××市教育委员会第六次会议记录

时间：2024年
地点：教委
出席：张×、李××、刘××、钟×、陆××、梁×、彭××、左×
缺席：1人
列席：3人
主持：张×
记录：吴××

张×：同志们！今天的会议讨论的中心议题是如何改善我市中小学教师工作条件，提高教师待遇，解决教师后顾之忧，以稳定教师队伍，进一步办好中小学。请大家提出具体意见，通过这次会议作出几项切实可行的决议来。目前，我市教师队伍的问题较多，先请陆××同志简要介绍一下。

陆××：……由于教师收入比一般干部收入低××元，住房特别困难，××%教师家庭人平均居住面积在2平方米以下，子女就业也困难重重。全市5 000多名教师，2 000多名民办教师，有相当部分不安心工作，××%的人申请调到别的单位去，××%的民办教师要求回家种地。(4个具体数字听不清——记录人注)。面对这种情况，怎么办？请大家提出具体措施。

　　李××：中小学教师任务繁重而光荣，生活条件较差，收入偏低，人所共知，应该提高他们的地位和待遇。我认为可从5个方面去做。（略）

　　钟×：我同意刚才李副主任提出的5项措施中的4项，其中第三项我认为行不通，理由是……另外，我建议劳动局每年划出一定就业指标，专门用来安排教师家属就业。

　　梁×：利用教师节可以做好宣传。目前，干部和部分工厂职工的生活也有困难，有的工厂开工不足，有的无工开，收入不稳定，无保证，也要想办法。李副主任的意见很好，钟×同志提出的我也同意。

　　彭××：这几年我市教育事业发展很快，取得了很大的成绩，中小学作业本费收得太多，教师宿舍要盖点，学校文体器材太少，发动群众，多少都好。假期有的可组织教师旅游，学生要多教育。

　　左×：大家谈了很多很好的意见，我不多谈了。我代表公司和市外经委主任商量了一下，决定向教委捐赠5万元，支持教育事业。

　　张×：到会的每一位都发了言，意见都很好。综合大家意见，决议如下（略）。

主持人：张×（签名）
记录人：吴××（签名）

项目六

日常文书

学习目标

▶ 知识点：

了解日常文书的适用范围。
掌握日常文书的格式与写作要求。

▶ 能力点：

结合实际工作情境撰写日常文书。
善于运用日常文书开展工作。
了解相关办事渠道，具备相应的办事能力。

实训 1　职场文书

[1]　求职信与简历

一、办文情境

求职信与竞争上岗演讲稿

在社会主义市场经济形势下,企业发展需要选拔合适的人才,只有招聘到好的人才,企业才能蒸蒸日上。"供销社"官网发布信息:诚挚招聘速录秘书。顺利入职者还将获得企业经营管理的岗前专业培训。

二、办文任务

开展在线实时写作实训,分角色模拟"供销社"办文情境,拟写求职信与简历。

三、写作技法

(一) 任务分析

求职文书是求职者向用人单位自我推荐以谋求工作职位的信函。求职信又叫应聘书,是向有关单位说明应聘原因与条件,传递个人相关信息,表达求职愿望的一种专用书信。

职业体现人的价值,大学生是经过国家多年培养的人才,只有找到工作才能施展才华。当今社会就业形势极其严峻。求职文书既是给用人单位留下第一印象的途径,也是用人单位了解求职者整体情况的第一手资料。一份客观、全面、翔实的求职文书,对于用人单位的选择意向具有非常重要的影响。作为求职择业的自我宣传广告,求职文书的好坏可以直接影响求职者能否顺利进入面试环节。怎样才能在求职大军中突出重围,在竞争中寻找到安身立命的位置,找到适合自己的工作呢?大学毕业生要顺利通过"供销社"的招聘关,其方法有两种:一是应聘面试,二是求职自荐。为了获得工作职位,求职者必须主动向"供销社"介绍自己,以便"供销社"研究评价求职者是否符合条件,进而决定是否面试聘任,这就需要投递求职信和个人简历。求职信的好坏决定了求职者能否找到"饭碗"。要想用这块"敲门砖"准确而有效地"投石问路",就必须探究求职之策略。

(二) 结构写法

1. 求职信

通过对求职意向和自身能力的概述,引起对方的重视和兴趣,使其进一步了解求职者的经历、能力和业绩,留下良好的第一印象。求职信的写作格式与一般的专用书信相似。

(1) 标题。"求职信"3个字居中排列。

(2) 开头。另行顶格写对招聘官的称呼(包括其职务也要写出来),并问好。第二行是引言,直截了当地写出获得招聘信息的途径和自己要应聘的岗位。下笔入题,有的放矢。

(3) 主体。主体是求职信写作的重点与难点,也是推销自己的关键环节。求职"闪光点"要选准,关键在于力陈专业技能、特长,以表明自己是招聘的理想人选。

首先,求职者要简洁而有针对性地概述本人基本情况,主要说明自身的教育背景,即专业知识和专业技能等求职条件,着重介绍自己的知识结构、特长学科,强调所学专业与求职目标对口。应届毕业生阅历少,经验不足,因此教育背景是其最大的亮点。企业对于应届毕业生的考察,并不是特别重视社会经验,关键是考察其学习能力、适应能力、沟通能力和严谨程度。因此,求职信中也要展现自己运用知识解决实际工作问题的能力,如在岗位实习中技能的发挥和实习单位对自己的评价。

其次,实践能力,即求职者从事某些社会活动的能力、勤工俭学能力、实习设计与制作能力等,主要介绍自己的工作能力与业绩,包括参加社会调查、假期兼职、志愿者等社会活动。用人单位会通过这些经历考查求职者的团队精神、组织协调能力等。

再次,自我评价,就是求职者对自己综合素质的小结,如个人性格、爱好、特长、责任心、道德品质、工作态度、团结协作精神等。用人单位非常看重这些非智力因素。

最后,成果陈述,就是求职者介绍求学阶段的主要成绩、成果、获得的职业资格证、各类技能比赛获奖证书和奖励等。成果陈述要充分反映求职者胜任某项工作的能力,使人信服。

主体部分结束前,一定要委婉、礼貌地提出面试愿望。

(4) 结尾。结尾包括结语、"此致 敬礼"等礼貌用语或良好祝愿、姓名、日期与毕业学校。署名日期置于右下角。

(5) 附件。附件包括个人简历、学历学位证书复印件、职业资格证、各类奖状等佐证材料,以及联系地址、电话号码(包括座机和手机)、个人微信号、邮政编码、E-mail 等。

例文 1

应 聘 书

尊敬的 ×× 集团公司贺经理:

您好!

日前于中国速记网上看到贵公司的招聘启事,得知"招聘速录秘书一名"。本人对贵公司仰慕已久,欣闻这一招聘信息,感到自己条件合适,特来应聘,盼望能成为贵公司的一员。

我叫 ×××,是 ×××× 职业学院 2024 文秘(商务)专业应届毕业生,系统地学习了速录员考证实训、秘书理论与实务、应用写作、办公设备使用与管理、常用办公软件实训、会议组织与策划、秘书礼仪与职业形象设计等课程,熟悉电子公文写作及其处理,而且还选修了速录师强化训练、秘书资格考证、国学精粹、体育舞蹈等课程,较好地掌握了这些方面的知识与职业技能。多次参与各类志愿者活动,是广州市创建文明城市志愿者,积极参加学校各类社团活动。荣获 2022 年全国职业院校技能大赛高职组中文信息处理专业技能赛项三等奖;2022 年和 2021 年连续两届全国职业院校技能大赛高职组中文信息处理专业技能赛项广东省选拔赛一等奖;2024 年广东省大学生公文写作竞赛(高职)二等奖。全国高等学校计算机水平一级;大学英语四级。

本人考取了速录师国家职业资格证(高级)和高级职业秘书资格证。亚伟中文速录达到 240 字/分钟以上,英文打字和计算机操作技术达到中级水平。寒暑假曾到广州某会议服务公司兼职速录员,大三还进行实习一年,多次为中山图书馆岭南文化大讲坛做现场速录,参加东莞电信的网上文字直播,为2022年全国职业院校技能大赛高职组中文信息处理专业技能赛项广东省选拔赛技术发布会做现场速录,熟悉文秘速录业务。能说流利的普通话与粤语,英语听说读写能力较好。

  本人为人诚实、热情,形象、气质好,性格较文静,办事细致、认真、负责,能吃苦,有毅力,热爱速录工作,勇于承担责任,对工作充满热情,善于与别人沟通、合作,有一年的现场会议速录和录音录像速录整理等工作经验。自信能胜任贵司速录秘书工作。如能在贺经理手下做一名速录秘书,我一定会尽职尽责,充分发挥自己的特长,认真做好本职工作,为贵司的繁荣发展作出贡献。恭候佳音。

  此致
敬礼!

应聘人:××
2024年5月28日

  附件:

  1. 个人简历、大专毕业证书。

  2. 全国职业院校技能大赛高职组文秘速录专业技能赛项三等奖奖状、广东省文秘速录选拔赛一等奖奖状、2024年广东省大学生公文写作竞赛(高职)二等奖。

  3. 中文速录1+X职业技能等级考试证书(高级)、速录师职业资格证(高级)、秘书职业资格证、大学英语四级证、计算机一级证等复印件和就业推荐表(略)。

  联系地址:××市××××中路511号 邮政编码:510000

  E-mail:×××××@163.com 联系电话:12345×××××× 微信号:×××8012

2. 个人简历

  个人简历的前半部分简单写明自己的一些基本信息,后半部分最为重要,一定要把自身所具备的技能,特别是对应聘职位有帮助的技能及获得的职业资格证等情况写明。个人简历常用的写作方式有条文式和表格式两种,但其内容基本相同。

  (1) 个人信息,包括姓名、性别、出生年月、籍贯、毕业学校、专业、学历、联系方式(座机和手机的电话号码、E-mail、个人微信号、通信地址与邮政编码)等。

  (2) 求职意向,即求职目标,应根据自己的实际情况确定多个岗位,这样有回旋余地。先就业,后择业。

  (3) 教育背景,包括第一学历、自学进修、最高学历、所学专业、学习时间等。

  (4) 个人能力,包括外语(语种、等级证书、应用能力等)、语言表达、组织协调、计算机应用能力和其他实际工作能力。

  (5) 工作经历,重点说明个人工作经历及其具体内容,尤其是与求职目标相关的工作经历,以及相关业绩。刚刚毕业的大学生可以写社会实践、当暑期工、勤工俭学、兼职、实习、做志愿者等的经历。

  (6) 兴趣爱好与个性,不能随便写,个性要与应聘工作相符,有特长的要强调说明。

例文 2

个 人 简 历

姓名	洪××	性别	女
民族	汉族	籍贯	××××
政治面貌	中共党员	出生年月	2000 年 × 月 × 日
宿舍电话	×××××××	移动电话	×××××××××××
电子邮件	×××××××××		
通信地址	××××路××号(邮编:××××××)		
教育背景			
2012—2018	××省××一中		
2018—2022	××大学法学院法学本科		
2022—2024	××大学××学院民商法学(××方向)硕士(免试保送)		
计算机水平			
选修计算机及 Internet 技术相关课程			
熟悉 Windows 操作系统,熟练操作使用 Office、Ps 等常用软件			
语言水平			
英语水平	大学英语六级,读、写、听、说能力好,口译、笔译能力俱佳		
普通话水平	国家二级(××分),具备优秀的语言表达能力和沟通能力,文笔佳		
学业成果			
获奖情况			
2020	×××教育奖学金(××大学高额奖学金之一,全年级唯一获得者)		
	××大学优秀学生一等奖学金		
2021	××大学优秀学生三等奖学金		
2021	××大学优秀学生二等奖学金		
2022	××大学 2022 届优秀毕业生,被推荐为××大学法学院免试硕士研究生(全院学业成绩排名前 5% 以内)		
学术科研			
2023	参与××教授主持的"××知识产权第一期,计算机软件保护"课题研究		
	本科毕业论文《××××》参与答辩并被评定为"优秀"		
	参与××教授主持的"××知识产权第二期,网络著作权保护"课题研究		
2023	参与××教授主持的《××××前沿问题研究》编写		
	发表《××××》,载《××社会科学》(人文社会科学核心期刊)2023 年 × 月(总第××× 期)		
专业实践、教学经历			
2022	于××律师事务所实习,担任律师助理,通过拟写诉讼代理词、参与调查取证等活动,协助律师代理案件		
	作为××大学法学院法律诊所成员,参与代理案件,提供法律咨询,主讲法律知识讲座等,以优良成绩结业		

	专业实践、教学经历
2023	在深圳市罗湖区人民法院毕业实习,担任书记员,熟悉掌握书记员工作规程
2023	在深圳市罗湖区人民法院实习,担任法官助理,了解和学习了案件的审理过程及办案程序
2023	担任××大学香港知识产权署中文判词培训班(第×期)助教;负责《×××》教材编写并参与授课
2024	担任××大学网络教育学院兼职教师,主讲"××法辅导",所授课程被录为视频并载于公共教育网络上(详见http://www.××××××)
2024	担任××自学考试辅导中心兼职教师,主讲"××法"
	社团活动
2020—2021	任职××大学广播台公关部,组织参与多次大型歌唱及表演活动的策划制作 参加全国大学生足球比赛的艺术健美操表演
2021	代表法学院参加庆祝"国庆"72周年和庆祝中国共产党建党100周年的全校歌咏比赛,获得团体第一名 担任《律音》杂志编委并发表《××××》等文章
2022—2023	担任法学院学生会文娱部部长,参与组织多次活动,如法学院本科生与研究生联欢会、法学院啦啦队组建工作、校运会中法学院宣传活动等
2022—2024	担任法学院2022级研×班班委,参与组织多次班级活动(如××市××县××镇××小学献爱心助学捐赠活动、年级足球联赛等)
	个性特点
	崇尚实干,不断追求完善,具有强烈的工作责任感 善于换位思维,具有较好的人际沟通能力和团队协作能力 具有较强的逻辑思维能力、融会贯通的学习能力和一定的科研能力 具有积极乐观的生活态度及健康的生活方式

(资料来源于《应用写作案例与训练》,有改动)

(三) 写作要求

1. 内容真实,用语得当

写求职文书时要实事求是,用成绩和事实说话。用语谦恭有礼,不卑不亢,不能夸大或虚构,也不能过分谦虚,既不妄自尊大,也不妄自菲薄。

2. 礼貌得体,展示个人修养和能力

求职文书的遣词造句要注意礼貌得体,不可漏写礼貌用语。"世事洞明皆学问,人情练达即文章"。文如其人,字里行间能够流露个人的修养、能力。多数公司会让求职者用文字对自己做简单的介绍,这样公司既可以了解求职者的文字基本功,也可以对其个人能力有大概了解。

3. 根据求职目的灵活处理重点内容

为了成功求职,应根据用人单位、所聘职位、工种灵活处理重点内容,力求突出与工作要求相符的特长、性格与能力等有利条件。求职前先做好定位,明白自己想从事什么样的职业,然后针对条件去寻找适合自己的行业、公司、职位。锁定目标之后,对面试的公司和就业的职位进行详细的了解,了解该公司属于什么行业、有哪些知名产品、服务客户的范围,以及职位大致工作范围、需要具备哪些技能等。只有知己知彼,才能立于不败之地。

4. 语言简洁,书写正确

求职文书要简明扼要,体现个性,确保无错别字和标点错误。语言简洁明快,朴实自然。

四、技能实训

指正病文的错误,誊写正确行文。

求 职 信

×××公司:

我的运气真好啊!就在我即将毕业之际,贵公司正式开业投产了,首先我向贵公司表示热烈的祝贺!

我是全国闻名的××工业学校的应届毕业生××。在校三年来,我德、智、体全面发展,各学科成绩一贯优异,专业基础知识扎实,动手能力强,除长期担任小组长外,还有多种爱好和特长:能讲善辩,能歌善舞,能写善画,各项球类运动都有一定的水平。大家夸我是"全才",当然我不能因此而骄傲,但是,实事求是地说,我还真有两下子:说、拉、弹、唱、打球、照相,样样精通。至于水平嘛,都称得上"OK"!

到贵公司服务是我梦寐以求的事,我真希望美梦成真!企盼这一天的早日到来!我有能力胜任各方面的工作。不知贵公司能否答应,恳请立即回复为要,以免误事。

顺致最崇高的敬意!

×××

××××年×月×日

[2] 竞争上岗演讲稿

一、办文情境

"供销社"面向社会公开招聘办公室正、副主任,这吸引了许多英才纷纷前来竞聘。在短短的10分钟内,竞岗者要向集团公司考察人员、领导及全体员工发表竞争上岗演讲,用鲜明的观点和炽热的心声去打动听众,针对现场评委和听众普遍关注的问题与任职岗位迫切需要解决的问题"对症下药",提出自己的工作设想。为此,竞岗者事先要准备好演讲稿。

二、办文任务

分角色模拟"供销社"办文情境,拟写办公室主任(正职)竞争上岗演讲稿,并模拟发表演讲。由师生组成的评委投票评议,等级分为优秀、称职、基本称职和不称职。民意测评得票最高者为优胜者,当场宣布计票结果。

三、写作技法

(一) 任务分析

竞争上岗演讲,是竞聘人员就某一竞争岗位进行自荐并发表工作意见的活动。演讲稿则是为此所准备的书面材料,是听觉内容的视觉化,是口述政论文即政治演讲稿。

随着我国社会的进步,全员竞争上岗的聘用制度已经全面推行。竞争上岗必须发表演讲。当前,公务员等职场人士的竞争上岗和选拔任用,都要通过演讲答辩,就某一职务毛遂自荐,发表对工作的意见,阐述自己的施政纲领,说服领导、同级、下级相信自己能够胜任有关职位,争取上岗任职,施展抱负。竞争上岗演讲的目的在于说出工作设想,通过"讲"将内容传达给听众,听众依靠"听"来领会演讲者的思想、观点。要从激烈竞争中脱颖而出,写好竞争上岗演讲稿是关键。

(二) 结构写法

1. 确立竞争上岗演讲的主题

竞争上岗演讲是宣扬公务主题的语言活动。竞争上岗演讲主题是从公务活动中提取出的自己的认识、判断,即提取出的对现实公务情况深刻、新颖的认识,以及切实可行的工作方案。确立竞争上岗演讲主题,关键是从大家最普遍关心的焦点、热点问题切入,有的放矢,提出相应的解决对策,如此才能引起听众的兴趣。未来的工作设想是大家共同关注的话题,是台上台下交流沟通的切入点。找准大家关注的话题作为切入点来牵动人心,自然会使听众产生认同感,从而使其认同演讲主题。

2. 标题

概括、提炼演讲主题作为标题,如"抓住机遇,迎接挑战",或者直接以"竞争上岗演讲"作为标题。

3. 称谓

称谓即对听众的称呼,如"各位领导、考评员、同志们"等。对此千万不可忽视,因为台下听众的每一票,都能决定你能否成功竞争上岗。

4. 开场白

演讲者首先要给听众一个亲切的问候,然后开宗明义,直陈其事。要使大家在短时间内耐心听取你的意见,理解你的政论,就要直截了当地"亮剑",开篇点题,单刀直入,吸引听众的注意力,把他们带入演讲中去。

5. 主体

主体要论述、说明竞争上岗主题,内容包括:第一,个人简况,即简明扼要地做自我介绍,让听众了解演讲者。第二,竞争上岗优势,即说明与同台竞争上岗者相比的长处。第三,工作设想,即对所竞争岗位的施政纲领,要有明确的目标、措施和要求。主体部分要写出自己的"昨天""今天""明天"。写作重点在于演讲者关于"明天"的工作设想,这是演讲者对听众所做的承诺,关系到人们投票的意向。施政纲领涉及演讲者的政治倾向、思想素质、业务水平、领导才能,一定要坚持从实际出发,发现问题、分析问题、解决问题;通过深入观察体验,分析研究,透过现象看本质,综合剖析工作中的各种问题。及时掌握新情况、新问题、新经验,了解新技术,洞悉新思潮,把握工作目的、宗旨,逐步形成独立见解,高度概括出有关工作步骤、规划设想、任务目标,提出令人满意的措施、办法。这些措施和办法必须切实可行,可以提高工作效率。这样才能取得预期演讲效果,受到听众的欢迎和肯定。

6. 结束语

大方得体地表明对竞争上岗的正确态度,并对听众表示感谢。

例文

竞聘办公室副主任的演讲稿

尊敬的各位领导、评委、同事:

大家好!首先感谢××单位给我提供这样一个机会,让我有幸参加今天的竞选。领导干部竞争上岗,是大势所趋,是时代的呼唤、现实的选择,是贯彻落实《党政干部选拔任用工作条例》的要求,是新时期人事制度改革的迫切需要。我参加竞争的目的,是想通过竞争来展现自我、挑战自我、超越自我、追求进步,主动给自己更大的压力,并积极化压力为动力,勇挑更重的担子,肩负更大的责任,更好地为××工作服务,为本单位的文秘工作做出更大的贡献,同时也通过自己勤奋的工作来实现新的人生价值。

我今天参加主管文秘的办公室副主任这一职位的竞选,我认为自己主要有以下四点优势:

一是思想上进,具有较高的政治思想觉悟。我能积极参加各项政治学习,认真学习习近平新时代中国特色社会主义思想理论和党的二十大和二十届三中全会精神,不断提高政治觉悟和思想境界,以一个党员的标准严格要求自己,以身作则,模范带头,依法办事,为政清廉。

二是努力工作,具有较丰富的××工作经验。我自2005年参加××工作,19年来,先后从事××工作四年,××工作五年,担任××管理干事五年,办公室秘书五年,无论做什么工作我都能恪尽职守、敬业奉献,做到干一行、爱一行、钻一行,并能认真总结经验,积极撰写××工作论文,在省级以上刊物发表论文三篇。其中一篇获全省××系统论文比赛三等奖。在平时的工作中,吃苦耐劳、踏实肯干,力求把每一项工作做得更出色,尽量把领导交给的每一项任务完成得更好。调入本单位后,在近四年的考核中,有两年被评为优秀公务员。

三是勤奋学习,较熟悉文秘工作业务。2019年调入办公室后,单位先后三次送我参加文秘工作培训,使我系统地学习了新闻报道、保密工作和公文写作知识。我也阅读了大量文秘业务书籍,并认真做了两大本读书笔记。更为重要的是,在日常的写作实践中,得到了领导和同志们大量的指导和帮助,从而使自己的业务水平提高很快,从采写信息到编辑简报,从写一般通知到写重要报告,从撰写领导讲话到起草单位工作计划,几乎所有的公文文种和日常的事务文书,我都得到了具体实践和很好的锻炼,所写的材料多次获得领导和同志们的好评。

四是热爱写作,具有较扎实的文字基本功。警校毕业后,我通过自学考试,先后获得了南昌大学中文专业大专、本科文凭,为写作奠定了良好的基础,同时我能较好地把读书与写作相结合,勤奋练笔,积极宣传单位好事新风,在《南方日报》《广州日报》《党风》《清远日报》等报刊上发表各类文章30多篇。

当然,成绩和经历只能说明过去,关键在于如何开创未来。"雄关漫道真如铁,而今迈步从头越。"如果这次竞选能够如愿以偿,我将努力做到以下五点:

一是摆正位置。办公室副主任只是一个"副手",要找准自己的坐标,把握好"为副"的角色。首先要增强正职的核心意识,明确自己的从属地位,在主任的领导下开展工作;其次要牢固树立配合意识,积极主动、全力以赴地支持"一把手"的工作。自觉做到多汇报、多维护,不争"红花",甘当"绿叶"。

二是理顺关系。正确处理好为领导服务、为科室服务、为基层服务之间的关系,既要积极为领导服务,又要热情为群众办事,对领导做到急事急办、特事特办,让领导感到可行;对科室、基层做到有求必应、有问必答,让大家感到可信。

三是加强修养。办公室角色复杂,头绪纷繁,任务艰巨,作为办公室领导,要特别加强个性修养,敢受压力,敢担责任,不怕苦,不怕累,不怕委屈,磨炼坚强的意志,培养良好的性格。多与领导交心,多沟通、多交流,做到配合默契、工作得力。懂得理解人、宽容人,与下属和谐相处、团结一心。

四是规范办文。重点把握好"两关":第一关是公文审核关,坚持实事求是、精简高效原则,做到行文确有必要,用语规范,结构合理,重点突出。第二关是公文制作关,严格按照公文制作新标准,进一步规范公文格式,加强文秘人员公文制作学习培训,确保有关人员熟练掌握公文制作知识。

五是勇于创新。为领导当好参谋,不仅要善于领会领导意图,还要深入进行调查研究,多为领导提出新思路、新对策,做到创造性地开展工作,与时俱进,求实创新,善于发现新问题,积极采取新措施,努力开创新局面。

各位领导、各位评委,俗话说得好,说得好不如做得好,实践出真知,学习长才干!无论这次竞选成功与否,我都真诚地感激大家对我的鼓励、支持和帮助,胜不骄、败不馁,忠于职守,不断进取,努力在今后的工作中做得更好。

谢谢大家!

(资料来源于《应用写作》,有调整改动)

四、技能实训

拟写本校学生会主席的竞争上岗演讲稿,并模拟发表演讲。

[3] 竞赛演讲稿

一、办文情境

广东省供销合作联社直属机关党委举办的"厚植供销情怀 做最美奋斗者"——2024年省供销社"五四"青年讲好供销故事竞赛活动。正值省供销合作社成立70周年之际,为深入学习贯彻习近平新时代中国特色社会主义思想,特别是习近平总书记关于"三农"、关于青年工作的重要论述精神以及对供销合作社工作的重要指示批示精神，巩固拓展主题教育成果，供销合作联社直属机关党委组织团员青年讲述新时代供销人的奋斗事迹和感人故事，弘扬"扁担精神、背篓精神"供销文化，抒发"为农、务农、姓农"的供销情怀，引领青年职工坚定不移听党话、跟党走，争做可堪大用能担重任的新时代好青年。

二、办文任务

开展在线实时写作实训，分角色模拟"供销社"办文情境，拟写"供销社'五四'青年讲好供销故事"主题演讲稿。

三、写作技法

（一）任务分析

竞赛演讲稿，是指参加竞赛的演讲者根据口头发表演讲的需要写出的文稿，它是现场演讲的主要依据。

演讲，尤其是竞赛演讲是一种辅之以姿态动作的讲话，演讲的内容与形式必然具有自己的特点。因而，与一般文章相比，无论是在传播对象、构思立意、选材组材等方面，还是在题材结构、语言运用等方面，演讲稿都与一般文章既有联系又有区别，可以说是"成文性的口语""口语化的文章"。声传性是其显著特点，具体来说就是撰写时要做到"上口"和"入耳"。所谓"上口"，是指词句适合口语表达，自然流畅。所谓"入耳"，是指让听众听起来明白晓畅。竞赛演讲稿面对特定的时空环境，要充分考虑听众的情况和可能出现的种种反应，要具有应变性。可以储备几个能说明问题的例子或生动幽默的趣闻轶事，以便在必要而恰当的时间插入。竞赛演讲作为一种听众众多、影响广泛的社会活动，还应具有艺术感染性强、鼓动性大的特点。演讲尤其是竞赛演讲是性格的艺术，"供销社"员工在短暂的比赛时间内，演讲的内容与风格要能充分反映参赛者的个性特点。

（二）结构写法

1. 开头

开声夺人，新颖精悍。好的开头，对整场演讲起着画龙点睛、引领主旨的重要作用，能在瞬间自然流畅地把听众带入声情并茂的演讲情景中，有利于听众产生良好的第一印象。内容和环境的多样性决定了演讲开头的多样性。

（1）设问式开头。这种方式在一开始就以一个或几个巧妙的问题开篇，能迅速唤起听众的注意力和兴趣，在最大限度上激发听众的主动参与意识，缩短参赛者和听众的距离。采用设问式开头，关键在于问题提得好、提得恰当。

（2）明旨式开头。开宗明义，开门见山。这种方式往往借助名言、警句扼要概括演讲题目的含义，自然流畅地引入正文的论述，一般在比较庄重严肃的演讲中使用。

（3）悬念式开头。这种方式往往以出人意料的"猜谜式"语言开篇，第一时间吸引听众的注意力，积极调动听众的情绪，从而发挥烘托气氛的良好作用。

（4）细节式开头。这种方式往往借助生活中不经意的细节，以小见大，阐明演讲的微言大义，从而使演讲主题更符合生活逻辑。

2. 主体

主体是演讲的主干,所占篇幅最多。要使观点站得住、立得牢,就必须使内容血肉丰满,围绕中心论点,处理好论点与论据的关系,安排好高潮与过渡,力求结构有力、层次清楚、过渡自然。

(1) 合理安排层次结构。层次是结构的基础,是演讲者表情达意的逻辑过程。安排层次结构的过程其实是对所选材料进行归类的过程。竞赛演讲稿是一种有声语言与无声语言相结合的特殊应用文体,受参赛时间的限制,层次结构不能太复杂,要让听众在有限的观摩时间里顺利地倾听。常用层次结构有以下三种:

一是横向组合结构,或按事物的组成部分展开,或按空间分布展开,或按事物的性质归属关系展开。按不同的排列展开方式,可分为简单列举式和总分并列式。

二是纵向组合结构,按照时间的推移来排列层次,包括直序式和递进式两种。递进式纵向组合结构是最普遍的方式,即按事理的展开或认识由浅入深的递进过程来安排层次结构,或按演讲者感情发展的脉络来安排层次结构。按事理展开,多采用"叙事—说理—结论"的模式,也就是提出问题,分析问题,解决问题。按由浅入深的递进过程安排层次结构,其内容则呈螺旋式层层深入,由表及里,说理透彻。按演讲者感情发展的脉络来安排层次结构,内容起伏有致,让听众有身临其境之感。

三是纵横交叉结构,主要应用于内容丰富、时间较长的专题演讲。它以时间顺序为主线,穿插横向组合材料;或者以横向组合为主线,穿插纵向组合材料。但在竞赛演讲中一般不主张采用该种组合结构方式。

(2) 有效组织演讲高潮。"文似看山不喜平",竞赛演讲最忌平铺直叙。有效组织演讲必须牢牢抓住听众,有意识地在演讲主体中运用典型的事例、准确的议论、深刻的哲理、恰当的修辞、生动的语言、真挚的情感和得体的动作组成多个兴奋点,让听众产生强烈的共鸣。

(3) 结尾。简短有力,言止意长。如果演讲有新颖、精彩的开头与高潮,结尾又耐人寻味,则会锦上添花,给人以美的享受。结尾有以下几种形式:

一是呼应式结尾。这种结尾最常见,特点是与演讲的开头呼应,使整篇演讲首尾圆合,结构完整,给听众以整体感。

二是呼吁式结尾。这种结尾往往用一些感情激昂、动人心弦的语言对听众进行呼吁,引起共鸣,激励和感召听众。

三是警言式结尾。这种结尾引用谚语、成语、格言、警句等,言简意明,利用名人效应、权威效应影响听众,具有哲理性和启发性。

例文

爱岗敬业　传承中国精神

各位朋友:

在电视剧《潜伏》里,大家一定忘不了那位身处险境、临危不乱的主人公余则成,让我们从心底为之震撼的,是他对党、对祖国、对事业的忠诚和信仰,并为之所爆发出来的誓死斗争精神。也许大家会说时代造英雄。诚然,我们没有生活在那些特殊的岁月,或许永远不可能成为被万世传扬的英雄,但将责任与奉献精神贯穿于日常工作始终的人,不正是我们这个国家、这个时代、这个社会以及今天这个演讲台上最需要也最值得颂扬的平凡英雄吗?

有这样一个80后女孩,她放弃了留城工作的机会,为了留守孩子们四处奔走,花光了父母二十几万元的养老钱,还欠下了8万元外债。

有这样一个80后女孩,她拥有众多的头衔——校长、老师、总务、厨师、收破烂的工人,她总是笑着说:"我就是工人,我给自己打工,不拿一分钱工资。"

河南郑州,六月天,骄阳似火。淮阳女孩李灵骑着破旧的三轮车穿街过巷,谁也无法想象这个与街头小贩无异的女孩竟然是一名希望小学的校长。对收来的学生们已经是全免学费,学校再无力给孩子们买课外书建阅览室。暑假到了,李灵只好找父亲借了200元钱买了这辆三轮车,开始用杆秤一斤一斤地回收旧的书本和儿童读物。汗水早已浸湿了衣衫,这个80后女孩的眼角已出现了密密的皱纹,双手也结起了厚厚的老茧,看上去比实际年龄大很多,但孩子们却说,她是我们最美的姐姐校长。8年前,22岁的李灵大学刚毕业,风华正茂,对未来、对生活充满着无限美好的遐想。然而家乡一大批留守孩子们的泪光留住了她。一路走来,每每感到力不从心的时候,她只会躲在厕所里哭,她说:"我不敢大声哭,不敢被别人看见,我怕我哭了,老师和孩子们就泄气了。"身旁是300多名不同年龄阶段的孩子,背后是那些在外打工父母们心中的挂念与寄托。李灵,和我们在座的很多人一样风华正茂,这样的年龄甚至还可以跟妈妈撒撒娇。年轻的李灵可以不用啃着烧饼穿街走巷,可以打扮得漂亮、时尚,可以谈一场甜蜜的恋爱,然而她却以一个弱女子的肩膀挑起梦想与责任,她把爱与温暖带进了乡村学校的课堂。在"感动中国"2009年度人物颁奖晚会现场,在纷飞的泪水与热烈的掌声中,人们记住了李灵——这个让全国人民为之感动、为之尊敬的"80后最美乡村女校长"。

朋友们,当我们在"创先争优,争当先锋"这个宏大的历史主题下思索时,我的头脑中浮现的是"中国精神"这四个大字。翻开历史的画卷,我们不能忘怀的是文天祥的《正气歌》、鲁迅的《呐喊》中书写的宁死不屈的中国精神;不会忘怀的是焦裕禄窗前的那盏油灯、孔繁森在雪域高原上留下的那串脚印中所体现的鞠躬尽瘁的中国精神。

然而今天,当历史的车轮在21世纪的中华大地上骄傲前行,作为一名光荣又平凡的人民教师,我们,该如何创先争优,该给予中国精神怎样的传承?

就在我们的身边,有太多像李灵一样的普普通通的中国人用让我们感动的方式诠释着中国精神。在汶川地震中拯救了13名学生,被压在倒塌的教学楼下,怀里还藏着一名已经死去的学生的老师——袁文婷,她的青春被永远定格在26岁,这就是我们的人民教师!在大山深处孤身执教的徐本禹用一个刚刚毕业的大学生稚嫩的肩膀,扛住了倾斜的教室,扛住了贫穷和孤独,扛起了本来不属于他的责任,这就是我们的人民教师!李桂林、陆建芬夫妻扎根彝寨18年,在最崎岖的山路上点燃知识的火把,在最寂寞的悬崖边拉起孩子们求学的小手,这就是我们的人民教师!还有无数默默无闻的教师,没有惊天动地的豪言壮语,他们在自己平凡的岗位上用执着而坚守的努力诠释着同一种中国精神,那就是爱岗敬业的奉献精神。一个国家的繁荣昌盛,固然离不开领导者的励精图治,更离不开亿万民众中每个人所奉献的绵薄之力。在座的我们,也许没有勇气成为李灵,成为李桂林与陆建芬,但在自己平凡的工作岗位上兢兢业业、无私奉献,这就是时代需要的真正的创先争优,这就是让这个东方文明古国屹立于世界强国之林的中国精神。

朋友们,如果我们是一块砖,那就应该属于巍峨的万里长城;如果我们是一抹红霞,那就应该染遍祖国的万里山河;如果我们只能是我们,那么就让平凡的我们在平凡的岗位上做一次不平凡的传承。让我们把激情融入这神圣的教育事业,用爱岗敬业的奉献精神谱写一曲创先争优的壮美赞歌!

(三) 写作要求

1. 把好主题切入关

竞赛演讲一般有一个大主题,各个选手都围绕这个主题展开自己的演讲。找好演讲的切入点,有助于使演讲内容新颖,避免口号式的空洞演讲。视角的独特和切入点的巧妙,常常能使演讲大获成功。

2. 把好材料筛选关

在正确的切入点的指导下,选手选择演讲材料时,应力求人无我有、人有我新。以竞赛演讲中最常见的事迹演讲为例,对于自己或他人的事迹材料,在收集时不厌其多,在选取时不厌其精,"精"是指具有最能反映生活本质和时代风貌的典型性。参加竞赛的选手必须知道,任何具有典型性的材料都是个性化的。典型性的材料主要有下面两种:

(1) 独特的经历。每个人都在一定的自然、社会环境中生活,拥有自己特定的千差万别的经历。要进行事迹演讲,就得把那些称得上"事迹"的独特经历挖掘出来。

(2) 独特的细节。其实,参加竞赛演讲的选手所选取的不少"事迹"颇为相似,但是,只要在细节上体现出不同情景、场合、外貌、动作、心态等,就能真实地写出富有个性的"个人事迹"了。

3. 把好感受体悟关

要抓住牵动人心的最初感觉,就要在情感意义上挖掘材料的内涵,力求呈现新鲜、深切的感受和看法。

4. 增强写作的现场感

由于演讲稿写作的思维方式颇为独特,参赛者在构思和下笔时要提前进入"现场",在内容选择、语言选用和谋篇布局上要有临场感,要对未来的现场气氛和效果有所预期、有所把握。

(1) 演讲语言要适用于现场表达。演讲语言是经过精心锤炼的口语,是生活化的语言。它的语汇、句式和语气都有浓厚的口语色彩,通俗晓畅,自然流动,没有雕琢的痕迹,没有公文的程式化,没有诗歌式的跳跃和剪辑。因此,它很适合自如的口头表达。演讲语言又为演讲者运用语气、停顿、语调等语音手段和手势等体态语言提供了充分的表现余地。总之,演讲语言既要能"讲",又要能"演",便于现场表达。演讲稿起草,要摆脱其他文体的影响,在语言、体式、抒情上以适合现场表达为尺度。

(2) 演讲稿要适用于现场调控。写作竞赛演讲稿还要顾及对听众的现场调控。要适当地预设或埋伏一连串能够激发听众的想象、情感、意志、经验等的兴奋点,以便张弛有度、擒纵自如地驾驭现场,调控听众,促使听众参与,更好地进行现场交流。在成文过程中,要围绕演讲目的和内容,在开头、过渡、展开、收束等各个环节上有意识地运用调控技巧。例如,在行文上,可以设置悬念引人入胜,运用蓄势的手法导向情绪的爆发点,形成一个个激荡人心的漩涡;还可以点缀"闲话",以调节心理,活跃气氛,化隔膜为亲密,化挑剔为欣赏,防止精神疲劳。此外,写稿时对现场要有所准备,必要时还要对可能出现的情况有所设想。

(3) 演讲稿要适合现场听众。听众的性别、年龄、种族等自然特点和情感、意志、趣味等心理特点,以及文化、教养、境遇等社会背景,都要纳入演讲稿的构思之中,切忌目中无"人"。撰稿时的感觉应是面对听众,说出他们乐于倾听的话。

四、技能实训

朗诵例文,仿写一篇题为《青春的风采》的竞赛演讲稿,参加学校演讲大赛。

[4] 述 职 报 告

一、办文情境

受聘人员在一定时期内都要向有关部门述职,报告任期内履行职务的情况。述职者对照本人岗位职责和具体目标任务回顾反思某一阶段的履职情况,当着上级委派考核人员的面向本单位职工宣读,经大家民主评议后,再上交主管部门,让上级了解其述职情况。"供销社"也要对工作人员在企业经营管理活动中表现出来的思想品德、工作态度、工作业绩等进行考察和评估,包括总经理在内都要进行年终考核,接受群众监督,以此作为升级留任、降级调整的依据。

二、办文任务

开展在线实时写作实训,分角色模拟"供销社"办文情境,为营运总监撰写本年度的述职报告。

三、写作技法

(一) 任务分析

述职报告是社会组织的领导、管理人员和专业技术人员向主管部门、人事部门、职工陈述自己在某一任职期内的工作实绩、问题和设想的自我评述性报告文书。

作为评估工作人员对本岗位工作能否胜任的重要尺度,在职人员每年都要撰写述职报告接受单位的年终考核。如中央政治局委员、书记处书记、全国人大常委会、国务院、全国政协党组成员、最高人民法院、最高人民检察院党组书记按照规定,每年要向党中央和习近平总书记书面述职。"供销社"总经理等人,也要按规定向集团公司陈述职务岗位责任,报告本年度的工作业绩。述职者依照岗位规范和职责目标,对自己任期内的德、能、勤、绩、廉等方面情况作自我评估、自我鉴定。因此,述职者必须持严肃、认真、谨慎的态度,既要对自己,也要对组织、对职工负责。述职报告采用自述的形式,时间一般限定在 15~20 分钟,主要对任职期间的本职工作进行全面的回顾,述评个人工作情况,并做出优秀、称职、不称职等正确的结论,必须使用第一人称报告工作实绩。

(二) 结构写法

1. 标题

单行标题:如《在×××(上)的述职报告》《×××局局长2024年度述职报告》。

双行标题:正题写主题,或者写述职报告类型;副题写述职报告场合。

2. 称谓

称谓是报告者对听众的称呼,应当根据会议性质及听众对象而定。称谓放在标题之下与正文的开头之间,有时也可以根据需要在正文中间适当穿插使用。

3. 正文

德、能、勤、绩、廉是干部和专业技术人员年终考核的主要内容。政治素质和品德修养是核心,能力是从事工作的本领,是考核的主要内容;工作业绩是德行和能力的物化表现形式,在任何情况下都是考核的重点。正文一般采用总结式写法。

(1) 基本情况。说明履行职责的基本情况,概括地交代工作的主要情况,包括时间、地点、背景、事件经过等,简明扼要地概括主要成绩或存在的问题。

(2) 成绩、经验。这是全文的重点,要认真总结任期内的政绩。用工作中突出的富有典型意义的事件来反映一般情况,抓住主要矛盾,写出该段工作的特色,对照岗位规范,把工作实绩写出来。叙述事实引出评价,分析事实与材料找出规律,但不能拔高。

(3) 存在的问题与教训。述职态度要端正,一分为二,认识到错误和不足。讲准成绩,指明缺点,处理好成绩和问题的关系,理直气壮摆成绩,诚恳大胆讲失误。另外,要处理好集体和个人的关系。不能把成绩全部归为自己,也不能抹杀个人的作用,要分清楚个人实绩和集体功绩。

(4) 今后计划。可以按照计划写法来写,但是字数不宜过多,篇幅不能太长,适可而止,否则会造成本末倒置。

4. 落款

落款要写明姓名、单位名称及报告日期。

例文

广东××汽贸公司总经理2023年度述职报告

各位领导、同志们:

2023年是我公司正式成立的第二年,也是我们发展成长的一年。本年度,在集团领导的精心指导和大力支持下,我公司积极开展和部署各项业务工作,与时俱进,取得了一定的进展。截至2023年12月1日,公司在市场竞争激烈、整车销售未如理想的情况下,共完成商品销售×××万元,实现毛利润×××万元,基本建立并逐步完善了汽车精品销售、施工、美容快修及市场推广的团队。本公司全面完成了集团下达的各项工作任务,2023年我重点抓了以下几项工作:

一、真正做好管理工作。对上级领导,认真完成各项工作任务和指标;对兄弟单位,积极配合开展业务和合作；在公司内部，加强人员管理，针对目前的状况合理分配和调用资源，公司由原来刚刚开始成立时的三个人，发展为现在将近 70 人的队伍，形成了由采购、销售、施工、市场等部门组成的一个年轻、富有战斗力的团队……

　　二、认真做好服务工作。在市场经济蓬勃发展的新形势下，传统的"一买一卖""坐以待客"的服务方式已远远不能适应经济发展的需要。在新的市场形势下迫切需要的是一个能对千变万化的市场与千家万户的顾客实施有效对接的服务组织……

　　（一）搞好主营业务，提高为客户服务的整体功能。（略）
　　（二）2023 年根据公司的部署，和专卖店开展销售分成的合作。（略）
　　（三）抓好资产经营，积极开展招商合作业务。（略）
　　（四）新的时期、新的形势，必须在经济运行方式上进行改革和发展。（略）

　　由于计划指标出色完成，经济效益显著，我公司被评为集团年度优秀企业，本人也被评为年度先进工作者。

　　虽然我公司做了大量工作，并取得了一些成绩，但是同兄弟单位相比还有很大的差距，总的来说工作中还存在很多缺点和不足，作为总经理，我对此有深刻清醒的认识……（略）

　　为了弥补不足，实现业务由量的积累到质的转变，2024 年我要重点做好以下几项工作：

　　一、转变经济增长方式，培育新的经济增长点。（略）
　　二、加大招商引资力度。（略）
　　三、进一步加大企业管理力度。（略）

　　请领导和全体员工相信，在新的一年里，我将兢兢业业继续努力工作，并且有信心、有能力推动企业经济发展再上一个新台阶！

×××
2023 年 12 月 28 日

四、技能实训

年终，各单位、各部门领导都要拟写述职报告。请模拟所在部门领导拟写述职报告。

实训 2　礼仪文书

［1］　邀请函与请柬

一、办文情境

2024 年 × 月 × 日，"供销社"举行成立 ×× 周年志庆典礼，为向一直关心、支持公司建设与发展的各级领导与各界朋友致以崇高的敬意和真挚的感谢，为答谢社会各方的厚爱，总经理向有关友好合作单位、资深客户等发出邀请函，诚挚邀请

礼仪文书
（邀请函与贺信）

嘉宾们拨冗莅临庆典,与全体职工共同庆祝。具体安排如下:8:30—8:55,嘉宾到公司礼堂门口(××中路×××号)签到;9:00—10:00,庆典大会;10:10—11:11,文艺汇演;12:00,午餐。为了便于接待,敬请各位宾客于×月×日前通过电子数据交换、传真、电邮等方式将回执反馈公司办公室。联系人:×××。办公电话:12345678。传真:22345678。手机:12345678910。微信号:abcd××××。电子邮箱:12345678@qq.com。通信地址:×××××。邮政编码:××××××。

二、办文任务

分角色模拟"供销社"办文情境,拟写发给××公司李总经理的邀请函。

三、写作技法

(一)任务分析

邀请函,也称邀请信,是社会组织或个人邀请有关人士前往某地参加某项会议、工作或活动的一种专用书信形式。发出邀请函是为了表示正规和重视。邀请函和请柬在内涵和性质上的差异在于:邀请函一般是针对实质性工作、任务或事项发出的,如学术研讨会、科技成果鉴定会等。实际上邀请函就是一种比较复杂的请柬,但它的使用范围比请柬更广,信息容量更大,除了起邀请的作用,还可向被邀请者交代需要做的事情。邀请函多用于集体发出邀请,很少用于个人,个人一般用请柬。邀请函要提前发出,以便被邀请者有所准备,需要时也来得及回复。"供销社"周年志庆,对于企业来说是一项高规格、高层次的重要庆典,参加庆贺活动的主要是实力雄厚的国有企业、资深民营企业、外资企业等。对大企业发出活动邀请要用邀请函。

(二)结构写法

1. 标题

标题居中标明"邀请书"或"邀请函"。也可以采用公文式的写法,如广州市市长亲笔签署发出的《广州亚运邀请信》。

2. 称谓

在正文第一行顶格写明被邀请者,单位名称要用全称,个人姓名后缀职务、职称,或者"先生""女士"等。

3. 正文

(1)前言简单说明何时、何地、有什么活动和发出邀请。

(2)事项要分条列出邀请活动具体安排的有关内容,向被邀请者交代参加活动的明确要求,让人心中有数。必要时可注明往来交通费、食宿费、联系人及其电话等。如果希望对方回复,则可以写上"敬候赐复"。

(3)结尾多写期盼性敬语,如"敬请莅临指导""恭候光临"等。

4. 落款

注明邀请单位名称或个人姓名,以及发出邀请的时间。

5. 回执

若有必要,则附上被邀请人参加活动的回执,以便安排接待。

> 例文 1

2023 中山大学孙逸仙纪念医院"党建引领公立医院高质量发展"案例交流会邀请函

各兄弟医院：

为持续宣传贯彻党的二十大精神，深入总结交流党建引领公立医院高质量发展工作典型模式、成功案例及创新做法，强化基层党组织战斗堡垒作用，中山大学孙逸仙纪念医院拟开展（召开）"党建引领公立医院高质量发展"案例交流会，现诚邀全国各兄弟医院参加活动。

一、活动主题

以习近平新时代中国特色社会主义思想为指导，高举中国特色社会主义伟大旗帜，深入学习贯彻党的二十大精神，认真贯彻党的教育和医疗卫生方针，进一步加强公立医院党建引领，充分发挥基层党支部战斗堡垒作用，为办好人民满意医疗卫生事业提供坚强的组织保证。

二、活动对象

中山大学附属医院及我院对口帮扶、技术协作医院的基层党支部。

三、活动时间

（一）案例征集阶段（2023 年 7—8 月）

面向活动对象征集案例。

（二）案例遴选展示阶段（2023 年 9 月）

拟定于 2023 年 9 月组织评审组，对征集的案例进行遴选，拟选出约 20 个典型案例进行宣传展示，并印发会议文集。

（三）总结交流会（2023 年 10 月）

拟定于 2023 年 10 月召开总结交流会，邀请中山大学及广东省相关专家对案例进行评审，选出 10 个优秀典型案例，进行经验交流分享，并颁发优秀案例证书。

交流会为期一天，具体时间地点另行通知，不收报名费，食宿、交通费自理。

四、征集案例内容

（一）案例要求

围绕党建引领公立医院高质量发展，从"党建＋文化建设""党建＋学科发展""党建＋人才培养""党建＋精细化管理""党建＋医疗服务改进""党建＋健康帮扶"六大主题，征集各公立医院自 2018 年 1 月以来的典型工作案例，呈现党建引领公立医院高质量发展实效。

1. "党建＋文化建设"

聚焦基层党组织推进医院精神文明建设，挖掘整理医院历史、文化特色和名医大家学术思想、高尚医德，彰显医院院训、愿景、使命，凝聚支撑医院高质量发展的精神力量等方面的案例。

2. "党建＋学科发展"

聚焦基层党组织在谋划学科发展方向、统筹学科发展资源、构建学科发展和交流平台,创新推动学科发展机制、保障学科发展条件等方面的案例。

3."党建+人才培养"

坚持党管人才原则,聚焦基层党组织在落实"人才是第一资源"理念,推动实施人才强院战略,谋划人才培养梯队建设,发挥党组织在培养人才、发现人才、引进人才、服务人才重要作用的案例。

4."党建+精细化管理"

聚焦基层党组织在整合医疗、教学、科研等业务系统和人、财、物等资源系统,建立科室运营管理决策支持系统,推动现代医院管理的科学化、规范化、精细化方面的案例。

5."党建+医疗服务改进"

聚焦基层党组织推动和组织提升医疗质量和安全、优化服务流程、改善就医环境、为患者群众办实事方面的案例。

6."党建+健康帮扶"

聚焦基层党组织发挥优质医疗技术资源和优秀人才优势,帮助定点帮扶单位提升医疗服务能力,培养医疗技术人才,协助帮扶单位提高专科水平,引导帮扶地区群众养成良好卫生健康习惯的案例。

(二)征集截止时间

即日起至2023年8月31日。

(三)提交方式

请投稿单位填写附件《党建引领公立医院高质量发展案例报名表》(Word版及盖章扫描PDF版),以"医院名称+党支部名称+案例报名"为题,发送至邮箱××@mail.××.edu.cn。

五、奖项设置

计划邀请中山大学及广东省相关专家对案例进行评审,选出10个优秀典型案例及优秀案例若干个,并给予奖励。

一等奖:1个,二等奖:3个,三等奖:6个。根据投稿情况,设置优秀案例若干。奖项具体数量由最终投稿情况确定。

六、联系方式

联系地址:广东省广州市越秀区××路××号中山大学孙逸仙纪念医院党委办公室。

联系邮箱:××@mail.××.edu.cn。

联系人:叶老师、吴老师020-8133××××

中共中山大学孙逸仙纪念医院委员会
2023年7月

(资料来源于中山大学孙逸仙纪念医院微信公众号,有删改)

(三)邀请函与公函、请柬的区别

公函是党政机关公文,必须按照《条例》规定的党政机关公文格式撰写。邀请函与请柬都属于礼仪文书。礼仪文书是指国家、单位、集体或个人在喜庆、哀丧及其他社交场合用以表示礼节、具有较固定格式的文书,主要有邀请函、请柬、贺信、感谢信等。请柬是邀请宾客参加某一活动时所使用的一种书面形式的通知,也称请帖,是行政机关、企事业单位、社会团体或个人在活动、节日和各种喜事中邀请宾客使用的一种简便邀请函件。请柬一般用于社会组织友好交往活动、座谈会、联欢会、联谊会、纪念仪式,或者个人婚宴、寿宴、诞辰和重大庆典等,是为礼仪性、例行性、娱乐性活动发出的。请柬比邀请函庄重、典雅,表达的礼仪和感情色彩更浓厚。

例文 2

邀 请 函

尊敬的_____先生/女士:

　　我们诚挚邀请您参加由××职业技术学院主办,主题为"服务城市一甲子,禁毒教育正当时"的麓湖峰会之三元里(国际)禁毒论坛。谨定于2022年12月12日9:00—12:00在××职业技术学院南校区8号楼学术报告厅举行。

　　无毒人生,伴你同行。强化社区禁毒,建设无毒社会功在千秋。本次峰会邀请专家学者就粤港澳大湾区社区禁毒主题进行分享交流,希望唤起社会各界共同参与,形成社区禁毒教育的合力,推动职业教育高质量发展,为创建共建共治共享的毒品治理新格局做出更积极的贡献。

　　本次会议采取线上与线下(主会场)相结合的方式,不收取任何费用。会务联系人:×× 电话:12345678901。会议报名:请填写参会回执(附件4),并发送至会议邮箱:×××@163.edu.cn。

　　再次诚挚期待您的莅临指导!

　　附件1.××职业技术学院——"服务城市一甲子,禁毒教育正当时"三元里(国际)禁毒论坛会议议程(略)

　　附件2.线上会议链接:腾讯会议,会议号×××-×××-×××

　　会议二维码(略)

　　附件3.会议地址定位图(略)

　　附件4.参会回执(略)

××职业技术学院
2022年12月6日

例文 3

请 柬

　　值此新春佳节来临之际,我谨代表中国政府,向您及家人表示诚挚的节日问候!对您为中国经济社会发展所做出的贡献表示衷心感谢!

诚邀您于二〇二×年×月×日下午五时在人民大会堂宴会厅座谈并共进晚餐。
　　敬请
光临

$\qquad\qquad\qquad\qquad\qquad\qquad\qquad\qquad$中华人民共和国国务院总理
$\qquad\qquad\qquad\qquad\qquad\qquad\qquad\qquad\qquad\qquad$×××

四、技能实训

（1）指正修改病文，誊写正确行文。

邀　请　函

李伟先生：
　　经企业家协会理事会研究决定，拟定于20××年10月12—20日在××市举行企业家协会20××年年会。有关事项通知如下：
　　一、年会的中心议题是：中国加入世贸组织后我省的经济发展趋势及对策。若有论文或发言提纲，请打印100份后送来。
　　二、报到时间：20××年10月11日。
　　三、报到地点：××市东方宾馆一楼大厅。
　　四、接此通知后，请将回执撕下，寄回大会秘书组，如五天内不见寄回，即视为不出席会议，不再安排食宿。

$\qquad\qquad\qquad\qquad\qquad\qquad\qquad\qquad$××省企业家协会理事会
$\qquad\qquad\qquad\qquad\qquad\qquad\qquad\qquad\qquad$20××年×月×日

（2）请为主办方草拟一份邀请函，诚邀相关人士参加比赛。

　　珠绅服装有限公司准备在公司范围内举办"珠绅"杯2024春夏成衣设计大赛。大赛的主题是：针织春夏，品味经典。服装品牌设计师、独立服装服饰设计人员、高等院校服装设计专业师生、非专业服装服饰设计爱好者都可以参加比赛，参赛者不交任何费用。
　　所有参赛作品均应为从未公开过的原创设计，不得侵犯他人知识产权，若发生侵权或者违反知识产权的行为，由参赛者自行承担相应的法律责任。设计的服装面向的顾客为40~50岁的成功人士，要求作品为春夏女上装成衣，产品为针织成型类服装，高档、经典，能适应流行趋势；要求每名参赛者设计3件上装单品，画出服装款式图并在正面注明作者创意和工艺说明。参赛者也可提供多套设计作品，单一作品和系列作品皆可入围。
　　大赛将评选出最佳设计师1名，优秀奖3名。前10名的入围作品可由主办方免费制作成样衣赠送给设计者。如大批量生产并投入市场，回报设计师的提成另议。优秀参赛者将有机会成为珠绅的签约设计师。

参赛作品以 Word 文档形式发送到指定邮箱×××@s.na.com。参赛作品一经提交，不得修改。作品投稿截止时间：2024 年 7 月 25 日。主办方有权宣传、展示全部参赛作品，本次活动最终解释权归主办方所有。

联系电话：020-769×××××。传真：020-769×××××。联系人：王××。

[2] 贺信（电）

一、办文情境

2024 年×月×日，"供销社"举办恒福社会工作服务社（恒福社）成立××周年庆祝大会。"恒福社"与××职业技术学院有着良好的合作关系，对其学生岗位实习给予多方面的帮助与鼎力支持，有效提高了学生的职业技能，因此李××校长代表全校教职员工和学生发出热情洋溢的贺信祝贺。

二、办文任务

开展在线实时写作实训，分角色模拟办文情境，为学校校长拟写一封致"供销社"贺信（电）。

三、写作技法

（一）任务分析

贺信（电）是表示祝贺、赞颂的函电，是领导机关、企事业单位或者个人对取得巨大成绩、做出卓越贡献的集体或者个人表示祝贺或庆贺的礼仪书信。

人际交往需要感情的联络沟通，礼仪文书就是交流感情的文字样式。贺信是逢喜庆之时交流感情、拉近双方关系的重要文字形式，是发信方因节日、庆典、开业、晋升、获奖、乔迁、结婚等喜事，向受信方表达祝贺的方式。贺信（电）常用于向其他组织及其代表人表达祝贺，也用于对个人的祝贺。它以书面信函方式发出或直接送达，还可以在报刊上登载或在电台、电视等大众传播媒介上播送。贺信（电）发文目的是对受贺者取得的成就表示恭贺，增加喜庆气氛，增进相互间的感情。发出贺信（电）是由于不能当场向受贺者表示祝贺，一般通过人工投递或电子邮件方式将贺信（电）送抵受贺者。"供销社"能在社会主义市场经济大潮下不断发展壮大，难能可贵，这是值得庆贺的事情，学校应该发出贺信（电）表示热烈祝贺。

（二）贺信（电）的种类

按作者类型分，贺信（电）可分为单位发出的贺信（电）和个人发出的贺信（电）两类。

例文 1

习近平主席致首届大国工匠创新交流大会的贺信

  值此首届大国工匠创新交流大会召开之际,我向大会的举办表示热烈的祝贺!

  技术工人队伍是支撑中国制造、中国创造的重要力量。我国工人阶级和广大劳动群众要大力弘扬劳模精神、劳动精神、工匠精神,适应当今世界科技革命和产业变革的需要,勤学苦练、深入钻研、勇于创新、敢为人先,不断提高技术技能水平,为推动高质量发展、实施制造强国战略、全面建设社会主义现代化国家贡献智慧和力量。各级党委和政府要深化产业工人队伍建设改革,重视发挥技术工人队伍作用,使他们的创新才智充分涌流。

  "五一"国际劳动节即将到来,我代表党中央,向广大技能人才和劳动模范致以诚挚的问候,向广大劳动群众致以节日的祝贺!

习近平

2022 年 4 月 27 日

(资料来源于新华网)

例文 2

中共中央 国务院致北京第 24 届冬奥会中国体育代表团的贺电

中国体育代表团:

  在北京第 24 届冬季奥林匹克运动会上,中国体育代表团表现出色,勇夺 9 枚金牌、4 枚银牌、2 枚铜牌,取得了我国参加冬奥会的历史最好成绩,为祖国和人民赢得了荣誉,为成功举办北京冬奥会作出了重大贡献。党中央、国务院向你们表示热烈的祝贺和亲切的慰问!

  在本届冬奥会上,你们牢记党和人民嘱托,新春伊始出征,敢于拼搏、同心同力,全项参赛、全力争胜,胜利完成比赛任务,实现了运动成绩和精神文明双丰收,祖国和人民为你们取得的成绩感到自豪。你们在奥运赛场展现出新时代中国运动员的精神风貌和竞技水平,以实际行动落实拿道德的金牌、风格的金牌、干净的金牌的要求,生动诠释了奥林匹克精神和中华体育精神。你们同世界各国各地区运动员相互切磋、相互激励,共享冰雪盛会,促进了交流,增进了友谊。你们的出色表现进一步促进了我国冰雪运动发展,进一步激发了海内外中华儿女的爱国热情,为全党全国各族人民在全面建设社会主义现代化国家新征程上凝心聚力、团结奋斗注入了精神力量。

  当前,全党全国各族人民正在意气风发向着第二个百年奋斗目标迈进。希望你们以习近平新时代中国特色社会主义思想为指引,牢记初心使命,发扬光荣传统,不断提升我国竞技体育综合实力,提高为国争光能力,为巩固和扩大"带动三亿人参与冰雪运动"成果、加快建设中华体育强国,为实现中华民族伟大复兴的中国梦作出新的更大的贡献。

中共中央

国　务　院

2022 年 2 月 20 日

(资料来源于新华社)

例文3

习近平代表党中央、国务院和中央军委
祝贺探月工程嫦娥六号任务取得圆满成功的贺电

探月工程嫦娥六号任务指挥部并参加任务的全体同志：

  欣闻探月工程嫦娥六号任务取得圆满成功，我代表党中央、国务院和中央军委，向你们致以热烈祝贺和诚挚问候！

  嫦娥六号在人类历史上首次实现月球背面采样返回，是我国建设航天强国、科技强国取得的又一标志性成果。20年来，参与探月工程研制建设的全体同志弘扬探月精神，勇攀科技高峰，取得了举世瞩目的重大成就，走出一条高质量、高效益的月球探测之路。你们作出的突出贡献，祖国和人民将永远铭记！

  希望你们乘势而上，精心开展月球样品科学研究，接续实施好深空探测等航天重大工程，加强国际交流合作，向着航天强国目标勇毅前行，为探索宇宙奥秘、增进人类福祉再立新功，为以中国式现代化全面推进强国建设、民族复兴伟业作出新贡献！

习近平
2024年6月25日
（资料来源于中华人民共和国中央人民政府网站）

（三）结构写法

1. 标题

标题第一行正中写"贺信""贺电"，或者以"给××公司的贺信"作为标题。对个人的贺信（电）也可以不用标题，因文而异。

2. 称谓

标题下一行顶格写受贺者姓名或单位名称，个人后缀要加职务、职称，或者"先生""女士"等相应称呼。如果是祝贺会议，则要写会议名称。

3. 正文

（1）正文开头。用简练语言说明祝贺之由，简要说明受贺者在何种背景下取得哪些方面的成就（成绩）。

（2）正文主体。如果是祝贺对方取得了突出成绩，则主体一般要充分肯定和热情颂扬其成就，述评取得成绩的原因和意义，表示向对方学习，或提出希望；如果是祝贺会议，则要侧重说明会议召开的重要意义和深远影响；如果是祝贺新领导，则要侧重于祝愿对方在任期内取得新成就，并祝愿双方的友谊进一步加强。

如祝贺之情：感情真挚、满怀激情地表示热烈的祝贺、赞颂；祝贺意义：具体展示对祝贺事件的态度，概要分析和表明对事件的肯定，说明所祝贺事由的重要性或贡献；希望和勉励：表示对对方热情的鼓励和殷切的希望，或提出双方共同的理想。

4. 结尾

结尾可以再次表示祝愿。

5. 署名与时间

在结尾后另起一行,在右下方署名,再下一行写祝贺日期。

四、技能实训

根据下面材料撰写贺信。

历经半个多世纪的风雨沧桑,××职业学院迎来了60周年华诞。该校始终坚持育人为本,不断进行教育教学改革,积累了丰富的职业办学经验,并且为社会输送了大量的技能型人才。为此,××市教育局向该校发去信函,表达真切的祝贺之情。

[3] 感 谢 信

一、办文情境

"中国菠萝之乡"徐闻县的菠萝陆续上市,"供销社"搭建产销对接渠道,在徐闻县启动菠萝产销对接,抽调人员成立工作专班,利用数字供销平台和冷链物流基地,创新农产品供应链,在徐闻收购了4 200多吨菠萝,提供菠萝底价托市、综合加工服务,促进农户增收,使菠萝成为"致富果"。以实际行动"强国兴农",助力乡村振兴,帮助农民丰产增收致富。当地某乡政府向"供销社"致感谢信。

二、办文任务

开展在线实时写作实训,分角色模拟办文情境再现,为某镇政府拟写致"供销社"的感谢信。

三、写作技法

(一) 任务分析

感谢信是社会组织和个人用来表彰好人好事的先进思想、先进事迹、高尚风格,用以弘扬正气、褒奖善良,对帮助、支持自己的单位或者个人表达诚挚谢意的一种专用书信。

感谢信在公私事务及日常生活中使用广泛,是社会组织公关活动中不可缺少的礼仪文书。写作者一般是受助者本人或者受助方的代表,写信目的在于表示不忘对方的关爱和帮助,肯定对方的事迹和风格,表达本人的感谢之情。组织与组织之间、组织与个人之间、个人与个人之间,只要一方曾得到对方的支持、帮助,都可以用感谢信表达谢意。"供销社"积极响应党和政府号召,做好"三农"工作,启动服务试点助农户增收,一个月保价收购菠萝超4 000吨,使菠萝成为"致富果",农民丰产增收致富,助推乡村全面振兴。乡政府向"供销社"发出感谢信,以表乡亲们的感激之情。

(二) 感谢信的种类

一是普发性感谢信,对众多的单位和大众表示感谢。
二是专指性感谢信,被感谢者为特定的单位和个人。

例文 1

黑龙江省致海内外游客朋友们的新年感谢信

亲爱的游客朋友们:

　　岁序更替,华章日新。值此元旦佳节来临之际,我们向每一位海内外游客朋友,致以最美好的祝愿和最衷心的感谢。

　　我们感谢您的热烈奔赴。当洁白的雪花漫天飘落,璀璨的冰雕点亮城市角落,天南海北的你们纷至沓来,共赏"北国好风光,美在黑龙江"的波澜壮阔。五彩斑斓的"小公主""小金豆"们徜徉在大街小巷,手里的哈尔滨红肠、马迭尔冰棍、尹胖子油炸糕,为这个冬天增添了别样的色彩。中央大街、早市、菜市场上人流熙攘,冰雪大世界、雪乡、亚布力滑雪场、漠河等地热血沸腾,酒店和澡堂里一排排行李箱拉满氛围,"淘学企鹅"乐此不疲的蹒跚、大雪人温暖治愈的笑脸,万人大蹦迪、世界大滑梯、泼水成冰……勾勒出一道道美丽的北国风景线。这个冬天,龙江大地烟火升腾,您的相约而至,真好!

　　我们感谢您的热心建议。冰雪季来临之初,我们启动了全省冬季旅游"百日行动",推出"十"大主题路线、"百"场美食盛宴、"千"台文旅盛事和"万"种龙江好物,各部门和地市密切协作,坚持以游客为中心,提升市场化服务、标准化建设、规范化运营和智慧化赋能水平,共同打造最佳旅游环境。但我们也深知,旅游管理服务永无止境,还有很多需要改进的地方,大家从12345热线、每一个短视频、每一条评论给我们的批评、意见和建议,我们都高度重视,真心感谢,逐一核实,放在"显微镜"下研究、解决、改进。公安消防、交通应急、发改市场、宣传网信等部门加大市场监管和护游力度,不断完善监管守护"一堵墙",处置问题"不隔夜"机制。一份份监管函,一封封倡议书,行业和市民都自发动起来了,人人都是营商环境,人人都是服务员、导游员、护游员,共同营造放心舒心安心的旅游环境。机场更衣室、路边暖心屋、市民爱心车、爱心茶……且来且珍惜,我们掏心掏肺掏家底,改进细节,提升服务,"没有最好,只有更好"。这个冬天,感谢家人们给我们指出前进的方向,您的理解包容,真暖!

　　我们感谢您的热情宣传。您发的每一个朋友圈、每一条短视频、每一篇游记,都是对龙江最好的推介。您的每一个点赞,每一个转发,每一个评论,都是对龙江最大的鼓励。感谢您传递的龙江好声音,让更多人了解独特的龙江风光、优质的龙江好物、热情的龙江人民、深厚的龙江文化。感谢您讲述的龙江好故事,大家将"黑土优品""九珍十八品""龙江礼物"带给亲朋好友,让黑土地上的特色品牌商品知名度在全球越叫越响。龙江人民的善良、淳朴、热情、幽默、耿直,被你们刻画得淋漓尽致,极大提振了大家干事创业的精气神,这些必将汇聚成新时代新征程上龙江振兴开放发展的强大动能。这个冬天,您的传扬,把很多龙江人都"整不会了",让我们感动泪目,您的鼓励支持,真顶!

　　亲爱的游客朋友,旅行的深度,决定回味的长度。我们诚邀您在龙江大地上放慢步伐,多走一走,看一看。这个冬天,除了"冰城"哈尔滨外,我们邀请您赴吃烤肉看鹤舞雪原的"中国鹤乡"齐齐哈尔,打卡中国最北点"神州北极"大兴安岭,到"大美鹤岗"赏龙江三峡、撸鹤岗小串,逛冰雪花灯游园会游"中国石墨之都"鸡西,体验雪地温泉极限体验的"中国石油之都"大庆，乘坐"林都号"走进森林里的家伊春，到双鸭山寻年味、赏冰雪、品尝正宗"笨锅炖"，来"华夏东极"佳木斯抚远品全鱼宴看祖国第一缕朝阳，到七台河探索奥运冠军成功的密码，来牡丹江畅游"镜泊湖冰火梦幻世界"、体验民俗冬捕、乐享冰雪奇趣，来"北国大粮仓"绥化感受东北民俗文化氛围，赴"中俄双子城"黑河纵享欧亚交融的城市风情。欢迎您来黑龙江，感受每一座城市的独特魅力，发现更多的惊喜。

　　纸短情长，龙江大地每一天都有讲不完的新故事、新变化、新气象，诚邀海内外的游客朋友们常来走走，欢迎漂泊在外的龙江儿女回家看看。第九届亚冬会将于2025年2月在哈尔滨举办，诚邀您再来冠军之城，体验速度与激情，共同当好东道主。

　　龙年游龙江。到中国最东方，看第一缕朝阳升起，找到东，就找到了希望。到中国最北方，邂逅绚烂极光，找到北，就找到了方向。祝愿亲爱的朋友们全年行好运，看风和日美，感四方安好！我们在黑龙江等您，不见不散。

黑龙江省旅游工作联席会议办公室
2023年12月31日
（资料来源于《黑龙江日报》）

（三）结构写法

1. 标题

标题第一行正中写"感谢信"；或者由感谢对象和文种共同组成，如"致××公司的感谢信"。

2. 称谓

顶格写被感谢者（个人或者单位）名称，单位名称要用全称，以示尊敬，个人姓名后面要加"同志""先生""女士"等相应称呼。

3. 正文

正文要写清楚感谢内容，表达本人的感谢之情。简要回顾、叙述对方的事迹，说明对方帮助、支持的意义和作用，以及体现的可贵精神，向对方表示赞美和学习的态度与决心。具体包括：

（1）感谢事由。感谢信务必精练地叙述事情的前因后果，叙述对方的好品德、好作风。务必交代清楚人物、事件、时间、地点、原因和结果，尤其重点叙述在关键时刻对方对自己的关心、支持和帮助。

（2）揭示意义。在叙事基础上，指出对方的关心、支持和帮助对整个事情成功的重要性，以及体现的可贵精神，同时表示向对方学习的态度和决心。

4. 结尾

结尾包含表示敬意和感谢、祝愿的话，如"此致　敬礼""致以诚挚的敬意"等。

5. 署名与时间

在正文右下方注明个人姓名或者单位名称，署名右下方写日期。

(四) 写作要求

感谢信要求叙事简洁,内容真实。评价、颂扬对方良好的行为和品德,既要有一定的高度,又要注意适度。情感真挚,文字精练。

例文 2

感 谢 信

北京速录科技有限公司:

　　在贵公司的技术支持下,由我院承办的 2024 年世界职业院校技能大赛总决赛公安与司法赛道二(062 法律实务小组)争夺赛程,已于 10 月 25 日至 28 日顺利结束。在此,特对贵公司给予的大力支持表示最诚挚的感谢!

　　2024 年世界职业院校技能大赛总决赛公安与司法赛道二(062 法律实务小组)争夺赛事由教育部牵头发起,联合 35 家部委和事业单位组织举办,我校具体承办的国家级赛事,本次大赛中,贵公司作为技术支持单位。凭借卓越的技术能力和丰富的经验为赛事提供了全方位的支持,确保了赛事期间技术设备的稳定运行,保障了参赛选手的流畅竞技体验。同时,贵公司在技术方案设计上的科学合理,从硬件设备的配置到软件系统的优化,每一环节都展现出高度的专业性,确保赛事在公平公正的环境下顺利进行。

　　特别值得一提的是,在面对赛事中突发的技术需求时,贵公司反应迅速,第一时间提供切实可行的解决方案,使赛事得以平稳推进。贵公司以细致周到的服务态度和卓越的技术实力,不仅为比赛的成功举办提供了坚实保障,也为参赛选手和观众们留下了深刻印象。

　　期待未来继续携手合作,为职业教育的发展贡献更大力量!

××职业学院
2024 年 10 月 29 日
(资料来源于中文速录研究公众号)

四、技能实训

(1) 指正修改病文的错误,誊写正确行文。

感 谢 信

××出租汽车公司:

　　2 月 20 日下午,我公司经理张大山乘坐贵公司"××××××"号出租车时,不慎将皮包丢失。内有人民币 8 万余元,身份证一个、护照一本、空白支票三张及各种票据若干张。在我们焦急万分之时,贵公司司机×××先生主动将捡到的皮包送至我公司,使我公司避免了一次重大损失。为此,我们再三表示感谢并拿出 1 万元作为酬谢,×××先生却说"这是我应当做的",表示不能接受。在此特致函贵公司,深表谢意。

××公司
2024年2月26日

(2) 拟写感谢信。

广州某职业技术学院在重点领域产业人才需求预测报告编制工作中,给予工业和信息化部人才交流中心大力支持,为报告的高质量完成提供了有力支撑。为此,工业和信息化部人才交流中心特向该校致信表示感谢。

实训3 条据

条据

一、办文情境

"供销社"文员小李因患重感冒向营运总监林经理请假两天;林经理外出办事,小李接听了总公司通知林经理的工作电话,主要内容如下:明天上午9:00到总经理办公室,准备好带学生岗位实习的工作方案,并向陈总经理汇报工作。小李马上给林经理留条说明。陈总经理要去北京出差1周,吩咐秘书小张去财务处为之代办借支差旅费手续。"供销社"全体共产党员为支持防疫工作踊跃捐款,办公室的小王代收同事们的爱心善款,汇总后将统一上交公司党组织。

二、办文任务

开展在线实时写作实训,分角色模拟办文情境,为"供销社"员工撰写条据。

三、写作技法

(一) 任务分析

条据是人们在日常生活、学习、工作中,要办理某些事情或发生财务往来时常用的一种简便文体。条据分为两大类:一是说明性的条据,如请假条、便条等;二是凭证性的条据,如领条、借条等,这类条据又称单据。

在实际工作和生活中,因为有事、有病或其他原因,不能上班、上学或参加某项活动时,出于手续上的需要,应向单位或有关负责人请假,说明请假原因和时间,这样的字条便是请假条。便条,即简便的字条,形式和内容都很简单。当有事要告诉某人但对方不在,或者不便当面说时,往往给对方留下内容简单的字条,或托人代交字条,这样的字条就是便条。便条大致包括留言条、托事条、约会条等。凭证性条据又称单据,是单位之间、个人之间或单位与个人之间发生财物往来时,一方写给另一方的字据凭证,常用的有借条、收条、领条、欠条等。条据虽然简短,但有一定的写作要求和格式,不能随便乱写,否则会带来不必要的麻烦或引起纠纷。按照规定,"供销社"文员小李因身体不适要向主管领导写请假条;小李还要给林经理写留言便条,说明总公司电话通知开会事项,以免误事;秘书小张要向财务处写借据,为陈总经理办理借支差旅费手续;小王要给各党支部写收据,作为代收"特殊党费"凭证。

（二）请假条结构写法

1. 称呼

请假条的称呼必须写尊称，如张主任、李经理、王科长等。

2. 正文

首先，写明请假原因。若不写清楚原因，则会使对方缺少准假的依据。注意不能笼统地写"今因有事请假一天"，究竟是什么事不得而知，而且也是对领导的不尊重。其次，要写明请假的时间，一天、两天还是三天。如果是两天以上，则需写明从哪天开始至哪天截止，便于统计考勤，不易产生误会。然后写上"请予以批准""请准假"等收结。

3. 具名和日期

正文右下方写上请假人姓名，切不可写简称。姓名之下写上具体的年月日。

如有必要，则请假条还需附上有关证明，如医生开具的病假单、住院凭证，或电报、电传、信件等，以便人事部门审核，加强考勤管理。请假条一般由本人书写。

例文 1

请　假　条

李科长：

　　昨晚患重感冒，并有40℃高热，现仍未退，故今明两天请假，希予批准。

财务科陈××
20××年×月×日

（三）便条结构写法

1. 称呼

第一行顶格写上对方的称呼。称呼可以根据双方的熟悉程度来写，如小王、陈主任、张师傅、李兄、钱先生等。给家庭成员留条，一般以成员间的关系称呼，也可用小名、爱称，如爸、妈、毛毛等。总之要语言得体、文明。

2. 正文

另起一行空两格，写上需要告知对方的具体内容。正文既要写得简单，又要交代清楚。正文结束后，出于礼貌，还要写上祝颂语，如"春安"等，也可以省略不写。

3. 具名和日期

具名和日期写在正文右下方。具名可写得随意、简单，如只写姓，或只写名，或写爱称、小名等，只要对方理解便可。具名下面写上日期，由于是便条，日期可以简写，只写月日或星期几，如果对方只是一时走开，能马上回来，则日期可以简写为"即日"，有时可按需写明几点几分。

4. 写作要求

便条是最简单的书信，要求接收对象明确，一事一条，交代的事情清晰、准确。便条结构与书信大体相同，但没有书信正式。便条的特点在于简便，可以省去一些客套话，只保留称呼、内容、署名、日期，格式上不必和书信一样面面俱到。

例文 2

张主任：

　　明天咱俩去上海开会的机票我已问明，是上午 10:30 的，下午我先去取机票，然后去车间取样品。明天早上 9:30 咱俩在机场大厅国内航班出发厅第 1 安检通道口碰面，有事请打手机联系。

　　请准时。

办公室小王
即日

（四）凭证性条据（单据）的种类及结构写法

1. 种类

（1）借条，又称借据，是指一方借了另一方的钱财或物品时，写给对方的字据，作为日后偿还的凭证。待钱物归还，可以收回或销毁借条。

（2）收条，又称收据，是一方收到另一方的钱财或物品时，交给对方的字据，作为钱财、物品去向的凭证。

（3）领条，这是一方到另一方领取所需钱财或物品时，交给对方的字据，作为钱财、物品去向的凭证。

（4）欠条，指一方未付清或未全部付清应给另一方的财物时，交给对方的字据，可作为日后偿还的凭证。

2. 写法

（1）名称。因其种类不同，应在首行居中标明单据种类的名称，如"借条""收据"等，或写"今借""今收到""今欠""今领到"等。

（2）正文。单据不用写称呼，直接写正文。写明立字据的事由或事实，具体包括钱财、物品的名称、数量。如果是借条或欠条，则应写上还款日期、还款方式、利息支付等其他事项。写完之后，用"此据"两字收束全文，以防别人在文后添加其他内容。

（3）具名和日期。在正文右下方签上立字据人的姓名，签名时应在姓名前写上"借款人""欠款人""收款人""领取人""经手人"等，有的还写上单位名称，一般单位立的字据都应加盖公章。私人的重要字据也应加盖印章。在具名之下写上具体的年、月、日。

例文 3

借　　据

　　今因学校开放日，媒体"探营"师生座谈会，需要进行现场速录，特向设备处借笔记本电脑和速录机各两台。今天下午会后马上归还。此据。

经手人：罗 ×
××××年×月××日

例文 4

收 据

今收到我司品管部党总支部积极响应党中央和习近平总书记的号召,"众志成城抗疫情,党员捐款献爱心"特殊党费共贰仟元整。待公司全部汇总捐款后,将统一交市委组织部。此据。

北京市××科贸有限公司办公室
经手人:张××
2020年3月4日

例文 5

领 据

今领到本厂福利科劳保服装壹拾套,手套壹拾副。此据。

经手人:×××车间×××
××××年×月××日

例文 6

欠 条

今在机关小卖部购饮料叁箱,计人民币叁佰元整,已付贰佰伍拾元整,尚欠伍拾元整,定于本月五日归还。此据。

欠款人:办公室×××
××××年五月三日

3. 写作要求

(1) 财物数额要大写。单据中的总金额或物品数量部分要大写,数额前不留空格。如果是钱币,则应写上币种名称,如"人民币""美元"等。如果金额末位数不是分,则应在金额末尾数后写上"整"字,以防被人在后添加数字。

(2) 不宜涂改。单据涉及的财物名称、数额和时间一定要写清楚,写好后不宜改动,如需改动,则应在涂改处加盖责任人的印章,以示负责,最好另写一张。

(3) 书写要严谨、清楚。单据一般要保留一段时间,因为涉及财物,稍不小心很容易引起矛盾纠纷,所以要写得清晰,字迹端正,一般用黑或蓝黑墨水钢笔书写,不能用铅笔或其他易褪色的笔书写。

四、技能实训

(1) 指正修改下列条据的错误,并誊写正确行文。

请 假 条

老李：我因病故请假3天。
此致敬礼

王小刚 4月5日

今 领 到

厂劳资科发给的劳动布工作服96套，白纱手套87副，高筒胶鞋82双。此系工人劳保用品。

××车间娄××
2024年5月18日

（2）根据下列材料写3张单据。

① 秘书庄亮原计划自己整理准备明天公司会议需要的五类文件，但刚接到电话要去总部开会，于是他写了一张便条给同事小张，拜托小张代他整理会议材料及其他物品。

② 新生要举办迎中秋国庆联欢会，某系团总支部向校团委借收录机2台、电视机1台、话筒2只，预支活动经费250元，还期请自定。

③ 某大公司组织职工重阳节登山活动，向××超市买了××矿泉水100箱，每箱定价20元。当场付现金1 000元，尚差1 000元，经××超市同意，立下凭据写明余款在三天内付清。

实训4　启事与声明

启事与声明

一、办文情境

情境一："供销社"最近乔迁新址，为方便新老客户办理业务，在乔迁之前就发文告知，并将该文张贴于旧址，以便客户知照。"供销社"因迁新址后业务扩张，需招聘业务员10名，与当地各报刊媒体联系后，发文登报向公众告知此事，很快就招聘到满意的员工。

情境二："供销社"主管财务的×经理在一次外出办理业务时丢失了财务专用印章，当他发现财务专用印章丢失后，立即到当地派出所办理了相关手续并登报声明该章作废。

二、办文任务

开展在线实时写作实训，分角色模拟办文情境，为"供销社"拟写迁址启事和招聘启事，以及遗失声明。

三、写作技法

(一) 任务分析

"启"即告知、陈述的意思。启事就是公开陈述事情的公文,是单位、个人将需要向大众说明并请求予以支持的事情简要写出的一种应用文。启事是公开的,一般张贴于公共场所或刊登在报纸、杂志上,也可在广播电台、电视台中播出。"供销社"迁址之事需向社会公众告知,招聘员工之事除了向社会公开告知,还需得到社会公众的支持,因而需要用启事行文。启事内容只需简要说明事件即可,告知方式多样,可以通过媒体发布,也可以按照规定张贴。

声明有公开说明的意思,在这一点上它与启事相近,但它是带有庄重、严肃性的说明。它是单位或个人在日常生活、工作中就一些较重大、紧要的事或因自身的合法权益受到损害、侵犯而郑重告知公众或侵权者的应用文。×经理财务专用印章丢失,除了应立即办理相关手续,还应郑重声明此印章作废。

(二) 启事结构写法

1. 启事的种类

(1) 告知类启事。因有事要向社会宣布或告知,希望引起人们注意所发的启事,如开业、停业、迁址、更名、改期、讲座、举办活动等启事。

例文 1

关于征集 2025 年"村晚"节目的启事

文化是一个国家、一个民族的灵魂。中华文明根植于农耕文明,繁荣发展积极健康的乡村文化,是建设文化强国的内在要求。为深入学习宣传贯彻习近平文化思想,广泛开展群众性文化活动,更好挖掘、继承、创新优秀传统乡土文化,即日起,"学习强国"学习平台面向全网征集"村晚"节目。

用热情温暖冬日,用才华为家乡代言!让我们共同缔造一场玩转乡音、乐翻你我,寻味乡情、全民共享的线上文化嘉年华,展现文明乡风,彰显文化自信,助力乡村振兴!

一、征集对象

县级及以上党委宣传部、文旅部门、广播电视部门、农业农村部门、县级融媒体中心、基层文艺工作者、自媒体从业者等。

二、征集内容

包括但不限于乡村各类组织及村民表演的具有浓郁地方特色、展示乡村时代风貌的歌曲、器乐、舞蹈、戏曲、曲艺、杂技、民俗表演等各类文艺节目。

三、节目要求

(一) 内容要求

1. 思想立意:投稿节目须符合党的路线方针政策、符合国家法律法规,符合社会主义核心价值观要求,导向正确,展示时代精神、民族特色、乡村风貌,体现积极向上的精神风貌。鼓励创作以表现乡村振兴、文明实践、移风易俗、传统美德等题材的作品。

2. 表演场地：包括但不限于田间地头、特色民居、乡村文化地标、新时代文明实践中心（所/站）、乡村公共文化空间、非物质文化遗产展示场馆，以及县域内各类演出场所等。

3. 创意设计：投稿节目应具有独特的创意，为观众带来新的审美体验。鼓励节目策划人员在节目内容和风格上大胆创新，有"乡味"、带"网感"、能"破圈"。

（二）技术要求

1. 录制时间：投稿节目应为2024年以来拍摄、制作的短视频。

2. 节目格式：投稿视频需制作精良，采用mp4格式。请结合节目呈现效果选择采用横屏或竖屏制式，建议竖屏制式优先。清晰度1 080 P及以上，单个视频大小不超过700 MB，视频时长不超过8分钟。

3. 节目结构：投稿节目应由片头、正片、片尾三部分构成。片头注明节目名称、表演者或表演团体名称、所属地区，以及节目制作时间；节目正片为利于观赏，歌曲、戏曲、曲艺、朗诵等节目需配简体中文字幕，并确保字幕清晰、美观、无差错；片尾注明投稿节目的权属情况，包括第三方素材援引情况。

4. 其他要求：投稿节目不得包含商业性广告。除节目所用必要素材需依法依规、依照行业惯例进行标注外，不得露出其他商业机构或产品品牌。

四、征集时间

自即日起至2025年1月22日

五、投稿方式

在"学习强国"PC端实名登录后，点击右侧导航栏或主页中部的"我要投稿"；点击"村晚"节目征集活动封面图，阅读活动启事并点击"我要投稿"，即可按提示提交节目，并附200字以内投稿节目简介。视频标题统一命名格式："村晚节目征集|节目类型+节目名称"。

六、评选与展示

1. "学习强国"学习平台将对所有投稿节目进行审核。

2. 初审通过的节目均将在"学习强国"学习平台进行集中展示。

3. 终审通过的节目将按地区、艺术门类等方式进行分类，在"学习强国"学习平台推荐页面"村晚"节目展示专区重点展播，并给予更高节目曝光度，扩大全网影响力。

4. 优秀节目表演者和表演团体将获颁纪念证书。

七、其他事项

1. 本次活动不收取任何费用。"学习强国"学习平台（包括但不限于电脑端、App端）为活动唯一展播平台。

2. 投稿人应确保投稿节目为其原创，是该节目的合法拥有者，不得侵犯任何他人的版权或其他合法权益。如投稿节目中包含引用内容或素材，应确保已获得相关权利人许可，不存在版权争议。投稿节目内容及版权、肖像权、隐私权等所有法律问题由投稿方负责。凡涉嫌抄袭或其他侵权问题的投稿节目，将自动取消参评、展播资格；若被评为优秀节目，则回收已颁发的纪念证书并公告、通报。如造成主办方、协办方及其他方经济损失或其他不利影响，投稿方需自行承担相关法律责任。

3. 投稿节目一经选用，即视为投稿方独家、免费、长期授权"学习强国"学习平台行使除署名权、保护投稿节目完整权外的其他全部权利，包括该等权利的转授权和维权权利。在不改变投稿节目原意的基础上，"学习强国"学习平台及其被授权人可对投稿节目做必要修改。

4. 投稿方及其所属单位可以自行、免费、非商业性使用参评投稿节目。如需进行商用或授权他人使用，须征得本平台书面同意。

5. 凡应征稿即视为理解并接受本启事之所有要求。不符合本启事要求的，将不进行展示、评优。对于本次活动的有关细节，主办单位有权进行技术性解释。

咨询电话：010-××××××××

2024 年 12 月 20 日
（资料来源于"学习强国"学习平台，有删改）

（2）征求类启事。征求类启事是指出于某种需要，为请求别人帮助、关照而发的启事，如征集、征订、征地、征稿、征婚、招租、招聘、招标、招商等启事。

例文 2

×× 商厦招商启事

×× 商厦是一家大型商场，位于 ×× 省 ×× 市 ×× 路 ×× 号，地处核心商圈，位置优越，是集购物休闲、娱乐、餐饮为一体的大型购物中心，计划于 9 月份正式开业。商厦经营面积为 30 000 平方米，主要经营黄金珠宝、化妆品、精品服饰、皮具、家电等。商厦致力于为消费者提供一流的购物环境、一流的商品和一流的服务，商厦环境优雅，装修豪华，硬件设施齐全。

为实现购物、休闲、娱乐、餐饮等一站式服务，现诚邀知名商家加盟合作，共谋发展。

一、招商范围

1. 超市类：食品超市、化妆品超市、药品超市、烟酒茶超市等；
2. 餐饮类：中式快餐、西式快餐、特色时尚餐饮、茶吧、水吧、果吧等；
3. 休闲娱乐类：书吧、电玩城、动漫城、少儿中心等；
4. 生活服务类：美容坊、健身馆、花艺、影楼、旅游服务等；
5. 其他：数码城、家具总汇、银行、通信、代收费等便民服务。

二、招商条件

1. 具有独立法人资格；
2. 具备一定连锁管理和配送能力；
3. 具有一定的资金实力，品牌信誉好。

欢迎有意合作者携营业执照、相关证明材料及开店技术标准前来登记洽谈。

接待地址：×× 市 ×× 路 ×× 号 ×× 商厦招商部　刘经理　赵经理

招商热线：12345678

电子信箱：12345678@163.com

××商厦
2024 年 4 月 8 日

（资料来源于中国就业培训技术中心《秘书国家职业资格培训教程》，有调整）

(3) 寻求类启事。寻求类启事是指因丢失物品、资料，或因有人走失、下落不明所写的启事，如寻人、寻物等启事。

例文 3

寻 物 启 事

2024 年 2 月 6 日，我公司运货车在×××路至×××路行驶过程中，遗失一箱货物，内装××器械××只。请拾到者或知情者与××××公司×××先生联系，电话××××××××，定当面酬谢。

地址：××××路 60 号。

2024 年 3 月 7 日

2. 标题

启事标题有多种写法：一是笼统式，只写"启事"两字；二是事由和文种式，如"开业启事""招聘启事"；三是事由式，即只有事由，没有文种，如"招聘""寻人""征婚"；四是单位名称、事由和文种组合而成的标题，如"×××公司招聘启事"。一般而言，第一种笼统式标题效果不太好，不够引人注目，容易被人忽略，而在标题中写明事由，则较为醒目，且针对性强，便于人们分类查找。有的启事为表明诚意，在标题中加上敬辞，如"诚聘""敬聘"；有的要紧启事还在标题中注明"紧急"，这样更容易引起人们注意。

3. 正文

由于启事种类繁多，正文内容也不一致，要分别而论。一般而言，启事的正文要概括说明启事的目的或原因、具体事项和要求、联系地址和方法。例如招聘启事，正文需写明所招聘的缘由、工种、专业或岗位、条件、人数、要求，以及应聘方法、联系地址等内容；开业启事则应写明开业单位的名称、开业地点、经营服务项目、有何特色、具体营业时间，最后往往写上"敬请广大顾客光临"等客套话。总之，启事的正文要根据不同的种类来安排内容，关键在于具体、明确。全文大多只有一段文字，如具体事项较多，也可分条目逐一表达，在结尾处可写上"此启"或"特此启事"，也可略而不写。

4. 落款

写明启事单位名称或个人姓名和启事日期。如果标题或正文中已写明单位名称，则此处可以省略，只写日期即可。凡以机关、单位、团体的名义张贴的启事，都应加盖公章。

5. 写作要求

(1) 标题要醒目。标题一般应标明事由，以便人们按需查找。

(2) 内容要单一。一事一启，不能将几件事放在一起。

(3) 语言要简洁。语言要尽可能简洁达意,通俗明白。

(4) 内容要真。内容必须真实,如招工启事、招租启事、征婚启事等都应实事求是,不能从中作假进行欺骗。

(三) 声明结构写法

1. 声明的种类

(1) 遗失声明。单位或个人较为重要的物品遗失后,需及时刊登遗失声明。若有关营运证、营业执照、签证、护照等证件,以及支票、发票等票据遗失,则有可能产生不良后果,因此应及时声明作废,以防被人利用,造成损失。

(2) 警告性的声明。单位或个人合法权益受到侵犯、损害时,常发表警告性的声明,以维护自身的权益。

(3) 其他事项的声明。如因侵犯别人权益而发布的道歉声明、与原合作伙伴脱离关系的声明等。

例文 4

中华人民共和国外交部严正声明
(2022 年 8 月 2 日)

8 月 2 日,美国国会众议长佩洛西不顾中方强烈反对和严正交涉,窜访中国台湾地区,严重违反一个中国原则和中美三个联合公报规定,严重冲击中美关系政治基础,严重侵犯中国主权和领土完整,严重破坏台海和平稳定,向"台独"分裂势力发出严重错误信号。中方对此坚决反对,严厉谴责,已向美方提出严正交涉和强烈抗议。

世界上只有一个中国,台湾是中国领土不可分割的一部分,中华人民共和国政府是代表全中国的唯一合法政府。1971 年联大第 2758 号决议对此予以明确。1949 年中华人民共和国成立以来,181 个国家在一个中国原则基础上同中国建立外交关系。一个中国原则是国际社会的普遍共识和国际关系基本准则。

1979 年,美方在中美建交公报中明确承诺,"美利坚合众国承认中华人民共和国政府是中国的唯一合法政府。在此范围内,美国人民将同台湾人民保持文化、商务和其他非官方关系。"美国国会作为美国政府的组成部分,理应严格遵守美国政府的一个中国政策,不与中国台湾地区进行任何官方往来。中方历来反对美国国会议员窜访中国台湾地区,美国行政部门有责任予以阻止。佩洛西众议长是现任美国国会领导人,她以任何形式任何理由赴台活动,都是升级美台官方交往的重大政治挑衅,中方绝不接受,中国人民绝不答应。

台湾问题是中美关系中最重要、最核心、最敏感的问题。当前,台海局势面临新一轮紧张和严峻挑战,根本原因是台湾当局和美方不断改变现状。台湾当局一再"倚美谋独",拒不承认"九二共识",大搞"去中国化",推行"渐进式台独"。而美方企图搞"以台制华",不断歪曲虚化掏空一个中国原则,加强美台官方往来,为"台独"分裂活动撑腰打气。这是十分危险的玩火行动,玩火者必自焚。

中国政府和中国人民在台湾问题上的立场一以贯之。坚决维护国家主权和领土完整是 14 亿多中国人民的坚定意志,实现祖国完全统一是全体中华儿女的共同心愿和神圣职责。民意不可违,大势不可逆。任何国家、任何势力、任何人都不要错估中国政府和人民捍卫国家主权和领土完整、实现国家统一和民族复兴的坚强决心、坚定意志、强大能力。针对美国会众议长窜访中国台湾地区,中方必将采取一切必要措施,坚决捍卫国家主权和领土完整,由此产生的一切后果必须由美方和"台独"分裂势力负责。

中美作为两个大国,正确的相处之道只能是相互尊重、和平共处、避免对抗、合作共赢。台湾问题纯属中国内政,其他任何国家都无权做台湾问题的裁判官。中方严正敦促美方,停止打"台湾牌"搞"以台制华",停止插手台湾事务干涉中国内政,停止以各种形式支持纵容"台独"分裂势力,停止在台湾问题上说一套、做一套,停止歪曲虚化掏空一个中国原则,以实际行动恪守一个中国原则和中美三个联合公报规定,切实将美国领导人作出的"四不一无意"承诺落到实处,不要在错误和危险的道路上越走越远。

(资料来源于中国新闻网　新华社北京8月2日电)

例文 5

中国疾病预防控制中心严正声明

近日,中国疾病预防控制中心(以下简称中心)发现,社会上流传加盖中心公章的《中国疾病预防控制中心关于印发一型糖尿病疫苗即将上市以及管理办法的通知》(中疾控传防发〔2023〕42号)。

中心对以上情况非常重视,第一时间进行了核查。经核实,中心从未印发过《一型糖尿病疫苗即将上市以及管理办法的通知》相关文件。

鉴于以上情况,中心严正声明如下:

伪造或变造公章的行为涉嫌刑事犯罪;冒用中心名义发布虚假通知的行为,严重侵害了中心的合法权益,中心保留依法追究侵权责任主体法律责任的权利。

特此声明!

中国疾病预防控制中心
2023 年 11 月 24 日
(资料来源于中国疾病预防控制中心官网)

2. 标题

声明的标题由声明种类决定,如遗失声明、警告性声明、道歉声明等。

3. 正文

(1) 遗失声明。遗失声明写法简单,只需写明遗失物品的单位或个人名称、遗失物品的具体名称(是营业执照还是支票等),如是证件、票据,则应写上号码、份数,最后写上"声明作废"收结全文。

(2) 警告性声明。警告性声明通常由声明的缘由、被侵权的事实、声明者的态度和立场等组成,如"必须停止生产和销售,如继续生产和销售,一经发现,将依法追究法律责任"。有的警告性声明还写上对举报者的奖励。最后写上"特此声明"作结。

4. 写作要求

(1) 内容要真。对于警告性声明来说,文中指出的侵权事实一定要清楚、确凿。只有确凿的事实才能作为声明有力的依据。

(2) 措辞要严。侵犯当事人的合法权益是违反国家法律的行为,声明的措辞应义正词严、毫不留情,即严正地指出侵权者的违法事实及由此造成的严重后果或不良影响,严正地要求侵权者停止侵权行为,严正地阐述当事人的态度和立场。只有措辞严厉,才能对侵权者产生威慑力,有效地抵制违法行为,维护国家法律的严肃性。

四、技能实训

(1) 指正修改以下三则病文,誊写正确行文。

征 稿 通 知

为充分利用《秘书》这一刊物的媒体平台,提高办刊质量,使其成为大家的良师益友,欢迎各界人士、同行专家来稿。

期货经纪人的摇篮

×××期货经纪公司拥有一流的通信设备及信息终端,因业务需要,经上海市人事局同意,委托××大学培训经纪人员,可在公司模拟期货市场交易,感受期货市场魅力。培训结束,××大学颁发结业证书,我公司择优录用带薪实习。报名地址:×××路××号××室。公司另聘计算机管理人员一名,需具备计算机维修经验和网络维护经验,有意者将本人简历及证明寄本市×××路××号××期货人事部。

严 正 声 明

关于东南计算机科技有限公司最近在官方网站和其他网站、论坛发布的所谓"侵权事件",我公司特此声明如下,请各位消费者明鉴,以免造成市场信息误读:

1. 我公司产品AGA拥有国家知识产权局颁发的专利证书,是受国家法律保护的合法产品,专利号如下:DL2003018459。

2. 对于采用诋毁、中伤等非正当竞争手段的企业和个人,我公司表示强烈谴责,并保持追究其法律责任的权利!

(2) 学校学生会要成立协会或社团,如摄影协会、文学社、话剧团、足球队、乒乓球队等,择一事写一则招聘有关人员启事,内容自拟。

实训5　公务员应试申论

一、办文情境

丽娟、咏华在"供销社"岗位实习中工作效果显著,得到实习导师的一致好评。凭借在学校的勤奋好学和在"供销社"的历练,她们通过公务员考试选拔,丽娟被录用为湛江市徐闻县××镇人民政府党政办秘书,咏华被录用为"大学生村官"台山市四九镇×××村委会书记助理。

二、办文任务

开展在线实时写作实训,分角色模拟"供销社"实习生丽娟、咏华参加公务员考试的情境,拟写公务员应试申论。

三、写作技法

(一) 任务分析

申论,取申述、申辩、论述、论证之意。申论中的论证部分,可以说是依据社会问题方面的材料写作政论文。

国家公务员录用考试的申论试卷,具有以下明显的特点。

1. 资料的普遍性

现阶段我国比较注重国家公务员的实际能力,因此其测试内容一般侧重于考查应试者解决问题的能力,内容涉及政治、经济、文化、法律等多方面。申论作为很严格的一种国家公务员录用考试形式,其试题的表述标准明确,不论涉及哪方面的内容和观点,每个应试者均有话可说。因此,对于一些难以定论的问题,特别是那些争论激烈的前沿问题,考生在复习时可以较少涉及。

2. 题目的针对性

国家公务员录用考试申论命题的最大特点是背景资料涉及面广,内容复杂,但是重点突出。考生一定要拿出足够的时间(一般40分钟左右)认真、仔细地阅读给定的资料,不要匆忙提笔作答。在阅读资料的过程中,要先理清资料的逻辑联系。针对一个较为复杂的事件,要抓准主要问题,然后把握住给定资料反映的事件的环境和条件。因为这种既定的条件是提出的对策是否具有可行性的重要依据。只有抓准主要问题,解决问题的方案才有针对性;只有掌握给定资料提供的环境、条件,提出的解决问题的方案才有可行性。针对性和可行性是申论考试的基本要求。

3. 命题的发展性

申论注重考查考生综合运用所掌握的知识解决实际问题的能力。当前,公务员考试命题角度更加灵活。前些年的考题一般是直接考作文,难度相对较低,考核内容较简单;现在,作文这种题型逐渐被淘汰,考生很难直接答题,需要结合背景资料做出判断和归纳。命题涉及的知识面在逐步拓展,因此考生在复习时,对一些细小的知识点或者不常考的知识点都不可掉以轻心。

丽娟、咏华能在乡镇公务员考试中脱颖而出,写好申论是关键。

（二）考试内容

1. 申论考试的作用

2019年中央机关及其直属机构考试录用公务员公共科目的《考试大纲》中指出，申论考试"主要测查报考者的阅读理解能力、综合分析能力、提出和解决问题能力、文字表达能力"。

2. 申论内容和答题形式

（1）申论考试的基本内容。首先在试卷上给定1篇（或者1组）1 500字左右的资料，要求应试者在认真阅读给定资料的基础上，理解给定资料所反映的事件（或者案例、社会现象）的性质和本质，然后按要求答题。试卷一般表明申论要求：一是请用不超过150字的篇幅，概括出给定资料反映的主要问题；二是用不超过350字的篇幅，提出解决给定资料反映的问题的方案，要有条理地说明，要体现针对性和可操作性；三是就给定资料反映的主要问题，用1 200字左右的篇幅，自拟标题进行论述。要求中心明确，内容充实，论述深刻，有说服力。

（2）申论考试的答题形式。一是仔细、认真地阅读背景资料，经过对资料的整理、分析、归纳，用简明扼要的文字概括出给定资料反映的主要问题。二是针对主要问题提出解决问题的对策和可行性方案。三是在完成上述两项程序的基础上，紧紧扣住给定资料及其反映的主要问题，申明、阐述、论证应试者对问题的基本看法和解决问题的方法。

（三）结构写法

1. 重视解题

申论考试的全过程包括阅读资料、概括主题、提出对策、进行论证4个主要环节。阅读理解给定的资料，是最基础的环节。这个环节虽然不能用文字直接在答卷上反映出来，却是完成其他3个环节必备的基础。

2. 讲究技巧

（1）注意答题技巧，合理分配时间，不要盲目求快。

（2）限制字数，简洁、准确。概括给定资料所反映的主要问题，提出解决问题的对策和可行性方案时，注意限制字数，超过或者不足的字数一般不高于要求字数的10%。另外，回答问题时一定要简洁，答题要切中要点。

3. 写好提纲

申论论证可以说是常见的一种作文方式——给材料作文，不过比一般的作文形式更加灵活，内容难度大得多。要求应试者充分利用给定资料，切中三要问题，全面阐明、论证本人对给定资料反映的主要问题的基本看法（即中心明确），以及解决问题的方案（即内容充实）。中心就是主题。内容是包含中心在内的层义及方案。论证过程则需要按照逻辑进行科学的分析论证，要按照议论文的写作要求和结构来进行。思维为骨，逻辑为肉，尤其是理论联系实际的行政思维和法治思维，对于行文的论述非常重要。

要写好申论必须编写提纲。提纲是用序码和文字所组成的论点、材料之间逻辑关系的图表。提纲编写程序如下：

（1）写主题句。主题，又称中心论点或者总论点，是政论文核心，表现为一个判断句（10个字左右），只有一个谓语。

主题句的提炼最重要的是准确地分析出资料的本质属性，选择其中的一个属性来进行判断,提出自己的公务处理看法或者重要措施。需要注意的是,资料有多种属性,对资料属性的判断不会只有一种,只要符合公务处理的要求即可。例如××××年××省公务员申论考试,不同考生的高分范文标题(大多即为主题)分别有《让命脉跳起来——××省民营企业的呼救》《别让"民营企业"走"下坡路"》《怎样应对发展中的民营企业》等。

主题句在论文中的位置应是明晰的。标题大多写出主题句,即中心论点。正文的开头,可以在段尾写出主题句,也可以只写出与主题句相关的论题。正文的中间,主要采用分析法说明主题"为什么"和"怎么样",在中间部分的靠后处突出主题句。在正文的结尾重申主题句,可以在字句上有所变化,或者在意义上更深入一步。论文要围绕并穿插主题句来写作,要有一个"提出—强调—重申"主题句的三段式过程。

(2)拟制标题。一般采用直接标明主题的标题,即标题就是主题,是一个判断句,有"……是(动词)……"和"……要……"的模式。还可以采用指出内容范围的标题,有"论……"和"……论"的标题模式。设问、反问、感叹之类的标题也可以采用。

(3)简述内容。简述内容包括主题和层义以及要点,30字左右。注意:平时练习要写内容简述,考试时不必写出。

(4)选择结构。结构包括并列式和递进式两种。

① 并列式。提出几个小论点,结合资料对主题进行横向分析,各层次独立性强,但共同为说明主题服务。此法的好处是概括面广,条理性强。

② 递进式。结合资料对主题纵向深入论证,各层次层层递进,每一层次都不可缺少,前后顺序也不能颠倒。此法的好处是逻辑严密,能说明问题。

在一篇文章中,两种方法可以互相交叉,即以一种方法为主,在某一层次中用另一种方法。

(5)标明层义。一是标题写法,结尾没有标点符号,几个字即可。该方法的优点是简洁、清楚,易于把握;缺点是起草时会弄不明白或者遗忘。二是句子写法。该方法的优点是具体、明确;缺点是冗长,不利于把握。应将两种方法交替使用,在简单明了的地方用标题写法,在复杂难记的地方用句子写法。

(6)写段义及要点。申论行文中多用规范段。规范段犹如小论文,前后都有论点句(后一个有变化),中间论证(或者分析,或者举例,或者引证)。

写作申论一定要编写简明提纲。有时限于时间而不写草稿,提纲则应详细编写。

> 例文

2024年广东省公务员考试申论范文:医疗改革解除群众看病难看病贵问题

诗人郑板桥曾写下:些小吾曹州县吏,一枝一叶总关情。告诫世人:人民群众的民生疾苦都需要被关注,更需要得到解决,从而让群众生活得更幸福。党的十八大以来,政府着手推进医疗卫生体系改革,致力于解决群众看病难、看病贵的问题,让城乡合作医疗覆盖全民,不断推进大病救治和慢病报销,实现人民群众生活水平的提高,避免群众因病致贫问题。如今看来,医疗改革是社会发展大利大好的事情,要坚持不懈地推进并完善。

加强自主医疗设备研发装备是医疗改革的关键一招。毛主席曾强调:实现各领域发展的自力更生才是伟大事业发展的底气。长期以来,我国大小医院的检查仪器都是购买自国外,不仅价格高昂,后期维护成本昂贵,还增加了群众的就医负担;因此我们需要加大对理疗器械设备的研发和维护,鼓励企业敢闯敢拼,突破医疗器械设备研发的瓶颈,只有如此,才能从硬件上为医疗改革加油打气,为广大群众降低医疗负担。

推动医疗人才队伍培养壮大是医疗改革的重要环节。医者救死扶伤的白衣天使也。在古代,医疗人才是郎中,无论是王公权贵还是普通百姓,都会给予大夫极高的礼遇;在近代,西医渐传入国,给华夏大地治病医人带来先进而不同的技术和方法,挽救了广大人民群众生命,受到人们的欢迎;进入现代以来,我国中西医医疗人才队伍随着我国人口的增长而壮大,但是在我国人口老龄化的严峻形势下医务人员仍然捉襟见肘,从全科医生到专科大夫或是护理工作者在数量和质量上都严重不足。为此,要借着医疗改革的东风,积极培养引进先进的医疗人才,为广大人民群众服好务。

推进医疗药品领域反腐倡廉是医疗改革的有力措施。常言道:公生明,廉生威。近年来,在一切向钱看的社会不良风气下,个别医疗领域专家、领导逐渐被糖衣炮弹所腐蚀。例如,在医疗设备采购中存在吃回扣现象;在给危重病人治病过程中存在收取红包等现象。虽然这些问题都是少数,但是严重伤害了广大人民群众的感情和信任,同时也造成医院的不良风气蔓延,让医疗改革之路更加艰难。因此,要持续推进医疗领域反腐倡廉,这样才能让医改减少更多阻碍。

路漫漫其修远兮,吾将上下而求索。面对医改之路的重重困难,我们需要不断加强自主研发,培养新型人才队伍,持续推进医疗反复,真正解决人民群众看病难、看病贵的问题。

(资料来源于广东公务员考试网,有改动)

四、技能实训

根据公务员考试真题,自选角度,自拟题目,写一篇申论。注意事项如下:

(1) 阅读给定材料,并按照要求回答问题。观点明确,论证充分,条理清晰,逻辑严密,语言流畅,不要大段摘抄材料。

(2) 作答参考时限:阅读材料30分钟,作答90分钟。

(3) 本次测试共1题,满分100分。

(4) 作答时必须用黑色墨水的签字笔或钢笔,在答题卡的指定位置作答,作答在其他位置上一律无效。

给定材料 1

党的二十大强调,高质量发展是全面建设社会主义现代化国家的首要任务。党的十八大以来,习近平总书记对广东高质量发展谆谆指引,习近平总书记深情指出,"广东改革发展先行一步,对推动高质量发展必要性和紧迫性的感受会更深一些",寄望广东"在推动高质量发展上聚焦用力,发挥示范引领作用"。2023年春节,习近平总书记又提出"扎实推进广东高质量发展"的殷切要求。

2023年1月28日,正月初七,全省高质量发展大会在兔年首个工作日召开,会议强调,广东的未来发展取决于今天的行动,关键在于推动高质量发展的谋划、担当与作为。

产业潮流,浩浩荡荡,纵观世界工业史,制造业的竞争格局在很大程度上是由制造业重镇引领和决定的。改革开放以来,广东经历了从"制造业起家"到"制造业当家"的发展和跨越,成为引领中国高质量发展的"排头兵"。

推动制造业高质量发展,制造业当家是内在要求。2019年11月,全省推动制造业高质量发展大会指出,广东要把推动制造业高质量发展摆在必争必胜的关键地位,以制造业高质量发展承载时代机遇、履行时代担当。

2022年12月,中共广东省委十三届二次全会强调,坚持制造业当家,高水平谋划推进现代化产业体系建设,把制造业这份厚实家当做优做强,在新的高度挺起广东现代化建设的"脊梁"。

岭南处处是春天,广东时时无闲人。新时代新征程新起点,制造业当家的嘹亮号角已经吹响,广东正谱写中国式现代化广东实践的新篇章!

给定材料2

1979年,珠江口的一片滩涂上,春雷乍响,中国第一个外向型工业园区——蛇口工业园区破土开建,从深圳到广州、佛山、东莞,"三来一补"企业如雨后春笋般涌现,现代工业在广东扎下了根,广东迈出了制造业起家的坚定步伐。

1998年,广东省生产总值总量超过新加坡,达1 030亿美元,首次超越"亚洲四小龙"成员,其中制造业高速发展是关键。

进入新世纪,面对加入WTO带来的机遇和挑战,广东坚持制造业立省,推动制造业持续转型升级。多家世界知名汽车品牌在广州投资建厂,这是广东制造业转型升级的经典之作。广州现已成为全国三大汽车制造基地之一。广东电子信息产业从无到有,不断转型发展。2003年,广东在电子信息技术领域有69种高新技术产品单厂产值超过10亿元,一度上演"东莞塞车,世界缺货"。

党的十八大以来,广东大力推动"广东制造"向"广东智造"转变,"制造大省"向"制造强省"转变,制造业转入高质量发展轨道。

2021年,广东工业增加值突破4.5万亿元,位居全国第一,约占全国的八分之一;制造业增加值占全球近4%。国家制造业创新中心数、5G基站数、入选国家绿色制造名单数等多项指数居全国第一;智能家电集群全球规模最大、家电制造其他品类最齐全,汽车集群实现汽车产量连续5年位居全国第一。

有专家指出,与制造业当家的要求相比,广东仍有很大提升空间,关键核心技术受制于人的局面尚未根本改变,破解"卡脖子"问题需要继续努力,资源要素配置协同亟待优化,产业基础能力有待进一步提高。

给定材料 3

制造业当家,质量是基础。广东积极推进质量强省战略,"质量第一"成为全社会的价值道德。

产品质量决定制造业的成色。"在质量上,我们遵循严格的制造标准,坚持'以造飞机的精神造家居'。"A家居集团是广东省政协质量奖获奖企业之一,总裁朱先生直言质量是企业的立身之本,过硬的产品,让A家居集团成为全国家居行业领军者。

近年来,广东以产业链为纽带,不断推动制造业质量标准升级,引导企业不断提升产品质量。截至2022年年底,广东企事业单位主导或者参与制修订国际标准3 037项,已有56个国际、国家专业标准技术委员会组织落户广东,为广东制造业高质量发展提供有力的支撑。

一枝独秀不是春,百花齐放春满园。如何帮助众多企业提升产品质量? 2019年以来,广东省市场监管部门组建首批8家省级"产品医院",创新开展产品质量安全"问诊治病"活动,强化质量基础设施协同应用,对1 600余家生产企业开展技术帮扶,提出4 700多条整改建议以及整改措施,产品质量整体水平有效提升。

"当前,广东正扎实开展质量提升行动,助力产业塑造竞争新优势。"广东省市场监管部门相关负责人介绍,广东省政府设立了5亿元的广东省质量提升发展基金,在全省遴选100个行业或者产品开展质量强业活动,助推中小微企业解决质量技术短板。

"质量基础是质量建设的重要组成部分。"该负责人指出,广东还高度重视质量基础建设,率先将质量基础设施建设纳入新型基础设施建设规划。截至2021年底,广东获批设立国家计量基准3个,国家级和省级产业计量测试中心32个,国家技术标准创新基地6个,建成或在建国家质检中心83个,数量居全国第一。

同时,广东不断完善质量管理办法,严厉查处质量违法行为,制造业产业质量合格率从2016年92.49%提高到2021年94.85%,消费品质量合格率从2016年87.01%提高到2021年93.38%。

只有每个产品都有质量,每家企业都以质量为目标,制造业发展才会更有质量。

给定材料 4

追求质量、打造品牌,擦亮广东制造金字招牌,是广东制造的优良传统。20世纪90年代,珠江水(饮料)、广东粮(食品)、岭南衣(服装)、粤家电,优质的广东制造赢得人们的青睐。现在,广东生产了全世界近一半的智能手机、三分之一的液晶电视、三成的空调,新能源汽车、无人机等新赛道上的广东企业领跑全球,越来越多的广东制造优质产品享誉世界。

在湖南长沙,国内首条磁悬浮列车所用"导电轨"的供应商是一家来自广东佛山的企业——H集团。"质量是企业的生命,品牌是企业的灵魂。"作为广东省政府质量奖获奖企业,该集团总经理倍感自豪。

在广东,像H集团一样的品牌标杆越来越多。截至2022年,广东全省共有3家组织获中国质量奖，15家组织和1名个人获中国质量奖提名奖，累计62家组织获省政府质量奖，36家组织和1名个人获省政府质量奖提名奖。近年来，广东大力强化品牌建设，发挥省政府质量奖示范引领作用，推广获奖企业先进经验，将先进的质量文化、品牌理念向全产业链延伸。

"中国陶瓷要受世界青睐，就要保证质量、打造品牌。"深耕行业40余年，佛山D陶瓷公司董事长何先生深谙品牌的重要性。作为佛山陶瓷龙头企业之一，D陶瓷公司不断强化自身品牌建设，引领行业品质提升。作为发起人之一，D公司联合佛山陶瓷行业34家企业成立佛山众陶联供应链服务有限公司（简称众陶联）。

"打造品牌是我们的发展方向。"众陶联一位负责人谈到联盟发展时脱口而出。众陶联通过制定陶瓷产业全链条的技术标准、管理标准、服务标准，提升全行业产品质量，打造佛山陶瓷品牌。"佛山陶瓷"已为广东"产品＋产业＋集群＋产地"区域品牌创建的典型代表。如今，全球每出口3块瓷砖就有一块来自中国，仅佛山陶瓷出口就占61%。

2022年12月，汕头市商标品牌培育指导站揭牌仪式隆重举行。指导站的设立，旨在打造为当地企业提供商标品牌服务一站式公共服务平台，揭牌仪式结束后，指导站立即开展首场活动，为参会企业进行商标品牌专题培训，围绕商品服务分类、商标注册审查、品牌侵权判定等内容进行辅导。

2023年1月，在主题为"新时代·新品牌"的第三届品牌强国先行论坛上，广东B铝材公司凭借在铝型材领域的专攻钻研和质量保证，获评"广东知名品牌"称号。

"开年就获得'广东知名品牌'，为我们公司新的一年打响头炮，赢得开门红。"B铝材公司负责人表示，"我们将以广东知名品牌的荣誉担当，不负重任，为广东制造争光。"

品牌强国先行论坛由广东省企业品牌建设促进会承办，"作为全国领先的品牌建设社会服务平台，近些年我们发起了品牌广东工程、品牌强国先行工程、广东品牌发展大会等活动，广受制造业企业欢迎。"该促进会有关负责人介绍。

据了解，广东还有国家商标品牌创新创业（广州）基地、广东商标协会、广东品牌网等一批品牌专业组织，为制造业企业提供品牌人才培养、知名品牌培育、企业品牌战略升维等服务。

此外，广东近些年也通过举办中国品牌国际化（广东）峰会、广东省中国品牌日活动、中国品牌人年会、品牌强国先行论坛等高端品牌会议，大力宣传广东制造，推动企业从"要素竞争"向"品牌竞争"转变，为广东打造国家级品牌、世界级品牌注入强大动力，擦亮了广东制造金字招牌。

（资料来源于广东公务员考试网，有改动）

项目七 财经文书

学习目标

▶ 知识点：

了解财经文书常用文种的适用范围及相关知识。

掌握财经文书的格式与写作要求。

▶ 能力点：

结合实际工作情境撰写常用财经文书。

掌握收集相关材料制作有关财经文案的方法。

运用相关知识为领导决策提供参考。

实训 1　商业合同

商业合同

一、办文情境

"供销社"积极拓展多元化经营,不断增强经济实力,下属有淘宝再生资源回收连锁经营有限公司等全资或控股企业共 12 家,这些企业已发展成为各自业务领域具有核心竞争力的市场主体,辐射、带动了供销系统各项经营业务的拓展和电子商务网络体系的构建及完善。

二、办文任务

开展在线实时写作实训,分角色模拟"供销社"办文情境,拟写电子商务营销项目的合同。

三、写作技法

(一) 任务分析

《中华人民共和国民法典》(以下简称《民法典》)规定:"合同是民事主体之间设立、变更、终止民事法律关系的协议。"合同,也称契约、协议。以经济业务为内容的协议,称为经济合同。商业合同属于经济合同。

经济合同是法人之间用于实现一定的经济目的、明确相互权利义务关系的协议。它是为了实现一定的经济目的而签订的,内容主要反映在生产、流通领域的经济关系,包括产、供、销、运、科研等各种经济业务活动。经过当事人双方平等协商达成一致意向而签订的合同,一旦成立,就在彼此间产生一定的权利义务,任何一方都必须履行。由于它是建立在等价交换和权利对等的基础上的,所以合同必须有条款,而且双方都要亲笔签字,重要的合同还需要司法机关公证。合同一经依法成立,就具有法律约束力。作为商品生产交换的法律形式,合同更是明确法人之间相互权利义务,实现国家对企业的经营活动进行监督与管理的工具。撰写和签订合同必须符合党和国家发展社会主义市场经济的方针、政策,遵守国家法律,并且这是一个协商一致的过程,当事人必须全面履行合同规定的义务,同时享受合同规定的权利,任何一方不得擅自变更或解除合同。若要变更,则必须由签订合同的双方协商同意,未经双方协商一致而改变的,要追究违约责任。签订合同的基本原则是双方当事人在平等协商一致的基础上达成协议,所订立的合同条款对双方应是互利的、利益均沾的、有偿的。"供销社"在经营管理中,免不了要签订合同。

(二) 种类

经济合同根据业务可分为购销合同、建设工程承包合同、加工承揽合同、货物运输合同、供用电合同、仓储保管合同、财产租赁合同、借款合同、财产保险合同、科技协作合同等。

(三) 结构写法

1. 标题

标题由合同性质+文种组成。

2. 前言

前言一般写明立名和签订合同的目的与依据。立名就是签订合同双方或多方的名称与简称,包括甲方、乙方、供方、需方、买方、卖方、借方、贷方、发包人、承包人等。目的一般写:为了明确各自(甲、乙)权利义务(责任),经双方协议,签订本合同,共同信守(以资遵守)。依据则写明有关法律依据与实际情况结合的情形。

3. 双方协议内容

《民法典》规定:合同一般包括以下条款:当事人的姓名或者名称和住所,标的,数量,质量,价款或者报酬,履行期限、地点和方式,违约责任,解决争议的方法。由此确定当事人双方的权利义务关系,也是履行合同的基本依据。撰写合同必须具有上述条款,而且做到明确、具体、规范,从而保护自己的合法权益。

(1) 当事人的姓名或者名称和住所。即签约主体的基本信息,自然人的基本信息包括姓名、身份证号、地址、电话;法人的基本信息包括法人名称、统一社会信用代码、法定代表人姓名、地址、电话。这些都是签订合同的必备事项。

(2) 标的。标的就是当事人双方权利义务共同指向的对象,即要达到的经济目的。标的可以是物,也可以是行为。不同性质的合同,标的也不同。购销合同标的是销售物,基建合同标的是承包工程,劳务合同标的是人的劳务活动,保险合同标的是意外损失补偿等。标的必须合法,凡国家规定的限制流通物,如毒品、武器弹药等,不能作为普通法人签订商业合同的标的。没有标的或标的不明确,双方的权利义务就没有依据,合同就无法履行。

(3) 数量。数量是指标的计量,是以数字和计量单位来衡量标的的尺度。任何合同都必须有数量的规定,否则不能成立,无法执行。合同中对标的数量的规定,应由双方商定。由于标的类别、形态不同,对其计量的单位和方法也不尽相同。如运输合同中,标的计量单位是吨、件;借款合同中,金额的计量单位是元。标的计量单位必须用国家法定的统一单位。

(4) 质量是对标的质的规定。对于标的质量,有国家标准的应按国家标准签订;没有国家标准而有主管部门标准的,应按主管部门标准签订;只有地方标准的,应按地方标准签订;以上标准均未有的,应由双方协商签订。

(5) 价款或者报酬。价款是指根据合同取得标的物的一方当事人向另一方当事人支付的代价。报酬是指根据合同取得劳务的一方当事人向另一方当事人支付的代价。如果标的是物,则要写明价款;若是劳务,则写明报酬。价款和报酬都以货币数量表示,并以人民币计算和支付(是否用港币、美元等外汇支付,视具体情况和国家政策而定)。价款和报酬的确定,应以国家的价格规定为准则,或者当事人双方协商议定。结算方式、付款时间和途径都应写清。

(6) 履行期限、地点和方式。期限是指实现权利、承担义务的具体期限,即交付标的或支付价金的时间。地点是指交付、提取标的的具体地方。方式是指履行合同的具体方式。合同的期限、地点和方式都要写清楚,如交货地点是定在甲方单位,还是乙方单位,或是某火车站、货运站、码头;是送货,还是自提;是分期付款,还是一次性付货、付款;是交付现金,还是使用支票、银行转账等。

(7) 违约责任。即不履行合同义务的制裁措施,也是追究违约责任和明确经济责任的依据。违约责任一般由违约条件和违约处置两部分构成。违约责任是保证合同如期履行的条款,应周密、具体,充分考虑可能出现的各种情况,明确违约方的经济责任,规定具体的惩罚措施,一般包括偿还违约金、支付赔偿金等。无论是甲方还是乙方,事前都要对合同履行期间各种可能出现的意外情况深思熟虑,并在撰写合同时说清楚违约责任的规定,用以敦促当事人履行合同的责任心,同时,为一旦出现某方当事人违背合约的情况提供应负责任的依据。

(8) 解决争议的方法。即发生争议后如何解决,可以通过协商、仲裁或诉讼解决。

4. 附带说明

附带说明包括合同有效期限、份数及其保存等。

5. 落款

(1) 双方单位名称及其代表姓名,并签名、盖章。

(2) 签订日期。

(3) 双方单位地址、邮政编码、联系电话、电报挂号、传真、E-mail、开户银行及其账号。

例文

"应用写作"精品在线课程 AI 数字微课视频资源制作服务合同书

甲方:×× 职业技术学院　　　　乙方:×× 信息科技有限公司

法定代表人:(略)　　　　　　　法定代表人:(略)

地址:　(略)　　　　　　　　　　地址:　(略)

联系人:(略)　　　　　　　　　　联系人:(略)

联系方式:(略)　　　　　　　　　联系方式:(略)

甲乙双方本着友好合作,共同发展的原则,根据《中华人民共和国民法典》及相关法律法规,在平等自愿的基础上,就"应用写作"精品在线课程 AI 数字微课视频资源制作专项服务事宜,特订立本合同,以资共同遵守。

第一条　项目内容

乙方为甲方提供"应用写作"精品在线课程 AI 数字微课视频资源制作 专项服务,服务约定详细清单如下:

序号	资源名称	内容要求
1	PPT 优化: 11 个	对课程 PPT 课件进行统一优化升级,增添其美观度。 (1) 格式要求:*.ppt;*.pptx;不得使用 PPS 格式。 (2) 软件版本:文件制作所用的软件版本不低于 MicrosoftOffice2003。 (3) 模板应用:①模板朴素、大方,颜色适宜,便于长时间观看;在模板的适当位置标明课程名称、模块(章或节)序号与模块(章或节)的名称。②多个页面均有的相同元素,如背景、按钮、标题、页码等,可以使用幻灯片母版来实现。
2	AI 数字微课视频: 11 个	(1) 每个视频 5~15 分钟。 (2) 根据优化 PPT 与数字 AI 配音输出微课视频。 (3) 结合教师教学提供录屏视频及素材剪辑,片头片尾 + 画面剪辑 + 声音处理 + 视频输出。 (4) 视频采用 MP4 格式封装。 (5) 视频要求图像清晰,声音和画面同步,播放时没有明显的噪点,播放流畅。采用 H.264/AVC(MPEG-4 Part10) 编码格式压缩;分辨率不低于 1 920×1 080(16∶9),音频采用 AAC(MPEG4 Part3) 格式压缩。

交片形式：课程资源及拍摄素材文件的知识产权及所有权归甲方所有。

第二条　服务要求

甲乙双方就本服务合同在约定的制作时间内，乙方分两个内容进行制作：

1. 服务期：

2023 年 5 月 9 日—2024 年 5 月 30 日。

2. PPT 文档

（1）甲方需提供初始 PPT 文档（即美化前的 PPT 和相关素材）和讲稿，每个 PPT 不超过 30 页。

（2）乙方在初始 PPT 的内容基础上进行风格及排版美化，具体包含风格设计、装饰设计、内容排版、字体字号优化等。

（3）乙方优化的 PPT 原则上应包含封面页、目录页、过渡页、内容页、封底页五种形式，可根据甲方提供的初始 PPT 文档内容灵活变通。

（4）PPT 风格设计符合课程或者场景特色，且整体风格统一美观。

（5）PPT 排版整齐简洁，内容信息传达准确无误。

（6）PPT 配色符合配色原理，冷暖搭配合理，用色原则上不超过 3 种。

（7）PPT 字体默认采用微软雅黑，如用特殊字体，要确保字体性格符合课程/场景特色，并内嵌字体。

3. 视频技术要求

1）视频质量要求

（1）全片图像稳定，无失真乱码现象。

（2）图像无抖动跳跃，色彩无突变过度，编辑点处图像稳定。

（3）校正白平衡，无明显偏色，如多机拍摄的镜头衔接处无明显色差。

2）音频要求

（1）声音无明显失真、放音过冲、过弱。

（2）声音和画面要求同步，无交流声或其他杂音等缺陷。

（3）伴音清晰、饱满、圆润，无失真、噪声杂音干扰、音量忽大忽小现象。解说声与现场声无明显比例失调，解说声与背景音乐无明显比例失调。

3）音视频文件输出、视频格式及刻录

（1）常用的有 MPEG-4、Mov、Avi、Vob、Wmv 等格式，具体需要的格式可根据客户要求进行更改。

（2）视频画幅宽高比：分辨率设定为 1 024×576，采用高清 16∶9。

（3）视频帧率：25 帧/秒。

（4）扫描方式：采用逐行扫描。

4. 乙方承诺

乙方承诺向甲方提供的所有制作成果不侵犯任何第三方的知识产权。如甲方因此遭到第三方索赔、诉讼或收到任何权利请求，则乙方应妥善处理纠纷，并承担全部赔偿责任（包括但不限于赔偿甲方因此支出的赔偿金/和解款、诉讼费/仲裁费、律师费、差旅费等）。

第三条　价格

（1）服务费总价款（含税）：略（人民币大写：×万×仟×佰元整）。

（2）付款方式：一次性付款，在本项目合同签订之日起 10 天内付清。

（3）乙方的收款账号信息如下：

开　户　名：（略）

开户银行：（略）

账　　号：（略）

在甲方付款前，乙方应开具等额的正规发票，以便甲方办理支付手续，否则，甲方有权延期支付相应费用并不被视为违约。甲方在约定的付款时间内办理支付手续即视为甲方办理完毕付款。由于资金支付流程导致付款迟延的，不视为甲方违约。

第四条　服务时间

自本合同签订之日起，乙方开始开展本合同第一条约定的项目服务。甲方需在签订合同之日起 10 天内提供素材，乙方开展项目服务时间是 365 天内。如遇特殊情况，经双方协商一致，可以延长或缩短该期限。

第五条　保密条款

甲乙双方均应对合作过程中接触到的对方的技术秘密、教学资源、商业信息和商业秘密等负有保密义务。对于在这一阶段中所接触到的对方的技术秘密、教学资源、商业信息和商业秘密等，甲乙双方都必须承担至少 5 年的保密责任。

第六条　违约责任

（1）除不可抗力或双方协商一致外，任何一方违反本合同的约定，使得本合同的全部或部分不能履行，均应承担违约责任，并赔偿对方因此遭受的损失（包括由此产生的诉讼费和律师费）。

（2）甲方应按合同约定时间按时支付款项，如逾期，则以应付未付款为基数，按每日千分之三的标准向乙方支付违约金。

（3）如乙方未按照合同约定履行义务，包括但不限于未按时提供服务、提供的服务成果质量不符合甲方要求等，经甲方通知后仍未按期纠正违约行为，则甲方有权单方解除本合同，不予支付相应费用，并有权要求乙方赔偿由此造成的一切损失（包括但不限于直接损失、诉讼费/仲裁费、律师费等）。

（4）任何一方均应对本合同项下获得的信息保密，若因任何一方原因导致信息被泄露，则违约方须向守约方支付相当于本服务合同约定服务费总额的 1 倍金额的违约金，若违约金不足以弥补守约方损失，则违约方须按实际损失进行赔偿。

第七条　争议解决

凡与本合同有关的一切争议，甲乙双方可首先通过友好协商解决，如经协商后仍不能达成协议时，任何一方可以向甲方所在地人民法院提起诉讼。

第八条　送达通知

一方向对方发出的通知、文件及诉讼资料等，可以通过直接送达，或寄邮件、电话通知、传真、电子邮件等方式送达，信函寄出三日后视为送达，其他方式发出之日即视为送达,实际收到的时间更早的,以实际收到时间为送达时间。一方在本合同所留存的联系方式发生变更的,应当提前书面通知对方,否则视为未变更,由变更方承担不利后果。如联系方式或地址发生变化,则应在变更之日起五日内书面通知对方,否则另一方依照原联系地址和联系人发出的通知视为有效送达。

第九条

售后服务电话(略)。

第十条 不可抗力

(1) 在执行合同期限内,若任何一方因不可抗力事件所致不能履行合同,则合同履行期可延长,延长期与不可抗力影响期相同。

(2) 不可抗力事件发生后,应立即通知对方,并寄送有关权威机构出具的证明。

(3) 若不可抗力事件延续60天以上,则双方应通过友好协商,确定是否继续履行合同。

第十一条

双方应清楚:甲乙双方就本项目以往所有的口头协议或书面上的任何表达、理解及承诺均包含在本合同之中,以本合同为准。

第十二条

本合同一式肆份,甲方执叁份,乙方执壹份,合同均具有同等法律效力。

第十三条

本合同未尽事宜,双方可另行签署补充协议。补充协议是本合同不可分割部分。

第十四条

本合同自双方签字盖章之日起生效。

(以下无正文)

甲方名称:××职业技术学院　　　　乙方名称:××信息科技有限公司
(签章)　　　　　　　　　　　　　(签章)

法定代表人/委托代理人:＿＿＿(签名)　　法定代表人/委托代理人:＿＿＿(签名)
　　　　年　　月　　日　　　　　　　　　　　　年　　月　　日

四、技能实训

指正病文的错误,誊写正确行文。

建筑工程承包合同

立合同人:××大学(甲方)

　　　　××建工集团总公司(乙方)

为建筑××大学第三教学楼,经双方同意,订立本合同。

(1) 甲方委托乙方在学校办公楼旁新建第三教学楼1座,由乙方全面负责建造。

(2) 全部建造费（包括材料、人工）×××万元。
(3) 甲方在订立合同后先交一部分建造费，其余在第三教学楼建成后抓紧归还所欠部分。
(4) 工期待乙方筹备就绪后立即开始，4月中旬开工，年底左右交付使用。
(5) 建筑材料由乙方视具体情况全面负责筹备。
(6) 本合同一式两份，双方各执一份。

乙方：　　　　　　　　　　　　　　甲方：
××建工集团总公司（公章）　　　　××大学（公章）
法定代表人：唐××（盖章）　　　　法定代表人：王××（盖章）

实训 2　市场调查报告

一、办文情境

"供销社"下属淘宝再生资源回收连锁经营有限公司，为辐射、带动供销系统各项经营业务的拓展和电子商务网络体系的构建及完善，取得预期经济效益，有必要展开市场调查。

二、办文任务

开展在线实时写作实训，分角色模拟"供销社"办文情境，拟写电子商务营销项目的市场调查报告。

三、写作技法

（一）任务分析

市场调查报告是指对商品和服务从厂家到达消费者的过程中所发生的有关市场营销的资料进行系统的收集、整理和分析，以了解产品和服务的现状及潜在市场，并得出结论和做出决策的书面报告。"供销社"要开拓电子商务营销业务，展开市场调查，自然要形成市场调查报告。

（二）结构写法

1. 标题

标题一般是正标题加上副标题或眉题，如《安于"小"，专于"小"，发展"小"——温州小商品市场生意红火》。这类标题形象、生动、醒目，具有强烈的吸引力。尽管标题形式不一，调查区域、文种可以省略，但调查对象一般不能省去。

2. 导语

导语讲求出彩。有的导语开头观点明确，一目了然，如《××牌收银机，在京市场的拥有、使用情况的调查》一文的导语："我们认为它在北京不具备市场竞争能力，原因主要从以下几方面阐述"；有的导语提出问题，引人关注思考，如"每逢过年，中国人的头等大事就是置'年货'。

如今赶上年根儿,商场的景象却令人'心寒'。那么顾客都到哪儿去了"。主要根据调查报告的种类、目的、资料及篇幅要求等适当选择开头方式,围绕着为什么进行调查、怎样进行调查和调查结论如何来做文章。

3. 主体

市场调查报告多数是专题调查报告,或反映市场环境,或反映市场需求,或反映市场供给,或反映市场营销情况。写作时要真实地反映客观事实,但这不等于对事实简单罗列,应该有所分析、提炼。第一,先对调查数据资料及背景资料做客观的介绍,然后进行分析;第二,首先提出问题,其次分析问题,目的在于找出解决问题的办法;第三,先肯定事物好的一面,由肯定的一面引申出分析部分,又由分析到引出结论,循序渐进。在分析部分,往往对资料进行质和量的分析,从而了解情况,说明问题,解决问题。分析有三类情况:一是原因分析。这是对问题的基本成因进行分析。二是利弊分析。这是对事物在市场活动中所处地位、作用等进行分析。三是预测分析。这是对事物发展趋势和发展规律进行分析。总之,要有情况、有分析,提出措施、建议,材料翔实,观点鲜明,层次清楚。分析是重点,既不要简单化,又不要面面俱到,要有详有略,抓住主题,深入分析。

例文

<h3 style="text-align:center">关于广州下渡路开办湘菜馆的调查报告</h3>
(2023 年 2 月 18 日)

2022 年 12 月,广州市在全国率先全面开放疫情抗疫防控,百业阜新,市井烟火气回归。为使广州下渡路饮食实现多样化,发扬湘菜文化,我们拟在下渡路开办一家正宗的湘菜馆,2023 年春节期间通过实地调查,走访了周边小区、街道,广泛听取市民街坊的意见,现将有关情况报告如下:

一、下渡路目前的主要商业格局分析

1. 下渡路的地理位置和区位特点

(1) 连接南北的交通要道。下渡路位于广州市独具发展潜力的海珠区,是一条南北走向的重要交通干道,朝北可以直通珠江岸边,朝南连接新港路,随着近年来广州城市建设水平的不断提高,珠江两岸的整治和滨江东路的全线贯通,下渡路作为连接新港西路与滨江东路的主要交通干道的重要性日益凸显。

(2) 公交、地铁交通便利。下渡路靠近地铁二号线鹭江站,地铁的开通给下渡路带来了更多的人流和物流;另外与其连接的新港西路则是公交线路最密集的地方,交通四通八达,使得人们出行更加方便,这不仅使居民对此路段的交通状况增强了信心,还令下渡路附近的商用物业和楼盘的价值提高了不少。

(3) 主要生活配套。下渡路目前生活和商业配套相对比较成熟、完善,道路周边商铺林立,有麦当劳、茶餐厅、高档西餐厅、风味小食店、大型超市,生活十分便利。主要商业设施如下:

麦当劳、朗拿度西餐厅、品汤居、星晴网吧、特色沐足、美容、保龄球、特色咖啡店、肉菜市场等。

2. 下渡路的人流、车流及物流分析

(1) 周边人口密集、消费能力强。下渡路是海珠区新兴的住宅区，居民住宅及高档住宅楼盘众多，加上与滨江东路相连，附近有十几个高档住宅小区，如中信乐涛苑、侨雅苑、柏惠花园、金豪嘉苑、海琴湾等，并且不断有新开发的项目。人口的增加，日渐促进下渡路商业氛围的成熟，而海珠教工新村、中大纺织商圈、广州市第六中学、海员医院及不少机关单位处于周边地区，这里渐渐成为新兴的生活区。

(2) 周边居民是餐饮业的主要消费群体。经常来下渡路消费的人群以周边居住的居民为主，他们由以下群体构成：广州本地人、滨江东路高档楼盘的住户、下渡路和鹭江两个城中村一带租房子住的几十万外省务工人员，还有中山大学等大中专院校的师生等。

3. 下渡路目前餐饮业现状调查

(1) 以大排档形式经营为主。下渡路有饮食店档十几家，这些餐饮店主要以大排档形式经营，许多店长期无牌经营、占道经营，造成噪声油烟扰民，影响市容，海珠区政府已多次对其进行整改。

(2) 上档次和规模的特色餐饮店比较少。从表面上看，下渡路好像有各种样式的餐饮店，但多数餐饮店档次比较低，在菜式和风味上没有特色，知名和上规模的餐饮店几乎没有，有几家档次和形象相对较好的饮食店，如朗拿度西餐厅、品汤居等也是以粤菜或西餐为主。

(3) 新港西路等周边区域会分流一部分的消费者。虽然下渡路的餐饮尚未形成一定的气候，但与之连接的两条交通干道——新港西路和滨江东路上的餐饮、酒楼却做得有声有色，如大四川火锅城、珠江春海鲜酒楼、南海城等，主要原因是新港西路在区位、交通、配套等方面比下渡路更有优势，这些酒楼既有规模又有品牌和档次，会分流下渡路的部分消费者，并对同类餐饮店造成一定的竞争和冲击。

二、下渡路开湘菜馆的可行性论述

1. 机会

(1) 抢占市场的空白点。下渡路周边居民点和单位相当密集，这里有滨江东、下渡村和鹭江村片区的中大纺织商圈、中山大学和机关大院，却没有一间有特色的餐馆，做湘菜本身就是个好主意，有与众不同的特色。

(2) 消费群体庞大。下渡路的湖南人越来越多，他们已足够支撑起整个市场；害怕"上火"的广东人也对湘菜越来越有兴趣。

2. 威胁

(1) 下渡路目前没有形成饮食的规模和聚集效应，餐饮店虽然不少，但普遍定位低档，缺乏龙头名店带动，大家各自为战，缺乏整体和联动作战的能力。

(2) 下渡路缺乏停车场所，目前餐饮店的消费者都是路边停车，车位极其有限，不利于吸引消费者过来消费。

(3) 新港西路、江南西路等周边区域的同类餐饮业的竞争。

3. 经营思路

(1) 走中高档路线，最好有湘菜系列知名品牌做主持。下渡路和新港西路一带湘菜馆的规模、价位大多属于中低档，湘菜属家常菜系，并非名贵菜，配料中的干豆角、干萝卜丝原来是湖南乡下为储存食物而制作的,荤菜也不出鸡、鸭、鱼、肉的范围,成本不高,但湘菜在广州逐渐地在走向高档化,并以连锁的形式快速扩张,目前湘菜在广州知名度很高。

(2) 做出一种独特的湘菜饮食文化。同湘会、我家、味相来、洞庭土菜馆、醉香楼等虽都是湘菜馆,但菜肴却各有特色,丰富了湘菜的饮食文化。怎么才能做出特色呢? 湘菜的原料可用"腊""辣"二字概括,各家餐馆均有腊猪肉、腊牛肉、腊肠、腊猪舌、腊鱼、腊鸡等各种腊菜及红辣椒、白辣椒、酸辣椒、榨辣椒(辣椒粉及玉米粉、成米粉的混合腌制物)等各种调味的辣椒。这些原料一律在湖南收购,再以火车或汽车运至广州,同时湘菜在入粤后也做了一些调整,降低了"辣度"。此外,湘菜也引入一些粤菜做法,或将粤地原料按湘式办法处理,如"辣椒海参""辣炒鱿鱼卷"等。

4. 综合评价

春节消费历来是观察中国经济的一扇窗口,2023年兔年春节消费"开门红"火爆,再次印证了中国经济的韧性与活力。在充满生机、蓬勃向上的中国经济超预期强劲复苏的形势下,经过上述的市场调查论证,无论是从市场需求、市场机会角度,还是对消费群体的分析,我们都认为:在下渡路经营一家湘菜馆是完全可能的。问题的关键是要在经营上做出特色,做出湘菜文化,从而在市场上做出品牌,做出知名度和美誉度。

(资料来源于《公司文书实操大全》,范兰德,广东人民出版社,有删改)

四、技能实训

指正病文的错误,誊写正确行文。

关于××啤酒如何推广的调查报告

1. 前言

××啤酒,简称台啤,是由××烟酒股份有限公司所发售的啤酒品牌,原名××啤×啤赢得过数个国际奖项,包括了1977年的 the International Monde Selection,还有2002年的 the Brewing Industry International Awards。虽然积极于外销,但宣传推广度不高。近年来进行了一连串更新运动:旗下的篮球队命名为××啤酒队、由年轻歌手代言主题曲等。而且第16届亚运会组委会与××啤酒在北京人民大会堂举行签约仪式,××啤酒正式成为广州2010年亚运会啤酒合作伙伴。

2. 调查的主要内容

2.1 ××啤酒的历史及调查目的

(1) 了解××啤酒在市场上的印象,消费者对其了解的程度。

(2) 了解××啤酒如何拓展业务、招商。

(3) ××啤酒与各个啤酒竞争品牌的对比。

2.2 调查的对象

由于时间、人力上的限制,本调查对象以啤酒市场的经销商与分销商为主,所得结论也只是针对××啤酒的经销商与分销商。除了访问的问题外。

2.3 调查内容

2.3.1 ××啤酒进入某地的时间

××啤酒过去一直自产自销。2001年,××啤酒市场正式解禁。但由于受到金融危机的影响,这个占据当地啤酒市场70%以上的龙头企业面临着巨大的生存压力。于是在保持本土市场优势的基础上,他们实行"蓝海战略",另辟"新大陆",把眼光瞄准了更大的啤酒市场。去年5月,××啤酒与××金枫酒业股份有限公司签订战略合作意向,随后又在8月××国际啤酒节和10月××糖酒会上高调亮相,这一系列的精心部署都在说明××啤酒瞄准新市场已久。

2.3.2 某地人民对××啤酒总的印象及了解

虽然××啤酒进入市场已久,但是某地人民对其认识还不是很清晰,在一般的小超市都不会见到。

2.3.3 ××啤酒的竞争品牌

3. ××啤酒推广的主要方法及数据分析

3.1 推广方法

3.1.1 完善的公司制度及管理

3.1.2 品牌的力量

3.1.3 ××啤酒的营销策略

3.2 调查数据处理

××啤酒虽然在本地是第一品牌,但因为之前进入某地比较低调,所以某地很多人对××啤酒还不熟悉。因此××啤酒就如一个新生儿。

实训3 经济活动分析报告

一、办文情境

"供销社"下属淘宝再生资源回收连锁经营有限公司,为辐射、带动供销系统各项经营业务的拓展和电子商务网络体系的构建,完善后续销售,有必要进行经济活动分析。

二、办文任务

开展在线实时写作实训,分角色模拟"供销社"办文情境,拟写电子商务营销项目的经济活动分析报告。

三、写作技法

(一) 任务分析

经济活动分析报告是经济部门或企业以计划指标、会计核算、统计核算和调研情况等为依据,对一定范围、时间内的经济活动状况进行分析研究和评估后写成的书面报告。

这是为达到预期的经济效益,以计划和经济核算提供的各项资料为依据,对企业一定时期的生产、流通、分配和资金使用等经济活动的过程及其结果进行研究分析的报告。具体来说,经济活动分析报告是指企业和经济部门以党和国家发展社会主义市场经济的方针、政策为指导,运用科学的经济理论,参照计划指标,利用统计、会计提供的业务核算资料,以及调查研究所获得的信息材料,对一个单位、部门或地区一定时期的生产、流通、分配和资金使用等经济活动情况进行科学的、系统的分析研究,并且将有关过程和结果写成书面材料。经济活动分析报告的写作目的是通过研究经济活动的过程和结果,总结生产和经营的经验,揭露经济活动中的矛盾,查明产生问题的原因,对完成计划指标情况做出评价,有针对性地提出改进经营管理的措施,借以充分挖掘潜力,提高经济效益。这是现代经济管理中的一种重要方法,是做好社会主义市场经济管理工作的重要依据,也是科学领导和管理经济活动的常用文书。经济部门和企业在季度、半年和年终都要定期进行这项工作。"供销社"对电子商务营销项目进行业务预测,分析前段工作的得失及原因,制定对策以指导下一阶段的工作,这栏才能扬长避短,争取良好的经济效益。

(二) 结构写法

1. 标题

经济活动分析报告的标题一般由单位名称、时间、内容范围和文种组成。为了使标题明确、具体,可运用正副标题相结合的方法,增强表达效果。

2. 开头

开头部分概括有关的产销形势,针对所分析研究的经济活动问题,用数字说明一些基本情况;或者从生产情况和存在问题落笔入题;或者交代写作目的和起因后就转入正文;或者不要开头,把其中的内容直接放在正文的分析中。

3. 正文

正文主体包括数据和文字。遵循提出问题、分析问题和解决问题的原则,侧重点在于分析。根据需要可先列数据再分析,也可以先分析再列数据。充分运用准确、精密的数字和事实,进行科学的分析研究,有理有据地揭示本质问题。精确分析主要是指算盈亏的经济账,在算账中进行分析,权衡利弊,找出成败原因,制定扭亏增盈的最佳对策。让数字说话,对过去经济活动的成绩和问题、成功和失败、经验和教训做出正确评价。账表数字、计划指标等是企业赖以生存的根本。经济部门或企业单位在进行经济活动分析时,都着眼于对未来经营管理的改进,着手于对过去经济活动的总结。

(1) 概况。概况主要是对各项经济指标的完成情况进行总述。以企业综合分析为例,就是分别列出总产值、产品质量、销售收入、利润、资金、成本等。

(2) 对各种指标执行结果的分析。具体包括:各项指标的实际完成数、同计划指标对比的百分数、同上期同类指标相比的百分数、各项指标完成的程度。在此基础上对重点指标进行分析：抓住完成度高的指标分析原因，肯定成绩；对完成效果差的任务查出原因，总结教训。仍以企业综合分析为例，分别分析生产、成本、销售、资金运用等重点指标对总产值、利润的影响及影响程度，提出改进措施、建议，解决问题。对各种指标执行结果的分析，可以反映经营管理发展变化的趋势，判断经济效益的高低。

（3）评价。针对比较分析的结果，对企业经济工作取得的成绩和存在的问题，分清主、客观原因，明察成败得失的客观因素，并做出评价。

4. 结尾

可以根据分析结果列出几条"今后的意见和建议"作为结尾，还可以以说明或强调某一问题作结，也可以自然收束结尾。

例文 1

从微信、支付宝等平台数据看春节消费特色

春节带来了返乡出行的人潮，也带来了支付消费的热潮。盘点微信、支付宝等平台发布的数据，我们不难发现，2024年春节期间，我国线下、线上消费均火热开展，各地特色经济百花齐放，展现出消费新活力。与此同时，跨境消费也十分火热。

返乡出行热，各地特色经济百花齐放

2024年春节假期（2月10—17日），全社会跨区域人员流动量累计22.93亿人次——2024年综合运输春运工作专班的数据，展现出龙年春节的返乡出行热潮。

出行热带来消费旺。微信发布的数据显示，春节期间，重庆、成都、西安成为除北上广深外消费最活跃的三个城市，线下消费增速最快的城市是临沂、石家庄、哈尔滨、郑州与南阳。

冰雪旅游热度不减。同程旅行数据显示，春节期间，哈尔滨、长春、沈阳等地成为冰雪旅游主要目的地，广东、江苏、浙江、福建、广西等地为主要客源地。支付宝统计数据显示，具有"流量加持"的哈尔滨最受广东、浙江、上海等地游客青睐，消费金额排名前三。

岁末年初，某影视剧热播，剧中一些"同款"美食吸引了不少消费者。支付宝数据显示，黄河路年夜饭在除夕夜前一周就已一桌难求，消费金额相比去年增长了8倍。

微信数据显示，2024年春节期间，洗浴保健消费比去年增长超20%。支付宝数据显示，爱洗浴消费的人超六成是"90后"和"00后"，沈阳洗浴服务消费金额领跑全国。

此外，网红城市也备受关注。同程旅行数据显示，一些网红城市春节期间搜索热度增长幅度较大，相比节前一周，洛阳、淄博、西安搜索量增幅分别达188%、176%、111%。

线下线上齐发力，消费展现新活力

2024年春节，我国线下、线上消费均火热开展，并展现出不少新特色、新活力。

增值税发票数据显示，2024年春节假期全国服务消费相关行业日均销售收入同比增长52.3%，旅游、住宿、餐饮服务消费快速增长，文化体育服务消费热度上升。

微信数据显示，2024年春节期间，餐饮和酒旅类小程序订单量分别比去年增长36%和19%；快餐、小吃的线下消费量增幅分别达到59%、35%，高于以往过年团聚人们常选择的正餐；健身、运动装备购买量较去年增长63%。

与此同时，随着人们生活习惯的改变以及年轻人返乡，咖啡消费也渐成年俗"新习惯"。2024年春节期间，咖啡馆的消费量比去年增长超40%。

在线上支付方面，2024年春节从除夕到大年初八，网联清算公司和中国银联日均处理网络支付交易26.3亿笔，金额1.25万亿元，相比去年春节期间，日均分别增长18.6%和8.0%。

网络直播间展现线上消费新动向。据了解，2024年支付宝年货直播间的纸巾、酒水、黄金销售等生意火热。数据显示，除夕前两周，直播间的纸巾销售额涨了3倍、酒水销售额实现翻番、黄金销售额涨了2倍。

春节期间跨境消费火热

中国人民银行召开提升境外来华人员支付服务水平工作动员部署会、北京首都国际机场和大兴国际机场境外来宾支付服务示范区正式启用……近年来，我国支付环境的持续优化和境外来华人员支付体验的不断提升，带动着消费的增长。

支付宝数据显示，2024年春节期间，境外游客来华消费金额比去年增长500%，与境外游客做生意的商家数同比增长560%。

微信数据显示，2024年春节期间，香港居民内地消费（含线上及线下）交易笔数与去年春节相比增长近5倍、金额超过3倍。其中，线下餐饮行业消费交易金额增长最快，超过30倍。

境外游客走进来，内地游客走出去。数据显示，2024年春节期间，微信支付的境外支付笔数较去年增长近2.4倍；支付宝用户境外消费金额较去年增长140%，其中东南亚地区消费金额增长580%。

（资料来源于新华社新华网财经正文，有修改）

例文2

广东集成电路（芯片）产业发展研究报告
广东省政府发展研究中心创新产业研究处

习近平总书记在中央财经委员会第二次会议上发表重要讲话，深刻阐述关键核心技术在经济社会发展全局中的重要作用，对突破关键核心技术做出战略部署。在新一轮科技革命和产业变革的大背景下，芯片是物联网、大数据、云计算等新一代信息产业的基石，也是现代经济社会发展的基础性、先导性产业，战略地位愈发凸显。长期以来，"缺核少芯"问题是广东现代化产业体系建设的重要瓶颈，广东作为电子信息产业大省，85%以上的芯片都依赖进口，核心技术严重受制于人。2018年4月，美国发布对中兴通讯为期7

年的出口禁令,直接引发国内对我国信息技术产业差距的担忧。近期,我们对全球、中国芯片产业发展态势进行了初步研究,并提出了推动广东集成电路(芯片)产业发展的对策建议。

一、国内外集成电路(芯片)产业发展态势
(一)全球芯片产业发展态势(略)
(二)我国芯片产业发展态势(略)
二、广东集成电路(芯片)产业发展现状及主要问题
(一)总体情况:大而不强,高端供给能力亟待提高

广东是全国电子信息产业大省,也是集成电路需求大省。在巨大市场需求的带动下,广东(主要是珠三角地区)成为我国集成电路产业主要分布地区之一。从产量上看,2017年,广东累计实现集成电路产量262.88亿块,国内排名第三,占全国集成电路产量的16.8%,年增长18.3%,与全国增长速度持平。从进出口上看,根据海关总署方面数据,2017年广东集成电路出口量为370.1亿块,占全国集成电路出口量的18.1%,出口金额为99.8亿美元。进口量为1 414.5亿块,占全国集成电路进口量的37.5%,进口金额为1 007亿美元。但从供给质量上看,广东集成电路产业低端供给过剩,高端供给不足。目前,除深圳海思等个别大企业能在高端、通用芯片领域参与全球竞争以外,大多数企业规模小、实力弱,产品主要应用于消费类产品等技术要求相对不高的领域,处于产品价值链的中低端,以模仿学习国外先进技术为主,同质化竞争比较严重,未能形成自己的技术标准和细分市场。产品档次偏低,直接导致广东电子信息产业"缺核少芯"问题严重,85%以上的芯片都依赖进口,并且需向国外公司支付巨额专利费用,大幅增加生产成本,对国家产业安全也构成威胁。

(二)发展条件:基础雄厚,但核心竞争力不足

广东是中国集成电路产业发展的大省,具有较好的产业资源和发展基础。广东目前拥有深圳、珠海和广州三个国家级集成电路设计产业化基地,聚集了华为、中兴、英特尔、瑞萨半导体、美国博通等半导体研发中心。2017年广东拥有海思半导体、方正微电子、深圳赛意法等集成电路企业约300家,其中制造类企业约10家,封装测试类企业约20家,主要分布在深圳、广州、中山等地;研发设计及销售服务类企业超过200家,分布在深圳、珠海、广州、东莞等地。此外,广东还有中山大学、华南理工大学、暨南大学等高校。多所其他地区的高校在深圳设有研究院,为广东集成电路产业提供了研发支撑和人才储备。但从核心要素上看,广东集成电路产业发展核心竞争力仍有待进一步提升。具体如下:一是关键核心芯片设计能力弱。广东集成电路核心芯片自主研发设计能力较差,在个人计算机、高性能服务器、高端网络设备、移动终端等应用的核心领域芯片,几乎全部依赖进口。二是人才吸引力减弱。深圳、广州等地生活成本的上涨,削弱了当地对人才的吸引力。同时,与北京、上海及江浙地区相比,广东高校资源相对不足,人才储备存在一定差距。三是产业生态不完善。受我国芯片水平整体不足制约,广东集成电路产业在关键设备、材料、设计工具等方面也都受制于人,如光刻机、刻蚀设备、离子注入机等关键设备,除溅射靶材、CMP抛光材料和少量高纯气体外的其他材料,以及芯片设计工具均需要从国外进口。

(三)产业结构:产业链不均衡,有优势也有短板

总的来看,广东集成电路产业链发展较为不平衡。在设计领域,广东处于领先地位,深圳是全国设计业规模最大的城市。但在制造领域,广东相对落后,大多属于低端制造。在封装测试领域,传统封装仍占据主导,先进封装技术只占到全国总量的约20%。集成电路设计业是广东集成电路产业的优势领域。近年来,广东集成电路设计业呈现良好发展态势,产业规模持续扩大,2015年实现销售收入336.5亿元,占全行业比重的40%;2017年深圳设计业销售额(579.19亿元)排名全国第一,高于上海(排名第二,376.91亿元),此外珠海(46.00亿元)排名第九。在2017年全国十大集成电路设计企业中,有海思半导体、中兴微电子、深圳汇顶、敦泰科技4家广东企业,其中深圳海思销售额达381.50亿元,居全国首位,高于清华紫光展锐(排名第二,110.50亿元)271亿元。同时,广东设计技术整体取得显著进步,专利数和发明领先于其他省市。截至2015年年底,广东集成电路设计业发明公开数全国第一,达到13 345件;实用公告数和授权发明数分别为6 155件和6 209件,均列全国前三位。集成电路制造业是广东集成电路产业的主要短板,与国内外先进地区和省市存在一定差距。生产技术方面,目前国内其他省市现有及在建拟建的12英寸芯片生产线已近30条,北京、上海、安徽、武汉等地已有至少2条,而珠三角地区占全国集成电路市场需求将近40%,却仅有1条8英寸生产线,中芯国际深圳12英寸生产线尚未正式建成。研发能力方面,广东明显落后于上海、北京和江苏等地。截至2015年年底,广东省集成电路制造领域发明公开/公告数量总共约为3 100件,远低于上海2万多件专利数。同时,广东集成电路制造业还存在布局不集中、投入不足和产业链上下游协同性不足,芯片、软件、整机、系统、应用等各环节互动不紧密等问题。集成电路封装测试业竞争力待进一步提高。广东封装测试业发展起步相对较早,发展基础良好。近年来,广东以深圳赛意法、风华芯电、气派科技等龙头企业为代表,封装测试企业的封装测试技术水平大幅提高,封装系统集成技术、大功率器件封装技术、高密度封装技术的开发及产业化成效显著。截至2015年年底,广东在集成电路封装测试领域的专利数量仅次于江苏和上海,达到3 980件;其中,实用公告数仅次于江苏,达到1 882件,发明专利授权比例达38%,专利质量相对较高,但仍主要为国内企业提供测试和封装服务,基本满足中低端产品的封测要求,在高端产品服务方面仍较欠缺。

(四)企业情况:龙头企业突出,但结构不够完善

广东在集成电路产业领域拥有一批龙头骨干企业。例如,在设计领域,拥有海思半导体、中兴微电子、深圳汇顶、敦泰科技等一批优秀企业;在制造领域,拥有方正微电子、深爱半导体、中芯国际(深圳)等国内大型企业;在封装测试领域,拥有赛意法微电子、华润赛美科微电子、风华芯电等一批骨干企业。其中,华为旗下的海思半导体实力强大、技术先进,2017年前三季度海思半导体的麒麟处理器,在全球手机处理器市场的营收份额上涨了8%。2017年华为出货的智能手机中,45.75%的智能手机使用了麒麟海思芯片,只在部分中低端手机采用高通骁龙和联发科处理器。特别是海思推出的人工智能芯片麒麟970,是全球首款内置独立NPU(神经网络单元)的智能手机AI计算平台,综合性能可媲美骁龙835,已达到国际主流旗舰水平。但从企业结构上看,广东集成电路企业尚未形成

均衡、协同的发展格局。企业类型方面,与广东集成电路产业结构相对应,设计领域集中了广东大部分集成电路企业,特别是实力较强的优秀企业基本来自设计领域。广东全省约300家集成电路企业,超过200家为研发设计及销售服务类企业;2015年中国TOP20集成电路企业中,广东上榜企业均为设计类企业。在制造领域、封装测试领域,广东全省分别只有约10家、20家企业,无一家上榜。企业规模方面,广东全省约300家集成电路企业中,年主营业务收入超过亿元的企业超20家,但超过10亿元的企业不足10家,企业整体规模偏小,企业转型升级发展需求迫切。

(五)外部环境:迎来新的机遇,也面临多重挑战

近年来,国家重视程度集成电路产业发展,以及互联网技术在经济社会的广泛应用,为广东集成电路产业创造了新的发展机遇。政策方面,《国家集成电路产业发展推进纲要》中明确提出,到2020年集成电路产业与国际先进水平的差距逐步缩小,全行业销售收入年均增速超过20%。《中国制造2025》中对芯片自给率提出明确目标。2018年《政府工作报告》中将集成电路列为实体经济发展首位。市场方面,广东是国内消费性电子、通信产品的最大生产基地,也是国内主要的集成电路器件市场,集成电路市场需求约占全国的七成,远超江苏、上海等地。移动互联网、人工智能、物联网、云计算等新兴产业给集成电路产业带来新的发展机遇。资本方面,2014年国家设立国家集成电路产业投资基金,目前正在进行第二期资金募集工作。各地方政府也先后设立集成电路产业基金,截至2017年上半年已超过3 000亿元。大型芯片企业也在撬动更多资本投入,中芯国际与国家集成电路基金、上海尧芯等企业共同出资成立半导体产业基金,基金总额达16.16亿元。同时,广东集成电路产业发展也正面临多重挑战。国际方面,2018年4月,美国商务部发布对中兴通讯为期7年的出口禁令,使中兴通讯一度"休克",对广东乃至全国集成电路产业带来明显影响。在中美贸易摩擦持续的大背景下,美国仍有可能在芯片领域"做文章"。国内方面,广东集成电路产业正面临国内其他省市的挑战,北京、上海、江浙地区,以及福建、中西部地区等都纷纷出台扶持政策,加快发展集成电路产业。特别是在制造领域,广东已相对落后于其他地区,北京、合肥、厦门及南京、上海、重庆、泉州等地早在2015年便已开建或布局12英寸晶圆生产线项目。市场方面,近年来个人计算机、智能手机、平板计算机等智能终端产品市场日趋饱和,自2013年开始,个人计算机、平板计算机销量呈现负增长,智能手机销量增速不断下滑,可穿戴设备、智能机器人等新产品尚未实现大规模普及,有可能减缓集成电路产业市场需求。特别是作为广东主导产业的手机市场,随着4G手机升级浪潮退去、性能提升带来的刚性换机需求走弱,消费者可能出现延迟换机的心理预期,手机出货量开始触顶下滑,2018年一季度,广东移动通信手持机(手机)产量17 531.93万台,同比下降14.4%,增速比去年同期下降19.7个百分点,直接影响广东集成电路市场需求。

三、加快广东省集成电路(芯片)产业发展的政策建议

(略)

(资料来源于广东经济,有删改)

四、技能实训

指正病文的错误,誊写正确行文。

关于××地区五金工具进出口的发展情况分析

××地区总面积为4.15万平方千米,拥有超过1.8亿人口的中国最密集的城市群。从古代的遥远之地,发展到今天的全国重要的发展贸易经济区。中华人民共和国成立后的60年中,现在的××地区已经从以前的桑基鱼塘一跃成为现在年产值超过7 000亿的"世界级工厂"。沿海的优势造就了这一片沃土成为国家进出口产业的重要基地,随着中国的改革开放,该地区也迈着时代的步伐,一直保持着中国对外贸易领头羊的位置。近年来,包括9个地市在内的××地区以占全国0.4%的土地和1.8%的人口,创造出占全国约8%的国内生产总值和四分之一的进出口贸易额。2008年,××外贸进出口总值达到了6 584.5亿美元,1年的进出口值已经超过中华人民共和国成立以来1950—1995年广东的进出口总值。××地区的其他城市也迅速崛起,形成了以广州为核心,囊括了深圳、东莞、珠海、佛山等外贸强市的城市群,并带领广东继续稳居全国外贸第一大省的位置。

在众多出口行业中,五金工具成了其中的重中之重。其中,佛山就一举成为世界五金工具产业的主力军,尤其在一些发展中国家如非洲、中东等发展中国家对五金工具的需求每年以百分之十几的速度递增的情况下。由于五金工具是劳动密集型产业,××地区更是凭借低成本的传统竞争优势,一度成为五金工具的集聚之地。因此,在这一背景下,很多的进出口公司都成立在佛山等五金业发达的地区,进行对外贸易往来,正所谓近水楼台先得月。可是在近几年,这套方法似乎行不通了。过去,为了迅速扩张业务,把利润压得很低。2008年,由于各种原因,钢材价格疯涨,年末又突如其来遭遇全球性经济危机,就算作为产业链的上游也越来越无利可图。因为现在市场竞争这么激烈,如果贸然提价,无疑等于把老客户拱手让给别人。近年来,我国五金行业以每年15%的增长速度平稳发展,年总产值达到1 800亿元,出口达80亿美元,出口排在轻工业前三位。而五金行业全球每年贸易总额达6 000亿美元,因此,对于我国来说,这是个出口潜力巨大的市场。(以下略,全文见网络课程"课外作业"。)

实训4 招投标书

一、办文情境

某工作日,"供销社"下属某公司发生员工食物中毒事件。为吸取教训、改善员工就餐环境,"供销社"拟将职工食堂全面改建,并由某餐饮公司承包经营。为此,按常规程序进行招投标。

二、办文任务

开展在线实时写作实训,分角色模拟"供销社"办文情境,拟写公司食堂改建、承包经营的招投标书。

三、写作技法

(一) 任务分析

招标书,又称为招标公告、招标通知、招标启事,是指招标人在招标过程中介绍情况、指导工作、履行一定职责时使用的一种告示性文书,包括招标项目、对投标方的要求和条件等内容。

招标投标,是在市场经济条件下进行大宗货物的买卖、工程建设项目的发包与承包,以及服务项目的采购与供给时采用的一种交易方式。2017年修订的《中华人民共和国招标投标法》规定了在我国境内必须进行招标的三大工程建设项目,包括:大型基础设施、公用事业等关系社会公共利益、公众安全的项目;全部或者部分使用国有资金投资或者国家融资的项目;使用国际组织或者外国政府贷款、援助资金的项目。按规定,"供销社"要发布职工食堂承包经营招标书,某餐饮公司要就承包经营发布投标书。

(二) 招标书结构写法

招标是指招标方通过发布招标公告或招标邀请,提出所需采购项目的具体条件及投标方的资格要求,表达招标意向的行为。招标的形式有公开招标和有限招标两种。公开招标,由招标方通过报刊发布招标通告,公开召请承包商。有限招标,预先选择有限的承包商发出通知并邀请他们参加投标竞争。招标书的分类如下:按时间划分,可分为长期招标书、短期招标书;按内容划分,可分为企业承包招标书、工程招标书、大宗商品交易招标书;按招标项目的要求划分,可分为法人代表招标书与合作伙伴招标书。注意:招标方案应切实可行;招标标准应当明确,表达必须准确;规格应当准确无误。

1. 标题

标题按公文式写法,即招标单位名称 + 招标性质 + 内容 + 文种(必写),如《×× 建筑公司 ×× 工程建设项目招标书》;也有广告式写法,如《谁来承包 ××× 工厂》。

2. 正文

正文包括引言与主体部分。引言点明招标的依据、原因、范围等。主体部分详细介绍招标项目和招标步骤,包括:项目基本情况,如名称、质量、数量、价款和对招标方的要求等;招标步骤,即对招标工作所作的安排,包括招标的起止时间,招标文件发送时间、地点、方式、价格,开标时间和地点,以及对投标方的条件要求。

3. 结尾

结尾写明招标单位名称、地址、电话、联系人、联系部门及具体日期等。

例文 1

广报美寓罗冲围项目 2023 年物业管理服务采购公告

广州市广报美寓投资有限公司（以下简称"采购人"）拟就广报美寓罗冲围项目 2023 年物业管理服务进行公开采购。欢迎符合要求的单位参加投标，有关事项如下：

一、采购名称

广报美寓罗冲围项目 2023 年物业管理服务采购。

二、采购地点

广州市。

三、采购单位

广州市广报美寓投资有限公司。

四、项目概况

广报美寓罗冲围项目位于白云区松州街松南一街 1 号，项目总占地面积为 5 762.42 平方米；总建筑面积约 6 700 平方米，共计 167 套房。由一栋 6 层楼长租公寓、一栋 9 层楼长租公寓、一栋 2 层楼管理处、电房及园区等组成。

五、采购需求

为广报美寓罗冲围项目提供 2023 年物业管理服务，服务内容为安保、清洁及涉及物业管理的其他相关服务。

六、采购限价

人民币 390 000.00 元（含）（大写：叁拾玖万元整）。

七、承包方式

（1）包含但不限于所属人员工资、社保费、保险费、就餐费、交通费、工作服装费、福利费、行政开办费、加班费（含节假日加班费）、电话费、垃圾收集、消毒、四害消杀、管理费、劳务费、培训费、宣传服务费、利润、风险、规费、税金等完成该项服务的全部费用。

（2）按月支付管理服务费。

八、服务期限

服务期限为 1 年，计划 2023 年 1 月 29 日进场提供服务，自中标人收到书面或电子中标通知书之日起，按采购人要求提前开展物业交接相关工作。

九、投标人资格

（1）具有中华人民共和国独立法人资格，取得区级以上行政管理部门颁发的《劳务派遣经营许可证》。

（2）至少具备 1 个物业管理项目业绩。

（3）投标人未被列入"信用中国"网站中"记录失信被执行人或重大税收违法案件当事人名单或政府采购严重违法失信行为"的记录名单；不处于"中国政府采购网"中"政府采购严重违法失信行为信息记录"的禁止参加政府采购活动期间（以采购代理机构或采购人于资格审查时在上述网站查询结果为准，如上述网站查询结果均未显示相关记录，则视为没有上述不良信用记录。同时对信用信息查询记录和证据截图存档。如相关失信记录已失效，则供应商须提供相关证明资料）。

（4）本次采购不接受联合体投标。

（5）若投标人与其他投标人的单位负责人为同一人或存在控股、管理关系，则相关投标无效。

十、报名及采购文件获取

（1）报名时间：2022年12月29日8：00至2023年1月5日17：00（北京时间）。

（2）报名请提交以下资料：①《投标申请表》（格式详见附件1）；②公司简介；③有效的《营业执照》副本及《劳务派遣经营许可证》复印件（盖章）；④以往承接的1个或以上物业管理项目的合同关键页复印件（盖章）；⑤法定代表人证明书（原件）（格式详见附件2）、法人身份证复印件；⑥如需授权，则提供授权委托书（原件）及受托人身份证复印件（格式详见附件3）；⑦信用中国及中国政府采购网查询信息截图。

（3）报名方式：投标意向人须递交纸质版报名文件，所有报名资料均需加盖单位公章。同时将盖章的报名资料扫描发至电子邮箱：×××@163.com，并留下联系方式。

（4）报名截止后，采购人将采购文件发送给通过资格审查的投标意向人。

十一、采购人联系方式

采购业务联系人：陈工8116××××；项目联系人：曾工180××××6770。

广州市广报美寓投资有限公司

2022年12月29日

（资料来源于网络，有删改）

（三）投标书结构写法

投标书简称标书，又称投标文件、标函，是专门针对招标书的回答，是投标者根据招标书中提出的条件和要求，根据自身条件而制定的表达投标意向并向招标方发送的书面材料，具有内容的针对性、态度的明确性、响应的快速性等特点。投标书按照竞争者可分为竞争法人代表的投标书与竞争合作伙伴的投标书。

1. 标题

公文式写法：投标单位＋项目＋事由＋文种（必写）。也有论文式写法，一般采用双标题，分主标题和副标题两部分，主标题要突出投标方的优势，以提高中标的可能性，如《实力雄厚，信誉至上——××公司投标书》。

2. 正文

（1）称呼。称呼指招标单位的名称，左上方顶格书写。

（2）前言。前言包括投标目标和依据，点明投标的项目和内容。

（3）主体。主体内容主要是对现状进行分析，充分制定具体的标的、经营措施、投标期限、投标形式及经营措施、请求配合与支持的事项。

（4）结尾。结尾包括署名和日期，写明投标方名称、法人代表姓名并签名盖章，最后写上年、月、日。

（5）附件。附上与工程有关的工程量清单、主要材料、设备标价等。

例文 2

投 标 书

致：广州市广报美寓投资有限公司

根据贵方为广报美寓罗冲围项目 2023 年物业管理服务采购项目招标采购货物及服务的邀请 广报招 23016（招标编号），签字代表 ×××、公司营运总监（全名、职务）经正式授权并代表投标人 ×××× 物业管理有限公司、广州市 ×××248 号（投标方名称、地址）提交下述文件正本一份和副本一式三份。

（1）开标一览表。
（2）投标价格表。
（3）物业管理服务简要说明一览表。
（4）按投标须知第九条和第十条要求提供的全部文件。
（5）资格证明文件。
（6）投标保证金，金额为人民币 10 000 元。

据此函，签字代表宣布同意如下：

（1）所附投标报价表中规定的应提供和交付的物业管理服务采购投标总价为人民币 390 000.00 元（含）（大写：叁拾玖万元整）。
（2）投标人将按招标文件的规定履行合同责任和义务。
（3）投标人已详细审查全部招标文件，包括修改文件（如需要修改）及全部参考资料和有关附件，已认真阅读本项目采购公告及相关资料，并明确已完全符合采购公告所列的报名条件和要求，承诺所有提交资料的真实性并承担相关责任，愿以积极认真的态度申请参与投标。
（4）投标自开标日期起，有效期为 7 个日历日。
（5）如果在规定的开标日期后，投标人在投标有效期内撤回投标，则其投标保证金将被贵方没收。
（6）投标人同意提供按照贵方可能要求的与其投标有关的一切数据或资料，完全理解不一定要接受最低价格的投标或收到的任何投标。
（7）与本投标有关的一切正式往来通讯请寄：

地址：广州市 ×××248 号
邮编：510×××
电话：020-12345678
电子邮箱：123456@qq.com
投标代表人姓名、职务：×××、公司营运总监
投标人名称（公章）：×××× 物业管理有限公司
纳税人识别号（或统一社会信用代码）：12345678910×××××1W
联系人：×××
手机：12345678910；微信号：××××××

日期：20××年1月4日
全权代表签字：×××
附件：
(1) 投标申请书。
(2) 公司简介。
(3) 有效的《营业执照》副本及《劳务派遣经营许可证》复印件(盖章)。
(4) 以往承接的1个或以上物业管理项目的合同关键页复印件(盖章)。
(5) 法定代表人证明书(原件)、法人身份证复印件。
(6) 法定代表人授权委托书(原件)及受托人身份证复印件。
(7) 信用中国及中国政府采购网查询信息截图。

四、技能实训

指正病文的错误，誊写正确行文。

××项目拟通过公开招标，寻找可以分别在××地方实施此项目的国内企业，作为第三方伙伴。特邀请贵单位前来投标，可以申请其中一个城市，也可申请两个城市。

1. 项目名称：××社区学习中心
2. 投标资格：

合法注册的组织，有固定的办公场所，具有一定数量的与其业务相对应的全职项目工作人员。

有广泛的社会资源动员能力，尤其与相关政府机构及社会科学研究机构有良好的关系。

掌握社会发展领域的工作方法和工具，能够深入外来工内部工作，并注重项目相关利益群体在项目中的全程参与。

重视项目可持续性对社会发展项目的重要性。

可以运用适当的语言进行口头和书面交流。

3. 评标重点：

组织制作计划及实施项目的能力：投标书中项目计划的逻辑性和可操作性，以往项目实施的经验及机构介绍。

项目思路：项目的创新性、可行性。

项目设计的可持续性：在项目资金结束后的项目持续性及相应的项目活动。

项目预算：招标方将在2年内对每个学习中心提供不高于60万元人民币的项目资金，包括房租及硬件配置、培训者培训、外来工培训、案例管理以及相应的行政费用(项目人员工资、差旅费、日常开支等)。请根据项目活动制定预算，并单独制定行政预算。

4. 投标文件：

请提交机构介绍和项目申请建议书。

投标文件信息请按照附件《投标信息检查表》要求提供。

需提供机构联系人的多种联系方式。
5. 投标截止时间：2019年06月26日。
6. 联系方式：
联系人：××先生
地址：××省××市
电话：××××××××

实训5　企划案

一、办文情境

"供销社"下属淘宝再生资源回收连锁经营有限公司，为辐射、带动供销系统各项经营业务的拓展和网络体系的构建及完善，立即对电子商务经营管理项目进行整体性策略规划。

二、办文任务

开展在线实时写作实训，分角色模拟"供销社"办文情境，拟写电子商务营销项目的企划案。

三、写作技法

（一）任务分析

"企划"一词产生的时间不是很久，却在企业界得到广泛应用。企业的经营发展、市场营销、品牌形象塑造都离不开企划、策划文书。相对那些"古老"的应用文书而言，与商业计划书一样，企划文书、策划文书也是应用文中的新来者，不少企业设立企划部门，与传统的人事、营销、生产、财务、研发（技术）五大部门并列。

企划是企业的整体性策略规划，包括从构思分析、归纳、判断到拟定策略、实施方案、追踪评估的过程。用文字（或文字加图案）完整地将企划书写出来，就是企划案（或称企划书）。企划案要有创造性，内容必须新颖，让人有新鲜有趣的感觉，甚至有令人拍案叫绝的感觉。企划案要有目标性，企划书必须有一个规划很周详的战略目标，并具有可执行性。必须在现有的人、财、物的条件下有实现的可能性。企划案与计划的区别在于：企划案必须有创意，而计划按部就班，无须有创意。企划案讲究原则方向下的创造，而计划则是在一定范围内的处理程序与细节。企划案重点在于能做什么，而计划则强调怎样去做。同时企划案也不同于一般的点子与创意，企划案除了有点子与创意之外，还必须有目标，有实施、执行的战略与步骤。"供销社"创意性策划高效协助其直效营销，必然要写新产品开发企划案。

（二）企划案分类

企划案大致分为一般企划案、营销企划案、新产品开发企划案、广告企划案、员工训练企划案、公共关系企划案、销售促进企划案、投资可行性企划案、年度经营企划案、企业长期发展企划案十种。

(三) 结构写法

1. 步骤

撰写企划案是一项创造性很强的工作,一般有七个步骤。

第一步:界定问题。界定问题就是明确企业想做什么、为什么要做,将要解决的问题简单化、明确化。可以采用专注于重要问题、细分问题、改变原有问题三种方法。只要将问题突出了、界定了,就为解决企划涉及的问题打好了基础。

第二步:收集现成的资料。资料来源有两种:一是现成资料;二是市场调查资料。后者是第一手资料,需向消费者、经销商、同业者、上下游企业直接调查获得,需花较大的精力与较多的金钱。收集现成的资料是一种快速且经济的方法,运用起来比较方便。

第三步:市场调查。当所收集的现成资料不足而无法满足需要时,就得进行市场调查,以获取所需的资料。最常见的市场调查法是询问法与观察法。

第四步:将资料整理成情报。资料未整理之前是"死"的,没有价值;资料只有经过分析、整理之后才有价值,成为拟订企划案的重要参考依据。因此,必须将资料整理成有价值的情报。对于现成的资料,可以运用分析与综合的方法进行整理。

第五步:产生创意。如果企划案无创意,则成为计划书。培养创意可以从三个方面入手:一是重组。詹姆斯·韦伯·扬在《创意的生成》中提出,创意完全就是旧元素的新组合。只有能产生新元素的旧元素组合才能算创意。二是改良。将旧产品缩小、放大,改变形状与功能等。三是赋予旧产品新用途。

第六步:选择可行的方案。当企划者发现足够的创意后,可能产生许多方案。企划者必须认真评估各个方案,从中选择一个最可行的方案。

第七步:实施与检讨。实施与检讨实际上不属于企划案的撰写阶段,而是企划案的售后服务阶段。虽然这个阶段已不需要拟写文稿,但参与实施,参与检讨评估,可以为以后拟订新的企划案积累经验。

2. 标题

标题即企划案名称,必须具体、清楚。例如,《如何防盗企划案》这样的名称就不够完整、明确,应该修正为《××市(或区)××××年6—12月社区防盗企划案》。

3. 企划者信息

企划者的姓名、隶属单位、职位均应一一写明。如果是企划群,则每位成员的姓名、所属单位、职位均应写出。若有公司外的人员参与,则应一并列明。

4. 完成日期

完成日期指企划案最后完成的具体日期。

5. 目标

企划案目标写得愈明确、具体,效果愈理想。例如,在××××年6—12月,××市(或区)各社区盗窃案降低10%。

6. 详细说明

详细说明是正文部分,也是最重要的部分。必须对企划案的内容,包括企划缘起、背景资料、问题点与机会点、创意关键等做详细的说明。

7. 预算表与进度表

实施本企划案所需的费用与预定的进度,还有必需的人力、设备等,需详细列表说明。

8. 预测效果

根据掌握的情报,预测企划案实施后的效果。一个好的企划案,其效果是可期待、可预测的,而且其结果经常与事先预测的效果相当接近。

9. 文献资料

有助于完成本企划案的各种参考文献资料,包括报纸、杂志、书籍、演讲稿、企业内部资料、政府机构统计资料等,均应列出,一是表示企划者负责任的态度,二是可增加企划案的可信度。

10. 其他备案的概要说明

由于达到目标(或解决问题)的方法不止一种,所以在许多创意的激荡之下,必定会产生若干个方案。因此,除了必须详细说明选定此方案的缘由(多半强调其"可行"),也应将其他备案一并列出(附上概要说明),以备不时之需。

11. 其他注意事项

其他注意事项包括领导与部门的合作等。

例文

法国名酒 JEANJEAN 进入中国企划案

"JEANJEAN"牌葡萄酒是具有 150 年历史的法国第二大酒厂约翰酿造厂生产的。该酒酒色金黄、透明,品质上乘,是行销全球的中高档葡萄酒,202×年该酒销售额达××亿元。为了打开中国市场,该酒厂拟首选厦门饮料厂为合作伙伴,在厦门建立"JEANJEAN"牌葡萄酒的生产基地,并以此辐射全国。随着我国的对外经济文化交流的增加与发展,越来越多的中国人愿意接受洋酒消费并适应它的口味,同时,洋酒所带来的独特的异国文化也在不断发展。

一、市场分析

中国酒类消费已发生重大变化:白酒独占市场的格局已被打破,啤酒、黄酒、葡萄酒增势迅猛;许多老牌白酒在市场上的领先地位受到了强劲的挑战;洋酒正不失时机地抢占中国市场。尽管洋酒消费大多还在高级饭店、酒吧、歌舞厅等场所,但由于其密集的广告攻势,洋酒似乎正成为一种时尚,向中国广大市场逐步渗透。

中国酒类市场具有巨大的潜力。可以乐观地预测中国有可能成为"JEANJEAN"的第一消费大国,其根据是:①酒类市场调研表明,中国是世界上拥有酒类消费者最多的国家之一;②改革开放以来,随着入境外商、旅游者增多,三资企业、高级宾馆、酒吧、歌舞厅的发展,洋酒的销售将呈现日盛势头;③随着市场经济的深入发展,人们的消费观念、消费方式已经进一步发生转变。

该酒酒精度 11 度左右,适合中国人的饮酒口味,且符合国家发展低度酒的产业政策,有利于在各种媒介上开展广告宣传。

每瓶售价79元,是目前消费者普遍可以接受的。但我们认为并提议从推销策略上考虑,可将价格再做提高,使消费者在心理上形成"JEANJEAN"葡萄酒的中高档形象。这样,从中再抽取相当资金加强广告促销攻势,以达到良性循环。

国内"王朝""长城"是葡萄酒中的老牌号,"威龙"作为新产品上市,虽咄咄逼人,但属于中档次的国产葡萄酒。而"JEANJEAN"作为中高档次的洋酒步入市场,在目前的市场背景下,能迎合相当一部分消费者追求时尚的心理。

二、广告目标

(一) 广告目的

树立"JEANJEAN"葡萄酒中高档次的良好形象,提高知名度,扩展销路,使其在中国的年销售量达到200万瓶。

(二) 广告目标对象

(1) 高级宾馆、酒店、酒吧、歌舞厅消费群体。

(2) 城市中一般家庭节假日消费群体。

(3) 以追求洋酒文化为时尚的年轻人。

(三) 广告目标地区

在向全国市场导入与推进中,不可全面开花、四处出击,不仅要考虑产品的产量与销售渠道的问题,还要考虑产生的广告费用难以承受的问题。因此,拟首选全国五个城市作为最有可能的销售地区,并集中开展广告宣传,以此辐射周边城市乃至全国。具体策略是:集中力量,攻克重点,逐步推广至全国市场。

这五个目标地区是北京、上海、武汉、广州和厦门。在第二年、第三年的广告宣传中,可视情况扩大范围与地区,如南京、杭州、成都、福州、深圳、海南等地区。

三、广告创意

(1) 品牌策略。"JEANJEAN"应有个朗朗上口的中国名称,才能让人好读、易记。拟采用"晶晶"作为产品名。一是考虑到与法国原版好谐音。二是"晶晶"容易上口,含义好,暗含酒的品质和感觉到、联想到酒的色泽,令人回味无穷。三是有利于广告宣传中的联想与创意。

(2) 广告语可统一用"法国JEANJEAN,'晶晶'有味",以迎合消费者心理。

(3) 广告创意方向。突出具有150年酿造历史的悠久品质,经过文化包装,塑造一种独特的洋酒文化,让消费者接受的不是纯粹的商业推销,而是物质与精神的结合、商品与文化的交融,强调高品位,让消费者在品尝"JEANJEAN"酒的同时,得到充分的文化享受。

(4) CI(企业识别系统)系列、电视广告和宣传卡、招贴广告画等。可将法国"JEANJEAN"葡萄酒的现成资料带到中国来,通过翻译与剪辑,在国内五个目标地区播放、传送和张贴。这样做不仅可节省电视广告片等的制作费,而且给人带来耳目一新的海外酒文化,传播效果将会更加理想。

(5) 创作策略。努力塑造该酒"高档品位,中档消费"的良好形象。广告创作应追求其独特的个性,统一CI策略,给人一种全新的印象。以电视、宣传卡、挂(台)历等媒介为主。产品导入阶段以说理性与情感性结合为诉求,随着时间的推移,将以情感诉求为主。

四、促销活动

(1) 印刷或引进精美小册子,介绍该酒悠久的历史及独特的酿造工艺,说明该酒的品质与特点。有选择地在宾馆、酒楼、展销点散发。

(2) 在厦门××酒店举行产品进入中国市场的新闻发布会,会场布置以"JEANJEAN"葡萄酒的CI为基调,显示高贵典雅,并向贵宾赠送样酒及宣传册等。

(3) 在春秋两季的中国进出口商品交易会上布置展位,宣传并推销该产品,把影响扩大到上述省市。

(4) 在大型歌舞厅举行葡萄酒酿造技术、品酒常识等有奖活动晚会(前期与有奖征答相结合,晚会上抽奖)。

(5) 在五个目标地区与分销商联合举办展销活动,并在一些重要的节假日举行让利酬宾活动。

(6) 赞助五个目标地区新春音乐会,结合欧洲古典音乐,营造出情意悠长的西欧文艺氛围,用以传递促销信息。

(7) 借助新闻报道、电视专题片(如介绍洋酒文化)等媒介的宣传和报道,起到良好效果,且更具权威性和号召性。

(8) 其他促销活动视经费安排情况而定。

五、媒介安排(略)

六、广告效果评估(略)

七、广告预算(略)

四、技能实训

指正病文的错误,誊写正确行文。

××厂美发产品销售渠道的建设和管理的企划案

1. ××厂情况分析

××厂是集科研、开发生产和销售为一体的专业化妆品生产基地。拥有6 000多平方米的现代化厂房,先进的制造、科研设备,建立了强大的科研生产队伍;引进最新德国技术配方及日本、欧洲工艺原料;与国际著名科研机构合作,取得源源不断的技术支持。以其雄厚的实力,不断得到发展,其产品在业界有口皆碑,销售网络遍布全国各大城市,远销欧美及东南亚50多个国家。在进军国际市场以来,已取得丰硕业绩。我们注重品牌的塑造,全力投入,从市场调研到品牌定位,从产品构思到生产管理,全部凝聚了企业人的心血。公司将一如既往秉承"开拓创新、精益求精、以质取胜、以诚取信"的经营宗旨,为社会、为客户、为广大的消费者创造更大的市场价值和更多的精神愉悦。××厂在2008年经济危机后努力改革,但是由于种种原因,改革并不是很有成效,不得不开始了外贸的计划。也由于电子商务的不断发展,在 2010 年××厂也开始注册了阿里巴巴会员,利用网络来更好地营销自己。

优势:

(1) 有自己的工厂,产品的质量比较好控制,不受别人的影响,对市场的变化可以快速地作出反应。

(2) 二十多年的老厂,自己在该行业已经比较成熟。

(3) 经济能力比较好。

劣势:

(1) 对企业的管理和技术要求比较高。

(2) 公司的销售人员的销售能力有待提高。

(3) 员工的流动性比较大,这样十分不利于公司的发展。

(4) 技术创新能力差。

2. ××厂销售渠道的建设

每个企业的资源、市场经验、人才结构不一样,在管理上会有所不同,但渠道的建设途径大致有 3 种:

一是企业自建渠道。

欧莱雅集团是该模式的代表,拥有独特的销售渠道:

A. 专业美发品:美发产品部是这一领域的领导者,它向专业发型师或通过美发沙龙单一渠道直接向消费者提供一系列美发产品。

B. 大众化妆品:大众化妆品部通过集中的市场分销和媒体广告,使欧莱雅的产品进入了普通消费者的生活。

C. 高档化妆品:香水和美容品部有选择性地通过香水专卖店、百货商店和旅游商店向顾客提供各类高档品牌。

D. 特殊化妆品:特殊化妆品部通过指定药房及其他专门渠道销售皮肤护理产品。

××厂注册了自己的品牌"××",是从小店慢慢发展到今天的工厂。在过去的十几年,在同行业、同规模下的中小企业中,不管是销售渠道还是技术水平都是遥遥领先的,国内的销售额都远远地超越其他企业,但随着竞争的日益激烈,公司的创新速度跟不上,再加上 2008 年的经济危机,销售额慢慢下降,导致不得不考虑重新定位,在卖自己产品的同时也承接国内外的加工产品,贴牌生产。

优点:(略)

缺点:(略)

操作关键点:(略)

二是经销商、代理商渠道。

这个模式的代表有宝洁、利华、强生等国际性品牌。××厂在这个方面也是做得很好的,但是代理商的实力就不怎么好,多是一些中小型的超市和经销商。虽然经销商的实力较小,但经销商的数量多了也能成很大的气候。优点:作为厂家,就剩下很多人、财、物力,只要服务好经销商,经销商有赚头就可以了。缺点:经销商素质较低,目光短浅,永远以利益为首,刚开始如果产品利润大,他们就大力推产品,等后期利润下降后,该产品的市

场地位也会迅速下降,甚至品牌就毁在经销商的手里。操作关键点:(略)

三是自建+经销商、代理商渠道。

这个渠道是比较全面、比较合理的。××厂也在电子商务上发展,其注册了阿里巴巴中国站和阿里巴巴国际站,参加广州国际美博会和外国的交易会。

在经济危机后,××厂的销售呈明显下降趋势,由于管理不当,技术创新投入不够,现在××厂技术已经不再处于领先的地位,再加上销售能力不强,客户不断流失,现在不得不突破,做加工产品,并开始了外贸,承接全世界各国朋友的 OEM、ODM 服务。

3. ××厂美发产品销售渠道的建设和管理

一是做好产品的定位。(略)

二是对经销商的取舍。(略)

三是集中化原则。(略)

四是具体建议。(略)

实训 6　商业广告文案

一、办文情境

"供销社"下属淘宝再生资源回收连锁经营有限公司,为辐射、带动供销系统各项经营业务的拓展和电子商务网络体系的构建及完善,扩大影响,请来某广告公司为这一项目做广告宣传。

二、办文任务

开展在线实时写作实训,分角色模拟"供销社"办文情境,拟写一则平面广告。

三、写作技法

(一)任务分析

广义的广告包含任何有目的的公众传播活动,如社会公益性广告等。狭义的广告依据《中华人民共和国广告法》第二条规定:"商品经营者或者服务提供者通过一定媒介和形式直接或者间接地介绍自己所推销的商品或者服务的商业广告活动,适用本法。"

广义的广告文案泛指广告作品的全部,包括广告的文字、图片、编排设计等。狭义的广告文案单指广告作品中的语言文字部分。在我国,如无特殊说明,一般使用狭义的广告文案概念,其作用就是宣传商品,拓宽产销渠道,引导消费,方便公众生活,从而推动市场竞争,繁荣社会经济。人们在选择和决定购买商品时,广告的作用显而易见。广告要求遵守商业道德和对公众负责的原则。不真实的广告文案,是没有生命力的广告文案。广告文案不同于简单的商品介绍和一般消费指南,它要根据商品的特点和推广要求进行设计,以创意吸引公众眼球,并从心理、品位等方面紧扣公众心弦,以多样的技巧打动公众,激发公众的购买欲望。广告文案追求表现的力量和传播的效果,而以产生说服的效应为最终目的。广告文案是否成功,终究是以产生的实际效益来衡量的。要创作出成功的广告文案,必须思路清晰,清楚自己要向什么人传递什么样的信息。为此,首先要掌握广告文案写作的相关知识和技能;其次是对产品的设计思路、特性、目标人群及销售现状等有深入和全面的了解。这样才能创作出满足企业诉求的广告文案。

(二)商业广告文案的种类

商业广告文案按传播媒介分为:微信公众号广告文案、视频广告文案、报纸广告文案、杂志广告文案、电视广告文案、新媒体广告文案、广播广告文案、网络广告文案等;按发布方式分为:微信公众号广告文案、视频广告文案、张贴广告文案、邮寄广告文案、路牌广告文案、灯箱广告文案、交通广告文案、传单广告文案等。当下最新潮最有效的当属微信公众号广告文案、视频广告文案等新媒体广告文案,抓住流量就是把握机遇。

(三)平面(印刷)商业广告文案结构写法

平面(印刷)商业广告文案一般由标题、正文、广告语、随文四大要素构成,并随广告表现形式的变化而灵活变化。

1. 标题

标题是广告的题目,标明广告的主旨,集中表达广告中最重要或最能引起受众兴趣的信息,同时又是区分不同广告内容的标志。标题是处于广告主要位置的文字,是读者首先读到的文字,抛砖引玉、引起注意、保持兴趣,因此在最显著的位置以醒目、特别的字体加以突出。

(1)标题写法。标题一般有以下三种写法:

① 直接标题。以简明的文字直接表明广告的主要内容,使人们一看就知道要推销什么,会给消费者带来什么利益。例如:

保护知识产权,就是保护创新——央视知识产权公益广告

② 间接标题。在标题中不直接表明广告主题,而是用耐人寻味的语句诱导人们去阅读正文。例如:

生活,赋气质予人——某房地产广告

③ 复合标题,又叫多重标题,由引题、正题、副题组成。引题在正题前面,又叫眉题或肩题,起点明意义、交代信息背景等作用;正题又叫主标题、主题,是复合标题的中心,传递最核心的信息;副题居正题之后,对正题信息做补充说明。复合标题往往兼具直接标题和间接标题的双重性质,可在标题中传递更多信息。例如:

用了油烟机,厨房还有油烟;用了油烟机,拆卸清洗困难怎么办(引题)

××排烟柜,将油烟控制在柜内,一抽而净;××油烟机带集油盆,确保三年免清洗(正题)

全方位优质服务,免费送货安装,三年保修,终身维修(副题)

(2)标题表现方式。常用的标题表现方式有以下六种:

① 新闻信息式。宣布新闻或提供信息。例如:

×××商厦新建开业

② 提问式。提出问题,吸引读者在正文中寻找答案,激起读者的好奇心和想象力。

例如:
鞋上有342个洞,为什么还能防水?——某休闲鞋广告

③ 悬念式。在标题中设立一个悬念,迎合受众追根究底的心理特征,以吸引受众注意力。悬念一般是受众不能预料的,甚至是完全与受众的认知倾向、心理期待相反的事实,它往往能给受众留下深刻印象。

④ 提倡号召式。提出主张,号召采取行动。例如:
选择诺基亚,尽享双重奖——诺基亚手机广告

⑤ 启发式。引起消费者好奇和思考。例如:
只补钙够吗?——某高钙奶粉广告

⑥ 利益式。向消费者承诺,使用某产品或服务,会得到某种利益。例如:
快递日本,隔日就到,世界就这么小——联邦快递广告

2. 正文

正文是广告的主体,是承接标题、展开讲述广告信息、激发潜在消费者欲望的主要说明文字。广告的基本内容主要是通过正文来传递的,因而,正文是广告文案中最重要的组成部分。正文的构思应该从引起阅读者兴趣、信任、欲望、行动等环节出发,正文应是标题的逻辑发展。正文涉及的范围包括产品或服务特点、利益和用途等。

(1) 正文写法。正文撰写有多种形式,应灵活运用。常见表现形式大致有:

① 直叙式,即采用理性的诉求方法,以客观、直截了当的手法直陈事实,明明白白地简明描述产品的作用。

② 企业形象式,即以企业的口吻,表述企业的观点、理念、态度及服务宗旨等,赋予企业良好的形象。

③ 独白或对白式,即以人物自己的语言表述方式展开诉求,或从某用户的角度,以"我"的口吻,采用内心独白,表明观点,抒发情感;或通过某生活片段中人物的对话展开诉求。

④ 故事式,即通过一个简单、有趣的故事情节来引发人们的阅读兴趣,同时用故事将产品和服务的信息形象化,从而加深读者的印象和好感。以央视××广告为例,从医生到救援队,从深夜的港口到深山的橘林,讲述生活中一个个为社会作出贡献的工作者的真实故事,通过这些平凡普通的主角,形象生动地诠释了该品牌"美好生活小帮手"品牌标语的深刻内涵,使广告信息变得丰厚、实在、深入人心。央视年度感人广告外婆香小榨菜籽油,也是故事叙述形式的典范。

(2) 正文写作要求。正文是广告信息传递的重点,写作时尤其要注意有效性。一般要求做到:突出主要信息,即把主要诉求点凸显出来;语言表达简明、易懂;内容展开要有逻辑性,具备号召力;表达生动、有趣。

3. 广告语

广告语又称广告口号、主题句、标题句,是为加强受众对企业、产品、服务的印象,在较长时期内反复使用的口号性语句。

(1) 广告语的写法。常用的广告语写法有以下三种:

① 简短单句,即一个独立的简短单句。例如:
让我们做得更好——飞利浦广告
沟通从心开始——中国移动广告

② 简短双句,由两个相互关联的简短单句构成。例如:
走遍大地神州,醉美多彩贵州——央视贵州旅游广告
新疆,是个好地方——央视新疆旅游广告
③ 企业或品牌名称加简短单句,即在品牌名称后加简短单句。例如:
乌江榨菜,中国好味道——央视乌江榨菜广告(脸谱篇)
鲁花花生油,中国味——央视鲁花花生油广告
(2) 广告语的写作要求。一般要求做到:
① 简明易记。广告语只有简短易于记忆,朗朗上口,才可反复宣传,给人留下印象,力图做到使人脱口而出,口口相传。
② 追求个性特点。平淡无奇、无特色的口号很难给人留下深刻印象。
③ 能激发消费者的兴趣。心动还需行动,广告语只有激发消费者的兴趣,才会引人注意,发挥其作用。

4. 随文

随文又叫附文,是广告文案中提供购买或接受服务方法等具有指南性质的文字。随文是对正文所做的必要的补充,也是广告诉求将购买欲望变为行动,促进消费行为的最后"助推剂"。随文一般处在正文的结尾,也有处于文案之首的。

随文一般包括说明购买或获得服务的联系方法,如提供企业名称、联系人、热线电话、地址、网址、购买和光顾的店铺名称,标明品牌(企业)名称和标志,有的随文还附有简单的信息反馈表和抽奖、优惠等信息。现在许多企业采用提供网址的方法,让消费者随意查询更多的信息。

随文写作应尽量简短,联系的信息应准确无误。现在多数随文都简化为网址或客户服务热线。例如,惠普公司黑白激光打印机广告的随文:

欲知我们如何助您商业运作更加出色,请拨打中国惠普客户互动中心:800-×××-××××。促销代码:8080。或浏览 http://www.×××.com。

例文 1

上海公共交通卡——市政府实事工程

"卡"字的两种读法如下:
(1) qiǎ,释义:受阻碍,行不通。
(2) kǎ,释义:一种身份的标志或象征。
今后,在上海,没有交通一卡(kǎ)通,出门会处处受卡(qiǎ);有了交通一卡通,只需潇洒一挥,公交车、出租车、地铁、轮渡一卡(kǎ)通行。
上海东方交通卡股份有限公司　咨询电话:(021)8258××××
广告语:潇洒一挥

(资料来源于网络)

例文2

送盛世佳酿 祝好事成双

　　中秋临近，各大白酒厂商开始发力占领中秋市场。其中一款新品白酒，凭借优质的品牌、超高的颜值、不俗的口感，征服了广大消费者，成为中秋节白酒市场的一匹黑马。这就是由宜宾五粮液股份有限公司出品的"盛世佳酿 好事成双酒"。这款为团圆而生的异型组合式礼品酒，从3年前就开始筹备上市，仅设计方案就出了100多个，经消费者线上线下选择，最终选定的瓶型设计灵感来源于月亮阴晴圆缺的形态变化，选用新月和凸月两种形态结合，一套两瓶，寓意团圆，由宜宾五粮液股份有限公司出品，得到社会各界的高度认可。陶瓷瓶身因造型独特，结构复杂，经过生产厂商层层筛选反复打样，最终达到理想效果。酒质选用的是优质52°经典浓香酒。这种由小麦、高粱等五种粮食酿造的酒，包含美满团圆的寓意，再加上高档大气的礼盒式包装，可以说是为佳节团圆打造的超级大礼。因弯月瓶盖在运输中容易损坏，为了让这款酒能够安全到达消费者手中，产品设计师亲自协助改良，经过3次试验才完成封样。

　　为给参考优选的广大客户提供一个中秋团圆好礼，我们特别推出300套开展特惠活动。今日拨打电话400-880-××××，特惠价1 320元／套（2瓶），买二送一，先订先得，订完即止（购买产品与赠品一同寄出，活动截止日期为8月18日）。

　　参考优选，中秋佳品，限时特惠，限量300套。送客户，祝好事成双，合作共赢；送长辈，祝好事成双，幸福健康；送朋友，祝好事成双，万事如意。

（四）广播、电视广告文案

　　广播、电视广告文案的写作由于媒体特征不同（广播以声音诉诸听众，电视节目以声像诉诸观众），加上传播时间有限，在格式上与平面广告文案有所不同，需要写出广播脚本、台词或电视分镜头脚本、故事版，通过制作来发挥广告作用。文案要适应媒体特征，语言文字要更简练、更讲究艺术化。

　　1. 广播广告文案写作要求

　　广播广告由广告词、音乐、音响三个元素构成。广播广告文案的写作除了要注意发挥音乐、音响的作用，还要让人们听清楚，要明白、易懂。写作时要注意以下几点：

　　（1）简明、易懂。声音转瞬即逝，因此广播广告文案要尽量简短，多用短句，注意口语化。

　　（2）重点突出。广播广告文案要突出销售重点，抓住听众的注意力，在写作中可将需要重点突出的语句，如公司名称、商品名称、品牌作用等，写得简短，并不断反复强调、提醒。

　　（3）适宜口头表述。广播广告文案要能适应广播的特性，能口述或朗读。

　　（4）营造氛围，引发听众对产品形象的想象。

　　2. 电视广告文案写作要求

　　电视传播信息吸引观众的首先是直观的图像画面，写作电视广告文案时要尽量以画面突出主要信息，抓住观众的注意力，即具体、直观的信息主要通过画面来表现，而抽象的信息则通过解说、文字来传递,对图像起补充、加强作用,以获得相得益彰的效果。和广播广告文案的写作一样,电视广告文案写作要注意突出信息重点、声音传播的特征,还要注意以下几点:

(1) 对画面做延伸、扩展、深化的解说。
(2) 语言表达要适合电视表现的特点,语词要简洁,具有画面感和形象性。
(3) 广告信息必须可信、切题。
(4) 文案内容要少而精,文案信息展开与画面表达进程要一致。

四、技能实训

(1) 将以下新闻信息式的广告标题分别改为提问式、悬念式、提倡号召式、启发式和利益式。例如:
　　××商场新建开业
(2) 暑假,市场营销专业的高平到某大型连锁超市打工,正值该超市搞××饮料促销活动,主管让他为××饮料写份广告。下面是其初稿,请分析其存在的问题并做修改。

> 请喝××饮料
>
> 　　××饮料帮助你唤起精神。××功能饮料含有多种营养成分,能有效激活脑细胞,缓解视觉疲劳,提高工作效率。
> 　　(广告语)请喝××饮料!
> 　　(随文略)

实训7　产品说明书与解说词

一、办文情境

"供销社"下属淘宝再生资源回收连锁经营有限公司为取得预期经济效益,要求项目经理写一个电子商务新产品(服务)说明书。为了让公司的知名度再上一个台阶,该公司在周年庆上要给前来庆贺的嘉宾派发新的宣传单。

二、办文任务

开展在线实时写作实训,分角色模拟"供销社"办文情境,拟写产品说明书与解说词。

三、写作技法

(一) 任务分析

产品说明书,又叫商品说明书或使用说明书,是对商品构造、性能、用途、规格、使用方法及注意事项等进行说明的文书。解说词是一种对人物或者事物进行解释说明,向人们述说荐引对象,具有媒介作用的说明文。

商品说明书可以传播知识,尤其是在传播新商品和新服务方面起着举足轻重的作用,可以指导消费者对商品进行理智的选择和科学的使用,还可以通过宣传企业商品与服务,提高企业的知名度。解说词以说明为主要表达方式,通过概说来介绍有关的人和事,传授知识,使读者知道所要荐引的对象"是怎么样的"。它对人物或者事物进行解释说明,如影视解说、名胜古迹解说、文物与书画解说、图片画面解说、展览品与会展产品展销解说、人物解说等。人们在社会生活中若想得到各种知识,认识各种事物,增进相互了解,便要借助解说词的介绍。随着现代社会人类求知欲的增强和交往活动的增多,产品说明书与解说词已经成为现代生活中必不可少的工具和助手。"说"是手段,"明"是目的,解说结果是将事物的本质特征显现出来,揭示形成与发展的原因,讲出其中的科学道理,使读者知人识物,并有具体的印象和深刻的认识。"供销社"推出电子商务新产品(服务),为了让用户接受,需要写产品说明书。同时,制作公司新的宣传单时需要写解说词。

(二) 产品说明书结构写法

1. 基本结构

(1) 标题。一是说明对象或产品(商品)名称 + 文种,如"保济丸说明书";二是直接由产品(商品)名称或者"说明书"三个字构成。

(2) 正文。正文详细说明商品的基本情况,不同类型的说明书侧重点不同。药物说明书着重说明其成分、功效和服用方法;机械商品说明书着重说明其构造、操作方法和维修保养方法;食品说明书着重说明用法、配料、生产日期、保质期和储存方法。

(3) 结尾。结尾一般写明单位名称、联系地址、电话号码、邮政编码、电子信箱、网址等,便于消费者与企业联系。

2. 写作要求

产品说明书必须具体说明介绍的对象,不能太简单、笼统;必须实事求是,用词准确,不能弄虚作假,违背事实。

例文 1

连花清瘟胶囊说明书

请仔细阅读说明书并按说明使用或在药师指导下购买和使用。

1. 药品名称

通用名称:连花清瘟胶囊。

汉语拼音:Lianhua Qingwen Jiaonang。

2. 成分

连翘、金银花、炙麻黄、炒苦杏仁、石膏、板蓝根、绵马贯众、鱼腥草、广藿香、大黄、红景天、薄荷脑、甘草。辅料为玉米淀粉。

3. 性状

本品为硬胶囊,内容物为棕黄色至黄褐色的颗粒和粉末;气微香,味微苦。

4. 功能主治

清瘟解毒,宣肺泄热。用于治疗流行性感冒属热毒袭肺证,症见:发热或高热,恶寒,肌肉酸痛、鼻塞流涕、咳嗽、头痛、咽干咽痛、舌偏红、苔黄或黄腻等。

5. 规格

每粒装 0.35 克。

6. 用法用量

口服。一次 4 粒，一日 3 次。

7. 不良反应

上市后监测数据显示本品可见以下胃肠道不良反应，如恶心、呕吐、腹痛、腹泻、腹胀、反胃，以及皮疹、瘙痒、口干、头晕等。

8. 禁忌

对本品及本品成分过敏者忌服。

9. 注意事项

（1）忌烟、酒及辛辣、生冷、油腻食物。

（2）不宜在服药期间同时服用滋补性中药。

（3）风寒感冒者不适用。

（4）高血压、心脏病患者慎用。有肝病、糖尿病、肾病等慢性病严重者应在医师指导下服用。

（5）儿童、孕妇、哺乳期妇女、年老体弱及脾虚便溏者应在医师指导下服用。

（6）发热体温超过 38.5℃ 的患者，应去医院就诊。

（7）严格按用法用量服用，本品不宜长期服用。

（8）服药 3 天症状无缓解，应去医院就诊。

（9）对本品过敏者禁用，过敏体质者慎用。

（10）本品性状发生改变时禁止使用。

（11）儿童必须在成人监护下使用。

（12）请将本品放在儿童不能接触的地方。

（13）如正在使用其他药品，使用本品前咨询医师或药师。

（14）运动员慎用。

（15）打开防潮袋后，请注意防潮。

（16）注意药物相互作用，如与其他药物同时使用可能会发生药物的相互作用，详情请咨询医师或药师。

10. 贮藏

密封，置阴凉处（不超过 20℃）。

11. 包装

铝塑板装。4×12 粒/板/盒。

12. 有效期

30 个月。

13. 执行标准

《中国药典》2020 年版一部。

14. 批准文号

国药准字 Z20040063。

15. 说明书修订日期

2020 年 12 月 30 日。

16. 上市许可持有人

名称：××药业股份有限公司。

地址：××市××区××大街××号。

17. 生产企业

企业名称：××药业股份有限公司。

生产地址：××市××区××大街××号。

邮政编码：05×××。

电话号码：800 803×××（座机拨打）400 789×××（手机/座机均可拨打）(0311)8590×××。

传真号码：(0311)8590×××。

网址：(略)

如有问题可与生产企业联系。

××药业股份有限公司
（资料来源于连花清瘟胶囊外包装）

（三）解说词结构写法

1. 基本结构

（1）标题。标题直接说明解说对象的名称。

（2）前言。前言放在解说对象的主体展现之前，作用是对观众给予必要的提示，并吸引观众的注意力。前言在写法上可以做情况介绍，交代背景；谈价值、意义；提出问题，形成悬念等。前言内容力求简明扼要，具有高度的概括性和较强的吸引力，使观众在看完和听完开头部分后，有继续详细了解解说对象的兴趣和欲望。

（3）主体。这是主题展开的部分，对解说对象的具体内容加以呈现和解释。要按照写作意图，预先定好一个解说的中心点和停留点来下笔，从而决定何处该详或略，做到远近有序、条理清楚。主体常见结构方法主要有两种：一是按照时间或者空间的顺序来安排，先发生的先说，后发生的后说，自然贴切，条理分明，按照事情发生的先后顺序展开解说；二是按照人们认识问题的逻辑顺序来组织结构，重点突出，主次分明。

（4）结尾。在结尾处可补充说明，照应开头，总结概括，提出希望并抒情等。

例文 2

广 州 塔

广州塔，又称广州新电视塔，昵称"小蛮腰"，位于中国广东省广州市海珠区（艺洲岛）阅江西路222号，距离珠江南岸125米。是中国第一高塔，国家AAAA级旅游景区。广州塔屹立在广州城市新中轴线与珠江景观轴线交汇处,地处城市CBD中央商务区,与海心沙亚运公园和珠江新城隔江相望,以其独特设计造型,将力量与艺术完美结合,展现了广州这座大都市的雄心壮志和磅礴风采,成为新中轴线上的亮丽景观。

广州塔由广州市城市建设投资集团有限公司下属企业广州新电视塔建设有限公司投资建设,并由广州新电视塔建设有限公司经营管理分公司经营管理,采用荷兰IBA事务所设计师马克·海默尔和芭芭拉·库伊特夫妇的设计方案,由广州市建筑集团有限公司与上海建工集团总公司联合施工。广州塔于2005年11月奠基动工修建,2009年9月建成完工。广州塔建筑面积为12.9万平方米,建设用地为175 458平方米(约为17.5公顷)。2010年10月1日,广州塔正式对外营业。

广州塔建筑总高度为600米,其中主塔体高450米,天线桅杆高150米,具有结构性强、造型奇特、形体复杂、用钢量最多的特点。它的外框筒由24根钢柱和46个钢椭圆环交叉构成,形成镂空、开放的独特美体,它仿佛在三维空间中扭转变换。作为目前世界上建筑物腰身最细(最小处直径只有30多米)、施工难度最大的建筑,广州塔的建设者们克服了前所未有的工程建筑难度,把一万多个倾斜的并且大小规格全部不相同的钢构件,精确安装成挺拔高耸的建筑经典作品,并创造了一系列建筑上的"世界之最"。广州塔可抵御8级地震、12级台风,设计使用年限超过100年。广州塔塔身168~334.4米处设有"蜘蛛侠栈道",是世界最高最长的空中漫步云梯。广州塔塔身422.8米处设有旋转餐厅,这是世界最高的旋转餐厅;塔身顶部450~454米处设有摩天轮,这是世界最高的摩天轮;天线桅杆455~485米处设有"极速云霄"速降游乐项目,这是世界最高的垂直速降游乐项目。

广州塔是中国第一、世界第三高的旅游观光塔,向世人展示了腾飞广州、挑战自我、面向世界的视野和气魄。广州塔定位以旅游观光为主,兼容广播电视发射功能,"小蛮腰"每年上演的"灯光秀"酷炫夺目,烟花绽放瞬间,绚丽多彩,这是广州全城最耀眼的活动。网友们称之为"最美的塔"。它有5个功能区和多种游乐设施,包括户外观景平台、摩天轮、极速云霄游乐项目,有2个观光大厅,有悬空走廊、天梯、4D和3D动感影院、中西美食餐厅、会展设施、购物商场及科普展示厅。它是一座集都市观光、至高游乐、时尚餐饮、婚庆会展、影视娱乐、环保科普、文化教育、购物休闲等多功能于一体的旅游观光塔。

2. 写作要求

(1) 知识性。解说词以知识的传导作为文章写作的出发点和落脚点。知识性的内涵,建立在写作态度的"客观""如实"之上。好的解说词,实际上就是介绍、说明科学、人文、历史、地理知识的好文章。写作时,尤其是医药用品、家用电器、机器设备等解说词,要多从读者使用的角度考虑,把商品用途、使用方法和注意事项逐一解说清楚。

(2) 内容的针对性。解说词的写作目的是帮助人们认识被解说的人和事,必须有的放矢,一针见血地抓住解说对象的基本特征介绍说明,这样才能使读者在短时间内有所收获。

(3) 语言通俗,口语化。解说词最终要作用于观众的听觉,要让人一听就明白,因此语言必须通俗易懂,说明问题无须过于详尽和深奥,同时要方便解说员的讲解,因而解说词强调口语化,具有上口入耳的特点。

（4）形式的附属性。解说词不是独立地完成对人或事的解释说明，往往配合图画或实物进行文字说明，具有明显的附属性。如果没有具体的实物做描述对象，就无从下笔。因此，解说词不能离开画面或者实物而独立存在。

例文3

广州迎春花市

迎春花市是广府地区春节前夕规模最大的一项传统民俗活动，形成于明清时期，流行于珠三角地区及香港、澳门等地。它是广东省省级非物质文化遗产之一。广州的迎春花市又称年宵花市，是独具岭南特色的民俗景观，成为广州年节不可缺少的组成部分，在广州地区有"逛花街过大年"的说法。广州的迎春花市一年举行一次，每次于春节前年廿八开始，至大年初一凌晨结束。越秀区西湖路花市是广州11个行政区迎春花市的中心主场。2007年6月18日，迎春花市被列入广东省第二批省级非物质文化遗产名录，序号为77。

广州以种花为业，已有1000多年的历史。早在五代南汉时期，珠江南岸庄头村一带就有许多素馨花田。每天早上，花农们采摘鲜花，在五仙门渡口过江上岸，到老城门下出售，那是平日的花市，一年一度的花市是19世纪60年代初形成的。那时的花市在藩署前，即现在广东省财政厅一带，后迁到双门底，除卖鲜花外，还卖古董、杂架、年宵品等。

辛亥革命后，老城拆除，藩署前一带更加开阔，游人更多，还扩展到十八甫、高第街一带。当地所卖花卉除素馨花外，还有水仙、吊钟、芍药、山茶、菊花等。许多商号、酒楼、茶居食肆也都定购四时花卉。西关一带还出现了花贩，专为大户、店铺送花。随着商业经济的发展，花街更加繁荣了。

广州迎春花市是广东省的汉族传统民俗文化盛会，是广州人民的一场嘉年华。一年一度的迎春花市繁花似锦，人海如潮，热闹非凡。作为明代"广东四市"之一的广州迎春花市，早就名扬五洲，享誉四海。迎春花市是中国独一无二的民俗景观，不但呈现了古老岭南地区汉族群众的春节习俗，还与广州人的生活密切相关，迎春花市融合了广州人"讲意头"的传统，从而形成了自己独特的花卉语言。广府新年必备三种年花：桃花、金橘和水仙。

（1）广州习俗插桃花。广州人春节爱插桃花，所谓"一树桃花满庭春"。一株靓桃花插在厅堂里，满树星红，持上节日彩灯，披上绿绸杏带，确是增添了不少春色，所以不但居家喜爱，各大宾馆酒楼，届时必以一株大桃花装点门庭。桃花成了广州的春节"圣诞树"。

（2）种金橘。金橘象征"大吉大利"。其实，现在人们所喜爱的，是它那小巧而丰硕的造型：一棵30~40厘米高的小树上，硕果累累，金光灿灿，还有那青枝绿叶相扶，确实逗人喜爱，置于几座之上，确可玩味。与金橘同类的四季橘、金蛋果、朱砂橘等，同样能起到这个作用，因此一般家庭只选购其中一种。与其相类似的还有代代果，寓意代代繁昌。

（3）供水仙。春节还要插供水仙花。每年腊月初市面上便有从福建漳州运来的大批水仙头，人们买回后精心培植，通过对水温和日照的调节来控制花期。水仙花似乎也能解人意，常常在除夕阖家吃团圆饭时，或在正月初一的爆竹声中依次开放，这情景给人们带来无穷的乐趣。俗话说，"花开富贵"，这正巧取了个好兆头。加上水仙花外形清秀、亭亭玉立,香气袭人,所以家家必备。

(资料来源于网络,有删改)

四、技能实训

指正修改病文的错误,誊写正确行文。

×××电热杯说明书

我厂电热杯生产历史悠久,式样新颖,美观大方,质量优良,安全可靠,经济实惠,誉满全球,世界一流。该杯可煮沸各种食物,立等可取。特别适用于煮牛奶、烧开水、泡饭等。

一、本电热杯电源电压一般为220 V交流,消耗电力300 W。

二、使用时首先插上电源插头,将电源线座一端插入杯子插座处,用完后先拔掉插头,以免触电。

三、电热杯容量1 000 g,灌得太满煮沸时会溢出杯外。

四、将煮沸饮料倒出后,杯中应加入少量冷水(因杯底余热较高),否则会影响杯子寿命。

五、不能随意打开杯中加热部件,以免损坏。

六、自售出之日起,一年内如损坏,本厂负责退换,或免费修理。但不包括使用不当而损坏。

七、本产品经中国家用电器工业标准化质量测试中心鉴定合格。编号:92-1-HC-78。

欢迎您提供宝贵意见。我们对提出好建议者实行抽奖奖励活动。

我厂宗旨:质量第一 用户至上 销往全球 永久服务

本厂地址:中国云南昆明市××路××号

实训8 索赔函与理赔函

一、办文情境

"供销社"××卫生材料处理厂与GMF钢铁厂签订购销钢材合同,因GMF钢铁厂供货钢材不符合质量要求,而"供销社"××卫生材料处理厂已经交付20%货款计8万元。经多次交涉,双方于2022年5月10日达成协议:GMF钢铁厂于一个月内退回货款,自行运走钢材,就此终结合同。但是GMF钢铁厂拒还货款。6月16日,"供销社"××卫生材料处理厂再次发函催讨未得回音。于是,8月16日,"供销社"××卫生材料处理厂最后函告通牒:请立即退还货款,并赔偿损失,否则将入禀法院,寻求司法处理。GMF钢铁厂接函后,权衡利弊,答应理赔。

二、办文任务

开展在线实时写作实训,分角色模拟"供销社"××卫生材料处理厂与 GMF 钢铁厂购销钢材合同之间的索赔理赔办文情境再现,并为双方拟写索赔函与理赔函。

三、写作技法

(一) 任务分析

随着我国社会主义市场经济的深入发展,各类企业在生产经营管理中,难免会出现各种经济纠纷,这就需要彼此之间妥善处理有关索赔理赔事务。"供销社"××卫生材料处理厂与 GMF 钢铁厂的购销钢材合同退货索赔理赔事项,便是其中纷争的一个缩影。索赔函是指合同争议或纠纷发生后,受损的一方为了维护自身权益和解决问题,向违约一方提出赔偿要求的信函。理赔函是指合同争议或纠纷发生后,违约一方受理遭受损失一方的赔偿要求的信函。企业收到索赔函后,必须认真对待,分清责任,知错认错,诚恳明确地提出妥善解决问题的意见和处理方法。切忌对事情听之任之、不理不睬,这样只会适得其反,有损企业良好的口碑。

(二) 结构写法

1. 索赔函格式内容

索赔函标题直接写函种,开门见山,有理有据,直截了当提出索赔条款意见,内容说明主要包括索赔的依据、期限、赔偿损失的办法和金额。具体如下:

(1) 正确写明对方称谓,然后另行开头简述索赔事由。
(2) 陈述违约事实。
(3) 说明赔偿理由。
(4) 陈述对方违约给自己带来的损失。
(5) 提出具体的索赔要求。
(6) 落款日期。

例文 1

索 赔 函

××速运公司:

2020 年 2 月 20 日,我公司委托贵公司将××××××N95 医用防护口罩(WN_N95 折叠式)20 箱,通过高速公路从深圳罗湖过关运输至山东济南,交付收货人××半导体股份有限公司。具体经办人×××业务员验收时,发现有 3 箱 N95 外科口罩外表包装破损,箱内口罩数目与发货单有出入,原本是每箱 50 盒口罩却缺少了 3 盒(只有 47 盒),而且按规定 30 只 1 盒的口罩 1 只/袋的单个独立包装,变成了 5 只口罩混装 1 袋。由于贵公司运输过程失误,造成我司职工相关物资的缺失损坏,一定程度上影响了我单位相关工作。因此,我公司现在郑重要求:贵公司本着负责任的态度,按照快递协议,立即处理

××××××N95医用防护口罩运输过程中的缺失损坏事宜,赔偿费用人民币陆仟元整。

××半导体股份有限公司
2020年3月1日

2. 理赔函格式内容

理赔函标题直接写函种,正确写明对方称谓,另行再写有关内容。首先开头第一句要写明收到对方的索赔信函,然后主要写明违约一方对受损失一方的诚恳致歉态度,以及有关理赔处理意见,如给予相应的折扣处理等,以取得对方的谅解。最后是落款日期。

例文2

理 赔 函

北京××新天地百货大厦:

  贵方××月×日来函收悉。文中提到部分××茶叶的质量与样品货不对板一事,我方立即展开调查,发现是装箱出厂时工人误装了部分二等品,造成这一不该发生的事件,这是我方工作的疏忽失误。对此,我方深表歉意!我公司愿意接受贵方的要求赔偿损失,部分质量不符合标准的××茶叶按降低原成交价30%的折扣处理,并且责成当地办事处的工作人员,在最短时间内协助贵方办理理赔事宜。

  我方保证今后在生产管理中不再出现类似责任事故。

  特此函复。

××茶叶股份有限公司
2022年10月29日

(资料来源于《公司文书实操大全》,范兰德,广东人民出版社,有改动)

四、技能实训

(1) 指正修改病文,誊写正确行文,并据此为香港××百货公司拟写索赔函。

理 赔 函

香港××百货公司:

  你方××月×日来函收悉。你方2021年12月与我方订购了一批红玫瑰陶瓷中式茶具,12月下旬装出,2022年4月我司才调整价格,你方已有足够的销售时间,尤其是2022年2月春节期间,是中式茶具的销售旺季。因此,对于你方提出成交时间与降价时间前后相差仅仅5个月,这套茶具原先的交易价比现在广州交易会上的销售价高出50%,要求赔偿差额损失的索赔理由,歉难同意。

  由于国际形势的影响,我公司这套高档精美的红玫瑰陶瓷中式茶具,在2022年中国进出口商品交易会(广州春交会)上,确实做了较大幅度的调整。市场经济体制下,商品贸易价格战中价格变动是常有之事,司空见惯。我公司这次价格调整确实幅度较大,今后我们会多加注意。希望今后加强联系,不会因为这次价格变动而影响彼此的密切合作,不断继续发展双方之间的业务往来。

特此函复。

景德镇××陶瓷有限公司
2022 年 11 月 28 日

(资料来源于《公司文书实操大全》,范兰德,广东人民出版社,有改动)

(2) 根据以下材料,拟写理赔函。

广州××科贸有限公司托运 6 张各 2.5 米长的会议桌到江西省景德镇,收货人是当地××陶瓷有限公司。××物流公司运输过程中遗失了 6 张桌面。××物流公司按照自家的"霸王条款"协议主动理赔,广州××科贸有限公司只获赔 30% 的赔率,共计 7 000 元,利益严重受损,于是向对方提出维权索赔。

实训 9　电商营销带货文案

一、办文情境

民族要振兴,乡村必振兴。每年的初夏时节,岭南佳果靓荔枝上市。"身外是张花红被,轻纱薄锦玉团儿,入口甘美,齿颊留香世上希。"宋代大文豪苏轼曾说:"日啖荔枝三百颗,不辞长作岭南人。""供销社"积极营运农产品果中之王靓荔枝电商渠道销售,运用直播带货、微信团购、电商平台等多种销售渠道,制作荔枝短视频带货,在阿里巴巴、拼多多、京东等电商平台,开展线上营销和推广宣传活动,拓展荔枝产业销路,提升岭南特色农产品荔枝网络零售额,使荔枝畅销全国各地,远销海外异邦,发展助农致富新业态。

二、办文任务

开展在线实时写作实训,分角色模拟"供销社"办文情境,拟写制作荔枝短视频带货文案,以及荔枝微信带货文案。

三、写作技法

(一) 任务分析

电商带货,也称电商销售或网络营销,是一种通过电子商务平台销售商品或服务的商业模式。电商带货已经成为一种非常有效的营销方式。许多品牌和商家通过这种在线购物方式,展示推广和销售自己的产品,提高品牌知名度和销售额,鼓励用户购买。电商营销带货文案主要有微信公众带货文案和短视频(直播)带货文案。广义的短视频带货文案泛指视频作品的全部,包括视频中的文字、图片、影像画面、编排设计等。狭义的短视频带货文案是指为短视频带货而写的文案,单指视频作品中的语言文字部分,即为制作视频巧妙带货达到推销说明的文字底稿,也就是带货视频的产品脚本。短视频带货文案制作重点在于文案，凡是带货成功的短视频，都有赖于容易爆单、卖点说服力强的文案设计。"进博会"上俄罗斯制造商秒赚 400 万元,俄罗斯媒体感叹中国带货能力太强！2023 年秋季,中国人手机上滚动霸屏的叙利亚"古皂"带货短视频,震撼心灵。"一带一路"的创举为饱经沧桑、历经战乱的叙利亚人民提供市场,帮他们打开销路,助其国家恢复发展。这些都显示电商平台流量的巨大作用,和国内消费能力的强大。

网络是企业现如今生存的必争之地,大中小微企业都把网络运营放在极其重要的地位。很多短视频和微信文案都是用来宣传产品与企业的,借助短视频和微信公众号营销的推送,能够销售上万款商品,使原来默默无闻的产品一夜成名,商家盈利几十万元、上百万元,其爆款成功的背后,离不开短视频带货文案带来的无穷力量。越来越多的企业与时俱进,拥抱短视频和微信时代,高度重视微信公众号文案和短视频文案营销带货带来巨大流量的功能。相比于流量收益,短视频带货可以轻松获得更多的收入。当今电商平台叱咤风云,企业营销必须深谙文案写作之道,以达到有效推销商品、几何级别提高经济效益的目的。特别是在京东等助农电商平台,带货文案是使产成品销量倍增的重要途径。适者生存,老牌国企"供销社"与时俱进,服务"三农",制定农产品果中之王靓荔枝营销策略,在本单位"农产品电子商务平台—小鲜 e 站"及其公众号上推送短视频,打造爆款产品(岭南靓荔枝),同时在企业微信公众号上发布荔枝带货文案。

(二) 结构写法

1. 短视频带货文案

短视频带货文案与直播营销带货文案最有效、最主要的写作方式是爆款带货文案公式。通过文章达成对商品促销的目的,其公式如下:

带货文案 = 爆款选品 + 故事设计 + 商品植入→让足够多的人购买

(1) 重点强调一个抛砖引玉的卖点,用这个卖点去说服潜在客户购买产品。带货文案循序渐进三步走:一是提出一种好处,或者提出一个用户的痛点。二是推出产品,提出卖点,以及卖点所带来的好处,或者卖点如何解决用户的痛点。三是呼吁用户采取行动。带货文案开头 3 秒要抓住用户,核心在于先声夺人,先入为主,吸引力强,引人注目。"叙利亚人民最大的心愿,中国帮他们实现了。""什么梦寐以求的梦中国帮叙利亚实现了？"顺着这个由头带出卖点叙利亚"古皂"。然后顺理成章讲述叙利亚"古皂"的故事。

(2) 善于讲故事带货。与传统售卖平台不一样,电商平台带货文案在内容上一般先通过讲故事或者干货介绍将产品的卖点展现出来,以此达到推荐产品的目的。在央视新闻进博会"全球进货季"直播间,一捏即开、馨香酥脆的松子,上架迅速卖空。全部售罄的选品是阿富汗对华的首单出口贸易品"巴西松子"。先由主持人在直播间述说故事,植入央视记者前方报道的短视频小片介绍选品:产区里产收加工情况全流程都是纯手工制作,因销路问题卖不出去,人民生活困难,帮助松农脱离困境,支持阿富汗松农。最后总结归纳直播营销的主题:帮助需要的人(助农推销),包括其他国家受苦受难的人民。

短视频是以剧情画面来讲述带货故事。短视频文案的故事剧情带货变现方式,都是稳准狠营造扣人心弦的氛围:阿富汗、叙利亚老百姓的悲惨遭遇,深深刺痛了我们。善良博爱的中国人民感同身受。忆苦思甜,推己及人,我们不是生活在和平的时代,而是有幸生活在和平的国家。在讲述带货故事过程中,顺理成章穿插展示选品性能效用、制作过程等,悄悄拨动用户心弦,激发其购买欲望。文案讲好故事带货成功。可见,设计文案带货故事的目的是让足够多的人购买。第一,让更多的人看到产品是基础,如果不能让更多的人看到产品,带货就无从谈起。唯有讲好故事,牢牢贴近消费者的心,才能形成传播,进而让别人采取行动,这考验的是讲故事的能力。第二,说服看到的人尽可能地购买是关键。也就是说,是以文案设计为前提,以巧妙的商品植入和有力的文字来说服用户购买,这是提高转化率的关键。

例文1

叙利亚"古皂"带货视频文案

【标题】叙利亚的心愿终于实现了!

【副标题】叙利亚需要的东西,东方大国直接给了!

叙利亚人民最大的心愿,中国帮他们实现了。

"一带一路"的创举,让这个被战火洗涤了12年的国度,终于能将自己引以为傲的手工古皂运往东方,就在这个深秋,勤劳的当地人避开了无情的炮火,采摘和收集出新鲜的橄榄和月桂,经过压榨出油,熬煮三天三夜,使其释放植物精华,待皂化反应后,再将这些皂液喷洒在蜡纸上进行冷却,历经几天成型变硬。一片巨大的古皂田应运而生。几位小哥齐心协力,用一种特殊的工具,切割成数千块长方形的小古皂,以便摆放。同时他们会请来村里德高望重的老者,给每一块古皂敲上当地人祈愿和平的印章,然后将数以万计的古皂叠放在古堡之中。五到十年之后,古皂外表风干变黄,而切开来里面依然是翡翠绿色。用起来泡沫柔软,能沁入到皮肤毛孔,不仅可以去除黑头粉刺,还可以帮助中老年抗皱。用来洗脸、洗手、洗头、洗澡,一皂洗全身。他们运来了三年古皂、五年古皂、十年礼盒古皂,还有六色香味精油皂。或许你买到的只是一块古皂,但对于他人来说,却是一份希望。这么好的古皂,你愿意来几块试试吗?

(资料来源于网络)

2. 微信带货文案

微信带货文案是指企业从微信公众号平台(包括微信群、朋友圈等)发布营销带货文案来带货,货物品类一定要与本单位经营业务相匹配,围绕本单位的业务来进行。电商平台带货文案写作套路与其他类型的微信公众号文案如出一辙:选题准、起标题、写文案、排版配图。只不过主体内容是另辟蹊径的带货,有别于机关事业单位的政策时事业务工作宣传的微信公众号文案。带货文案写作第一步是卖货选题,这是带货的灵魂。一篇优质的带货文案不可缺少一个优秀的选题(热点)。在商言商,精心选择爆款文案的题材,然后找出一个切点引入正题。例如某电商文案:

(1) 由办公室同事吃米线争论香味,引入"云南过桥米线"(选品)。

(2) 由天气预报广州近期将几波寒潮来袭,引入广州人冬天家人朋友暖意融融围坐"打边炉"吃羊肉,首选"宁夏滩羊"(选品)。

(3) 由龙年新春到,家家户户忙碌办年货,引入步步高升老广年味的广式年糕。

第二步是文案行文,这是带货文案写作说明支撑的骨架,主要是具体介绍商品产品("宁夏滩羊"),说明其性能与使用等,类似产品说明书的写法。要按照带货写作意图,预先定好一个选品解说的中心点和停留点来下笔,详细说明选品的基本情况,不同类型选品的说明,侧重点不同。例如，药物说明书着重说明其成分、功效和服用方法；机械商品说明书着重说明其构造、操作方法和维修保养方法；食品说明书着重说明用法、配料、生产日期和保质期，储存方法等。当然，在夹叙夹议的说明过程中，不要忘了写出关键词：选品的价钱和提醒"点击购买"，突出价廉物美，强调物有所值。云南过桥米线、宁夏滩羊、广式年糕（萝卜糕、马蹄糕）等文案，将制作过程和食用方法娓娓道来，逐一介绍说明选品。

微信带货文案正文结构最常用的是并列式和递进式。并列式是一个带货主题的大观点 +N 个并列的小观点，分论点彼此之间平行独立，在内容上共同为说明主题服务，从不同角度分别论证中心论点，将核心观点论证得更充分、更有说服力。例文2"优越的地理环境造就宁夏滩羊——秋冬滋补暖身滩羊肉 简单清水煮，就很好吃了！——秋冬滋补暖身滩羊肉 正宗宁夏滩羊 就是要吃点不一样的！"例文3"都说冬吃萝卜夏吃姜。这民间祖传的养生之道被老广们推向了另一个高度(瑶柱萝卜糕)——椰汁年糕，则是遵循传统工艺，糯米的香、软、糯，搭配清甜浓郁的椰汁，制成的椰汁年糕弹性十足，入口香滑、Q弹软糯、清甜不腻"。宁夏滩羊和萝卜糕、椰汁年糕分论点介绍说明，行文有先后，但内容上没有谁先谁后、谁主谁从。递进式则是一个带货主题的大观点 +N 个递进的小观点，逐层深入说明，在思想上"更上一层楼"，最后深层次论证大观点。各分论点之间说明有先有后，而且内容上存在实际的先后次序，后一层比上一层更重要，这种次序一般是不能打乱的。比如从嗦（云南）米线的香（口感）、米线的制作、嗦粉的快乐到嗦米线的情感享受，层层推进"它不仅是舌尖上的美食，还是一种文化、一种情怀，更是一种对家乡的记忆"，再综合传递出嗦米线的营销主题："一碗过桥米线的满足，一种幸福朴实的滋味，让你在外也能尝到这种幸福的味道。一切尽在不言中，乡愁是一碗米线，买呀！那当然是在拥有的前提下，才能得到如此幸福的舌尖上情感享受啊！"

第三步是起个画龙点睛、引人注目的标题，如"【中秋特惠享柚】梅州蜜柚正当时！这个秋天，不容错过的甜蜜"柚"感，都在这里了""【广报甄选】马上猛降20多度的天气，吃它最合适！不腥不膻，自带奶香的宁夏滩羊到底有多馋人？""【年货推荐】广式年糕，步步高升，这就是老广的年糕"。这些接地气、贴合民意的吸睛标题应时应节应景，很好地迎合消费者过年过节刚需的口味，自然成为受众点击流量飙升的秘诀之一。

第四步是排版，图文并茂，叠加音视频。图文（音视频）的插入使得营销带货内容更加醒目直观，助推"心动不如行动"的情感冲动。好的带货文案排版能够起到锦上添花的效果。

例文2

最低气温1℃，广州将现"雨夹雪"？天气冷了，去寒暖胃，秋冬进补试试它！

广州日报电商 2023-12-06 18:31 发表于广东

广州又要下雪？最低气温只有1℃？

广州将有"雨夹雪"天气？气象部门权威回答来了？这两天不少小伙伴在天气预报软件中看到这则"爆炸性"消息。记者查看相关天气预报App看到，对12月18日和19日广州天气的预报都是"1~3℃，雨夹雪"。"彩云天气"没有给出下雪的预报，但也认为12月18日广州最低气温只有1℃。

"广州天气"微博发博称："今天一大早小编收到好多家人们的消息："广州18日雨夹

雪,真的吗？广州雨夹雪咁刺激？"

广州真的会下雪吗？@广东天气的权威回答来了！

虽然具体温度不一定准确,但是厉害的冷空气基本确认是要来了！

这种时候

就应当多吃一些温补的食材

进行学调养和进补

吃点羊肉不仅可以暖胃

还可以给身体提供热量,帮助御寒

宁夏的滩羊

喜爱吃羊的小伙伴想必都有所了解

与其他羊肉相比它胜在了

几乎没有膻味！

无论是送朋友还是送家人

就都很适合呀～

家人围坐在一起,喝汤吃肉,真的太享受了～

01　优越的地理环境造就宁夏滩羊

宁夏得天独厚的地理环境造就宁夏滩羊

宁夏土地肥沃、水草丰美、黄河水滋润

谈起宁夏美味,人们自然就会想起黄河岸边牧场的滩羊,而羊肉,肯定也算是宁夏人餐桌上最常见的美味了！

虽然广报君也吃过不少的羊肉,但宁夏羊肉,却是令广报君印象最深的。

加上它可不是什么时候都能吃到,就更加令人怀有念想了～

日照长,热量资源丰富、夏季炎热、昼夜温差大、有利于牧草营养物质积累

宁夏地处北纬38°,蓝天白云,日照长,昼夜温差大,有利于牧草生长！

而滩羊之所以膻味轻,最直接的原因,就是饲料。在宁夏的草场上,生长着甘草、苦豆子等近200种优质牧草,仅中药材就有110种～

用当地的话讲,"羊吃是中草药""喝着黄河水",所以羊肉品质如此之好～

这里特殊的水质和甘草让滩羊身上的酸碱度得到平衡,就算清水蒸,也几乎没有膻味,却有淡淡羊肉鲜味。

加上选用6~8个月左右的宁夏滩羊羔,恰到好处的肥瘦搭配！简单处理就是一道美味佳肴啦！

02　秋冬滋补暖身滩羊肉

越是美味的食材,烹饪越不用太复杂,好食材,简单清水煮,就很好吃了！

吃过的小伙伴们都说：肉质细嫩、无膻味、味道鲜美！

宁夏滩羊肉,用清水简单煮煮,还可以加入枸杞、红枣、白萝卜、一点香菜点缀,羊肉鲜香肉味就扑鼻而来～

撕起来吃,细嫩多汁,吃起来还有一点点的奶香味,几乎没有膻味。

这对食材来说,清水煮无疑是严格的品鉴方式了~

这种简单朴实的菜谱,特别适合在这秋冬季节里,和家人一起品尝,喝一碗热汤下肚,啃上一块大肉,整个人都暖起来了!

03 秋冬滋补暖身滩羊肉

正宗宁夏滩羊

就是要吃点不一样的!

精修上等的羊肋排,分割2~4块;图片仅供参考,以收到实物为准。

不带膻气,肥瘦得当的羊,还是冬日滋补,去冬暖胃的温情之选!

而为何宁夏滩羊排品相越肥越好呢?

① 羊排表层为一层云皮而非油脂,是自然的脂肪,肥而不腻便是宁夏滩羊排的优点所在了。

② 尤其品质上层的选用的是 6~8 个月的羔羊,因此品相越肥越好~

③ 也只是这样的羊肉,切开才不是松散的或干柴的,而是肥瘦有度~

在这秋冬季里进补,羊肉就是广报君的首选,富含蛋白质、脂肪等多种营养物质!能有效御寒保暖,寒冬,不妨一家人围在一起试试又香又嫩的羊肉菜品吧~

秋冬时节,广报君带来这一口来自远方的美味佳肴!邀大家一起品鉴~

宁夏滩羊排

鲜活屠宰,传统散养,三重检验

原价:159 元

特惠价:139 元

(羊肋排 500 克 ×2 袋)

点击购买

每日上午 9:30 截单,24 小时内发货

例文 3

【年货推荐】广式年糕,步步高升,这就是老广的年味

广州日报电商 2024-02-05 18:30 广东

又是一年新春到,这时候家家户户开始忙碌着年货了。

年糕是农历春节的应节美食,全国各地都有过年吃年糕的传统,寓意"年年高"的好意头。老广的年糕更是寄托着"步步高升"的美好寓意。

老广的年糕品类繁多,有甜有咸,萝卜糕、芋头糕、马蹄糕、红糖年糕……简直让人挑花眼。

其中,最受老广喜爱的必定是新年限定款的萝卜糕和年糕了。

都说冬吃萝卜夏吃姜。这民间祖传的养生之道被老广们推向了另一个高度。

把白萝卜去皮后,切成筷子粗的长条,放入沸水中煲至断生状态,混入特制粉浆、

再加入爆香后的腊肉、腊肠、虾米、瑶柱混合搅拌均匀,最后入模具摊平后一小时即可制作。

食用时,切片后煎、蒸、炒,皆是美味。

萝卜糕好吃,原料不能马虎。

广式腊肠、腊肉、优质虾米和江瑶柱,搭配新鲜萝卜。

采用传统制作工序,手工揉制,保留多样食材原有成分及味道,好食材,做出好味道。

优质腊味

二八肥瘦比的广式腊肠,

肥瘦相间的五花腊肉,

地道广东风味,

酒香浓郁,风味独特。

淡干瑶柱

一元硬币大小的江珧柱,

肉质细嫩,味道鲜美,

为名贵海鲜珍品。

海鲜虾米

精选海捕鲜虾,天然淡晒,

营养丰富,味道鲜美。

新鲜白萝卜

时令的新鲜白萝卜,汁水充沛,

具有促进消化,增强食欲的功效,

为食疗佳品。

瑶柱萝卜糕

而椰汁年糕,则是遵循传统工艺,糯米的香、软、糯、搭配清甜浓郁的椰汁,制成的椰汁年糕弹性十足,入口香滑、Q弹软糯、清甜不腻。

光泽犹如美玉,食用时将年糕切片,裹上蛋液,在油锅慢煎,更有一番滋味。

广式风味,口感Q弹 手工打造正宗味道,

煎炸蒸煮都好吃,老人小孩都爱吃。

好味道只需要几步

准备好鸡蛋液,将切片的年糕在蛋液里裹一裹,下油锅里开始煎,煎一会儿用筷子戳一下,年糕软了就可以出锅子开吃啦。

撕开包装袋,切片后放入蒸笼或微波炉蒸煮10分钟左右,用筷子插入年糕软糯即可食用,食用起来清甜可口。

椰汁年糕

寻味茂·步步高升贺年年糕

匠心手作·严选食材

经典广式·满足味蕾

瑶柱腊味萝卜糕/鸿运椰汁年糕

市场价：60元
年货价：56元/800克×1个
买2个只需109.8元
每日上午9：30截单，下单内48小时发货

（三）写作要求

1. 把握好画面语言与文字技巧，提升可读性

在新媒体碎片化阅读语境下，微信公众号带货文案与短视频带货文案的语言都要简洁精练、干脆利落。短视频带货文案控制在500字左右，带货视频长度每个不超过30秒，文字太多会超过视频时长。在凝练紧凑影像中呈现出带货主题，画面语言包含内容更加丰富和立体生动，点到即止，效果更显著。微信带货文案则尽量多用高度概括带货主题的层次小标题，让全文层次更加清晰明了。小标题一语中的，可以提高读者的阅读效率，加深阅读印象。比起耐心读完一篇文章，读者更愿意先简明扼要地读小标题，对具体内容进行快速阅读。多用重复字词句，让带货情绪表达更激烈，反复强化受众下单购买的心绪波动。多用短句，少用长句，让文章更简单精练、明快有力。短句文字跳跃性大，带货信息量也随之更有震撼力、感染力。多用动词、数字和画龙点睛的图片，让情绪表达更热烈。写好过渡照应，让文章更加连贯。冗长复杂的带货文案会影响受众阅读兴趣，使受众失去继续阅读的耐心，不利于激发购买欲。在注意力分散、喜欢碎片化阅读的当下，电商营销带货文案短小精干的文字与视频和图片画面语言风格更符合大众的阅读习惯。

2. 将选品和服务放在第一位

只有满足用户需求，才能让用户下单。带货选品卖点要选准，文案在讲述自家产品优点的同时，不能忽略消费者的喜好。只有满足用户需求，了解其心理诉求，关注当前热点商品货物，才能让用户自愿下单。同时，必须在选品上下功夫，阿富汗"巴西松子"、叙利亚"古皂"和俄罗斯"大列巴"故事的短视频在各大平台上都是作为爆款内容传播。这就是一个爆款选品的内核：商品品质足够好，而且有出众的卖点，推荐时读者有买它的欲望，并且买了之后的使用体验很好，吃得放心，用得放心。做好选品，是写出一篇优质的带货文案的关键。很多短视频和微信公众号都是用来宣传产品与企业的，其文案写作要善于找到可以借势的话题，借力时下热点带出选品，在热点话题上进行二次创作。但要实事求是，不能夸大其词。文案质量是提高销量的关键，主要体现在文案观点、创新性、带货效果三个方面。内容一定要有"人无我有，人有我新"的创意，但这是在把选品和服务放第一位的前提下进行的。

3. 文案句子要出彩贴心

带货文案最忌直白露骨地大声吆喝叫人买，这样只会适得其反。阿富汗"巴西松子"和叙利亚"古皂"的文案促销语句娓娓道来，如潺潺溪水流入心田，沁人心扉："无论洗头洗脸还是刷牙，一块古皂就能帮你搞定。这么好的叙利亚古皂，你要不要来一块？"授人玫瑰手有余香，心有灵犀一点通，故事情真意切，打动了中国人民的心灵：买了"巴西松子"（叙利亚"古皂"），就是尽一份爱心，帮助阿富汗（叙利亚）人民！匠心独运的点拨，推广产品一字一句都没有涉及"买"，但又此处无声胜有声，丝丝入扣打动人心，强烈激发消费者的购买欲。

4. 短视频带货文案有别于微信带货文案

短视频带货文案通过视频形式传递新媒体平台上的正文内容,主要是指商家把自己要宣传的卖点拍摄成视频,发送给广大用户群体。借用视频画面巧妙地讲故事带货,不是大张旗鼓、大声嚷着叫人买,而是将文字化为画面讲述,纲举目张,娓娓道来,润物细无声,引发情感共鸣,从而达到推销目的。相比于微信带货文案的文字与图片,视频更具备既视感和吸引力,能在第一时间快速抓住受众的眼球,从而达到理想的带货宣传效果。后者则直白称为营销带货,图文并茂,精美绝伦的排版,让人过目难忘。人靠衣装马靠鞍,排版好不在一定程度上影响消费者的追捧阅读程度。因此,两者带货表现形式不同。

四、技能实训

广东中山石硖龙眼,南国美名扬。炎炎夏日的南粤大地,又是与荔枝媲美的当季水果石硖龙眼上市时,龙眼同样是岭南佳果。石硖龙眼产业也需要电商助农扶持,产销两旺,做大做强本地特色农产品,力求打开全国(北方市场)销路,名扬天下。为"供销社"农产品电子商务平台——小鲜e站制作石硖龙眼短视频(文案),以及在企业微信公众号上发布石硖龙眼带货文案。

项目八
法律文书

学习目标

▶ 知识点：

了解常用法律文书的适用范围及相关知识。
了解法律文书对写作材料、文案结构和语言表述的要求。
掌握起诉状的写作要求。

▶ 能力点：

结合实际工作情境撰写相应的法律文书。
了解相关法律知识，能在写作法律文书时正确引述法律条文。
运用相关知识为领导决策服务。

实训 1　起诉状

一、办文情境

"供销社"××卫生材料处理厂与 GMF 钢铁厂签订购销钢材合同,GMF 钢铁厂供货钢材不符合质量要求,而"供销社"××卫生材料处理厂已经交付 20% 货款计 8 万元。经多次交涉,双方于 2022 年 5 月 10 日达成协议:GMF 钢铁厂一个月内退回货款,自行运走钢材,就此终结合同。但是 GMF 钢铁厂拒还货款。6 月 16 日,"供销社"××卫生材料处理厂再次发函催讨未得回音。于是,8 月 16 日"供销社"××卫生材料处理厂最后函告通牒索赔损失:请立即退还货款,否则将入禀法院,寻求司法处理。GMF 钢铁厂仍然置若罔闻,一再拖延。2022 年 10 月 22 日,"供销社"××卫生材料处理厂向法院起诉,要求 GMF 钢铁厂立即退还货款,并赔偿损失。

二、办文任务

开展在线实时写作实训,分角色模拟"供销社"××卫生材料处理厂诉讼办文情境,拟写起诉状。

三、写作技法

(一) 任务分析

民事起诉状是公民、法人或其他组织认为自己的民事权益受到侵害或与其他人发生民事纠纷时,为维护自己的合法权益,依照事实与法律,向人民法院提出诉讼,要求其依法裁判时所提出的书面请求。起诉状(诉状),俗称状子,分为民事、刑事、行政三大类别。包括"供销社"在内的企业,如果遇到此类事件,理当撰写起诉状。

(二) 结构写法

1. 标题

标题需标明"民事起诉状"或"起诉状"。

2. 状头

状头即当事人的基本情况,包括原告和被告。当事人为自然人的,应列明当事人的姓名、性别、出生年月、居民身份证号码;当事人为法人或其他组织的,应列明当事人的组织名称、地址、法定代表人姓名等。

3. 案由或事由

案由或事由应概括写明因何事起诉。

4. 诉讼请求

诉讼请求应概括请求人民法院依法判决的具体事项,或诉讼要达到的最终目的。诉讼请求在起诉状中起到关键作用,人民法院将根据当事人提出的诉讼请求,围绕争议焦点审理查明案件事实,对当事人未明确提出的请求则不会主动查明。

5. 事实和理由

事实和理由是起诉状的核心部分，关系到人民法院是否受理此案，内容主要包括事实经过、证据、理由和法律依据。

6. 结尾

结尾要求按信函格式写"此致""×××人民法院"，起诉人签名或盖章并写明年、月、日。

(三) 写作要求

首先，提出请求的事实要具体、全面，不得笼统或含糊不清，数字必须准确无误。

其次，诉讼理由要建立在确实、充分的证据和明确、清楚的事实基础之上，说清楚案件事实与理由之间存在的因果关系。引用的法律条文要准确、完备。

再次，注意人称一致性。在陈述事实与理由时，叙述人称要前后一致，如用第三人称时就要称原告与被告。

最后，语言准确、严谨，表述富有逻辑性。

例文

民事起诉状

原告：××××机械制造公司

地址：××××路××号

法定代表人：×××

被告：××××贸易公司

地址：××××路××号

法定代表人：×××

诉讼请求：

1. 判令被告向原告支付拖欠的货款共计人民币贰拾万元整(200 000元)。
2. 判令被告赔偿原告经济损失人民币伍万元整(50 000元)。
3. 判令被告承担本案全部诉讼费用。

事实与理由：

2022年×月×日，原告与被告签订一份××牌打印机订货合同，约定由被告向原告购买××牌打印机100台，价值225 000元，合同对被告供货的规格、质量、数量、单价、总金额等都做了明确约定(见原告提供的证据一)。

双方订立的供货合同生效后，原告于2022年×月×日按合同约定将100台××牌打印机从××火车站托运给被告(证据二)，并立即将托运单及发票寄至被告处，并由被告签收确认(证据三)。但被告收到货物后并未按合同约定在20日内付清款项，只是在2022年×月×日通过××工商银行汇给原告货款25 000元(证据四)，尚拖欠原告贰拾万元的货款未予支付。原告多次去电去函催付(证据五)，被告起初来函表示"因资金周转困难，尚欠货款将想办法于近期内支付"(证据六)，而后却以"客户反映产品质量不合格"为由提出退货，并拒绝向原告支付剩余货款。

原告是生产打印机的专业厂家,产品远销东南亚各国。由于产品质量可靠,性能良好,深受用户欢迎,从来没有发生过质量纠纷。原告已按合同约定向被告供应货物,且所供应货物全部经过检验合格(证据七),并经被告验收确认,原告已履行合同义务。而被告无正当理由拒绝支付货款的行为,根据双方签订的《×××合同》第×条第×款的约定,已构成严重违约。

鉴于被告的严重违约行为给原告造成直接经济损失高达人民币贰拾万元整(200 000元),为维护原告的合法权益,根据《中华人民共和国民法典》第×条规定,原告特具状起诉,请求人民法院依法判决。

此致
××市××区人民法院

具状人:××××机械制造公司(盖章)
2022年×月×日

附:
1. 本状副本2份。(略)
2. 书证7份。(略)

四、技能实训

指正修改病文的错误,誊写正确行文。

经济纠纷起诉状

原告名称:北京××锅炉厂
所在地址:北京市海淀区××街甲1号(邮政编码:100088)
法定代表人:刘×× 职务:厂长(电话:××××××××)
企业性质:全民所有制
经营范围和方式:压力锅炉制造安装,批发兼零售
开户银行:中国工商银行北京分行海淀办事处大钟寺分理处账号××××××× ×××

被告名称:北京市××县××锅炉水电安装队
所在地址:北京市顺义高丽营镇×××号(邮政编号:101116)
法定代表人:王×× 职务:队长(电话:××××××××)
诉讼请求:
(1) 给付货款81 015元。
(2) 支付违约金17 073.62元。
事实及理由:
××××年6月26日,我厂与被告北京市××县××锅炉水电安装队签订

了一份锅炉购销合同。合同规定，被告向我厂订购SZW240-7-95-70型号锅炉一台及附属配件，价款总计96 015元，款到发货。同年8月16日，被告将所订锅炉主体及附属配件全部提走，但未付款。经催要，被告于同年8月26日将一张××县五中的15 000元转账支票交给我厂，尚欠的81 015元，被告以锅炉是××县五中委托代购，××县五中尚未付款为由拒不偿还。被告作为购货方，在我方按时提供锅炉后应履行合同规定的付款义务，其拒绝付款的行为是违约行为。被告除应支付尚欠的货款81 015元外，还应向我厂支付逾期付款违约金17 073.62元。请人民法院依法作出判决。

证据和证据来源，证人姓名和住址：
(1) 北京市××锅炉厂产品订货合同1份。
(2) ××锅炉水电安装队还款计划1份。
(3) 北京市××锅炉厂产品发货表单2份。

起诉人：北京市××锅炉厂（盖章）
××××年4月20日
（资料来源于《高职应用写作》，杨文丰，高等教育出版社）

实训2　民事上诉状

一、办文情境

××市卷烟厂诉"供销社"××卫生材料处理厂买卖合同纠纷案，由××市人民法院一审判决××卫生材料处理厂败诉。判决依据为：① 买卖协议合法有效；② 过滤机自××××年7月中旬至今多次出现故障，过滤达不到一般使用效果；③ ××市研究所的检测报告显示，过滤机有C、F两项指标达不到国家标准，因此这三台过滤机为质量不合格产品。判决结果如下："供销社"××卫生材料处理厂要接受××市卷烟厂三台过滤机的退货请求，退还货款30 000元，支付违约金2 400元，并负担诉讼费用1 500元。"供销社"××卫生材料处理厂不服一审判决，决定上诉。

二、办文任务

开展在线实时写作实训，分角色模拟"供销社"××卫生材料处理厂诉讼办文情境，拟写民事上诉状。

三、写作技法

（一）任务分析

民事上诉状是指当事人因不服人民法院的第一审判决或裁定，向上一级人民法院提起上诉，请求撤销、变更、改判原判决或裁定而提出的诉状。

民事上诉状是第二审法院受理案件并进行审理的依据。第二审法院可以通过民事上诉状了解上诉人不服第一审裁判的理由。因此，民事上诉状对于第二审法院全面了解案情，审理案件，保护当事人的合法权益，提高办案质量，具有重要的作用。有权提出上诉的必须是当事人或其诉讼权利承担人或委托代理人。民事上诉状是针对法院第一审判决和裁定而写的，因此要直接指出原判认定事实中的错误、原判理由的不充足或适用法律的错误，并有针对性地写出不服一审判决的意见、看法及自己的请求。上诉有时间限制，上诉人必须在法院规定的有效时间内进行上诉。若超过规定时间，则会被视作服从一审判决。包括"供销社"在内的企业如果遇到此类事件，理当行文民事上诉状。

(二) 结构写法

1. 标题

标题需写明"民事上诉状"或"上诉状"。

2. 状头

状头写明上诉人与被上诉人的基本情况。

3. 案由

案由即不服第一审判决或裁定的缘由，概括写明上诉人因何案不服人民法院于何时、以何字号（××字第×号）发出的判决或裁定而提出上诉。

4. 上诉请求

上诉请求是上诉目的所在，必须概括写明请求第二审法院撤销或变更原判决或裁定，或请求重新审理。

5. 上诉理由

上诉理由是全文关键所在。主要从四个方面写理由：第一，针对原审判决和裁定对事实的认定有错误、出入和遗漏，或证据不足，而提出纠正或否定的事实和证据。第二，针对原审判决或裁定事实的定性不当，而提出恰当的定性判断。第三，针对原审判决或裁定引用的法律条文不准、不对，而提出正确、适用的法律根据。第四，针对原审判决或裁定不符合法定程序，而提出纠正的法律依据。

6. 结尾

结尾写法与起诉状基本相同。

7. 附项

附项写法与起诉状基本相同。

(三) 写作要求

一是针对性要强，有的放矢。

二是语言要明晰、简洁，做到条理清楚，逻辑性强。

三是在限期内将民事上诉状通过原审法院送交上级法院。民事案件判决的上诉期限为15天，逾期上诉无效。

例文

上 诉 状

上诉人：××百货商场
地址：××××路××号××大厦
电话：××××××
法定代表人：×××
委托代理人：×××
被上诉人：×××服装公司
地址：××××路××号
电话：××××××
法定代表人：×××

上诉人因销售代理合同纠纷一案，不服×××区人民法院(2022)×法经字第×号判决，现提起上诉。

上诉请求：

1. 撤销×××区人民法院(2022)×法经字第×号判决；
2. 改判上诉人或被上诉人××××××。

事实与理由：

1. 原审判决认定事实不清。

(1) 一审判决认定上诉人与被上诉人签订的《×××合同》为有效合同，缺乏事实依据，属于认定事实不清的依法改判事项。

第一，根据上诉人与被上诉人双方的明确约定，双方草签的合同并没有生效。2022年×月×日，上诉人与被上诉人草签了一份销售代理合同。该合同第×条明确规定："本合同双方签字并经公证后生效。"(证据一)该条款是对合同生效所附加的前提条件。根据《中华人民共和国民法典》第×条规定："……附生效条件的民事法律行为，自条件成就时生效。"那么，本合同只有同时符合双方签字和经过公证两个条件时，才发生法律效力，才对双方产生约束力。但由于公证机关认为合同条款不完备，不予公证，因此该合同缺乏所附"经过公证"之条件(证据二)，根据合同约定，该合同尚未生效，对双方并未产生约束力。

第二，上诉人与被上诉人草签的合同仅是双方的初步意向，并不是双方一致认可有效的最终协议。在草签合同后，双方还就一些实质性问题进行磋商。2022年×月×日，被上诉人曾以书面形式就代理佣金、运输费用等问题与上诉人进行沟通协商，提出新的要约，并特别注明重新草拟合同时以新条款替代旧条款(证据三)。双方已在合同中明示合同并不是双方一致认可的最终生效的合同，草签合同对双方均无约束作用。

(2) 原审将未生效合同认定为生效合同，没有任何法律依据。双方已在合同中明示生效条件，故认定草签合同是否为生效合同必须以此为据，不应推定，也无须推定。否则，既推定合同有效，又违反合同条款，自相矛盾，不符合《中华人民共和国民法典》第×条和

第×条第×款的规定。

2. 原审判决适用法律错误。

我国法律法规关于默示、默认的规定不适用本案。《最高人民法院关于贯彻执行〈中华人民共和国民法通则〉若干问题的意见》第66条规定的"默示",仅指一方当事人提出民事权利的要求,另一方未作出合理答复,在一定条件下可视为默示,而本案的合同是权利与义务的混合体,故不适用。《工矿产品购销合同条例》《农副产品购销合同条例》《全民所有制小型工业企业租赁经营暂行条例》中规定的默认,严格规定为一方提出书面异议、书面通知,对方未予合理答复,在一定条件下,才可视为默认,故亦不适用于本案。

3. 原审审判程序不合法。

（1）原审庭审中上诉人当庭提出反诉,审判员不置可否,书记员不作记录。本案1月30日受理,2月3日审理,5月9日判决,而判决书寄送时间是6月3日,时间长达5个月,违反了《中华人民共和国民事诉讼法》第148条、第161条之规定。

（2）审判员公然在法庭辩论阶段替被上诉人出谋划策,甚至代其辩论,违反了《执法工作人员守则》。

综上所述,原审法院认定事实不清,适用法律错误,违反了审判程序。故特此上诉,请求上级人民法院查明事实真相,撤销原判,依法重审、改判。

此致
×××人民法院

上诉人：××百货商场
2022年×月×日

附：
1. 本诉状副本1份。
2. 书证×份。

四、技能实训

指正修改病文的错误,誊写正确行文。

上 诉 状

上诉人（原审被告）：××区登宝木器加工厂

法定代表人：江××,系该厂厂长

被上诉人（原审原告）：黑龙江省××林场

法定代表人：王××,黑龙江省××林场场长

上诉请求：上诉人因不服(2022)法经字第36号判决,请求依法改判。

事实和理由如下：

一、上诉人根本不欠被上诉人货款。原审在判决书中,将××区登宝木器加工厂列

为被告,这是毫无道理的。被上诉人在原审中所追索的货款,是被上诉人在 2022 年 7 月间同铁山镇经贸公司之间发生的业务,而登宝木器加工厂当时还没有成立(2023 年 5 月才成立),从未与 ×× 林场发生业务。

二、江 ×× 没有付款义务。因为江 ×× 是受铁山镇经贸公司的委托作为代理人为其购买木材,货是直接发给铁山经贸公司,该经贸公司验收使用,理所当然要付货款。我国《民法通则》第 63 条第 2 款规定:"代理人在代理权限内,以被代理人的名义实施民事法律行为。被代理人对代理人的代理行为,承担民事责任。"因此,以江 ×× 为被告也是错误的。

根据以上两点,上诉人认为,本案被告应是铁山经贸公司,请人民法院秉公而断,以维护上诉人的利益不受侵犯。

此致
×× 地区中级人民法院

附:上诉状一式两份

上诉人:×× 区登宝木器加工厂
2022 年 12 月 8 日

(资料来源于《高职应用写作》,杨文丰,高等教育出版社,有修改)

实训 3　答辩状

一、办文情境

"供销社"×× 卫生材料处理厂接到 ×× 市人民法院交来的 ×× 市卷烟厂诉其买卖合同纠纷案的民事起诉状副本,民事起诉状中称:"供销社"×× 卫生材料处理厂向 ×× 市卷烟厂出售了三台烟草过滤机,并与该厂签订了一份《烟草过滤机买卖协议》,过滤机安装调试完毕后投入使用,但在使用过程中机器频出故障。该卷烟厂委托其同一地区主要从事新型包装材料开发的 ×× 市甲研究所对机器进行检测后,认为这三台烟草过滤机为质量不合格产品,要求"供销社"×× 卫生材料处理厂退货并支付违约金。"供销社"×× 卫生材料处理厂对此予以答辩:这三台机器是从美国原装进口的,配有美国权威机构的质量合格证书,且 ×× 市甲研究所和该卷烟厂属于同一地区,又主要从事新型包装材料开发,不具备检测进口烟草过滤机的技术能力,检测结果不一定准确。

(资料来源于《新编秘书写作》,卢如华,高等教育出版社,有修改)

二、办文任务

开展在线实时写作实训,分角色模拟"供销社"×× 卫生材料处理厂诉讼办文情境,拟写答辩状。

三、写作技法

(一) 任务分析

答辩状是被申诉人(答辩人)为了维护自己的权益,针对申诉人(被答辩人)在仲裁申请书或民事起诉状中提出的要求及依据的事实和理由,向仲裁机构或人民法院作出答复和辩解的文书。

被申诉人在收到仲裁申请书或起诉状后,应在规定期限内提交答辩状。逾期提交的,不影响仲裁或诉讼程序进行。答辩状只能由被申诉人本人或其委托代理人提出。答辩内容具有针对性,皆是针对申诉人在仲裁申请书或起诉状中提出的事项和要求。包括"供销社"在内的企业如果遇到此类事件,理当撰写答辩状。

(二) 结构写法

1. 标题

在首页居中写标题,"答辩状""答辩书""民事答辩状""仲裁答辩状"均可作为标题。

2. 当事人基本情况

当事人基本情况包括:当事人为自然人的,应列明当事人的姓名、性别、出生年月、居民身份证号码;当事人为法人或其他组织的,应列明当事人的组织名称、地址、法定代表人姓名等。

3. 导言(前言)

导言(前言)开宗明义地说明答辩的事由,即简述因何人及何事而进行答辩。

4. 答辩意见

答辩意见是答辩状的关键部分,必须针对申诉人在仲裁申请书或民事起诉状中提出的事实、证据、理由,据理答复和辩解,表明观点,做出对己方有利的陈述。

5. 尾部

尾部包括:呈送仲裁机构名称,采用信函格式写"此致""×××仲裁委员会";具名、签章和注明日期;注明附件的名称和份数。

(三) 注意事项

(1) 针锋相对,有的放矢。必须针对申诉人提出的问题、依据的事实证据及理由,逐一表述自己的答辩观点;是认同还是反对,是部分认同还是部分反对,都必须旗帜鲜明、明确、具体。

(2) 以事实说明问题,实事求是,以便仲裁机构或人民法院作出公正的裁决。

(3) 既要使语言具有论辩色彩,又要掌握好措辞分寸,避免言辞过激,使双方关系恶化。

例文

答 辩 状

答辩人:××市××房地产开发公司

地址：××市××路××号
法定代表人：×××　　　职务：经理
被答辩人：××市第三建筑设计院
地址：××市××路××号
法定代表人：×××　　　职务：院长

答辩人因与被答辩人××市第三建筑设计院发生设计合同纠纷一案，特作如下答辩：

答辩人与被答辩人于2022年×月×日签订了《商贸楼设计合同》。根据合同条款，答辩人向被答辩人预付5万元人民币作为定金，即设计费总额的20%。后答辩人因内部原因曾于同年×月×日向被答辩人说明情况，要求终止合同。双方进行了多次磋商，终因被答辩人索取费用（包括所谓"设计费"和"赔偿费"等）过高，双方未能达成协议。于是被答辩人向贵会申请仲裁。现就被答辩人提出的理由答辩如下：

(1) 被答辩人要求答辩人支付"设计案意见费"8万元毫无根据。

根据××××年×××计委印发的《工程设计收费标准》总说明中第十七条的规定："设计费按设计进度分期拨付，设计合同生效后，委托方应向设计单位预付设计费的20%作为定金，初步设计完成后付30%，施工完成后付50%。"然而被答辩人向答辩人提交的是《设计方案意见书》，并不是初步设计书。而被答辩人只交付《设计方案意见书》要答辩人审批，答辩人认为被答辩人没有完成合乎规定的初步设计，因此不能按规定支付设计费。

答辩人与被答辩人签订的设计合同第五条第二款规定："方案设计完成后20天内，甲方即向乙方支付设计费8万元。"该合同规定也是指初步设计书完成后付8万元，并不是指《设计方案意见书》完成后即付8万元。被答辩人把两个不同的概念混为一谈，向答辩人追索8万元，既不符合国家的有关规定，也不符合合同条款规定。因此，答辩人拒绝被答辩人的请求是有充分理由的。据此被答辩人请求答辩人支付延期付款0.5万元的违约金是没有根据的。

(2) 被答辩人要求答辩人赔偿经济损失3.4万元（其中施工图设计2.9万元，逾期违约0.5万元）是没有根据的。

双方签订的设计合同规定："写字商务楼的基础图，是在设计方案认可后两个月及收到勘察资料后一个月内交付的施工图。"被答辩人在答辩人对《设计方案意见书》尚未认可的情况下，违反双方签订的设计合同条款规定，这是不履行合同的行为，所造成的后果应由被答辩人一方负责，答辩人不承担任何经济损失责任。因此，答辩人不承担被答辩人提出的施工图设计费2.9万元及其他经济损失的责任，这是理所当然的。

(3) 根据《建设工程勘察设计合同条例》第七条之规定："按规定收取费用的勘察设计合同生效后，委托方应向承包方付给定金。勘察设计合同履行后，定金抵作勘察、设计费。"又规定："委托方不履行合同的，无权请求返还定金。"根据以上条款，答辩人与被答辩人签订合同后,按规定支付5万元定金,并且被答辩人也提交了《设计方案意见书》,双方均已履行合同,只是由于客观情况的变化提出终止合同,并不是不履行合同。所以被答辩人毫无理由扣押答辩人的5万元定金,再另外收取方案设计费8万元的行为,更是没有道理。答辩人意见,可用定金抵作被答辩人所提供的《设计方案意见书》的设计费用。

综合上述意见,答辩人请求仲裁委员会做出公正裁决。

此致
××市仲裁委员会

答辩人:××市××房地产开发公司(公章)
2022年12月29日

四、技能实训

指正修改病文错误,誊写正确行文。

经济纠纷答辩状

答辩人:永耀灯饰有限公司,地址:××市人民路48号,邮编:××××××

法定代表人:李××　　职务:经理

委托代理人:张××,太平律师事务所律师

答辩人因华天灯饰制造厂(以下简称华天)诉新颖灯饰有限公司(以下简称新颖)还款一案,现提出答辩如下:

华天与新颖公司曾签订3万元灯饰的购销合同,由答辩人对有关的款项进行担保,答辩人也在合同上确认了这一点。但是,这种担保只是一般担保,而不是连带担保,按照《中华人民共和国民法典》的规定,被告新颖公司是有还款能力的,不应由答辩人承担担保责任。而且原、被告曾就还款事项修改过合同内容,又没有通知答辩人,因此答辩人不应承担担保责任。请法院考虑上述原因,作出公正的判决。

此致
××人民法院

答辩人:永耀灯饰有限公司
法定代表人:李××
××××年×月×日

(资料来源于《高职应用写作》,杨文丰,高等教育出版社2006年版,有修改)

实训 4　仲裁申请书

一、办文情境

"供销社"××卫生材料处理厂与××市卷烟厂买卖合同发生纠纷,集团公司马上召开会议进行商议应对,集团公司要求总经理办公室组织法律顾问认真研究事实经过与法律依据,积极准备材料,利用一切条据和渠道,启动仲裁申述程序,反映本单位的合法诉求。

二、办文任务

开展在线实时写作实训,分角色模拟"供销社"××卫生材料处理厂诉讼办文情境,拟写商事仲裁申请书。

三、写作技法

(一)任务分析

商事仲裁申请书,是经济纠纷当事人的一方(即申请人或曰诉人)为维护自己的合法权益,向仲裁机构提交的请求仲裁与他方当事人(即被申请人或被申诉人)的经济纠纷的申请文书。在当今的经济活动中,当事人出现无法解决的纠纷时,可以采用仲裁或诉讼方式解决纠纷。仲裁申请书是仲裁机构进行仲裁的主要依据之一,具有陈述经济纠纷事实、申述理由的特性。它所提供的事实和理由,能为仲裁机构开展协商、调解,提供参考依据。递交仲裁申请书本身就是对仲裁程序的启动,是产生仲裁程序的条件。包括"供销社"在内的企业如果遇到此类事件,理当行文商事仲裁申请书。

仲裁一般是当事人根据他们之间订立的仲裁协议,自愿将其争议提交由非官方身份的仲裁员组成的仲裁庭进行裁判,并受该裁判结果约束的一种制度。仲裁活动和法院的审判活动一样,关乎当事人的实体权益,是解决民事争议的方式之一。

1. 仲裁委员会受案范围

根据《中华人民共和国仲裁法》(以下简称《仲裁法》)的规定,可以提交仲裁机构仲裁的纠纷有:买卖合同纠纷、借款合同纠纷、合伙合作纠纷、建设工程合同纠纷、房地产开发纠纷、房屋买卖纠纷、租赁纠纷、融资纠纷、承揽纠纷、技术合同纠纷、金融证券纠纷、保险合同纠纷、保管合同纠纷等。

2. 不能提交仲裁委员会仲裁的纠纷

(1)劳动争议和农业集体经济组织内部的农业承包合同纠纷。

(2)婚姻、收养、监护、抚养、继承纠纷。

(3)行政争议。

(二)结构写法

1. 标题

在首页居中写"仲裁申请书"作为标题。

2. 当事人基本情况

当事人基本情况包括：当事人为自然人的，应列明当事人的姓名、性别、出生年月、居民身份证号码；当事人为法人或其他组织的，应列明当事人的组织名称、地址、法定代表人姓名等。

3. 仲裁请求

仲裁请求需写明当事人请求仲裁委裁决的具体事项(注：请求必须明确)。

4. 事实和理由

事实和理由应概括叙述经济纠纷的事实经过，说明请求仲裁的法律依据。

5. 尾部

尾部内容包括：呈送仲裁机构名称，按信函格式写"此致""×××仲裁委员会"；署名、签章和日期。

例文

仲裁申请书

原告：×××材料有限公司，地址：××市天河区××路××号。法定代表人：×××。

被告：××房地产有限公司，地址：××市天河区××路××号。法定代表人：×××。

诉讼请求如下：

(1) 裁决被告支付拖欠原告的合同货款本金共计人民币937 722.2元。

(2) 裁决被告向原告支付其未履行第一项请求的合同债务至还清日止给原告造成的利息损失(按照中国人民银行同期贷款利率计算，自2022年12月1日起至起诉日止暂计为××××××元)。

(3) 裁决被告承担本案全部仲裁费用。

事实和理由如下：

原告与被告于2022年1月就××采购事宜签订《××合同协议书》(以下简称《供货合同》)，约定由原告向被告供应"VVVV"商标的墙纸、墙布等货物，被告按照合同约定向原告支付货款。

2022年11月，原告按合同约定完成全部墙纸供应，经被告、监理单位、施工单位三方联合验收通过后，原告向被告提交付款申请，请求被告支付相应货款，但被告一直未予支付。自2022年11月10日起，原告多次发出货款申请函，要求被告根据合同约定及时支付相应货款，但被告均无正当理由拒绝履行，其行为已严重违反《供货合同》第×条款关于"需方收到结算资料后90个工作日内结算完毕"的约定。截至原告起诉时止，被告已累计拖欠原告货款共计人民币937 722.2元。

根据《中华人民共和国民法典》的有关规定，原、被告签订的《供货合同》合法有效，对合同双方均发生法律效力，双方应当遵守合同约定，及时全面履行合同内容。原告已向被告提供符合质量和数量要求的货物并经被告验收合格，已完成《供货合同》确定的各项供货义务，但被告未按约定支付货物价款，经原告多次书面催告仍拒不履行合同义务，其行为已构成严重违约。

由于被告拖欠原告货款数额巨大，给原告造成重大经济损失。原告为维护自身合法权益，特具状起诉，恳请仲裁委依法裁决。

此致
××仲裁委员会

×××装饰材料有限公司
2022年12月28日

（三）写作要求

一是叙述纠纷事实要实事求是、条理清楚、准确简练，申请理由必须以事实为依据。

二是要求通过仲裁达到的目的应当合情、合理、合法。

三是语言要得体，避免使用过激言语，以免进一步扩大矛盾。

四、技能实训

指正病文错误，誊写正确行文。

仲裁答辩书

（致中国国际经济贸易仲裁委员会）

我是××律师，接受×国H公司委托，作为合法辩护人进行答辩。我认为申诉人认定被诉人违约，并要求赔偿合同中全部货款及其他费用的理由是不能成立的。兹陈述如下：

申诉人在申请书中说，××合约食用油有异味，沉淀多，影响了油质，被诉人认为这只是一个理解上的问题。至于申请书所说并出示检验证明认定食用油有2%杂质，那是不准确的，因为该检验并非每桶都检验，而只是抽样检验，并不能说明问题；而且H公司经××检验所检验结果，食用油中并未掺入杂质（见附件1）。申请书称该油即使加工后也完全不能食用，这些没有充分的依据。申请书指责被诉人未能及时答复申诉人索赔要求，是欠公允的。被诉人××××年×月×日给申诉人的电传中曾很坦率地说过自己的实际困难（见附件2）。

申诉人认为被诉人拒绝赔偿，是不遵守合同规定，是违约行为，也是欠妥的。被诉人在拒赔函中，已再三强调了拒赔的理由，并出示了检验证明。而且根据合同中商品检验条款、索赔理赔条款的内容（见申请书附件1）以及《联合国国际货物销售合同公约》××条款第×条（见附件3），我们的理由完全能够成立。

基于以上情况，被诉人拒绝承认违约，也拒绝赔偿合同货物的全部款项以及其他费用，请仲裁委员会审议。

被诉人律师（签字）
××××年×月×日

附件：检验证明1份、协商材料1份、国际贸易××条款1份。

项目九

毕业实习报告与学术论文

学习目标

▶ 知识点：

了解毕业实习报告与学术论文的适用范围。

掌握毕业实习报告与学术论文的格式及写作要求。

▶ 能力点：

结合毕业实习经历撰写毕业实习报告。

根据本专业导师要求独立撰写学术论文。

实训 1　毕业实习报告

一、办文情境

"供销社"办公室文员实习生小周置身于真实的工作环境中,与学校和"供销社"的导师保持着密切的联系。面对每天新的工作任务和挑战,坚持将实习工作情况、心得体会、领悟感受和点滴思考都记录下来,收集、积累写作材料。因此,她对于自己毕业实习报告的撰写,信心满满,胸有成竹。

二、办文任务

开展在线实时写作实训,分角色模拟办文情境。请代替小周结合自己的专业、毕业实习岗位和工作实践,写作一篇体现专业素养、职业能力和相关管理技能的毕业实习报告。

三、写作技法

(一) 任务分析

毕业实习是高职院校教学工作的重要组成部分,其任务是使学生了解与本专业有关的生产过程、生产技术和管理知识,掌握相关职业岗位的基本操作技能,培养学生良好的职业素质、岗位工作能力和管理水平。毕业实习报告是学生结合自己所学专业,对自己毕业实习工作进行充分思考后形成的具有规范格式的书面文字。它是高职学生培养计划的一个重要组成部分,是完成专业培养目标的重要环节,是全面检验学生综合素质与实践能力和培养效果的重要手段和过程,也是对培养计划和培养目标进行的一项综合性检查和考核。要求结合毕业实习工作岗位进行写作,不少于 4 000 字,选题从所在专业人才培养目标出发,体现高职教育要求的基本训练内容,有综合性和创新性。撰写毕业实习报告的目的与任务是培养学生综合应用所学知识,独立发现、分析、解决实际问题和初步进行科学研究的能力,培养学生的创新意识和实践能力,使学生在方案设计、材料调查与收集、计算机使用、文献查阅、工具书使用、文字表达等基本技能和综合素质方面得到进一步的训练和提高。

小周在真实的工作环境中,零距离地接触社会,融入职场。要写好毕业实习报告,首先,要选好题,平时做个"有心人",将专业知识与社会实践联系起来,找到具有一定创新性、独特性,同时又具备可操作性、可推广性的难度适中的选题;其次,采用发现问题、分析问题和解决问题的三步法去搭建毕业实习报告的结构;再次,在总论点的基础上,提出若干分论点,并积极收集资料,去伪存真、为我所用,据此先后拟订简单和详细的提纲;最后,写出初稿,在指导教师的帮助下,经过反复修改,最终完成体现真实工作进程、格式规范、语言流畅、重点突出、有一定实用价值的毕业实习报告。

(二) 结构写法

1. 选题

(1) 选题特点。应从专业培养目标出发,体现高职教育要求的基本训练内容,毕业实习报告选题要有综合性和创新性。同时,选题应结合实习内容、专业背景及社会发展的实际需要,具有多样性和应用性。

(2) 选题基本要求。应将选题与社会发展趋向、高职培养目标、所学专业实际情况、就业岗位能力需求和真实职业岗位工作结合起来,同时兼顾自身的兴趣、爱好。在指导教师的指导下,通过师生协商确定毕业实习报告的选题。选题要求难易适度,分量得当,既要有一定的研究深度,又要保证能在规定期限内按时完成。要考虑到完成实习报告所需要的经费和其他客观条件,既要满足教学要求,又要切实可行,重在提升科研能力和写作能力。

2. 正文

正文具有一定的固定格式和内容要求,一般包括标题、摘要和主体三部分,有的正文在主体后附有参考文献和致谢。

(1) 标题。标题应简明突出,概括出报告主旨,不宜超过 20 个字,如《提升团队协作意识的路径思考》。必要时可加副标题,如《人无我有,人有我优——企业文化的塑造与提升之我见》。

毕业实习报告标题原则上要求一人一题,对于一个课题由多人合作完成的项目,应有明确分工,每人选用不同的小标题,内容各有侧重。

(2) 摘要。摘要应具有独立性和概括性,以浓缩的形式来概括毕业实习的内容,体现毕业实习报告的主题,字数一般在 150~200 字。

(3) 主体。主体是对实习内容的详细表述,写作需遵循发现问题、分析问题和解决问题的逻辑关系,逐层展开论述。内容一般包括:毕业实习的目的、实习的内容和过程、实习中遇到的主要问题、问题解决过程、实习收获和体会。可结合岗位特点对所学专业的师资建设、基地建设、课程设计、教学过程管理等方面提出建议与意见。报告主体部分字数不少于 4 000 字。

(4) 参考文献。在写作毕业实习报告的过程中,如借鉴了他人的技术成果,则一般要用参考文献的方式来加以标注。参考文献应注明作者、书名题名、版本、出版者、出版年、页码等。

(5) 致谢。在结尾处,可以用简洁的文字对在毕业实习报告写作过程中给予自己帮助和指导的人表达谢意,要求情感真挚,实事求是。致谢的字数一般在 500 字以内,形式多样,语言表达方式灵活。

(三) 写作要求

1. 真实性

写作要源于实习过程,反映实习过程,体现作者解决实际问题的能力。真实性是毕业实习报告的最基本要素。毕业实习报告要求数据准确,内容翔实。

2. 严谨性

毕业实习报告的写作要体现出科学的工作态度和思维方式。观点的提出要谨慎,经得起推敲,能反映事物的深层本质和内在规律。

3. 创新性

毕业实习报告要具有一定的特色,体现出独立性与创新性。每一份毕业实习报告都是学生独立的毕业实习成果,体现了学生由此引发的思考。每个人的实习内容有异,观点不一,视角立体,所以毕业实习报告的写作也应该各具特色。即使是对同一主题的阐释,由于作者的学识素养不同,报告的写作也会呈现出一定的创新性。

4. 规范性

毕业实习报告的写作格式具有一定的规范性，一般由标题、摘要和主体三部分构成。同时报告中，凡使用汉字，必须使用国家公布的规范字；凡使用标点符号，应符合国家公布的标点符号用法要求；凡有参考文献，其标注也应符合国家有关学术论文的相关规定。

例文

广州市中佳会议服务有限公司速录员毕业实习报告

摘要　本文汇报了本人在广州市中佳会议服务有限公司速录师实习的工作内容和工作过程，总结了毕业实习的工作经验和收获。希望通过本文总结和认识自己的不足，明确今后需要努力的方向。

1. 前言

毕业实习，使我了解成为一名优秀速录师全部的工作内容和工作过程，体验速录师忙碌而又十分充实的工作，学习和掌握了整理录音、会议现场记录、指导学生学习速录等工作内容和职业技能，以及解决实际工作问题的技巧。为总结经验，再接再厉，今后做好工作，特向母校报告自己毕业实习工作情况。

2. 毕业实习概况

2.1　毕业实习目的

为了更好地把学校所学专业知识运用于实践中，了解岗位工作职责及与其相关岗位的工作内容，培养良好的适应社会和职业岗位工作的能力，提高独立分析和解决实际问题的能力，学习录音（录像）整理、现场会议速录的方法与技巧，提升适应岗位要求的职业技能，培养良好的服务意识、团队合作意识和责任意识，培养热爱劳动、不怕苦、不怕累的工作作风，本人于2019年3月3日至8月25日，在广州市中佳会议服务有限公司进行速录师毕业实习。

2.2　具体工作内容

2.2.1　提速训练

导师说速录只有达到了一定的速度，整理录音才不会过于吃力。提速训练从100字/分钟开始。提速除了多练习，还要多积累一些行业知识，多读书看报，了解时事新闻，这样速录才能没有障碍。提高了速度，整理录音或者会议速录也就容易多了。

2.2.2　录音整理

要求准确，语句通顺、流畅，减少错别字和语病。录音整理是把口头语转化为书面语。很多时候人说话都是比较随意的，因此要把一些口头语或者口头禅修饰一下，使句子通顺、流畅，符合书面语言的规范。

2.2.3　现场会议速录

导师××、××言传身教，包括怎样跟合作单位沟通，做好会议现场速录的前期工作。我们不是客户单位的工作人员，可能对其行业专有名词不了解，因此需要向合作单位要一些资料，以便熟悉这场会议的主要内容，做好准备工作。开会时就能够听得懂，录入速度和准确率自然就会提高。

2.2.4 培训速录学生

公司安排我去培训速录学习（初级班）学生。在教学过程中，我先把学校学习的内容复习一遍，归纳一些培训方法后再去教学生。另外，我还总结平时的工作经验，向同学们传授提速、整理录音和会议速录的技巧。

2.3 毕业实习过程

前两个月主要是提速训练，还不能承担日常工作任务。第三个月，导师手把手教我整理录音，布置编辑校对录音文件任务。与此同时，我跟着导师参加每周六在中山图书馆举办的岭南大讲坛，做现场速录。第四个月，导师指导培训学员学习速录的方式方法及注意事项。第五个月，公司派我到花都的广东××学院，担任一个机构的速录培训师。

3. 遇到的困难及解决方法

3.1 提速训练遇到的问题和解决方法

练习提速，从 100 字/分钟到 150 字/分钟，我用了较短时间就完成了，到 160 字/分钟，提升速度开始变慢，10 个字的提速就用了 1 个多月的时间，自己有些灰心丧气。导师鼓励我：提速后的语速加快，文本篇幅变长，因此提速步伐就会变慢，属于正常现象。于是，我就想了一些方法：把篇幅过长的文章分成两到三个部分，一段一段地过关，最后合在一起，很快就攻克难关。遇到文章中有较多平时很少打的字，或者是略码较少，我就一边打一边记牢其选项，这样就不用经常看选字条了。平时要夯实速录基础，不断地复习特定字、兼容码、双音略码、三音略码、四音略码和多音略码等等，经过长时间的练习，在听到词语时马上条件反射，语音毕文字出，听打又快又准。

训练时技术上难免遇到拦路虎：双人双机速录。平时都是单人速录，较少尝试双人双机速录。由于教材上有关的说明一带而过，没有详细说明要怎样操作，我和同学经过一番探讨钻研，最后解决了问题。双人双机速录，首先要在亚伟速录软件里面做设置，调出两个输入框，一为主录入框，二为副录入框，而且不能按插入键，因为按了之后只有主输入框能输入，副录就不能输入了。除了要设置软件的功能，速录机也要重新设置，要设置主录入机和副录入机，这样就可以双人录入了。可是再次搭配实操时，发现录入这一版的最后一行字不能上屏。这时导师告诉我们：双人速录需要副录去翻页，这样主录才能输入字。我们总结后发现，主录的任务就是要不停地追赶声音，录入一定要又快又准，不然副录的工作就增加了。副录要做的事情就是校对主录的录入，帮助造词、添加快捷键，留意屏幕上的 PPT 等等，因此副录要做到一心多用，一边校对一边记住演讲内容，工作也很多。

3.2 整理录音遇到的问题和解决方法

刚开始速度很慢，我 3 个小时才整理 20 分钟的录音。有很多错误，我以为只要一字不漏地录入文章就可以了，结果整理出来的录音有很多语气词和口头语，文稿很不通顺，那时很怀疑自己的能力。导师要求我把一些口头语删除或者把口头语转化为书面语，把有错的语法修改，但又不能改变说话人的原意；要注意准确运用标点符号，分好段，不完整和无关紧要的话语可以不必录入。梅花香自苦寒来，经过刻苦训练，我的录音整理质量有所提高，积累了经验，打字速度大幅提高，现在已经可以 3 个小时整理 1.5 小时的录音。

有时候遇到一些录音不是很清晰,或者说话人普通话带有乡音的情况。导师告诉我,如果发现听不清楚,则静下心来或者先跳过去,标好时间,过后再返回重听。使用这个方法后,我发现回头再听会听得比较清晰,因为录音听久了,心情会有些烦躁,听力也会有所下降,停一下之后,听觉反而变得灵敏了,可以听清了。对于带乡音的普通话,我联系上下文,看说话人大概想说什么内容,打出来之后标个标记,告诉校对者这是我不能肯定的地方。整理录音时,还会遇到各行各业的专业知识,我就在每次整理不同行业的录音时总结有关的知识,等下次再整理同行业的录音时就好办多了。导师要求我们有空的时候要多看书,因为有些领导讲话时喜欢引经据典,如果听不懂,打出来的文字就会有错。另外,要善于运用网络资源,很多不懂的词汇在网上都会有解释,日积月累,词汇量就积少成多,扩大了知识面,速录就更快了。

3.3 现场会议速录遇到的问题和解决方法

第一次跟导师做现场会议速录的时候很紧张,因为是网络直播,要求非常高,必须一次准确。我当时的速度还没有达到可以做网络直播的水平,只能坐在导师旁边做副录。由于缺乏经验又对这个公司的很多词汇不是很熟悉,有时还理解错,出现不少错误。还有一次,我跟导师去中山图书馆做岭南大讲坛现场速录。导师强调现场会议速录必须提前1个小时到会场,询问组织会议的工作人员有没有关于这次会议的资料,以便熟悉当日会议大概讲什么内容,然后自己先试打一下,把一些生僻词事先造词或者是设置快捷键,这样才能够又快又准地记录好会议内容。导师还教了许多速录技巧,如尽量少按标准键盘,尽可能用亚伟键盘;预防计算机发生死机、黑屏之类的故障。

我和同学尝试了一次没有导师指导的现场会议双人速录。最初可能是互相之间不太默契,我打错的地方她没看到,还把正确的给改错了,我们非常焦急、苦恼。导师说双人速录刚开始难免这样,因为大家还没有很好地磨合,只要多锻炼就好了。于是,我们一有时间就专门练习双人速录,很快就感到彼此默契了好多,操作起来也流畅自如了。

3.4 培训学生遇到的问题和解决方法

教学时我先把基础知识讲一遍,再结合自己的心得体会讲解。学生掌握基本指法后提速,也要教基本技巧。学习速录时导师讲得相对较少,主要靠学生动手练习。一开始大家学习热情高涨,但是都属于"三分钟热度",到了提速阶段热情慢慢减退,我忍不住批评了几句。那段时间经常生气,心情很不好,我认为:要么好好学,要么就不学,这样下去既浪费时间也浪费金钱。后来我调整了心态,理性地分析:速录并不是每个人都喜欢的,学习过程的确很枯燥,如果耐不住寂寞,那么他其实并不适合从事速录工作。

4. 毕业实习经验和收获

毕业实习,一是使我学到很多速录知识,尤其是积累了丰富的工作经验。如果没有到公司实习,我就很难明白真正的工作与平时课堂上的练习有何区别,我知道了在课堂上学到的东西其实只是很小的一部分。特别是经历了整理录音和现场会议速录,我真正明白:做速录前要做什么准备,平时要做什么积累,如何保证速录工作顺利进行。二是学习作为一名年轻的速录培训师如何与学生相处。他们普遍年纪比我大,很不服从管教,经常在课堂上问一些稀奇古怪的问题。我牢记导师教导:教师要与学生保持良好的关系,也要保持一定的距离,这样他们才会尊重教师。我相信经过这次历练,以后真正踏上社会工作岗位,是能够从容面对这些问题的。三是积累了丰富的速录工作经验,掌握了培训师的方式方法,我切身体会到速录工作的苦乐和教师的辛苦。

5. 结 语

毕业实习让我接触了社会,认识了社会。我懂得了怎样做好每件事,认真对待工作,对自己所做的事情负责任。在以后的工作中,我会不断地总结工作经验,吸取教训,尽快成为优秀的速录师和速录培训师。

四、技能实训

1. 毕业实习报告选题的确立

李丽是××铁路职业技术学院运输与管理工程系物流管理专业2024届应届毕业生,在学校安排下,她前往校外实习基地武汉铁路局进行为期半年的毕业实习。李丽在物流部担任办公室文员,主要协助经理负责铁路集装箱的调度、整合和运输事宜。在工作中,她对铁路物流环节的发展和前景有了更深的认识。和指导教师多次交流后,她决定从中找到实习报告写作的切入点,将自己停留在表面的认识系统化和专业化,展开实习报告的写作。请收集资料,替李丽选择恰当的报告选题。

2. 提纲的写作

经过和教师反复沟通,李丽决定以提升铁路物流承载力为选题展开毕业学习报告的写作。在充分查找资料并了解该项目在国内外的研究现状之后,她结合自己所学专业的课程设置和高职的培养目标,写出了毕业实习报告。请替李丽撰写毕业实习报告的提纲。

实训2 学术论文

一、办文情境

"供销社"市场部钱经理毕业于暨南大学经济学院国际经济与会计学专业,为博士研究生。从业十余年,他在工作中不断提升自己的职业能力。在他的带领下,公司在国内外的市场上发展势头良好,其业务能力得到了业界的一致肯定。作为××省市场协会的常务理事和××市2023年度企业杰出青年代表,钱经理受协会委托在2023年下半年召开的2023年度协会年会上宣读有关业务开展方面的论文。在繁忙的工作之余,钱经理抽出时间积极准备资料,经过良久的酝酿,最后初步选定企业品牌升级建设这一主题展开论文的撰写。

二、办文任务

开展在线实时写作实训,分角色模拟办文情境,请结合钱经理的专业、工作领域、年会定位和论文选题,写作一篇学术论文,要求既能体现钱经理对企业品牌升级建设这一论题的独到见解,又能在学术交流中给其他与会人员提供启示和借鉴。

三、写作技法

(一) 任务分析

根据中华人民共和国国家标准《学术论文编写规则》(GB/T 7713.2-2022),学术论文是对某个学科领域中的学术问题进行研究后,记录科学研究的过程、方法及结果,用于进行学术交流、讨论或出版发表,或用作其他用途的书面材料。简而言之,学术论文是用来进行科学研究和描述科研成果的议论文。

撰写学术论文首先要积极收集相关写作资料,在确定了论文选题后,还要充分了解国内外学术界对企业品牌升级建设选题的研究现状,明确论文写作的重点和难点,梳理思路,拟写论文提纲。在将提纲充实为论文初稿的过程中,要始终坚持论文的总论点是灵魂的原则,其他的写作要素都要为论文的总论点服务。一篇好的学术论文应该具有论点鲜明、论述有力、表达流畅、格式规范的特点,这就需要对论文的初稿进行多次修改,修改的范围大到主题的确定、材料的选择、结构的安排,小到语言的调遣、标点符号的使用和参考文献标注的规范等。

(二) 学术论文种类

1. 专业论文

专业论文是各学科领域中专业人员写作的学术论文,要提交给有关科研部门或发表在专门性刊物上或在专业团队中用于交流。这类论文又可分为社会科学论文和自然科学论文。

2. 毕业论文

毕业论文是高等学校应届毕业生的独立作业。其教学目的是让学生总结在校学习成果,培养学生运用所学知识解决实际问题的综合能力,使之得到科学研究规范的基本训练。毕业论文的写作要在教师指导下进行。毕业论文完成后,毕业生应当进行答辩,最后由教师评定成绩。

3. 学位论文

学位论文是表明作者从事科学研究取得创造性的结果或者有了新的见解,并以此为内容撰写而成,作为提出申请授予相应的学位时评审用的学术论文。学位论文常与毕业论文合二为一。学位论文分为学士论文、硕士论文和博士论文三级。

(三) 学术论文特性

1. 科学性

学术论文的科学性具体表现在行文中。在立论上,要在课题基础上客观提出和论证自己的论点;在论据上,要针对课题提供确实、全面、新颖的第一手资料;在论证上,行文要求周密严谨,讲究逻辑。

2. 独创性

学术论文的论点要新颖、独特、深刻。要拓展论文的创新领域,首先要有一种强烈的变革观念,以此为动力,拓宽知识视野;其次要发挥想象力,与时俱进,乐于尝试新方法,接受新观念。

3. 实用性

作为科学研究成果,学术论文应该在实践中产生效用。

(四)结构写法

学术论文的撰写通常要经历选题、取材、构思、起草、修改等环节。首先在自己的专业领域和科研积累的基础上确定选题。确定选题时要遵循如下原则:要对研究课题有兴趣,注意理论联系实际,选题难易程度适中。然后在反复思考过程中,逐渐形成自己的独立见解,确立论文中心论点。选择合适的论述方式展开论述,使得论点、论据、论证有机地联系起来。写作学术论文时可以先拟写一份简单的提纲,再将它充实为详细提纲,写作初稿后不断地进行修改,最后形成一篇观点鲜明、论证有力、格式规范、表述准确、具有一定创新性和实用性的学术论文。以下为学术论文初稿框架示例。

> 例文

社会组织官方网站新闻报道办文刍议
——以××职业技术学院"校园网"学院新闻为例
×××(××职业技术学院 510×××)

摘要:本文通过对社会组织"官网"新闻的办文处理,文体技法、谋篇布局和文面格式铺排等进行阐述说明,强调网络语境中电子公文的"文种味",及其 OA 办文规范性。这是××省精品资源共享课《应用写作》的建设成果。

关键词:官网;新闻;网络;语境;电子;公文

21 世纪信息化社会,各级社会组织的官方网站(以下简称"官网")是公开团体主办者体现其意志想法,团体信息公开,并带有专用、权威、公开性质的一种网站,其基本功能包括:品牌形象的推广、信息政策的公开,以及发布新闻、提供产品信息、传播企业文化、发布官方联系方式、提供客户服务、网上销售等。"官网"是社会组织电子政务的名片,直接反映其行政管理工作的质量与效率。当前,绝大多数社会组织的"官网"首页都设有单位系统的工作情况新闻报道版面。"官网"新闻是指权威机构(指真正的执政方和企业或者合法机构的法人)所发布的新闻,其发布的内容能够表明机构的意志。作为电子公文写作的一种新文体,"官网"新闻的报道体裁特性等已逐渐成形,章法严谨规范,这一网络版"简报"占据着机关企事业单位和社会团体"官网"的头版头条,受到多方的普遍关注。

一、"官网"新闻的含义及内容

"官网"新闻是指对社会组织工作情况及时简要的报道,即本单位的新闻报道。这一传递通报有关公务信息的特殊电子公文,在办文体裁上形神凝聚,兼具了新闻(消息)与简报的特点。

现代社会处于以计算机网络为平台的电子政务、电子商务、数字化办公的环境之中,社会组织推陈出新,"官网"新闻应运而生,其办文为简报+新闻(消息),二者双剑合一、珠联璧合,传统文体借助互联网,借助计算机写作电子公文,可谓"旧瓶装新酒"。新闻是对新近发生或者新近发现的具有社会意义并能引起公众兴趣的事实的及时简要的报道。"官网"新闻与新闻(消息)相似,把本单位最近的工作情况,在最短的时间内连续介绍给最广泛的大众(包括组织全体人员及其各有关方面的外来访客),以最直接的方式、最简练的文字第一时间告诉读者。只不过新闻(消息)是报道国内外的社会新闻,"官网"新闻是报道本单位有报道价值的事实的工作新闻。"官网"新闻办文任务和功能作用类似简报,这是社会组织用来对内外汇报工作、沟通情况、反映问题、报道动态、交流经验的电子公文。主要是反映本单位范围内重要政策的贯彻落实,重大问题和重要情况的处理意见与效果,反馈重要经验的评价与推广等。通过"官网"新闻的编发,领导机关能够及时掌握情况、指导工作,为制定政策提供依据;平级机关之间可以互通情况,交流沟通信息;下级机关则向上级汇报工作,反映情况,并明确领导意图,以便更好地开展工作。"上传下达""下情上达"互通信息,起到指导工作与推广经验,增强社会组织内部凝聚力的作用。"官网"新闻的质量和采编速度往往反映了一个单位的工作状况,成为外界了解本单位工作情况的"助推器"。

"官网"新闻属于网络版的电子公文,办文突出快、新、简三要素。今天的消息是金子,昨天的消息是银子,前天的消息是垃圾。"快"即速度快,有较强的时效性。能否发挥网络新闻的作用及作用的大小,取决于时效性。快是"官网"新闻的生命,所反映的社会主义市场经济动态和工作问题、报告的情况都要快捷迅速,便于领导掌握下情,做出决策,及时提出处理意见和解决方法,采取措施,防止事态蔓延,不失时机地大力扶植支持推广新生事物。"简为文章尽境","官网"新闻贵在"简",简明扼要反映情况是其显著标志。要"快"就要"简",长篇大论、冗长繁杂自然快不起来。简,不仅指文字少、篇幅短,还要用少量的文字概括出事实的精髓和意义,简短而不失疏漏。"官网"新闻内容新鲜,主题新颖,只有努力反映新情况、新动向、新问题、新经验、新成果,才能引起人们的关注。要针对实际工作中层出不穷的新气象行文,给读者新的启发、借鉴和感觉,抓住"新"来做文章。××职业技术学院"校园网"学院新闻自2005年9月挂牌成立以来,十分注重迅速办文挂网报道新人新事,至今共发布3 083篇文章("系部新闻"未计),一文一事,一事一报,简要跟进报道学院争创广东省"示范校"教学改革的新进展,以及日常教学工作的新动态。这些文章篇幅短小精悍,不求面面俱到,字数一般在几百字内,甚至只有几十字,一般不超过千字。言简意赅,文约而事丰,做到"篇无累句,句无累字"。

二、"官网"新闻的主要内容

"官网"新闻主要借鉴新闻(消息)最常用的倒金字塔式行文技法,凸显张扬"抓人眼球"的标题和5W1H的新闻要素,以期达到宣传推介社会组织形象和电子政务建设"窗口"的功效。

"官网"新闻目前使用频率较高的主要是对工作、会议、动态方面的集中报道,内容主要是反映本单位对党的方针政策、上级指示精神贯彻执行情况,有关经验教训和问题,好人好事、好风尚或不良情绪等情况,会议概况、议程进程、中心议题、讨论情况、与会人员意见建议,以及反映单位思想和业务动态等。其中动态新闻"快报"更是高频办文,着重反映与本单位工作有关的正反两方面的新情况、新动向、新问题,为领导和有关部门研究工作提供鲜活的第一手材料,向群众报告工作、学习、生产、思想的最新动态。谋篇布局主要是借鉴新闻(消息)的表现手法,最常用的结构是倒金字塔式,把最新鲜、最吸引读者的材料放在开头,然后介绍次要材料,把最不重要的材料放在结尾。将采访到的材料按照"头重脚轻"的次序排列，突出新闻的"新"，将最新鲜的事情安排在导语中，内容写得简短，一段只写一个内容，有关事实不再重复，各段之间也不需要过渡性的文字，便于读者第一时间阅读到最重要的材料。开头下笔入题，使受众一目了然，紧紧抓住受众"眼球"，开门见山，突出新闻高潮和结论。

首先，标题是"官网"新闻的眼睛，集中反映消息的精华部分，是对主题思想的高度浓缩概括，使读者对内容有概括性的了解，从而继续抓人"眼球"。××职院"校园网"新闻都有一个醒目的标题：我院学生喜获"亚伟杯"文秘速录专业技能全国总决赛三等奖（20××年7月1日）；20××全国高职高专教育公共课教学改革论坛介绍我系《应用写作》建设经验（20××年12月14日）；《应用写作实训教程》荣获广东省写作学会优秀科研成果教材类一等奖（20××年11月20日）；等等。这些标题让人"欲罢不能"，迫不及待地去看正文。

其次，要着重写好导语。"导"，意思是开始、启发、吸引。与新闻（消息）的导语相似，"官网"新闻的导语也要快速切入主题，简要概括全文大意。把消息中最新鲜、最重要、最精彩的事实，用简练的文字叙述出来，开宗明义，用一两句话简明扼要地摆出新闻中最引人注目的事实，或者反映出新闻事实中最主要的思想及意义，使读者能够迅速及时了解新闻概况，并吸引他们进一步读完全文，具体了解所有内容。例如，我院学生喜获"亚伟杯"文秘速录专业技能全国总决赛三等奖的导语：6月25—26日，由教育部主办、教育部职业教育与成人教育司、天津市教委承办的"20××年全国职业院校技能大赛（高职组）'亚伟'杯文秘速录专业技能竞赛"在天津隆重举行，来自全国26个省市的56支参赛队展开激烈角逐。由公共管理系文秘专业学生张婷、江美贤、黄丽梅、谭利连组成的我院代表队（领队：××，指导教师：×××、×××），凭借良好的文秘职业技能和职业素养，喜获全国总决赛三等奖，这是本届大赛广东院校代表队取得的最好成绩。

片言居要，概括主要内容，时间、地点、人物、事件、原因和结果等齐全，一开始就切入基本事实和核心问题，勾勒出完整的新闻事实概况，给人一个明确总体印象，引导读者阅读全文。

主体是导语后面的展开部分，由于导语意犹未尽，所以要求整体对新闻事实做充分具体报道和说明，紧扣主旨，用事实材料将导语具体化。主体内容比导语丰富，包括对基本事实的叙述，对次要事实的表达，以及对导语中未提及事情的补充，有时还有背景说明。"官网"新闻质量如何，关键看导语和主体是否写得好。这是正文的核心，要求用典型事例或数据将导语具体化。根据编发目的恰当安排结构，注意材料取舍和详略安排。

如上述例文：成绩的取得，得益于领导的高度重视，各部门的通力合作，参赛师生的共同努力。本次大赛历经两个月的精心准备，×××副院长亲自主抓，教务处上下协调，在财力、人力方面提供充足保障，财务处、设备处积极配合，及时采购"国赛"竞赛软件并投入使用，公共管理系派专人负责训练平台日常维护，各部门通力合作，保证了备赛强化训练的正常进行。

主体内容精粹集中，观点鲜明，线索单一，脉络清晰。运用典型事实材料和确凿的数据，向读者提供令人信服的工作信息，反映师生齐心协力，高标准严要求，紧张有序备战备赛，实现学校在教育部一年一度的全国职业院校技能大赛高职组文秘速录专业技能赛项上的"零的突破"。

"凤头、猪肚、豹尾"，虎头蛇尾要不得。上述例文的结尾如下："以赛促学，以赛促教，以赛促改，本次大赛既展示了我院文秘学生的职业风采，也为公共管理系专业与课程内涵建设积累了宝贵经验。"与开头形成呼应，起到强调重点、突出主题并使结构更加紧凑的作用。新闻结尾应该深化主旨，不要游离于主题之外，点到即止，惜墨如金，力求精练。好的结尾，能够给读者留下一个好印象。

三、"官网"新闻的格式

"官网"新闻作为大众传播媒介的载体，其各组成部分有独特要求和标志规则，认准网络语境中电子公文的"文种味"，在 OA 公文系统的文面格式与内容模板上循格写作。

社会组织"官网"新闻可以说是网络版简报，材料要真，内容要新，文字要简，直陈其事，快速成文。它以时效性著称，但是不能大小巨细有事就报，必须从中心工作和单位阶段工作的需要出发，在众多的事件中选取最有指导意义或者最能引起受众注意的经验、情况和问题，予以全面的、实事求是的报道。"官网"新闻一般由办文部门（办公室）和各职能部门定期或不定期编写挂网，××职院"官网"除了学院新闻专题报道，还有其他的系部新闻。为突出传递信息、通报事实的电子公文网络版的"文种味"，"官网"新闻删繁就简，在网络语境下完成写作、编辑、排版和处理等环节，文字排列别具一格，不同于党政机关公文和事务文书简报的套红格式，文面格式有独到之处，其风格看似简约平实直观，却蕴含着丰富的"电子味"办文信息。写好主体是编辑好"官网"新闻的关键，其实就是把简报正文核心部分（报核）单独抽出来写作。摒弃简报套红格式和划分报头报核报尾，不用间隔红线与正文部分隔开，标识简报名称、期号、编发单位和编印时间。也不用报尾两条平行横线来注明简报的报（领导或上级机关）、送（平级或不相隶属单位）、发（下级单位）范围单位名称和领导姓名。"官网"新闻没有标识报头和报尾各要素的"繁文缛节"。例如，××职院"校园网"的受众对象包括本单位全体教职员工与外单位等社会访客，无须严格的"报送发"程序，更没有简报内部编印的保密性。"官网"新闻可以公开传播，能够开放给校内外公众浏览，不限于编报机关内部单位系统之间交流传阅，没有交流范围的限制性，阅读范围广泛，点击率越高越好，这样才能利用网络的功能实现公文信息资源共享和"快报"办文。

"官网"新闻也有消息头，主要用于点出电子公文依赖计算机和网络传输系统等数字设备阅读、处理和传送的办文信息。标题上面一般饰有题头的单位典型标志图片的横幅母版，起画龙点睛作用，如××职院"官网"新闻题头的校园图片横幅醒目大方。下面的消息头标明"日期：2014-7-1 来源：原创 作者：admin 阅读：368 次"，类似于新闻（消息）的消息头，它们是在 OA 系统上自然生成的。当中突出电子公文挂网时间、稿件来源、拟稿人和点击率等信息，尤其是点击率的统计更是彰显网络新闻的特征。在正文前面还要标明消息来源，如"本网讯"。

"讯"即消息、信息，"本网讯"即发自本网站的消息报道或讯息，指在本单位 OA 公文系统上向网站（校园网）直接传递的新闻稿件。正文还配发与内容相关的图片、视频等多媒体文件,图文并茂,声像并茂,真实地再现所报道消息的工作活动情景,从而强化"官网"新闻对工作情况的记忆和再现功能,让读者有身临其境之感。例如,"日期:20××-6-14 来源:原创作者:wt 阅读:281 次 我院组织集中观看《南哥》《大会师》(图文)",体现了电子公文语言融会贯通数字化、图像化、节点化和多媒体化的表达特点。上述××职院"官网"消息,都配有与正文内容相辅相成的图片。在结尾下面还要注明供稿和审核部门,展现电子公文集体办文的流程,强调责任分工、文责自负,明确公文作者只能是法定的社会组织及其法人代表(或者称为第一领导人)。例如供稿:"公共管理系 ×× ×× 审核:院新闻中心;供稿/摄影:宣传统战部 ×× 审核:宣传统战部。""官网"新闻是在本单位 OA 公文系统的格式模板和内容形式模板上办文的,将消息头、标题、正文(包括开头、主体、结尾),以及图文供稿和审核部门与人员等对号入座,各司其职直接拟写行文。文面格式和内容模板综合提炼了新闻(消息)和简报的优胜之处,形成电子公文特别的文体技法。

网络时代,社会组织办公方式与时俱进,"官网"新闻作为宣传和表现社会组织或者法人的网络语境新闻报道,必须符合党和国家政策、法令,符合机关领导意图,"遵命写作",规范办文,因为有关单位的各种政治活动及其相关文件和政策法规都可以从中查到详细信息。它是机关和企事业单位、社会团体的"传声筒"。要使公务阳光透明,全面推进政务公开,打造代本机关单位立言的新闻平台,吸引更多的读者和受众,提高点击率,"官网"新闻还需要形神兼备,生动活泼,多姿多彩。在内容上抓住最新鲜、最精彩的事实;在形式上要用最热辣的网络语言风格表达出来,严肃而不失活泼,拉近作者与读者的距离,这样才能赢得更多"粉丝"。

参 考 文 献

[1] 张江艳. 电子公文写作实训教程[M]. 北京:高等教育出版社,2009.
[2] 刘大櫆. 论文偶记[M]. 北京:人民文学出版社,1961.
[3] 刘勰. 文心雕龙[M]. 北京:中华书局,2014.

学术论文由标题、署名、摘要、关键词、正文、注释、参考文献构成。
1. 标题
标题是对学术研究过程或成果的直接阐述,是对学术论文内容的高度概括。学术论文的标题是题眼,要求凝括主题、简洁明了、醒目引人。
(1) 直接揭示和概括主题,如《论廉洁生威》。
(2) 引人注意,如《当前物价问题的症结何在》。
(3) 复合标题,其中主标题概括学术论文主旨,副标题予以说明或补充,如《深圳市中小型国际货代企业成长及发展对策研究——以深圳 X、Y、Z 国际货代企业为例》。
(4) 指明主题所属范围,如《市场经济条件下思想政治工作的哲学思考》。
2. 署名
署名主要包括姓名、学历、地址、邮编、电话、职务、职称等信息。

3．摘要

简要概括学术论文的主要内容，字数为 150~200 字，如论文的基本观点、成果、研究方法与意义等。例如，《深圳市中小型国际货代企业成长及发展对策研究》的中文摘要为："笔者结合当前相关企业的演变、企业核心竞争力、学习型组织管理及创新性理论，对深圳市中小型国际货代企业成长及发展策略进行了回顾和探讨。首先结合产品和要素市场对深圳中小型货代企业的外部成长环境进行分析，如顾客、竞争者、供应商及劳动力市场等要素，揭示这种类型的企业在发展中所面临的机遇和风险。其次，通过对三个具体案例的分析，笔者试图概括出企业成长过程的典型模式，并对其进行对比分析。笔者认为，企业要获得持续发展，能否具备核心竞争力是关键，因此笔者对核心竞争力的提升途径进行了思考。最后，笔者试图从国际化发展的角度，具体针对深圳中小型货代企业所面临的海外网络发展问题，提出对策。"

4．关键词

关键词又称主题词，数量为 3 至 5 个，用于反映论文观点或主要内容。例如，根据《深圳市中小型国际货代企业成长及发展对策研究》一文论述的内容，其关键词可以拟定为：深圳、中小型国际货代企业、核心竞争力、发展策略。

5．正文

（1）前言。前言包括研究背景、研究目的、研究范围、研究方法、主要观点或成果、评价意义等。

（2）主体。主体是论文的核心部分，具体对论点进行阐释。可采用以下几种论述方式。

① 并列式：各层次的内容是平等的，不存在时间或逻辑的先后关系。

② 递进式：各层次存在时间或逻辑的先后顺序。

③ 过程式：将研究过程以整体结构（发现问题、研究经过、分析问题）予以展开。

④ 综合式：兼用上述方式。

（3）结论。结论部分常对论文的主要内容进行总结或回顾，也可对将来的研究方向予以展望。

6．注释

注释是对正文某些问题的解释，如有关引文的出处，解释有关名词、术语，对难点做必要的解说。学术论文中引用的文献载体分为纸张型载体和电子载体，具体的标识有不同的要求。

按照国家标准《信息与文献 参考文献著录规则》（GB/T 7714—2015）中对学术论文注释和参考文献格式的写作要求，以英文大写字母方式标识以下各种纸张型载体的文献类型：专著［M］、论文集［C］、报纸文章［N］、期刊文章［J］、学位论文［D］、报告［R］、标准［S］、专利［P］。

（1）若引文出自期刊，则标识为：［序号］主要责任者. 文献题名［J］. 刊名，出版年份，卷号（期号）：起止页码。

例如：[1]任占营. 优质高等职业院校建设的思考［J］. 国家教育行政学院学报，2018（7）：47–52.

（2）若引文出自专著，则标识为：［序号］主要责任者. 文献题名［M］. 出版地：出版者，出版年：起止页码。

例如：[2]刘国钧，王连成. 图书馆史研究［M］. 北京：高等教育出版社，1979：15–18.

（3）若引文出自论文集，则标识为：［序号］主要责任者. 文献题名［C］//主编. 论文集名. 出版地：出版者，出版年：起止页码。

例如:[3]孙品一.高校学报编辑工作现代化特征[C]// 中国高等学校自然科学学报研究会.科技编辑学论文集(2).北京:北京师范大学出版社,1998:10-22.

(4) 若引文出自学位论文,则标识为:[序号]主要责任者 文献题名[D].保存地:保存单位,年份.

例如:[4]史云霓.JH 公司员工激励机制优化策略研究[D].上海:华东理工大学,2015.

(5) 若引文出自报告,则标识为:[序号]主要责任者.文献题名[R].报告地:报告会主办单位,年份.

例如:[5]冯西桥.核反应堆压力容器的 LBB 分析[R].北京:清华大学核能技术设计研究院,1997.

(6) 若引文出自专利文献,则标识为:[序号]专利所有者.专利题名[P].专利国别:专利号,发布日期.

例如:[6]姜锡洲.一种温热外敷药制备方案[P].中国专利:881056078,1983-08-12.

(7) 若引文出自国际、国家标准,则标识为:[序号]标准代号,标准名称[S].出版地:出版者,出版年.

例如:[7]GB/T 1.1—2020 标准化工作导则第 1 部分:标准化文件的结构和起草规则[S].北京:中国标准出版社,2020.

(8) 若引文出自报纸文章,则标识为:[序号]主要责任者.文献题名[N].报纸名,出版日期(版次).

例如:[8]练玉春.职业教育支撑城市良性生长[N].光明日报,2018-04-05(07).

另外,对于电子文献的载体类型及其标识也有相关的规定。非纸张型载体的电子文献,当被引用为参考文献时需在参考文献类型标识中同时标明其载体类型,具体为文献类型标识:数据库[DB]、计算机程序[CP]及电子公告[EB]等;电子文献载体类型标识:磁带[MT]、磁盘[DK]、光盘[CD]、联机网络[OL]。

电子文献类型与载体类型标识基本格式为:[文献类型标识/载体类型标识]。例如:[DB/OL]——联机网上数据,[DB/MT]——磁带数据库,[M/CD]——光盘图书,[CP/DK]——磁盘软件,[J/OL]——网上期刊,[EB/OL]——网上电子公告。

具体标识为:[序号]主要责任者.电子文献题名[电子文献类型标识/载体类型标识].(发表更新日期)[引用日期].电子文献的出版或获得地址.

7. 参考文献

具体标识为:文中参考位置右上角用中括号标引,文末相应标引序号、作者、书名、出版地、出版社、出版年份。标注方式与注释相同。参考文献一般集中附录在论文的结尾。也有的学术论文将注释和参考文献合并,以一种形式去体现。

(五) 写作要求

1. 真实性

学术论文的论点和论据都应该实事求是,真实性是其基本要求。

2. 论述性

学术论文作为阐释最新研究成果的议论文,其写作符合提出问题、发现问题进而解决问题的逻辑。要求论点鲜明,论据充分,论证有力。

3. 创新性

学术论文是在国内外对此课题研究的基础上进行更深入的分析,或者是发前人之所未发。创新是学术论文存在的独特价值和得以保存的前提条件。

4. 规范性

学术论文无论是在体例上还是在结构上,都有严格的规定。具体来说,要遵循国家现行的《学术论文编写规则》(GB/T 7713.2—2022)、《学位论文编写规则》(GB/T 7713.1—2006)和《信息与文献 参考文献著录规则》(GB/T 7714—2015)等标准。

四、技能实训

(1) 根据教师发表的学术论文,体会论文写作的要求,拟写论文提纲。

(2) 结合自己的专业,选择大学学习中最感兴趣的课题进行研究,写作一篇内容真实、资料详尽、观点新颖,具有一定现实意义和创新水平的学术论文。

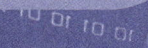

应用写作综合技能"实战"演练

学习目标

▶ 知识点：

了解应用写作技法与行文规则，理论联系实际。

掌握OA电子公文办文流程，具备无纸化办文能力。

▶ 能力点：

厚文湛技，准确规范地完成OA电子公文的处理与写作。

宣明事理，流畅地进行无纸化办公。

实训　应用写作在线综合自测与期末考试

一、办文情境

"供销社"办公室实习生经过一段时间的历练,已能承担一般事务性文书写作。但是,主任认为实习生的文书写作仍然缺乏"文种味",还不能一步到位、下笔成章,欠缺独立办文能力,还需要进一步强化岗位职业技能的训练。

二、办文任务

开展应用写作综合技能在线实训,分角色模拟"供销社"办文情境,自主学习,融会贯通,提高独立办文业务能力。

三、写作技法

(一) 任务分析

应用写作"用"是目的,"写"是核心。只有通过大量系统、科学的"写"的训练,才能具备"用"的能力,这就需要长期不懈地勤写苦练,乐学善用。

(二) 写作技法

1. 快速写作

(1) 选准文种,对号入座。应用写作的首要前提是注意文种的规范性,即根据实际工作的需要,办什么事该用什么文种,要遵照有关规定,准确选用。否则,后面的写作根本无法顺理成章。因此,在众多种类中一步到位选准文种,是快速写作的关键,也是应用写作的基本功。但这又恰恰是学生的薄弱环节。因此,教师必须加强训练学生认识文种的能力。首先,要求学生从实际工作出发,根据行文内容、对象、方向、目的和有关单位的职权范围及其隶属关系,搞清楚所制发的是行政公文,还是事务文书,或者是财经文书;其次,综合运用写作理论,对一些相似、相近的文体细加辨析、区别异同,然后准确判断,选择适当的文种对号入座行文写作,绝对不能用错文种。

注意:对上级机关不能下命令、发通知、做批复;对下级机关不能呈请示、送报告、递议案;纪要不能写成会议记录。避免通报、通告、通知、简报因一字之差而张冠李戴;避免请示、报告混用不分;避免用公告来向公众宣布具体事务;对不相隶属的单位不用请批函,不能因为人所求或有求于人而滥用请示……这些文种选择的错误应当引以为戒。文种选错,全文皆错。若在实际工作中出现错误,则会影响公(商)务信息的正确传达与处理。因此,要快速写作,选准文种至关重要。

(2) 强化"文种味",快速行文。应用文有其相对固定的规范化文本格式和制文制度,写作时一定要严格遵守,不得标新立异、随意变更。

不同大类的应用文,文本格式各不相同。例如,撰写行政公文时要着重考虑主体格式中各个项目的固定顺序,将其排列于相应的位置,各就各位,并将公务信息材料循格套写,力图做到格式体例规范化，这是快速谋篇布局最起码的要求。还有确立主题、选择材料、安排结构、遣词造句等，必须做到准确到位，而且一定要严格遵循应用写作的行文制度。具体文种的遣词造句，要有其自身的特点。不同文种的结尾用语，不能错用、乱用，更不能自我创造。总之，只有"循规蹈矩"才能有效保证快速写作。

2. 快乐写作

（1）激发兴趣。应用写作能力是秘书职业工作的核心综合技能，具有高水平的写作能力是现代从业人员综合素质的体现，也是必备的技能。一个人的工作才能与业绩经常是通过写作表现出来的。学生认识到应用写作是与自己切身利益密切相关的课程，自然会产生浓厚的兴趣，愿意下苦功深入钻研。兴趣与爱好是提高应用写作水平的原动力，一旦有了浓厚兴趣和爱好，就能形成最佳的心理状态，自觉投身于写作训练，变被动写作为主动写作，变"老师要我写"为"老师，我要写"，成为写作的主人。总之，学生的积极性和主动性被调动起来，就会自觉投身于应用写作实训。

（2）激活思维。写作是一种创造性极强的综合性脑力劳动，而思维是创造的出发点，写作思路决定文章的内容，也决定文章的质量。写作最忌写不熟悉的人和事，高职学生之所以普遍感到难以下笔，就是因为缺乏相应的工作体验和生活阅历，对学习内容理解不深而造成思路无法打开，往往苦思冥想，千头万绪仍然"理还乱"。

如何开拓思维，规范思路，快速构思写作？专业班的同学要通过"基于反映办文工作过程"应用写作项目教学，积极参加模拟办文课堂实训，在老师的引导下，理论联系实际，强化写作思路，在准确选择文种的基础上，学习快速构思与行文。

（3）勤写苦练。"纸上得来终觉浅，绝知此事要躬行。"应用文写作的学习难点是写作思维与具体行文，以及文种分析判断。大学学习毕竟与中学不同，最重要的还是要独立思考，循格写作，多写多练，持之以恒，将知识转化为写作技能。写作没有任何捷径，只有长期刻苦磨炼，融会贯通，才能厚积薄发，写出格式规范、行文精练严谨的应用文。没有锲而不舍的反复练笔，手指头不磨出"笔茧子"来，快速写作将难以实现。不要为练习而练，而要为办某件事而写，根据实际工作需要去练笔。每写一次，就有一次的收获。如果总想一蹴而就，或者一曝十寒，怕苦怕累，不肯动脑动手，则很难写好文章。"台上一分钟，台下十年功"，只有自觉杜绝学习上的投机取巧，以苦为乐，百折不挠，在练笔实践中逐步掌握写作技巧，才能达到一挥而就的熟练程度。要不断积累作文技能，还要注意习作上的错漏之处，分析为什么会出现这样的错误、应当如何修改，并上升到理论认识的高度，知其然亦知其所以然。通过对行文优点和问题的综合分析、归纳，及时纠正错漏，吸取经验教训，这样才能切实提高写作水平。

（三）学习方法

（1）在"智慧职教"（职教云）平台注册成功，登录广东省精品资源共享课（精品课程）"应用写作"，进入学生空间。积极参加基于反映办文工作过程的"应用写作"项目教学实训，认真参与课前、课中、课后课堂活动，进行在线、离线的自主学习。

① "智慧职教"（职教云）注册登录网址（电脑端）。

② 下载安装智慧职教+iOS版软件（手机端），并注册登录。

③ 扫描班级"二维码"注册登录，经教师审核通过后进入平台开始学习。

"职教云"平台支持手机验证码登录和账号密码登录。

手机验证码登录：输入账号绑定的手机号，点击"获取验证码"按钮，输入获得的验证码即可登录。

账号密码登录：输入账号密码直接登录。

（2）点击进入"应用写作"课程学习界面。学生通过首页—我的班级—全部班级或者搜索班级名称找到自己的课程，进入具体课堂可查看目录、更多部分。可点击需要查看的章节，课堂内容包括视频、音频、文档、图文、离线作业、在线考试、在线作业、主题讨论。根据任课教师发布的今日课堂和全部课堂的活动安排内容，完成相关作业。学习流程包括：课前预习；课中签到，积极参加提问、投票、小组PK、主题讨论、在线堂上练笔等学习实训；课后复习，完成在线课外作业，温故知新。

（3）积极参与写作论坛主题讨论、网上师生互动交流活动。学生有疑问可及时上网提问。具体活动包括：随堂测验、做课外作业、写作论坛讨论、小组PK、课程答疑、模拟考试等。及时在课程统计中查阅堂上练笔与案例分析、课外作业成绩，查看课程学习总成绩、个人学习记录及个人学习活动记录，了解自己的写作实训情况。纠错修改，知其然亦知其所以然，不断提升应用写作职业技能。

（4）浏览阅读教师的教学文件，包括：课程标准、教学进程表、教案、教材、课件及每周课程公告。了解教学实施进度安排和每周写作实训要求，做好课前准备。课中、课后巩固堂上学习训练的知识点与单项写作技能，融会贯通，在线写作套红格式的电子公文，多写多练，将知识转化为技能，完成应用写作办文工作实务。

（5）定期或不定期自觉进行应用写作综合技能全真实战演练（包括单元自测和模拟考试、作业等），为参加期末考试、中文信息处理（文秘速录）等各类学生办文职业技能竞赛、中文速录等各专业1+X职业技能等级考证做好准备。

（6）参加在线课程期末考试。登录"智慧职教"（职教云）广东省精品资源共享课（精品课程）"应用写作"在线课程课中的活动课堂，参加学校统一安排的在线期末考试。仔细核对考生个人信息和考试信息无误后，开始作答，在规定时间内（一般2个小时）完成答题。交卷后会跳转到成绩查看页面（客观题），学生可以看到自己的答题成绩，也可以查看自己的答题记录。主观题要经过教师批改，与客观题一起自动形成全卷考试成绩发布。

四、技能实训

（1）写作自测——模拟考试。
（2）参加在线期末考试。

参考文献

［1］文能载商.新媒体电商带货文案：从种草到爆款[M].北京：清华大学出版社，2022.
［2］文能载商.10W+新媒体文案炼成记：微信、微商、电商、App、头条号软文实战[M].北京：清华大学出版社，2018.
［3］依伊.全域新媒体写作：从入门到精通[M].北京：中国铁道出版社有限公司，2023.
［4］范兰德.公司文书实操大全[M].广州：广东人民出版社，2012.
［5］杨文丰.高职应用写作[M].5版.北京：高等教育出版社，2022.
［6］张江艳.电子公文写作实训教程[M].北京：高等教育出版社，2009.
［7］卢如华.新编秘书写作[M].2版.北京：高等教育出版社，2015.
［8］谭多幸.文秘基础实训教程[M].广州：暨南大学出版社，2009.
［9］黄绮冰，生素巧.应用文写作教程[M].2版.北京：电子工业出版社，2013.
［10］蔡录昌.经济应用文写作[M].2版.北京：清华大学出版社，2014.
［11］耿云巧，马俊霞.现代应用文写作[M].4版.北京：清华大学出版社，2018.
［12］盛明华.常用经济应用文写作[M].2版.上海：立信会计出版社，2017.
［13］姬瑞环，卢颖，崔德立.商务文书写作与处理[M].4版.北京：中国人民大学出版社，2019.
［14］静文.本期范例：通知、函[J].应用写作，2000(9)：38.

附 录

附录一

党政机关公文处理工作条例
(中办发〔2012〕14号)

第一章 总 则

第一条 为了适应中国共产党机关和国家行政机关(以下简称党政机关)工作需要,推进党政机关公文处理工作科学化、制度化、规范化,制定本条例。

第二条 本条例适用于各级党政机关公文处理工作。

第三条 党政机关公文是党政机关实施领导、履行职能、处理公务的具有特定效力和规范体式的文书,是传达贯彻党和国家的方针政策,公布法规和规章,指导、布置和商洽工作,请示和答复问题,报告、通报和交流情况等的重要工具。

第四条 公文处理工作是指公文拟制、办理、管理等一系列相互关联、衔接有序的工作。

第五条 公文处理工作应当坚持实事求是、准确规范、精简高效、安全保密的原则。

第六条 各级党政机关应当高度重视公文处理工作,加强组织领导,强化队伍建设,设立文秘部门或者由专人负责公文处理工作。

第七条 各级党政机关办公厅(室)主管本机关的公文处理工作,并对下级机关的公文处理工作进行业务指导和督促检查。

第二章 公文种类

第八条 公文种类主要有:

(一)决议。适用于会议讨论通过的重大决策事项。

(二)决定。适用于对重要事项作出决策和部署、奖惩有关单位和人员、变更或者撤销下级机关不适当的决定事项。

(三)命令(令)。适用于公布行政法规和规章、宣布施行重大强制性措施、批准授予和晋升衔级、嘉奖有关单位和人员。

(四)公报。适用于公布重要决定或者重大事项。

(五)公告。适用于向国内外宣布重要事项或者法定事项。

(六)通告。适用于在一定范围内公布应当遵守或者周知的事项。

（七）意见。适用于对重要问题提出见解和处理办法。

（八）通知。适用于发布、传达要求下级机关执行和有关单位周知或者执行的事项，批转、转发公文。

（九）通报。适用于表彰先进、批评错误、传达重要精神和告知重要情况。

（十）报告。适用于向上级机关汇报工作、反映情况，回复上级机关的询问。

（十一）请示。适用于向上级机关请求指示、批准。

（十二）批复。适用于答复下级机关请示事项。

（十三）议案。适用于各级人民政府按照法律程序向同级人民代表大会或者人民代表大会常务委员会提请审议事项。

（十四）函。适用于不相隶属机关之间商洽工作、询问和答复问题、请求批准和答复审批事项。

（十五）纪要。适用于记载会议主要情况和议定事项。

第三章　公　文　格　式

第九条　公文一般由份号、密级和保密期限、紧急程度、发文机关标志、发文字号、签发人、标题、主送机关、正文、附件说明、发文机关署名、成文日期、印章、附注、附件、抄送机关、印发机关和印发日期、页码等组成。

（一）份号。公文印制份数的顺序号。涉密公文应当标注份号。

（二）密级和保密期限。公文的秘密等级和保密的期限。涉密公文应当根据涉密程度分别标注"绝密""机密""秘密"和保密期限。

（三）紧急程度。公文送达和办理的时限要求。根据紧急程度，紧急公文应当分别标注"特急""加急"，电报应当分别标注"特提""特急""加急""平急"。

（四）发文机关标志。由发文机关全称或者规范化简称加"文件"二字组成，也可以使用发文机关全称或者规范化简称。联合行文时，发文机关标志可以并用联合发文机关名称，也可以单独用主办机关名称。

（五）发文字号。由发文机关代字、年份、发文顺序号组成。联合行文时，使用主办机关的发文字号。

（六）签发人。上行文应当标注签发人姓名。

（七）标题。由发文机关名称、事由和文种组成。

（八）主送机关。公文的主要受理机关，应当使用机关全称、规范化简称或者同类型机关统称。

（九）正文。公文的主体，用来表述公文的内容。

（十）附件说明。公文附件的顺序号和名称。

（十一）发文机关署名。署发文机关全称或者规范化简称。

（十二）成文日期。署会议通过或者发文机关负责人签发的日期。联合行文时，署最后签发机关负责人签发的日期。

（十三）印章。公文中有发文机关署名的，应当加盖发文机关印章，并与署名机关相符。有特定发文机关标志的普发性公文和电报可以不加盖印章。

（十四）附注。公文印发传达范围等需要说明的事项。

（十五）附件。公文正文的说明、补充或者参考资料。

（十六）抄送机关。除主送机关外需要执行或者知晓公文内容的其他机关，应当使用机关全称、规范化简称或者同类型机关统称。

（十七）印发机关和印发日期。公文的送印机关和送印日期。

第十条　公文的版式按照《党政机关公文格式》国家标准执行。

第十一条　公文使用的汉字、数字、外文字符、计量单位和标点符号，按照有关国家标准和规定执行。民族自治地方的公文，可以并用汉字和当地通用的少数民族文字。

第十二条　公文用纸幅面采用国际标准 A4 型。特殊形式的公文用纸幅面，根据实际需要确定。

第四章　行　文　规　则

第十三条　行文应当确有必要，讲求实效，注重针对性和可操作性。

第十四条　行文关系根据隶属关系和职权范围确定。一般不得越级行文，特殊情况需要越级行文的，应当同时抄送被越过的机关。

第十五条　向上级机关行文，应当遵循以下规则：

（一）原则上主送一个上级机关，根据需要同时抄送相关上级机关和同级机关，不抄送下级机关。

（二）党委、政府的部门向上级主管部门请示、报告重大事项，应当经本级党委、政府同意或者授权，属于部门职权范围内的事项应直接报送上级主管部门。

（三）下级机关的请示事项，如需以本机关名义向上级机关请示，应当提出倾向性意见后上报，不得原文转报上级机关。

（四）请示应当一文一事。不得在报告等非请示性公文中夹带请示事项。

（五）除上级机关负责人直接交办事项外，不得以本机关名义向上级机关负责人报送公文，不得以本机关负责人名义向上级机关报送公文。

（六）受双重领导的机关向一个上级机关行文，必要时应当抄送另一个上级机关。

第十六条　向下级机关行文，应当遵循以下规则：

（一）主送受理机关，根据需要抄送相关机关。重要行文应当同时抄送发文机关的直接上级机关。

（二）党委、政府的办公厅（室）根据本级党委、政府授权，可以向下级党委、政府行文，其他部门和单位不得向下级党委、政府发布指令性公文或者在公文中向下级党委、政府提出指令性要求。需经政府审批的具体事项，经政府同意后可以由政府职能部门行文，文中须注明已经政府同意。

（三）党委、政府的部门在各自职权范围内可以向下级党委、政府的相关部门行文。

（四）涉及多个部门职权范围内的事务，部门之间未协商一致的，不得向下行文；擅自行文的，上级机关应当责令其纠正或者撤销。

（五）上级机关向受双重领导的下级机关行文，必要时抄送该下级机关的另一个上级机关。

第十七条　同级党政机关、党政机关与其他同级机关必要时可以联合行文。属于党委、政府各自职权范围内的工作，不得联合行文。党委、政府的部门依据职权可以相互行文。部门内设机构除办公厅（室）外不得对外正式行文。

第五章 公文拟制

第十八条 公文拟制包括公文的起草、审核、签发等程序。

第十九条 公文起草应当做到：

（一）符合国家的法律法规和党的路线方针政策，完整准确体现发文机关意图，并同现行有关公文相衔接。

（二）一切从实际出发，分析问题实事求是，所提政策措施和办法切实可行。

（三）内容简洁，主题突出，观点鲜明，结构严谨，表述准确，文字精练。

（四）文种正确，格式规范。

（五）深入调查研究，充分进行论证，广泛听取意见。

（六）公文涉及其他地区或者部门职权范围内的事项，起草单位必须征求相关地区或者部门意见，力求达成一致。

（七）机关负责人应当主持、指导重要公文起草工作。

第二十条 公文文稿签发前，应当由发文机关办公厅（室）进行审核。审核的重点是：

（一）行文理由是否充分，行文依据是否准确。

（二）内容是否符合国家法律法规和党的路线方针政策；是否完整准确体现发文机关意图；是否同现行有关公文相衔接；所提政策措施和办法是否切实可行。

（三）涉及有关地区或者部门职权范围的事项是否经过充分协商并达成一致意见。

（四）文种是否正确，格式是否规范；人名、地名、时间、数字、段落顺序、引文等是否准确；文字、数字、计量单位和标点符号等用法是否规范。

（五）其他内容是否符合公文起草的有关要求。

需要发文机关审议的重要公文文稿，审议前由发文机关办公厅（室）进行初核。

第二十一条 经审核不宜发文的公文文稿，应当退回起草单位并说明理由；符合发文条件但内容需作进一步研究和修改的，由起草单位修改后重新报送。

第二十二条 公文应当经本机关负责人审批签发。重要公文和上行文由机关主要负责人签发。党委、政府的办公厅（室）根据党委、政府授权制发的公文，由受权机关主要负责人签发或者按照有关规定签发。签发人签发公文，应当签署意见、姓名和完整日期；圈阅或者签名的，视为同意。联合发文由所有联署机关的负责人会签。

第六章 公文办理

第二十三条 公文办理包括收文办理、发文办理和整理归档。

第二十四条 收文办理主要程序是：

（一）签收。对收到的公文应当逐件清点，核对无误后签字或者盖章，并注明签收时间。

（二）登记。对公文的主要信息和办理情况应当详细记载。

（三）初审。对收到的公文应当进行初审。初审的重点是：是否应当由本机关办理，是否符合行文规则，文种、格式是否符合要求，涉及其他地区或者部门职权范围的事项是否已经协商、会签，是否符合公文起草的其他要求。经初审不符合规定的公文，应当及时退回来文单位并说明理由。

（四）承办。阅知性公文应当根据公文内容、要求和工作需要确定范围后分送。批办性公文应当提出拟办意见报本机关负责人批示或者转有关部门办理；需要两个以上部门办理的，应当明确主办部门。紧急公文应当明确办理时限。承办部门对交办的公文应当及时办理，有明确办理时限要求的应当在规定时限内办理完毕。

（五）传阅。根据领导批示和工作需要将公文及时送传阅对象阅知或者批示。办理公文传阅应当随时掌握公文去向，不得漏传、误传、延误。

（六）催办。及时了解掌握公文的办理进展情况，督促承办部门按期办结。紧急公文或者重要公文应当由专人负责催办。

（七）答复。公文的办理结果应当及时答复来文单位，并根据需要告知相关单位。

第二十五条 发文办理主要程序是：

（一）复核。已经发文机关负责人签批的公文，印发前应当对公文的审批手续、内容、文种、格式等进行复核；需作实质性修改的，应当报原签批人复审。

（二）登记。对复核后的公文，应当确定发文字号、分送范围和印制份数并详细记载。

（三）印制。公文印制必须确保质量和时效。涉密公文应当在符合保密要求的场所印制。

（四）核发。公文印制完毕，应当对公文的文字、格式和印刷质量进行检查后分发。

第二十六条 涉密公文应当通过机要交通、邮政机要通信、城市机要文件交换站或者收发件机关机要收发人员进行传递，通过密码电报或者符合国家保密规定的计算机信息系统进行传输。

第二十七条 需要归档的公文及有关材料，应当根据有关档案法律法规及机关档案管理规定，及时收集齐全、整理归档。两个以上机关联合办理的公文，原件由主办机关归档，相关机关保存复制件。机关负责人兼任其他机关职务的，在履行所兼职务过程中形成的公文，由其兼职机关归档。

第七章　公　文　管　理

第二十八条 各级党政机关应当建立健全本机关公文管理制度，确保管理严格规范，充分发挥公文效用。

第二十九条 党政机关公文由文秘部门或者专人统一管理。设立党委（党组）的县级以上单位应建立机要保密室和机要阅文室，并按照有关保密规定配备工作人员和必要的安全保密设施设备。

第三十条 公文确定密级前，应当按照拟定的密级先行采取保密措施。确定密级后，应当按照所定密级严格管理。绝密级公文应当由专人管理。公文的密级需要变更或者解除的，由原确定密级的机关或者其上级机关决定。

第三十一条 公文的印发传达范围应当按照发文机关的要求执行；需要变更的，应当经发文机关批准。涉密公文公开发布前应当履行解密程序。公开发布的时间、形式和渠道，由发文机关确定。经批准公开发布的公文，同发文机关正式制发的公文具有同等效力。

第三十二条 复制、汇编机密级、秘密级公文，应当符合有关规定并经本机关负责人批准。绝密级公文一般不得复制、汇编，确有工作需要的，应当经发文机关或者其上级机关批准。复制、汇编的公文视同原件管理。

复制件应当加盖复制机关戳记。翻印件应当注明翻印的机关名称、日期。汇编本的密级按照编入公文的最高密级标注。

第三十三条 公文的撤销和废止,由发文机关、上级机关或者权力机关根据职权范围和有关法律法规决定。公文被撤销的,视为自始无效;公文被废止的,视为自废止之日起失效。

第三十四条 涉密公文应当按照发文机关的要求和有关规定进行清退或者销毁。

第三十五条 不具备归档和保存价值的公文,经批准后可以销毁。销毁涉密公文必须严格按照有关规定履行审批登记手续,确保不丢失、不漏销。个人不得私自销毁、留存涉密公文。

第三十六条 机关合并时,全部公文应当随之合并管理;机关撤销时,需要归档的公文整理后按照有关规定移交档案管理部门。

工作人员调离岗位时,所在机关应当督促其将暂存、借用的公文按照有关规定移交、清退。

第三十七条 新设立的机关应当向党委、政府的办公厅(室)提出发文立户申请。经审查符合条件的,列为发文单位,机关合并或者撤销时,相应进行调整。

第八章 附 则

第三十八条 党政机关公文含电子公文。电子公文处理工作的具体办法另行制定。

第三十九条 法规、规章方面的公文,依照有关规定处理。外事方面的公文,依照外事主管部门的有关规定处理。

第四十条 其他机关和单位的公文处理工作,可以参照本条例执行。

第四十一条 本条例由中共中央办公厅、国务院办公厅负责解释。

第四十二条 本条例自 2012 年 7 月 1 日起施行。1996 年 5 月 3 日中共中央办公厅发布的《中国共产党机关公文处理条例》和 2000 年 8 月 24 日国务院发布的《国家行政机关公文处理办法》停止执行。

附录二

党政机关公文格式

(国家质量监督检验检疫总局、国家标准化管理委员会 2012 年 6 月 29 日发布，2012 年 7 月 1 日实施)

1 范围

本标准规定了党政机关公文通用的纸张要求、排版和印制装订要求、公文格式各要素的编排规则，并给出了公文的式样。

本标准适用于各级党政机关制发的公文。其他机关和单位的公文可以参照执行。

使用少数民族文字印制的公文，其用纸、幅面尺寸及版面、印制等要求按照本标准执行，其余可以参照本标准并按照有关规定执行。

2 规范性引用文件

下列文件对于本标准的应用是必不可少的。凡是注日期的引用文件，仅所注日期的版本适用于本标准。凡是不注日期的引用文件，其最新版本(包括所有的修改单)适用于本标准。

GB/T 148　印刷、书写和绘图纸幅面尺寸

GB 3100　国际单位制及其应用

GB 3101　有关量、单位和符号的一般原则

GB 3102　(所有部分)量和单位

GB/T 15834　标点符号用法

GB/T 15835　出版物上数字用法

3 术语和定义

下列术语和定义适用于本标准。

3.1 字　word

标示公文中横向距离的长度单位。在本标准中，一字指一个汉字宽度的距离。

3.2 行　line

标示公文中纵向距离的长度单位。在本标准中，一行指一个汉字的高度加 3 号汉字高度的 7/8 的距离。

4 公文用纸主要技术指标

公文用纸一般使用纸张定量为 60 g/m^2~80 g/m^2 的胶版印刷纸或复印纸。纸张白度 80%~90%，横向耐折度 ≥ 15 次，不透明度 ≥ 85%，pH 值为 7.5~9.5。

5 公文用纸幅面尺寸及版面要求

5.1 幅面尺寸

公文用纸采用 GB/T 148 中规定的 A4 型纸，其成品幅面尺寸为：210 mm×297 mm。

5.2 版面

5.2.1 页边与版心尺寸

公文用纸天头(上白边)为 37 mm±1 mm，公文用纸订口(左白边)为 28 mm±1 mm，版

心尺寸为 156 mm×225 mm。

5.2.2 字体和字号

如无特殊说明,公文格式各要素一般用 3 号仿宋体字。特定情况可以作适当调整。

5.2.3 行数和字数

一般每面排 22 行,每行排 28 个字,并撑满版心。特定情况可以作适当调整。

5.2.4 文字的颜色

如无特殊说明,公文中文字的颜色均为黑色。

6 印制装订要求

6.1 制版要求

版面干净无底灰,字迹清楚无断划,尺寸标准,版心不斜,误差不超过 1 mm。

6.2 印刷要求

双面印刷;页码套正,两面误差不超过 2 mm。黑色油墨应当达到色谱所标 BL100%,红色油墨应当达到色谱所标 Y80%、M80%。印品着墨实、均匀;字面不花、不白、无断划。

6.3 装订要求

公文应当左侧装订,不掉页,两页页码之间误差不超过 4 mm,裁切后的成品尺寸允许误差 ±2 mm,四角成 90°,无毛茬或缺损。

骑马订或平订的公文应当:

a) 订位为两钉外订眼距版面上下边缘各 70 mm 处,允许误差 ±4 mm;
b) 无坏钉、漏钉、重钉,钉脚平伏牢固;
c) 骑马订钉锯均订在折缝线上,平订钉锯与书脊间的距离为 3 mm~5 mm。

包本装订公文的封皮(封面、书脊、封底)与书芯应吻合、包紧、包平、不脱落。

7 公文格式各要素编排规则

7.1 公文格式各要素的划分

本标准将版心内的公文格式各要素划分为版头、主体、版记三部分。公文首页红色分隔线以上的部分称为版头;公文首页红色分隔线(不含)以下、公文末页首条分隔线(不含)以上的部分称为主体;公文末页首条分隔线以下、末条分隔线以上的部分称为版记。

页码位于版心外。

7.2 版头

7.2.1 份号

如需标注份号,一般用 6 位 3 号阿拉伯数字,顶格编排在版心左上角第一行。

7.2.2 密级和保密期限

如需标注密级和保密期限,一般用 3 号黑体字,顶格编排在版心左上角第二行;保密期限中的数字用阿拉伯数字标注。

7.2.3 紧急程度

如需标注紧急程度,一般用 3 号黑体字,顶格编排在版心左上角;如需同时标注份号、密级和保密期限、紧急程度,按照份号、密级和保密期限、紧急程度的顺序自上而下分行排列。

7.2.4 发文机关标志

由发文机关全称或者规范化简称加"文件"二字组成,也可以使用发文机关全称或者规范化简称。

发文机关标志居中排布，上边缘至版心上边缘为 35 mm，推荐使用小标宋体字，颜色为红色，以醒目、美观、庄重为原则。

联合行文时，如需同时标注联署发文机关名称，一般应当将主办机关名称排列在前；如有"文件"二字，应当置于发文机关名称右侧，以联署发文机关名称为准上下居中排布。

7.2.5 发文字号

编排在发文机关标志下空二行位置，居中排布。年份、发文顺序号用阿拉伯数字标注；年份应标全称，用六角括号"〔〕"括入；发文顺序号不加"第"字，不编虚位（即 1 不编为 01），在阿拉伯数字后加"号"字。

上行文的发文字号居左空一字编排，与最后一个签发人姓名处在同一行。

7.2.6 签发人

由"签发人"三字加全角冒号和签发人姓名组成，居右空一字，编排在发文机关标志下空二行位置。"签发人"三字用 3 号仿宋体字，签发人姓名用 3 号楷体字。

如有多个签发人，签发人姓名按照发文机关的排列顺序从左到右、自上而下依次均匀编排，一般每行排两个姓名，回行时与上一行第一个签发人姓名对齐。

7.2.7 版头中的分隔线

发文字号之下 4 mm 处居中印一条与版心等宽的红色分隔线。

7.3 主体

7.3.1 标题

一般用 2 号小标宋体字，编排于红色分隔线下空二行位置，分一行或多行居中排布；回行时，要做到词意完整，排列对称，长短适宜，间距恰当，标题排列应当使用梯形或菱形。

7.3.2 主送机关

编排于标题下空一行位置，居左顶格，回行时仍顶格，最后一个机关名称后标全角冒号。如主送机关名称过多导致公文首页不能显示正文时，应当将主送机关名称移至版记，标注方法见 7.4.2。

7.3.3 正文

公文首页必须显示正文。一般用 3 号仿宋体字，编排于主送机关名称下一行，每个自然段左空二字，回行顶格。文中结构层次序数依次可以用"一、""（一）""1.""（1）"标注；一般第一层用黑体字、第二层用楷体字、第三层和第四层用仿宋体字标注。

7.3.4 附件说明

如有附件，在正文下空一行左空二字编排"附件"二字，后标全角冒号和附件名称。如有多个附件，使用阿拉伯数字标注附件顺序号（如"附件：1．××"）；附件名称后不加标点符号。附件名称较长需回行时，应当与上一行附件名称的首字对齐。

7.3.5 发文机关署名、成文日期和印章

7.3.5.1 加盖印章的公文

成文日期一般右空四字编排，印章用红色，不得出现空白印章。

单一机关行文时，一般在成文日期之上、以成文日期为准居中编排发文机关署名，印章端正、居中下压发文机关署名和成文日期，使发文机关署名和成文日期居印章中心偏下位置，印章顶端应当上距正文（或附件说明）一行之内。

联合行文时，一般将各发文机关署名按照发文机关顺序整齐排列在相应位置，并将印章一一对应、端正、居中下压发文机关署名，最后一个印章端正、居中下压发文机关署名和成文日

期、印章之间排列整齐、互不相交或相切，每排印章两端不得超出版心，首排印章顶端应当上距正文(或附件说明)一行之内。

7.3.5.2 不加盖印章的公文

单一机关行文时，在正文(或附件说明)下空一行右空二字编排发文机关署名，在发文机关署名下一行编排成文日期，首字比发文机关署名首字右移二字，如成文日期长于发文机关署名，应当使成文日期右空二字编排，并相应增加发文机关署名右空字数。

联合行文时，应当先编排主办机关署名，其余发文机关署名依次向下编排。

7.3.5.3 加盖签发人签名章的公文

单一机关制发的公文加盖签发人签名章时，在正文(或附件说明)下空二行右空四字加盖签发人签名章，签名章左空二字标注签发人职务，以签名章为准上下居中排布。在签发人签名章下空一行右空四字编排成文日期。

联合行文时，应当先编排主办机关签发人职务、签名章，其余机关签发人职务、签名章依次向下编排，与主办机关签发人职务、签名章上下对齐；每行只编排一个机关的签发人职务、签名章；签发人职务应当标注全称。

签名章一般用红色。

7.3.5.4 成文日期中的数字

用阿拉伯数字将年、月、日标全，年份应标全称，月、日不编虚位(即1不编为01)。

7.3.5.5 特殊情况说明

当公文排版后所剩空白处不能容下印章或签发人签名章、成文日期时，可以采取调整行距、字距的措施解决。

7.3.6 附注

如有附注，居左空二字加圆括号编排在成文日期下一行。

7.3.7 附件

附件应当另面编排，并在版记之前，与公文正文一起装订。"附件"二字及附件顺序号用3号黑体字顶格编排在版心左上角第一行。附件标题居中编排在版心第三行。附件顺序号和附件标题应当与附件说明的表述一致。附件格式要求同正文。

如附件与正文不能一起装订，应当在附件左上角第一行顶格编排公文的发文字号并在其后标注"附件"二字及附件顺序号。

7.4 版记

7.4.1 版记中的分隔线

版记中的分隔线与版心等宽，首条分隔线和末条分隔线用粗线(推荐高度为0.35 mm)，中间的分隔线用细线(推荐高度为0.25 mm)。首条分隔线位于版记中第一个要素之上，末条分隔线与公文最后一面的版心下边缘重合。

7.4.2 抄送机关

如有抄送机关，一般用4号仿宋体字，在印发机关和印发日期之上一行、左右各空一字编排。"抄送"二字后加全角冒号和抄送机关名称，回行时与冒号后的首字对齐，最后一个抄送机关名称后标句号。

如需把主送机关移至版记，除将"抄送"二字改为"主送"外，编排方法同抄送机关。既有主送机关又有抄送机关时，应当将主送机关置于抄送机关之上一行，之间不加分隔线。

7.4.3 印发机关和印发日期

印发机关和印发日期一般用 4 号仿宋体字,编排在末条分隔线之上,印发机关左空一字,印发日期右空一字,用阿拉伯数字将年、月、日标全,年份应标全称,月、日不编虚位(即 1 不编为 01),后加"印发"二字。

版记中如有其他要素,应当将其与印发机关和印发日期用一条细分隔线隔开。

7.5 页码

一般用 4 号半角宋体阿拉伯数字,编排在公文版心下边缘之下,数字左右各放一条一字线;一字线上距版心下边缘 7 mm。单页码居右空一字,双页码居左空一字。公文的版记页前有空白页的,空白页和版记页均不编排页码。公文的附件与正文一起装订时,页码应当连续编排。

8 公文中的横排表格

A4 纸型的表格横排时,页码位置与公文其他页码保持一致,单页码表头在订口一边,双页码表头在切口一边。

9 公文中计量单位、标点符号和数字的用法

公文中计量单位的用法应当符合 GB 3100、GB 3101 和 GB 3102(所有部分),标点符号的用法应当符合 GB/T 15834,数字用法应当符合 GB/T 15835。

10 公文的特定格式

10.1 信函格式

发文机关标志使用发文机关全称或者规范化简称,居中排布,上边缘至上页边为 30 mm,推荐使用红色小标宋体字。联合行文时,使用主办机关标志。

发文机关标志下 4 mm 处印一条红色双线(上粗下细),距下页边 20 mm 处印一条红色双线(上细下粗),线长均为 170 mm,居中排布。

如需标注份号、密级和保密期限、紧急程度,应当顶格居版心左边缘编排在第一条红色双线下,按照份号、密级和保密期限、紧急程度的顺序自上而下分行排列,第一个要素与该线的距离为 3 号汉字高度的 7/8。

发文字号顶格居版心右边缘编排在第一条红色双线下,与该线的距离为 3 号汉字高度的 7/8。

标题居中编排,与其上最后一个要素相距二行。

第二条红色双线上一行如有文字,与该线的距离为 3 号汉字高度的 7/8。

首页不显示页码。

版记不加印发机关和印发日期、分隔线,位于公文最后一面版心内最下方。

10.2 命令(令)格式

发文机关标志由发文机关全称加"命令"或"令"字组成,居中排布,上边缘至版心上边缘为 20 mm,推荐使用红色小标宋体字。

发文机关标志下空二行居中编排令号,令号下空二行编排正文。

签发人职务、签名章和成文日期的编排见 7.3.5.3。

10.3 纪要格式

纪要标志由"××××纪要"组成,居中排布,上边缘至版心上边缘为 35 mm,推荐使用红色小标宋体字。

标注出席人员名单,一般用 3 号黑体字,在正文或附件说明下空一行左空二字编排"出席"

二字，后标全角冒号，冒号后用 3 号仿宋体字标注出席人单位、姓名，回行时与冒号后的首字对齐。

标注请假和列席人员名单，除依次另起一行并将"出席"二字改为"请假"或"列席"外，编排方法同出席人员名单。

纪要格式可以根据实际制定。

11 式样（略）

郑重声明

高等教育出版社依法对本书享有专有出版权。任何未经许可的复制、销售行为均违反《中华人民共和国著作权法》，其行为人将承担相应的民事责任和行政责任；构成犯罪的，将被依法追究刑事责任。为了维护市场秩序，保护读者的合法权益，避免读者误用盗版书造成不良后果，我社将配合行政执法部门和司法机关对违法犯罪的单位和个人进行严厉打击。社会各界人士如发现上述侵权行为，希望及时举报，我社将奖励举报有功人员。

反盗版举报电话　（010）58581999　58582371
反盗版举报邮箱　dd@hep.com.cn
通信地址　北京市西城区德外大街4号
　　　　　高等教育出版社知识产权与法律事务部
邮政编码　100120

读者意见反馈

为收集对教材的意见建议，进一步完善教材编写并做好服务工作，读者可将对本教材的意见建议通过如下渠道反馈至我社。

咨询电话　400-810-0598
反馈邮箱　gjdzfwb@pub.hep.cn
通信地址　北京市朝阳区惠新东街4号富盛大厦1座
　　　　　高等教育出版社总编辑办公室
邮政编码　100029

资源服务提示

授课教师如需获得本书配套教学资源，请登录"高等教育出版社产品信息检索系统"（http://xuanshu.hep.com.cn/）搜索本书并下载资源，首次使用本系统的用户，请先注册并进行教师资格认证。

联系我们

高教社高职语文教育研讨QQ群：638427589